天津科技大学
"十二五"事业发展概览

《天津科技大学"十二五"事业发展概览》编委会

天津出版传媒集团

天津人民出版社

图书在版编目(CIP)数据

天津科技大学"十二五"事业发展概览 /《天津科技大学"十二五"事业发展概览》编委会编. —— 天津：天津人民出版社, 2017.7
　　ISBN 978-7-201-12199-4

Ⅰ.①天… Ⅱ.①天… Ⅲ.①天津科技大学–概况
Ⅳ.①G649.282.1

中国版本图书馆 CIP 数据核字(2017)第 156440 号

天津科技大学"十二五"事业发展概览
TIANJINKEJIDAXUE"SHIERWU"SHIYEFAZHANGAILAN
《天津科技大学"十二五"事业发展概览》编委会编

出　　版	天津人民出版社
出 版 人	黄沛
地　　址	天津市和平区西康路 35 号康岳大厦
邮政编码	300051
邮购电话	(022)23332469
网　　址	http://www.tjrmcbs.com
电子信箱	tjrmcbs@126.com

责任编辑	范　园
装帧设计	汤　磊

印　　刷	天津市津惠立印刷装潢设计有限公司
经　　销	新华书店
开　　本	710×1000 毫米　1/16
插　　页	6
印　　张	24
字　　数	450 千字
版次印次	2017 年 7 月第 1 版　2017 年 7 月第 1 次印刷
定　　价	68.00 元

2015 年 4 月 17 日，中共天津市委常委、滨海新区区委书记宗国英来我校为师生做"加快创新驱动、推进创新创业"的宣讲报告。

2012 年 9 月 22 日，天津市人大常委会副主任苟利军出席学校建校 54 周年暨更名 10 周年庆祝大会并致辞。

　　2014 年 8 月，时任中共天津市委常委、市委教育工委书记朱丽萍出席我校与法国合作共建的食品营养与安全和药物化学中法联合实验室揭牌仪式。

　　2012 年 6 月，时任中共天津市委宣传部常务副部长陈浙闽出席我校举办的天津市"踏寻雷锋足迹"展览启动仪式。

　　2014 年 12 月 30 日, 学校第二次党代会胜利闭幕, 新当选的"两委委员"合影留念。

　　2013 年 1 月 21 日, 天津开发区职业技术学院管理权正式移交我校, 时任中共市委常委、市委教育工委书记朱丽萍出席并讲话。

　　2013 年 12 月,我校客座教授,时任中共中央候补委员,中央社会主义学院党组书记叶小文应邀来我校讲学。

　　2010 年 6 月 28 日，时任海南省省长罗保铭率海南省政府代表团来我校参加海南民族特招班学生毕业典礼。

2012 年 10 月 20 日，我校承办应用生物技术国际会议。

2011 年 8 月 10 日，我校承办第十六届木材、纤维及制浆化学国际会议。

2013 年 10 月，我校承办第三届亚洲荷球锦标赛。

2015 年 1 月，天津食品安全低碳制造协同创新中心在我校揭牌成立。

2012 年 12 月 23 日,我校滨海校区尚德园教师公寓主体工程正式开工建设。

2016 年 9 月 30 日,校领导视察学校在建的滨海校区体育馆项目。

　　2014 年 9 月 12 日,世界达沃斯论坛青年科学家交流会、文化之夜活动在我校举行。

　　2014 年 9 月 29 日,学校隆重举行杰出校友朱颖烈士纪念活动。

2012 年 6 月,学校党委书记李旭炎与师生一起参观"文化之韵"系列展览。

2011 年 9 月 22 日,学校 53 周年校庆日,邀请老一辈"科大人"现场讲述"科大故事"。

编委会名单

主　任：李旭炎　韩金玉

委　员：（按姓氏笔画为序）

王学魁　王　旭　闫学元　李占勇　张建国　张爱华　李福星

夏静波　路福平　潘秀山

主　编：张爱华　王　旭

副主编：郑运旺　王振声　范丽娟

编　辑：（按姓氏笔画为序）

王丽琛　王　莹　王晓帅　安明浩　张千千　赵仕芹　唐若裴

高喜平　曾昭晔　姚歆烨　黄　坤

序

　　回望刚刚走过的"十二五"（2011—2015年），这是科大发展史上令人心潮澎湃的五年，是解放思想、攻坚克难、创新突破的五年，是全面贯彻落实顶层设计"三步走"战略、在建设有特色高水平科技大学的征途上逐梦扬帆、砥砺前行的五年。

　　让我们将时间的年轮倒回到"十二五"之初——如同我们的党和国家正处于重要的战略机遇期一样，跨过50年的发展门槛、步入第二个50年新征程的科大，也面临着历史性的转折和跨越。学校党委站在学校百年发展的历史高度上，总结半个世纪的办学经验，结合世情、国情、教情、校情，对新形势下实现什么样的发展、怎样发展等重大问题，作出了战略性的回答，凝聚全校师生员工集体智慧，制定出台了顶层设计"四规划一计划"。这一高屋建瓴的宏伟蓝图，提神振气、凝心聚力，成为指导学校科学发展、百年发展的行动指南，为科大人描绘出建设有特色高水平科技大学的美好愿景和行进路径：到2015年，办学资源调整要取得实质性进展，统筹推进软硬件建设，强特色、调结构、填空白、提质量、增实力，为建设在国内有较大影响、特色学科领先的多科性教学研究型大学奠定坚实基础；到2020年，要把学校建成在国内有较大影响、特色学科领先的多科性教学研究型大学；到2058年，建校100周年时，要把学校建成国内同类高校一流、国际知名的有特色高水平科技大学。

　　一张蓝图绘到底，咬定青山不放松。怀抱建设有特色高水平科技大学"科大梦"的科大人，围绕顶层设计战略目标，不为风险所惧、突破瓶颈所限，满怀希冀迈出"三步走"的第一步，进行了一场饱含智慧和勇气的探路。五年来，学校第二次党代会圆满召开，《天津科技大学章程》顺利出台；人才培养规模迅速扩大，教育教学质量稳步提升；科学研究取得突破，服务能力显著增强；学科建设稳步发展，办学特色更加突出；德育工作扎实推进，学生综合素质不断提高；开放办学扎实开展，国际化水平不断提升；战略东移加紧实施，新校区规划建设稳步推进;硬件建设成效显著,办学条件得到改善;党的建设全面加强,科学化水平显著提高。学校党委和领导班子团结带领全体师生员工,牢记使命、真抓实干、攻坚克难,各项工作取得了重大进展,多领域取得突破性成就,学校总体实力排名不断提升。立校津门逾半世纪的科大,翱翔滨海,展翅高飞,进入了前所未有的发展快车道。

"十二五"的五年,只是历史长河中的浮光掠影,却是科大发展史上的一抹绚丽亮色,注定会被全体科大人深刻铭记。站在"十三五"的起点,我们编纂《天津科技大学"十二五"事业发展概览》,就是要踏着科大人同心进取、奋勇开拓的足迹,感受"十二五"的跃动与脉搏,回顾"十二五"的光荣和梦想,同时为更加精彩的"十三五"、为我们即将迈出的第二步更富挑战的时代跨越,奏响一曲充满自信的激昂号角。

习近平总书记在庆祝中国共产党成立 95 周年大会上,号召全党不忘初心、继续前进。实现建设有特色高水平科技大学的"科大梦",同样需要全体科大人不忘初心、继续前进。让我们立足新常态,再展新作为,在"创新、协调、绿色、开放、共享"五大发展理念的指引下,以"双一流"建设为契机,以地方高校转型为契机,积极推动学校顶层设计贯彻落实,以坚定的信心和磅礴的力量,加快推动有特色高水平科技大学建设进程——"十三五"再铸辉煌!

目　录

第一章　特载

第一节　天津科技大学章程

天津科技大学章程（核准稿）

第一章　总则

第一条 为推进学校依法自主办学，建立现代大学制度，根据《中华人民共和国教育法》《中华人民共和国高等教育法》《中华人民共和国教师法》等法律、法规和规章，结合学校实际，制定本章程。

第二条 学校名称为天津科技大学，英文译名为 Tianjin University of Science and Technology。

学校法定住所地为天津市河西区大沽南路 1038 号，设有河西校区、泰达校区和塘沽校区。

学校可根据发展需要变更住所地，经创办者及主管部门同意，可调整校区。

第三条 学校是天津市人民政府创办、天津市教育委员会主管的全日制普通高等学校，为非营利性教育事业单位。

学校管理者指导学校发展规划，规范学校的办学行为，监督学校执行国家法律、法规，依法考核和评估学校办学水平和办学质量，支持学校依法自主办学，保障学校的办学自主权，为学校提供稳定的办学经费，保证学校的办学条件，维护学校的合法权益，为学校提供权利救济途径。

第四条 学校具有独立法人资格，独立承担法律责任。学校依法享有国家法律法规规定的办学自主权。

第五条 学校全面贯彻党的教育方针，遵循高等教育发展规律和人才成长规律，保持与拓展轻工特色与优势，面向经济社会发展和人民需求办学。

坚持立德树人,全面实施素质教育,坚持育人为本、德育为先、能力为重,培养知识扎实、身心健康、具有社会责任感及创新精神和实践能力的高素质人才。

第六条 学校实行中国共产党天津科技大学委员会领导下的校长负责制。坚持党委领导、校长负责、教授治学、民主管理。

第七条 学校依法实行党务公开、校务公开和信息公开制度。

第八条 学校实行校、院两级管理。

第二章 学校职责、职能

第九条 学校以人才培养为根本任务,促进学生全面发展,重视科学研究,服务经济社会,引领文化传承创新。

第十条 学校的主要教育形式为本科和研究生全日制学历教育,同时开展继续教育和留学生教育。

学校根据社会需求和办学条件,合理确定办学规模,优化办学结构,确定和调整学历教育修业年限。

第十一条 学校根据不同教育层次、培养类型和学科专业要求,确定和调整选拔学生的标准与条件,按照公平、公正、公开和择优选拔的原则组织招生。

第十二条 学校以"轻工"为特色,学科专业以工学为主,涵盖工学、理学、农学、医学、文学、经济学、管理学、法学、艺术学等。学校适应国家、行业、区域需求和学科专业发展趋势,自主设置和调整学科、专业,统筹规划学科、专业布局。

第十三条 学校实行学位制度,颁发学业证书和学位证书,授予学士、硕士和博士学位。

第十四条 学校建立教学管理制度和质量监督保障体系,推进教育教学改革,加强教育教学质量监督,保证教学质量。

第十五条 学校通过科学研究、技术开发、成果转化,实现知识创新、技术创新和成果转移,促进人才培养、科技进步和学科建设,提升学校的科技创新能力和社会影响力。

第十六条 学校结合学科特色,发挥优势,积极为推动文化传承和创新、繁荣和发展社会主义文化服务。

第十七条 学校积极开展国内外合作与交流,促进开放办学和教育国际化。

第三章 领导体制

第十八条 中国共产党天津科技大学委员会(以下简称学校党委)是学校的领导核心,履行党章等规定的各项职责,把握学校发展方向,决定学校重大问题,监督重大决议执行,支持校长依法独立负责地行使职权,保证以人才培养为中心的各项任务完成。其主要职责是:

(一)全面贯彻执行党的路线方针政策,贯彻执行党的教育方针,坚持社会主义办学方向,坚持立德树人,依法治校,依靠全校师生员工推动学校科学发展,培养德智体美全面发展的中国特色社会主义事业合格建设者和可靠接班人;

(二)讨论决定事关学校改革发展稳定及教学、科研、行政管理中的重大事项和基本管理制度;

(三)坚持党管干部原则,按照干部管理权限负责干部的选拔、教育、培养、考核和监督,讨论决定学校内部组织机构的设置及其负责人的人选,依照有关程序推荐校级领导干部和后备干部人选,做好老干部工作;

(四)坚持党管人才原则,讨论决定学校人才工作规划和重大人才政策,创新人才工作体制机制,优化人才成长环境,统筹推进学校各类人才队伍建设;

(五)领导学校思想政治工作和德育工作,坚持用中国特色社会主义理论体系武装师生员工头脑,培育和践行社会主义核心价值观,牢牢掌握学校意识形态工作的领导权、管理权、话语权,维护学校安全稳定,促进和谐校园建设;

(六)加强大学文化建设,发挥文化育人作用,培育良好校风学风教风;

(七)加强对学校院(系)等基层党组织的领导,做好发展党员和党员教育、管理、服务工作,发展党内基层民主,充分发挥基层党组织的战斗堡垒作用和党员的先锋模范作用,加强学校党委自身建设;

(八)领导学校党的纪律检查工作,落实党风廉政建设主体责任,推进惩治和预防腐败体系建设;

(九)领导学校工会、共青团、学生会等群众组织和教职工代表大会,做好统一战线工作;

(十)讨论决定其他事关师生员工切身利益的重要事项。

第十九条 党委实行集体领导与个人分工负责相结合,坚持民主集中制,集体讨论决定学校重大问题和重要事项,领导班子成员按照分工履行职责。

党委书记主持党委全面工作,负责组织党委重要活动,协调党委领导班子成员工作,督促检查党委决议贯彻落实,主动协调党委与校长之间的工作关系,支持校长开展工作。

第二十条 学校党委全委会在党员代表大会闭会期间领导学校工作,主要对事关学校改革发展稳定和师生员工切身利益及党的建设等全局性重大问题做出决策。

党委常委会主持党委日常工作,主要对学校改革发展稳定和教学、科研、行政管理及党的建设等方面的重要事项做出决定,按照干部管理权限和有关程序推荐、提名、决定任免干部。常委会对全委会负责并定期报告工作。常委会会议由党委书记召集并主持。

第二十一条 中国共产党天津科技大学纪律检查委员会是学校的党内监督机构,在学校党委和上级纪委的双重领导下,履行党的纪律检查和行政监督职能。

第二十二条 校长是学校的法定代表人,在学校党委领导下,贯彻党的教育方针,组织实施学校党委有关决议,行使高等教育法等规定的各项职权,全面负责教学、科研、行政管理工作。校长行使下列职权:

(一)组织拟订和实施学校发展规划、基本管理制度、重要行政规章制度、重大教学科研改革措施、重要办学资源配置方案,组织制定和实施具体规章制度、年度工作计划;

(二)组织拟订和实施学校内部组织机构的设置方案,按照国家法律和干部选拔任用工作有关规定,推荐副校长人选,任免内部组织机构的负责人;

(三)组织拟订和实施学校人才发展规划、重要人才政策和重大人才工程计划,负责教师队伍建设,依据有关规定聘任与解聘教师以及内部其他工作人员;

(四)组织拟订和实施学校重大基本建设、年度经费预算等方案。加强财务管理和审计监督,管理和保护学校资产;

(五)组织开展教学活动和科学研究,创新人才培养机制,提高人才培养质量,推进文化传承创新,服务国家和地方经济社会发展,把学校办出特色、争创一流;

(六)组织开展思想品德教育,负责学生学籍管理并实施对学生的奖励或处分,开展招生和就业工作;

(七)做好学校安全稳定和后勤保障工作;

(八)组织开展学校对外交流与合作,依法代表学校与各级政府、社会各界和境外等机构签署合作协议,接受社会捐赠;

(九)向党委报告重大决议执行情况,向教职工代表大会报告工作,组织处理教职工代表大会、学生代表大会、工会会员代表大会和团员代表大会有关行政工作的提案,支持学校各级党组织、民主党派基层组织、群众组织和学术组织开展工作;

(十)履行法律法规和学校章程规定的其他职权。

第二十三条 学校行政工作实行校长统一领导、副校长协助分工负责、职能部门组织实施的工作机制。

校长办公会议是学校行政议事决策机构,主要研究提出拟由党委讨论决定的重要事项方案,具体部署落实党委决议的有关措施,研究处理教学、科研、行政管理工作。会议由校长召集并主持。校长在听取与会人员意见基础上对讨论、研究的事项做出决定。

第二十四条 党委会议和校长办公会议坚持科学决策、民主决策、依法决策,结合实际,制定全委会、常委会、校长办公会议的会议制度和议事规则。涉及学校重大决策、重要干部任免、重大项目安排和大额度资金使用等事项,按照议事规则研究决定。

第四章 组织机构

第二十五条 学校根据实际需要和精简效能原则,自主设置教育教学科研组织机构、党政职能机构、服务保障机构和其他机构。

第二十六条 学校设立学院。学院是学校组织实施教学、科研活动、社会服务和文化传承创新的基本单位。在学校授权和领导下履行职责。

第二十七条 学院党委是政治核心。学院实行党政联席会议制度,集体讨论决定重大事项。

第二十八条 学院党委负责宣传、执行党的路线方针政策及学校各项决定,保证并监督其贯彻落实;支持行政负责人在职责范围内独立负责地开展工作,加强党组织的思想、组织、作风和党风廉政建设,领导学院思想政治工作和工会、共青团、学生会等群众组织。

第二十九条 学院院长全面负责学院的教学、科研、学科建设、教师队伍建设等工作。

第三十条 学校依照法律、法规与自然人、法人和其他社会组织联合设置教育科研机构,开展合作办学、合作研究与社会服务等活动。

第五章 学术管理

第三十一条 学校遵循学术规律,尊重学术自由、学术公平,鼓励学术创新,维护学术独立。

第三十二条 学校设立学术委员会、学位评定委员会、教学指导专门委员会、专业技术职务评审委员会。

第三十三条 学术委员会是学校最高学术机构,统筹行使下列职权:

(一)审议或审议并决定学科、专业、教师队伍、科学研究、对外学术交流等工作的建设规划;

(二)审议或审议并决定教学科研成果的评价标准、学位授予标准、教师职务评聘的学术标准;

(三)审议或审议并决定学术组织设置、学科资源配置方案;

(四)评定学校引进人才、相关聘任或推荐人选的学术水平,评定或授权评定学校科研基金、科研项目、教学科研成果和奖励、对外推荐的教学科研成果奖励的学术水平;

(五)对与学术事务相关的全局性、重大发展规划和发展战略,以及国内外重大项目合作提出咨询意见;

(六)受理有关学术不端行为的举报并进行调查,裁决学术纠纷,对违反学术道德规范的行为提出处理意见或建议;

(七)其他应当由学术委员会决策、审议、评定或咨询的事项。

第三十四条 学术委员会委员实行任期制,由教授或是具有相当专业技术职务的专家组成,经自下而上的民主推荐、公开公正的遴选等方式产生候选人,由民主选举等程序确定、校长聘任。校学术委员会主任、副主任委员由校长提名、全体委员选举产生或仅由全体委员选举产生。

学术委员会可以就学科建设、教师聘任、教学指导、科学研究、学术道德建设等工作需要设立若干专门委员会。

第三十五条 学校设立学位评定委员会。学位评定委员会是全校学位及其相关工作的领导机构,负有审批学校硕士、博士学位授权学科点的增列或调整,审批教师招生资格,对全校学位授予及其相关工作进行指导、监督、检查、评估的职责。

第三十六条 教学指导专门委员会履行教学方面的咨询、审议和指导等职责。

教学指导专门委员会可根据教学工作需要设立若干分委员会,履行相应的工作职责。

第三十七条 专业技术职务评审委员会履行评议、审定专业技术人员任职资格的职责。

专业技术职务评审委员会由教师系列、教育管理研究系列和其他系列专业技术职务评审委员会构成。

第三十八条 学院设立学术委员会、学位评定委员会、教学指导专门委员会、专业技术职务评审委员会分委员会,按照学校规定和授权开展工作。

第六章 民主管理

第三十九条 学校通过教职工代表大会、学生代表大会等组织形式以及各类民主沟通协商机制,依法保障师生员工行使民主权利,有序参与民主管理和民主监督。

校长定期向教职工代表大会、学生代表大会报告学校工作。

第四十条 学校教职工代表大会是全体教职工依法行使民主权利、参与学校民主管理和监督的重要形式,依其实施办法行使下列职权:

(一)听取学校章程草案的制定和修订情况报告,提出修改意见和建议;

(二)听取学校发展规划、教职工队伍建设、教育教学改革、校园建设以及其他重大改革和重大问题解决方案的报告,提出意见和建议;

(三)听取学校年度工作、财务工作、工会工作报告以及其他专项工作报告,提出意见和建议;

(四)讨论通过学校提出的与教职工利益直接相关的福利、校内分配实施方案以及相应的教职工聘任、考核、奖惩办法;

(五)审议学校上一届(次)教职工代表大会提案的办理情况报告;

(六)按照有关工作规定和安排评议学校领导干部;

(七)通过多种方式对学校工作提出意见和建议,监督学校章程、规章制度和决策的落实,提出整改意见和建议。

第四十一条 学生代表大会是学生参与学校民主管理的重要组织形式,在学校党组织的领导下和团组织的指导帮助下,依据《中华全国学生联合会章程》等相关章程开展工作。

第四十二条 学校工会、共青团等群众组织,依据法律及各自章程开展活动,参与学校民主管理。

第四十三条 各民主党派基层组织、无党派人士依法在学校开展活动并参与学校民主管理。

第七章 教职工

第四十四条 教职工是从事教育教学、科学研究和管理服务的由学校聘任的在编人员。

第四十五条 学校实施人才强校战略,坚持引进与培养并重,建设结构合理、充满活力的高素质教职工队伍。

第四十六条 教职工享有下列权利：

（一）按工作职责使用学校的公共资源；

（二）公平获得自身发展所需的相应工作机会和条件；

（三）在品德、能力和业绩等方面获得公正评价；

（四）公平获得各级各类奖励及各种荣誉称号；

（五）知悉学校改革、建设和发展及关涉切身利益的重大事项；

（六）参与民主管理，对学校工作提出意见和建议；

（七）就职务、福利待遇、评优评奖、纪律处分等事项表达异议和提出申诉；

（八）学校规章或者聘约规定的其他权利。

第四十七条 教职工应当履行下列义务：

（一）遵守宪法、法律法规及学校规章制度；

（二）完成学校安排的教学、科研和管理任务；

（三）珍惜和维护学校声誉，维护学校利益；

（四）忠诚教育事业，勤奋工作，尽职尽责；

（五）尊重和爱护学生；

（六）恪守职业道德，遵守学术规范；

（七）聘约规定的其他义务。

第四十八条 学校教职工实行事业单位聘用制，实行分类管理、综合培养和定期考核。

第四十九条 学校对在人才培养、科学研究、社会服务、文化传承创新等方面成绩突出的教职工给予表彰和奖励，对违反学校规章制度、聘用合同的教职工，依法依规给予处分。

第五十条 学校建立教职工发展制度，建立各类进修、培训机制，为教职工提供事业发展的平台。

第五十一条 学校建立健全教职工权利保障机制，设立教职工申诉处理委员会，依法依规受理教职工申诉，维护教职工合法权益。

第八章 学生

第五十二条 学生是指被学校依法录取、取得入学资格、具有学校学籍的受教育者。

第五十三条 学生享有下列权利：

（一）参加学校教育教学计划安排的各项活动，使用学校提供的教育教学资源；

（二）参加社会实践、科技创新、志愿服务、勤工助学，按法律法规和学校规定组织、参加学生团体及文娱体育等活动；

（三）申请奖学金、助学金及助学贷款；

（四）在思想品德、学业成绩等方面获得公正评价，完成学校规定学业后获得相应的学历证书、学位证书；

（五）对学校给予的处分或者处理有异议，可向学校、教育行政部门提出申诉；对学校、教职工侵犯其人身权、财产权等合法权益，提出申诉或者依法提起诉讼；

（六）对学校教育教学和管理工作提出建议；

（七）法律、法规、规章规定的其他权利。

第五十四条 学生应当履行下列义务：

（一）遵守宪法、法律、法规；

（二）遵守学校管理制度；

（三）努力学习，完成规定学业；

（四）按规定缴纳学费及有关费用，履行获得贷学金及助学金后的相应义务；

（五）遵守学生行为规范，尊敬师长，养成良好的思想品德和行为习惯；

（六）法律、法规规定的其他义务。

第五十五条 学校为学生提供心理健康教育、学业就业指导和文化体育设施及相关服务，为在学习和生活中遇到特殊困难的学生提供必要的指导和帮助。

第五十六条 学校对取得突出成绩和为学校争得荣誉的学生集体和个人进行表彰奖励；对违纪学生给予相应的处罚。

第五十七条 学校建立健全学生权利保障机制，设立学生申诉处理委员会，依法依规受理学生申诉，维护学生合法权益。

第五十八条 学校按照国家有关规定培养和管理我国港澳台地区学生和外国留学生。

第五十九条 校友会是学校和校友发起设立，经天津市社团管理局登记注册，具有独立法人资格的非营利性组织，其依据国家规定及其章程开展活动。

学校以多种方式联系和服务校友，鼓励校友参与学校建设与发展，并支持校友成立具有地域、行业等特点的校友联谊组织，在学校校友会的指导和支持下开展活动。

第九章 资产管理

第六十条 学校资产是指属于学校所有、占有和使用的有形及无形资产以及依法认定为学校所有的其他权益。

第六十一条 学校资产包括流动资产、固定资产、在建工程、对外投资和无形资产等。学校对拥有的资产,依法自主管理和使用,对占有、使用的国有资产实施具体管理,提高资产使用效益,保证学校资产安全、完整。

第六十二条 学校的经费来源主要包括财政拨款、事业收入和其他收入。

学校接受校友和社会捐赠,鼓励和支持校内各单位面向社会筹措教学、科研经费及各类奖助基金。

第六十三条 学校建立健全资产管理制度,合理配置资源,提高资源使用效率。

第六十四条 学校建立健全财务管理制度,实行统一领导、集中核算、分级管理的制度。

第六十五条 学校保护并合理利用校名、校誉和校有知识产权。

第六十六条 学校完善基础设施等公共服务建设,为学生和教职工的学习、工作和生活提供后勤服务保障。

第十章 学校标识

第六十七条 学校徽志为圆形,由地球剪影图案和校名组成。

第六十八条 学校徽章为题有校名的长方形证章。

第六十九条 学校校旗为红色长方形旗帜,中央印有校徽和校名。

第七十条 学校校歌是《天津科技大学校歌》。

第七十一条 学校校庆日为 9 月 21 日。

第七十二条 学校网址为 www.tust.edu.cn。

第十一章 附则

第七十三条 本章程的制定及修改,须经学校教职工代表大会讨论,校长办公会议审议,学校党委会审定,报天津市教育委员会核准后生效,并报教育部备案。

第七十四条 学校根据本章程制定相应的规章制度,保障本章程实施。

第七十五条 本章程由学校党委会负责解释。

第七十六条 本章程自发布之日起实施。

第二节 在中共天津科技大学第二次党员 代表大会上的报告

解放思想 勇担使命
团结一致为建设有特色高水平的科技大学而奋斗

——在中共天津科技大学第二次党员代表大会上的报告

（2014年12月29日）

李旭炎

同志们：

现在，我代表中国共产党天津科技大学第一届委员会向大会做报告。

这次大会的主题是：高举中国特色社会主义伟大旗帜，以邓小平理论、"三个代表"重要思想、科学发展观为指导，认真贯彻落实习近平总书记系列重要讲话精神，解放思想，勇担使命，坚定不移推进顶层设计，团结一致为建设有特色高水平科技大学而奋斗。

一、第一次党代会以来的主要工作

2003年1月学校召开更名之后第一次党代会，对全面推进高水平科技大学建设做出部署，开启了学校发展的新征程。12年来，学校党委团结带领全校师生员工，夙夜在公，务实奋进，圆满完成"十一五""十二五"规划任务，制定并实施顶层设计，初步实现了由单科性学院向多科性大学、由以本科教育为主的教学型大学向本科教育与研究生教育、教学与科研并重的教学研究型大学转变。12年接力探索，12年持续奋斗，各项工作取得重大成绩，许多方面实现了历史性突破。

（一）集中智慧制定顶层设计，凝聚共识谋求科学发展

跨过50年的发展门槛，步入第二个50年的新征程，校党委积极思考学校的百年发展规划。树立一个什么样的奋斗目标，把一个什么样的科技大学带入百年的发展快车道，是"历史的人干历史的事"的必然要求。2010年，是科大人的顶层设计年。学校上下一心、干群一致、凝神聚力，用了近一年的时间，制定了"四规划一计划"——中长期教育事业发展规划、"十二五"教育事业发展规划、学科建设发展规划、校园建设发展规划和强校计划，科学规划出学校百年的发展蓝图和行进路径。近五年来，学校工作取得了重大进展，多领域取得突破性成就，学校总体实力排名不断提升，这是实施顶层设计、聚焦大目标、攻坚克难的结果。

顶层设计是学校党委站在学校百年发展的历史高度,总结半个世纪的办学经验,结合世情、国情、教情、校情,将马克思主义教育观同学校历史使命与具体实际相结合的产物,对新形势下实现什么样的发展、怎样发展等重大问题,做出了战略性的回答,是全校师生员工集体智慧的结晶,是指导学校科学发展、百年发展的行动指南。

(二)人才培养规模迅速扩大,教育教学质量保持稳定

紧紧抓住人才培养这一根本任务,努力抢抓机遇,扩大办学规模,调整培养结构,为学校长远发展奠定了坚实基础。全日制在校生达到 26500 人,增长 2 倍多,其中本科生 22800 人,增长 1.8 倍;研究生突破 3000 人,增长 4 倍。学院达到 16 个,本科专业由 35 个增加到 57 个,在全国 11 个省(市、自治区)实现一本招生,停止专科、专升本、三本招生。这是一个在规模基数较大的基础上实现的增长,是在由规模增长转向内涵质量提升的过渡阶段我们抢抓机遇实现的增长。没有这个规模增长,我们今天许多事情都无法实施。2006 年、2010 年分别召开教学工作会议,深入实施"本科教学质量与教学改革工程"、"大学生创新创业训练计划"、"大学生实验室创新基金项目"等专项,包装工程、生物工程、食品科学与工程、轻化工程成为国家级综合改革试点,食品科学与工程、生物工程、包装工程三个专业列入教育部"卓越工程师"培养计划,食品科学与工程专业通过教育部工程专业认证,形成了以国家首批"万人计划"教学名师、13 名国家和市级教学名师、17 个国家和市级特色品牌专业、11 个国家和市级实验教学示范中心、9 支国家和市级教学团队、31 门国家和市级精品课程为引领的本科教育教学体系,共获得国家和市级教学成果奖 10 项,出版国家和市级规划教材 12 部,教育部本科教学评估获得优秀,就业质量持续提升。积极推进研究生招生与培养机制的改革,成立了研究生院和研究生工作部,研究生培养单位由 7 个扩大到 13 个,培养类型由学术型为主转变为学术型与专业型并重。2006 年、2014 年分别召开了学位与研究生教育工作会议,出台了关于深化研究生教育改革和提高研究生培养质量的一系列制度文件,重点完善了研究生招生、培养、学位质量保障、奖助学金制度。研究生培养质量显著提高,获得天津市优秀博士论文 8 篇、天津市优秀硕士论文 21 篇。继续教育取得新进展,建成教育部"高等学校继续教育示范基地"。

(三)科学研究取得突破,服务能力显著增强

坚持科教并重、科教互促,立足地方、面向全国、服务行业,聚焦大平台、大项目、大成果,在诸多领域取得重大突破。科研平台建设取得巨大进展,建成"代谢控制发酵技术"国家地方联合工程实验室和"国家新农村发展研究院",

新增 2 个教育部重点实验室、5 个天津市重点实验室、2 个天津市协同创新中心、3 个省部级工程中心和 3 个技术中心、1 个天津市人文社科研究重点基地,省部级以上科研平台达到 18 个;由我校牵头组建的"食品安全与低碳加工"协同创新中心 2014 年代表天津市参评了国家级协同创新中心。科研总量迅速增长,与 2003—2007 年相比,近五年承担省部级以上项目 549 项,增长 1.74 倍,其中国家杰出青年基金项目、国家自然科学基金重点项目、国家社会科学基金项目、教育部创新团队、教育部人文社科重大攻关项目等实现零的突破,国家973 计划、863 计划等国家重大科技计划项目 30 项, 国家自然科学基金项目204 项,省部级以上社科项目 143 项;2012 年,学校科研经费上了亿元台阶,近五年到校科研经费达到 4.5 亿元,增长 3.5 倍。科研水平不断提高,近年来连续获得国家科学技术奖励 7 项、省部级奖励 35 项;"农药西维因人工抗原和抗体及其制备方法与应用"首获 2014 年天津市专利金奖(2014 年市属高校中唯一一个获得专利奖金奖),在专业领域顶级期刊发表论文 200 余篇。产学研合作不断深入,创新能力不断增强,我校与全国 15 个省市自治区、天津 7 个区县签署战略合作协议, 食品安全快速检测技术团队研发的快速检测技术与系列产品在我国主要的进出口岸、质检、工商等部门得到广泛应用并出口越南、澳大利亚等国家;淀粉酶、酵母等关键技术实现产业化,带来了显著的经济效益和国际影响;盐田设计开发技术进军西藏,为西藏地区盐湖化学资源开发利用奠定了基础;牵头发起成立了全国首家功能食品(保健品)产业技术创新联盟——天津市"功能食品(保健品)产业技术创新联盟",初步形成了多层次、宽领域、全方位服务全国、服务天津的联动机制。学术交流更加活跃,承办了第十六届木材、纤维及制浆化学国际会议、第七届亚太国际干燥会议、第十九届国际工业结晶研讨会、第一届与第二届应用生物技术国际会议、第十七届世界包装大会等学术会议,学术影响力不断扩大。

(四)队伍建设成效显著,师资力量不断壮大

坚持人才强校战略,努力抓好培养、引进、激励三个环节,教师队伍学缘学历结构、年龄结构、职称结构更加优化,基本形成了一支与学校规模相适应、结构合理、素质优良的师资队伍。教职工总数由 1385 人增加到现在的 2216 人,增长 60%,其中专任教师增长 2 倍多。取得教师系列正教授评审权。专任教师中拥有博士学位的教师比例达到 37%,提高 29%;教授、副教授达到 50%,提高 7%;45 岁以下中青年教师比例达到 73%, 中青年教师已经成为教学科研的中坚力量。积极实施"海河学者"特聘教授制度和"海河学者"培育计划、中青年骨干创新人才培养计划,引进和培养了包括国家"千人计划""万人计划"、教育部"长江学者"、国家重大科技计划项目首席科学家、中科院"百人计划"。有国家杰出青年基金获得者、国家教学名师、全国优秀教师等在内省部级以上高水平人才50余名,2支团队入选教育部科技创新团队。依法执行教师资格制度,严把教师队伍入口关;面向国内外公开招聘教师,拓宽了教师来源渠道。稳步推进人事制度改革,推行教职工全员聘用制和收入分配制度改革,加强岗位管理和考核,将教职工的工资收入分配与岗位职责和实际贡献挂钩,教职工队伍整体活力进一步增强。

(五)学科建设稳步发展,办学特色更加突出

坚持和拓展轻工特色,不断优化学科结构,凝练学科方向,推动学科交叉,基本形成了以工为主,工、理、文、农、医、经、管、法、艺等多学科协调发展的格局。学科体系更加完善,"发酵工程"建成国家重点学科,天津市重点学科由2个二级学科发展到7个一级学科(涵盖36个二级学科),建成2个校级重点一级学科和14个校级重点支持一级学科,基本构建起国家级、省部级和校级三级重点学科体系。学科整体实力显著提升,在全国最新一轮高校一级学科评估中,我校"轻工技术与工程"位列第三,"食品科学与工程""海洋科学"位列前十,"包装工程"在《中国大学及学科专业评价报告》中连续位居全国第一。博士、硕士学位授权点数量大幅增加,与2003年相比,一级学科硕士点由1个增加到13个,二级学科硕士点由15个增加到74个,工程硕士专业学位授权领域由3个增加到14个,新增专业学位类别5个,"食品科学与工程"一级学科博士点、二级学科博士点由4个增加到17个,建成博士后流动站2个和工作站1个。

(六)德育工作扎实推进,学生综合素质不断提高

认真贯彻落实《中共中央、国务院关于进一步加强和改进大学生思想政治工作的意见》精神,坚持育人为本、德育为先、能力为重,把培育和践行社会主义核心价值观贯穿于学生德育教育全过程;积极探索"课堂教学、校园文化、社会实践"三位一体育人模式。分别召开了本科生、研究生思想政治教育工作会议,印发了加强和改进本科生、研究生思想政治工作的意见。着力加强研究生思想道德和学风建设。加强辅导员队伍建设,规范辅导员职称评审制度,出台了《新入职教师首年担任大学生辅导员工作实施细则》,设立研究生辅导员,辅导员队伍整体力量得到加强。推进"三观"教育,实施"三进"工程,成立了马克思主义教育学院,思想政治理论课教学改革富有成效。文化育人氛围日趋浓厚,打造了"文化之韵"主题展览、博学讲堂、高雅艺术进校园等一系列独具特色、具有示范效应的品牌文化。构筑实践育人平台,连续十五年开展新生义务打扫公厕活动、连续十二年开展文明修身和生命成长教育主题实践活动、连续五年开展"情暖滨海"、"地校共建"大学生志愿服务活动,共建立大学生社会实践基地 124 个、志愿服务项目 117 个,完成 33 万余小时的志愿服务行动,5055 名学生加入中华骨髓库、13 名学生成功捐献造血干细胞。自 2004 年起,为北京军区招收、选拔、培养国防生,国防教育成绩突出,被评为"全国国防教育先进单位"。加强体育工作,承办了第十二届全国大学生乒乓球锦标赛、第九届全国大学生运动会男子排球赛等重大体育活动,共有 37 人次在国内外大型体育比赛中获得金牌。2003 年至今,在"挑战杯"全国大学生系列科技学术竞赛中夺得金奖 1 项、银奖和铜奖 15 项,涌现出了救人英雄王汝华、"自强之星"宋端树等一大批优秀个人。德育工作经验和成效获中宣部、教育部肯定。

(七)扎实开展开放办学,国际化水平不断提高

坚持开放办学,同美国、日本、澳大利亚、加拿大、德国、英国、法国、瑞典、芬兰、墨西哥、波兰、西班牙等 30 多个国家的 60 多所大学、科研机构建立了合作交流关系。聘请了 30 余名外国专家来校工作, 承担多项国家高端外专引智项目,其中艾伦·牟俊达教授获 2013 年国家国际科学技术合作奖。派遣教师参加境外学术会议、合作研究或研修等 1,000 余人次,举办了达沃斯经济论坛新领军者年会、中日友好交流讲座、"中法建交五十周年"纪念活动暨"中法食品营养安全与药物化学联合实验室"揭牌仪式等几十场国际会议或国际活动,对外交流的层次和质量得到提高。留学生教育规模逐步扩大,2009 年学校正式成为接收中国政府奖学金来华留学生院校, 共接收来自 80 多个国家的各类留学生 3000 多人, 形成了从语言教学到本硕博层次学历教育的完整外国留学生教育体系。2014 年,与泰国易三仓大学共建孔子学院。中外合作办学成效显著,与美国、加拿大、日本、波兰等国外高校签订"1+2+1""2+2""3+2"等联合培养人才协议,在原有中美、中日项目基础上,增开中澳、中英项目,与英国、澳大利亚、芬兰等国外高校开展了深层次的科研及学生交流等活动。

(八)加紧实施战略东移,新校区规划建设稳步推进

战略东移是学校党委抢抓机遇、立足长远发展做出的科学决策,是学校融入经济建设主战场、助推国家发展战略、实现百年发展目标的关键一步,纳入了市委、市政府对天津市高等教育发展的总体部署。2001 年,学校与天津经济技术开发区签署合作协议,共建滨海校区。2002 年,新校区开工建设。2004 年 9 月,滨海新校区投入使用,全部一年级新生入驻。2006 年,六个整建制学院整体迁至新校区。2008 年,市教委和滨海新区联合签署《科技教育进一步支持滨海新区发展的协议》,确定学校在滨海新区进一步扩大办学规模,调整学科专业,整体战略东移,更好地服务滨海新区发展建设的战略目标。2010 年,学校再征土地

420 亩。2013 年 1 月,原天津经济技术开发区职业技术学院并入,滨海校区总面积达到 1888 亩。2013 年 2 月,天津市委关于进一步推进滨海新区开发开放方案中,提出了"天津科技大学成建制迁入新区"的具体要求。截至目前,校园整体规划设计基本完成,逸夫楼竣工并投入使用;教师公寓尚德园进入收尾阶段;体育馆列入 2017 年全运会场馆建设计划,已开工建设。2014 年 11 月 11 日,市委、市政府就有关工作进行了专题研究,确定了战略东移时间表、路线图,明确提出 2017 年搬迁完成。当前,各项工作正在稳步推进。

在滨海新区办学十年中,始终坚持"特色战略求发展、滨海新区做尖兵"理念,主动发挥自身优势,服务滨海新区开发开放。截至目前,已有 8 个整建制学院学生和全部一年级本科生、部分高年级本科生、大部分研究生约 1.7 万余人在滨海校区学习生活,已培养毕业生 39079 名,每年有大量毕业生在滨海新区就业创业;集聚了一批高水平人才和重点学科、重点实验室,与滨海新区 100 多家企业、科研院所建立了长期稳定的合作关系,近四年来服务滨海新区横向科研项目数达到 1522 项。学校正逐步成为高等教育服务滨海新区开发开放的"桥头堡",为滨海新区的开发开放做出了重要贡献。

在滨海新区办学十年中, 全校广大教师干部从学校发展百年大计出发,胸怀全局,凝聚共识,舍小家为大家,以强烈的责任感和教书育人的使命感,克服两地奔波劳顿、新校区生活工作条件不完善等困难,无怨无悔,辛勤工作,做出了巨大的牺牲。学校事业取得的进步,新校区办学取得的成绩,都饱含着全校教职工的心血。在此,我代表学校向辛勤工作在教学、科研、管理、服务一线的广大党员、全体教职工表示诚挚的问候和衷心的感谢!

(九)硬件建设成效显著,办学条件得到改善

坚持开源节流、打厚家底,突出重点、统筹兼顾,学校基础办学条件得到极大改善。与 2003 年相比,新增或在建校舍建筑面积 47.5 万平方米,达到 69.5 万平方米。2008 年以来,新校区增加建筑面积 34.2 万平方米。图书馆面积新增 2.3 万平方米,达到 3.6 万平方米。固定资产总值达到 12.5 亿元。较 2003 年相比,新增教学科研仪器设备值 3.5 亿元, 达到 4.3 亿元;生均仪器设备值达到 1.65 万元,是国家标准的近 5 倍;信息化设备资产值达到 1 亿元,数字化校园初步建成。办学经费收入增加 5.57 亿元,增长 3.2 倍;办学经费支出增加 5.82 亿元,增长 2.5 倍;重点学科建设经费支出 2.9 亿元;人员经费支出增加 2 亿元,教职工人均收入水平提高 2.5 倍。图书馆现代化水平显著提高, 新增爱思唯尔数据库和多个特色学科数据库,新增图书 150 万册,达到 243 万册。实施校园环境提升工程,美丽校园建设成效显著,获得"全国绿化先进单位"称号。

(十)党的建设全面加强,科学化水平显著提高

坚持用中国特色社会主义理论体系武装师生头脑,扎实开展保持共产党员先进性教育活动,深入学习实践科学发展观活动、创先争优活动、保持党的纯洁性教育活动和党的群众路线教育实践活动。党的建设科学化水平显著提高,学校党建工作经验在第十九次、二十二次全国高校党的建设工作会议上做了书面交流。思想政治工作得到不断加强。按照制度化、规范化标准,加强校院两级党委中心组理论学习,各级领导干部和广大党员的思想政治素质不断提高。宣传思想工作取得重大进展,保持了良好发展势头,为学校健康发展提供了强大的精神激励、舆论支持和思想保证。领导班子和干部队伍建设得到加强,坚持党委领导下的校长负责制和民主集中制,制定了校领导班子议事规则和《处级领导班子和领导干部年度考核办法》,完善了各级党组织的民主生活会和"三联系"制度,积极推进党内民主和党务公开,干部选拔、培养、任用、考核与监督的规范化水平逐步提升。加强基层党组织建设,着力加强党员的教育和管理,科学调整基层党组织设置,探索在学科组、课题组、科研团队、学生公寓、社团中设立党支部,加强在"双高"人员和青年学生中发展党员。制定实施学院党政联席会议制度,在二级学院配备专职组织员,坚持开展"创最佳党日""五好党支部"创建和基层党建工作创新立项活动。截至2014年底,全校共有19个分党委(党总支)、278个基层党支部,党员总数达到4102名,与2003年相比增长了7.4%。

按照中央和市委部署,2013年7月开始,学校深入开展了党的群众路线教育实践活动。以"办人民满意的教育"为准绳,尊重师生的主体地位,依靠群众的力量推进有特色高水平科技大学的建设。在教育实践活动中,围绕作风建设方面列出11个整改项目,围绕"推进内涵式发展""提高教育教学质量""教风学风考风""勤俭办学"方面列出20个整改项目,围绕"四风"突出问题列出7个专项整治重点任务,实实在在具体整改落实,充分发挥师生员工的积极性、主动性和创造性,形成推进内涵建设的强大合力,党员干部的精神面貌持续提振,师生员工干事创业的信心不断增强,学校呈现出朝气蓬勃、生机盎然的良好发展态势。

深化学校惩防体系建设和作风建设,不断强化党风廉政建设责任制并推进贯彻落实,深入开展有针对性的廉洁教育,在招标、招聘、招生、干部考察任免、财务、物资设备采购、基本建设等重点领域和关键环节深化了廉政风险防控机制建设。反腐倡廉制度建设得到全面推进和加强,制定了《关于进一步改进工作作风、密切联系群众的若干规定》,开展了清理小金库等专项治理工作,党在学校的创造力、凝聚力、战斗力明显增强。

切实加强校园软环境建设,努力营造干事创业的良好氛围。凝练出"尚德尚学尚行 爱国爱校爱人"的校训,创作完成《天津科技大学校歌》,成功举办 50 周年校庆、学校更名 10 周年纪念大会等重大活动。依法制定《天津科技大学章程》,成立学术委员会,多渠道发挥教代会、工会、共青团、学生会、离退休老同志和校友的重要作用,现代大学制度建设不断完善。深入推进校院两级管理体制改革,二级学院办学活力得到增强。加强民主管理、民主监督,积极推进校务公开、信息公开。统战工作不断加强,统战工作经验在全国高校统战工作会上做了发言交流。全面加强校园综合治理和信访、保密、防范抵御邪教等工作,营造了平安、和谐、稳定的发展环境。学校先后获得全国五一劳动奖状、全国厂务公开先进单位、全国精神文明建设先进单位、全国文明单位等荣誉称号。

同志们!

第一次党代会以来,学校党委和历届领导班子团结一心带领全校党员和师生员工,牢记使命、开拓进取,真抓实干、攻坚克难,在加快建设有特色高水平科技大学进程中迈出了新的重要步伐。

工作历程,令人难忘;发展成就,来之不易。这是市委正确领导的结果,是全校各级党组织、全体共产党员和师生员工努力拼搏、团结奋斗的结果,是广大校友和社会各界鼎力支持的结果。在此,我代表第一届党委会,向所有关心支持科技大学发展的各级领导、各界朋友和广大校友,向学校的老领导、离退休老同志,向全体共产党员、各民主党派和党外人士,向全校师生员工,致以崇高的敬意和衷心的感谢!

回顾第一次党代会以来的工作,我们在实践中不断深化了以下几方面的认识:

——必须坚持正确的办学方向。方向决定未来。只有自觉坚持并认真贯彻党的教育方针,牢牢把握社会主义办学方向,认真落实党委领导下的校长负责制,才能筑牢全校师生员工团结奋斗的思想政治基础,推动学校各项改革和事业沿着正确的方向前进。

——必须坚持立德树人。立德树人是教育的根本任务。只有坚持立德树人的基本导向,把促进学生德智体美全面发展作为学校一切工作的出发点和落脚点,尊重教育规律和学生身心发展规律,积极推进人才培养创新,才能培养出一批又一批优秀人才。

——必须坚持顶层设计。顶层设计站在学校百年发展的历史高度,对学校发展目标、发展路径做出了科学规划,描绘出建设有特色高水平的科技大学的宏伟蓝图。目标已确定,蓝图已绘就,需要我们果敢专注、坚持不懈、披荆斩棘、一往无前。只有坚定不移推进顶层设计,统筹兼顾软硬件建设,才能实现学校事业全面协调可持续发展。

——必须坚持师生的主体地位。学校的事业是全体科大人的事业,广大师生是办学的主体。只有凝聚全校师生员工的意志,最广泛地团结一切可以团结的力量,调动一切积极因素,最大限度地激发全校师生的积极性和创造性,坚定走群众路线,才能凝聚师生的爱校情怀,汇聚科大发展的正能量。

——必须坚持特色发展。特色就是竞争力。科大在长期的办学实践中,始终"坚持拓展轻工特色,精心培育行业中坚,矢志服务国计民生",凝练出了"尚德尚学尚行 爱国爱校爱人"的科大精神,在艰苦创业的道路上积淀了沉稳厚重、严谨朴实的科大品格。这是我们的宝贵财富,必须长期坚持走特色强校之路。

——必须正确处理改革发展稳定的关系。学校取得的巨大成就是准确把握和科学处理这三者关系的结果。只有坚持解放思想、深化改革,推动体制机制创新,才能不断增强办学活力;只有坚持科学发展,突出质量立校,才能实现学校各项事业的全面推进;只有坚持和谐稳定,才能形成团结向上、安定有序的校园氛围。

这六点体会认识,是科大在长期办学中形成的共识,凝聚着全校师生的智慧,也是我们进一步做好工作、推动学校事业发展的基础。我们必须长期坚持,不断发展!

二、发展形势与历史使命

回顾56年来学校艰苦创业的光辉历程,展望学校充满希望的光明前景,我们必须倍加珍惜、继续奋斗。

(一)发展形势和历史方位

当前,学校已进入第二个50年发展周期。学校发展面临前所未有的机遇。

一是学校发展正处于重要战略机遇期。全球化发展日益加速,新一轮科技革命正在酝酿形成,我国高等教育进入大众化阶段,提高质量已成为高等教育发展的时代课题。党和国家先后制定出台了教育、科技、人才三个中长期规划纲要,科教兴国、人才强国战略深入实施,教育优先发展的战略地位日益凸显,以质量和特色为主题的政策导向更加明确,迫切需要我们转变教育观念,全面加强内涵建设,实施素质教育,多规格培养经济社会发展需要的人才。经过第一个50年跨越发展,我们已经有了很好的基础。

二是学校所处的行业和区域环境更加优越。从行业来说,我国轻工行业保持了良好的发展势头,行业转型升级为学校发展提供了更加广阔的空间。从区域来说,天津经济社会持续快速发展,综合实力显著提升,正处在全面开发建设的高峰期和加快经济发展方式转变的关键期,特别是随着滨海新区开发开放深入推进、京津冀协同发展纳入国家战略,学校从天津发展中获取的支撑力和推动力更加强劲。

三是顶层设计全面实施,战略东移进入关键阶段。第二个50年起步伊始,我们凝聚全校师生智慧,制定实施顶层设计,为学校未来发展指明了方向,聚蓄了改革奋进的强劲势头。同时,战略东移纳入天津市委、市政府工作部署,校园整体规划建设全面推进,对于整合办学资源、改善办学条件、更好地服务国家和天津经济社会建设、带动学校事业可持续发展,必将产生深远影响。

同时也要看到,学校发展面临前所未有的挑战。面对全面深化改革和高校之间竞争发展态势,提高办学质量、强化办学特色、加快发展速度刻不容缓,广大师生和校友充满期待。

必须承认,与国内同类高校相比,我们在不少方面还存在差距。主要是:学校建设发展中不平衡、不协调问题依然存在,硬件建设的任务还没有完成,办学经费不足的问题短期内难以根本解决;教育教学理念还需要进一步转变,国家级教学科研平台还不多,教育教学质量、科技创新和成果转化能力有待进一步提高,服务滨海新区开发开放的意识亟须增强;特色学科地位还不够牢固,人文社会科学学科基础较为薄弱,学科交叉融合、协同创新能力不强;具有重要影响的领军人才总量不足,优秀青年后备人才的培养力度还需加强;管理体制机制还有待完善,干部队伍的思想作风建设、领导能力和执行能力还有待进一步加强,一些部门的服务意识还需要进一步改进。

总体上看,机遇与挑战并存,机遇大于挑战。为此,我们必须以更大的勇气和智慧,推进思想解放,抢抓机遇,迎接挑战。一方面,通过思想解放,增强发展自信。56年来,几代科大人坚持思想解放,脚踏实地,攻坚克难,走出了一条不平凡的科大道路。尤其是经过新世纪新阶段的发展建设,学校呈现出加快发展的良好态势。今天,历史的接力棒传递到了我们这一代人手上,我们共同有了一个崇高的事业和目标,必须深刻认识和勇于担当自己的责任,倍加自觉、倍加努力地创造无愧于党和人民、无愧于科大的业绩。对此,我们不必妄自菲薄。科大人从来不缺少智慧,科大人从来不缺少克服困难的勇气,科大人也从来不缺少勇攀高峰的雄心壮志。

另一方面,通过思想解放,推进改革创新。当前,学校发展站在了一个新的历史起点上。面对新的机遇和挑战,我们必须更加自觉地推进思想解放,深入思考制约学校发展建设的主要瓶颈和关键环节,打破不利于科学发展的思想观念和体制机制障碍,构建系统完备、科学规范、运行有效的制度体系。要客观全面地分析和把握存在的困难和问题，积极探索有科大特点的办学模式和发展路径，以更加广阔的视野、更加开放的姿态、更加执着的努力，不断加快建设有特色高水平科技大学的步伐，谱写学校发展的崭新篇章。对此，我们不能夜郎自大。必须跳出科大看科大，跳出天津看科大，把科大的发展放到全国高等教育布局、放到世界高等教育发展大潮中去认识、去把握、去建设，具有这种眼界、这种胸怀、这种胆识，科大才能拥有更加美好的未来!

（二）奋斗目标与使命自觉

蓝图已绘就，奋进正当时。顶层设计已经为学校第二个50年发展描绘了宏伟蓝图。按照顶层设计"三步走"战略部署，我们正在努力实施第一步。顶层设计"三步走"战略和我们的奋斗目标是:

——到2015年，办学资源调整取得实质性进展，软硬件建设统筹推进，融入滨海加快进程，强特色、调结构、填空白、提质量、增实力，为建设在国内有较大影响、特色学科领先的多科性教学研究型大学奠定坚实基础。

——到2020年，把学校建成在国内有较大影响、特色学科领先的多科性教学研究型大学。学校教育改革全面深化，教学的基础地位进一步巩固，科研在优势领域争取重大突破，特色学科专业优势显著提升，对国家和天津经济社会发展的贡献率大幅上升，形成行业精英人才培养、科技创新研发、特色技术服务、文化传承创新的品牌效应，实现主要办学指标有新突破，办学效益显著提升，民计民生不断改善。

——到2058年，建校100周年时，把学校建成国内同类高校一流、国际知名的有特色高水平科技大学。综合实力显著增强，若干个优势学科达到或接近世界先进水平，取得一批具有重大学术价值和国际影响的科研成果，成为培养高素质人才和聚集一流学者的重要平台、服务经济社会发展和推进文化传承创新的重要力量、具有重要影响的学术中心和创新基地。

同志们!

今后5年是学校全面实现2020年奋斗目标、加快建设有特色高水平科技大学的关键时期。学校工作总的指导思想是:认真贯彻党的教育方针，坚持社会主义办学方向，紧密围绕立德树人这一根本任务，全面深化教育教学改革，更加注重提高质量、突出特色，更加注重依法治校、现代治理，以战略东移为契机，弘扬科大精神，汇聚科大力量，解放思想，勇担使命，坚定不移推进顶层设计，团结一致为建设有特色高水平科技大学而奋斗。

根据这个指导思想和学校工作实际，必须要推进"三个转变"。

一是推进由外延式发展向提高质量、突出特色的内涵式发展转变。经过过去十多年的发展,学校实现了由小变大,现在,学校学生规模正趋于稳定,迫切需要由大变强,加强以质量和特色为核心的内涵建设。突出质量主题,就是要正确处理外延和内涵、数量和质量、规模和效益的关系,按照"稳本、增研、扩外"的战略,学生规模稳定在 25,000 人左右。突出特色主题,即保持和拓展轻工办学特色,以工为主,依托优势学科,实现多学科协调发展,营造有利于人才培养、科学研究、社会服务和文化传承创新的教育环境。扎根科大办好科大。

二是推进由传统管理向现代大学治理转变。党的十八届四中全会,对依法治国做出了重大部署。依法治国落实到高校就是依法治校。依法治校的关键就是完善学校内部治理结构,改变过去精英时代、规模小的情况下一管到底、管得细、管得多的方式,改变过去管理单一或较少学科的思维方法,建立中国特色、学校特色的现代大学制度。根据学校实际,完善以章程为核心的制度体系,规范行政权力、学术权力、民主权利的运行;尊重师生主体地位,健全民主决策和民主监督机制,切实提高依法治校的能力与水平。

三是由多校区办学向全面融入滨海、一地集中办学转变。多校区办学适应了学校规模不断扩大的需要,极大拓展了办学空间,但是,多校区办学面临着一些实际困难和问题,突出表现为办学资源稀释、教学组织困难、管理难度加大、运行成本增加,迫切需要实现一地集中办学。一地集中办学,不仅是学校办学空间的一次转变,更是学校发展理念的一次转变,对于全面融入滨海、服务国家战略、实现"三步走"战略目标具有重要现实意义。

面对学校进入第二个 50 年面临的严峻形势和前所未有的机遇,我们必须树立"新常态"的思维,通过解放思想、深化改革,实现新常态,发展新常态。所谓学校发展新常态,就是学校的发展面临着阶段性的形势和任务,进入了一个新的发展阶段,这个阶段最大的特征就是新常态。具体表现在,学校办学规模基本稳定,学校的学科、专业设置等基本稳定,学校的办学空间和定位基本稳定,学校师生生活工作环境基本稳定,等等。我们要适应这种新常态,以平常心对待新常态,不动摇、不懈怠、不忽悠、不折腾,解放思想,实事求是,脚踏实地,求真务实,深化改革,把学校的事业搞上去!

三、今后五年的主要任务

围绕 2020 年奋斗目标和工作指导思想,今后五年着重做好以下工作:

(一)加快推进战略东移

要以高度的使命感和责任感,在市委、市政府的支持下,依靠全校师生的智慧和努力,高起点规划、高水平建设,建设一座具有"浓郁的校园文化底蕴、现代的工业信息特色、靓丽的工科大学风格、幽静的生态绿色环境"的现代化新校园。

科学制定战略东移路线图和时间表,按照市委、市政府要求,2015 年 8 月前,完成 37 栋单体建筑的设计,制定建设方案,完成开工前的各项准备工作;2015 年下半年,新校区二期 42 万平方米建筑全面开工建设;2017 年 8 月,完成新校区二期建设;2017 年底前,完成搬迁。同时做好新老校区过渡和土地资源调整置换工作。制定整体搬迁计划,明确新老校区功能定位,改进校园管理运行机制。

(二)全面提高人才培养质量

坚持育人为本,以提高育人质量为核心,着力培养思想道德良好、专业基础扎实、国际视野开阔,具有社会责任感、创新精神和实践能力的行业卓越人才和高素质应用型人才。

深化教育教学改革。更新教育理念,创新教学方法,提高教育实效。开展专业综合改革和综合评价。强化实践环节,增加实践教学经费,全面提高学生的创新精神和实践能力。加强实践教学,新建 3.5 万平方米的工程实训中心和生化实验中心,统筹学校资源,开展适合于大学生成长的竞赛和工程实践活动,探索建立与科研院所、行业企业协同育人机制。推进行业卓越人才培养计划,以实验班为平台,认真研究拔尖创新人才的成长规律,不断完善卓越人才培养体制机制。制定课堂教学管理办法。加强体育工作和心理健康教育,不断提高学生身心健康水平。投资 2.7 亿建设 2.45 万平方米的学校体育馆和风雨操场,满足师生健身强体需求。深化改革,积极应对新一轮全国高考制度改革,调整优化生源结构,保持生源质量稳定。加强创业教育,提高就业水平。总结继续教育工作经验,不断提升继续教育办学水平。

加强研究生教育。围绕提高研究生培养质量这一主线,建立健全科学公正的招生选拔机制,深化研究生招生计划管理改革,完善研究生招生选拔办法。建立健全研究生分类培养机制,完善不同类型、不同层次研究生的培养方案和质量标准,加强课程建设,加大考核与淘汰力度,注重培养过程。进行导师责权机制改革,强化导师培训,提高导师责任意识,不断深化导师考核制度。完善质量保证体系,重视校内外质量评估。完善奖学金助学金激励体系,强化研究生投入机制和条件建设。加强营造学术氛围,激发研究生的创新意识。加强科学道德教育与学风建设。深化研究生教育开放合作。抓住一切机遇,争取扩大博士生规模,努力实现顶层设计设定的研究生规模。

加强教育教学质量保障体系建设。培育一批精品课程、实验教学示范中心、本科教学团队和大学生校外实践基地,强化毕业设计,提高工程能力,完善评教制度和教学督导制度。改善基础实验教学、基础课程教学条件。深化校院两级教学改革,积极开展教育教学改革研究。

(三)增强科研创新能力

以前沿和需求为导向,深入推进科研体制改革,积极构建科教互动、交叉融合的科技创新体系,不断增强学术影响力和科研创新能力。

精心组织以重大项目为引领的科研攻关。积极开展基础研究、前沿技术研究、人文社会科学研究和涉及国计民生重大问题的理论和应用研究,努力在解决制约经济社会发展的重大科技问题、重大理论问题等方面产出标志性成果。加强科研创新的组织和培育,在国家重大科技计划项目、国家社科基金项目方面实现新突破。

加强科研平台建设。整合现有优势资源,组建参与国家或区域重点发展领域和学术前沿研究的科技创新团队,新增若干以优势学科带动、多学科交叉的科研创新平台,在国家重点实验室、国家工程研究中心和教育部人文社会科学研究基地等方面取得突破。

积极推动协同创新。通过体制机制创新和政策、项目引导,加强与中外科研院所、行业企业及高校的深度合作,培育并建设若干个有较大影响力的协同创新中心,建成国家、地方和学校三级协同创新体系。

完善科研管理体制。探索建立以任务为导向,有利于科技资源共享和学科交叉融合的科技管理体制及运行机制。在继续保持纵向科研稳定和不断增长的同时,调整政策鼓励横向科研的扩大,争取全校科研总量再上新台阶。加强科研经费监管和在研项目全过程管理,完善以创新和质量为导向的科研评价机制和分配激励机制。

(四)加强教职工队伍建设

把教师队伍建设作为学校最重要的基础性工作,努力造就一支师德高尚、业务精湛、结构合理、充满活力的高素质教职工队伍。

推进师德建设。认真贯彻落实教育部《关于建立健全高校师德建设长效机制的意见》《高等学校教师职业道德规范》的指示,将师德作为教师考核、聘用和奖惩的首要内容,实施师德一票否决制。加强师德教育特别是学术道德、学术规范教育,不断增强教师教书育人的责任感和使命感。严把教师聘用考核政治关,将其作为聘用考核的基本标准。严肃查处学术不端行为。

深化人事制度改革。推进以绩效为导向的全员聘任制改革,探索分类管理和分类评价体系,建立更为合理的岗位设置、人员聘任、考核评价和竞争机制,统筹教学队伍、科研队伍、管理队伍、服务人员队伍的协调发展。深化内部分配制度改革,建立并完善与聘用制相适应的薪酬分配激励机制。完善流转退出机制,增强教师队伍的生机和活力。

提高教育队伍整体水平。坚持引进和培养并重,深入实施"海河学者特聘教授制度""海河学者培育计划",造就 30 名左右的领军人物和学术带头人,培养 100 名左右的青年学术骨干后备人才,重点建设一批创新团队。拥有博士学位的教师比例达到 60%。继续实施中青年教师能力培养与提升计划,加大青年教师培养力度,不断提高各类教工的职业素质和能力。完善专任教师参加企业实践和新入职教师从事一年辅导员工作的体制机制,试行将其纳入长期聘任和晋升的必要条件。

(五)调整优化学科结构

准确把握学科定位,巩固轻工特色优势,加强学科交叉融合,积极发展新兴学科,形成特色鲜明、优势突出、结构合理、多学科协调配合的学科专业体系。

加强重点学科建设。积极拓展天津市重点学科的覆盖面,集中精力培育新的国家重点学科,支持特色优势学科冲击国家重点学科。加强校级重点学科建设,鼓励校际、校企共建学科发展平台。

优化学科布局。加强学科发展规划,强化学科建设对人才培养、科学研究、队伍建设、社会服务的有效带动。加强人文社会科学学科建设,促进自然科学学科与人文社会科学学科协调发展。推进学科资源配置方式改革,研究制定学科评价指标体系,建立学科绩效动态监测机制。加强学位授权点建设,新增一级学科博士学位授权点 1—2 个,拓展专业学位授权领域。

促进学科交叉融合。坚持巩固传统学科,拓展优势学科,培育新兴学科。挖掘传统优势学科新的增长点,发展基础学科和新兴交叉学科,建设多学科公共服务平台,组建跨学科跨学院的研究平台,促进多学科协调发展。

(六)提升服务经济社会发展水平

以滨海新区开发开放和京津冀一体化为契机,更加主动地承担服务国家和天津经济社会发展的责任,为天津建设和国家区域发展战略做出新的贡献。

有效服务经济建设。围绕滨海新区支柱产业和当前战略需求,力促学科链、专业链、人才链与滨海新区产业链全面对接,实现多点开花。创新产学研用合作机制,加强校企、校地合作,建好天津市科技成果转化中心、滨海新区国际创新技术转移中心,主动融入国家和区域技术创新体系,形成若干具有明显优势和突出特色的社会服务领域。

积极参与社会建设。围绕改善民生、社会管理改革创新、环境治理等社会治理热点问题,充分调动哲学社会科学相关学科积极性,主动参与社会建设实践,深入开展科学普及工作,为社会提供多种类型的教育培训服务与政策研究咨询服务。

自觉推动文化建设。充分发挥科大文化的辐射作用,传承和弘扬中华优秀传统文化,传播和发展社会主义先进文化,积极开展公共文化服务,参与文化创意产业发展,将学校建设成为滨海新区文化传承和创新的重要基地。

(七)加强学生德育工作

围绕立德树人根本任务,积极推进素质教育,完善德育工作体制机制,培育和践行社会主义核心价值观,全面提升学生综合素质。

加强学生思想政治教育。实施以培育和践行社会主义核心价值观为主要内容的大学生思想政治教育质量提升工程,深入开展中国特色社会主义和中国梦教育,加强党史国史和形势政策教育、民族团结教育,完善中华优秀传统文化教育。全面加强思想政治理论课课程建设和教师队伍建设,进一步推动中国特色社会主义理论进教材、进课堂、进学生头脑工作。加强辅导员队伍专业化、职业化建设,完善辅导员选拔、培养和管理机制。加强网络思想政治教育工作,推进博客、微博、微信平台和主题教育网站建设。实施青年马克思主义者培养工程,建成一批学生工作特色基地,努力打造实践研究型学生工作模式。加强分类指导,创新国防生教育管理工作,完善就业创业指导服务体系及家庭经济困难学生资助体系。

加强实践育人工作。积极探索和建立社会实践与专业学习相结合、与服务社会相结合、与勤工助学相结合、与择业就业相结合、与创新创业相结合的工作机制,增强社会实践活动的效果。重视社会实践基地建设,不断丰富社会实践的内容和形式,提升社会实践的效果。积极组织学生参加社会调查、志愿服务、公益活动、勤工助学等社会实践活动。

进一步繁荣校园文化。加强对办学历史、治学理念、校训精神的挖掘、研究和弘扬,培育学科文化,传承体现科大品格的大学精神。大力加强大学生文化素质教育,开展丰富多彩、积极向上的学术、科技、体育、艺术活动,打造一批特色文化品牌。重视校园人文环境和自然环境建设,完善校园文化活动设施,加强校报、校内广播、出版物和哲学社会科学研讨会、报告会、讲座的管理。建设富有时代气息、健康向上的网络文化。整体维修好现有的大学生活动中心,再建设1.6万平方米的大学生活动中心,设立永久性校史展览馆、档案馆,设立若干主题展览室。

(八)加快国际化办学步伐

坚持开放办学,以国际视野和国际胸怀,不断拓展国际合作广度和深度,营造更加开放、更具活力的办学环境。

加强国际合作与交流。调动学院与教师开展国际学术交流与合作的积极性、主动性,不断推进与国外著名大学、科研机构的深度合作,吸引更多的世界一流学者来校从事学术交流,提高外籍教师整体水平。通过学生交换、联合培养、海外实习等实质性合作,不断提升我校师生海外学习和研究的质量。继续办好中澳、中日、中英、中法、中德合作办学项目,积极争取国际科技合作项目,承办高层次国际学术会议,力争建成多个国际科技合作平台,切实推进中外合作研究。办好孔子学院。加强国际执业资格认证工作。

加强留学生教育。用好天津和滨海新区对外开放资源,积极拓展留学生的来源国家和地区,扩大留学生教育的专业覆盖面,提高留学生培养层次和学历生的比例,形成与学校事业发展相适应的留学生规模和结构。完善留学生教育教学及管理队伍建设,改善留学生办学条件,为海外学生来校学习提供良好环境和优质服务。

(九)切实提高管理水平

坚持依法治校,落实《天津科技大学章程》,努力形成符合高等教育管理规律、与学校实际相适应的制度体系,不断提高管理服务水平。

完善校院两级领导班子议事决策机制,建立学校重大决策咨询制度,完善学校重大事项公示、听证制度。充分发挥学术委员会在教育教学、学科建设、学术评价和学术发展中的重要作用。探索教授治学的有效途径,充分发挥教授在教学、学术研究和学校管理中的作用。加强教职工代表大会、学生代表大会建设,发挥群众团体的积极作用。

深化管理体制改革。推进人、财、物各方面的管理体制改革,确立科学的考核评价和激励机制,提高管理水平和服务质量。继续深入推进全员聘任制改革,积极稳妥地推进教学科研管理服务人员分类管理制度,进一步完善各类教职工评聘体系。继续深入实施包括财务管理改革在内的校院两级管理体制改革,推动学校工作的重心、政策和资源下移。按照学科发展规律和人才培养规律,调整学科、学院设置,适时启动院(部)调整工作。

加强学院建设。各学院要结合自身特点,进一步明确发展目标、转变发展理念、创新发展模式,充分发挥在人才培养、科学研究、社会服务、文化传承创新等各项事业发展中的主体作用。积极探索校内研究机构设置和运行机制的新模式。

(十)加强支撑服务体系建设

以增强服务意识、提高服务能力为切入点,创新管理服务机制,强化服务保障功能,为落实顶层设计任务目标、推进学校内涵建设提供有力支撑。

改善办学经费紧张状况。研究探索大学理财规律,加强成本控制和考核,严格财务管理规定,认真做好财务收支审计、科研经费审计、工程审计和经济责任审计,提高资金使用效益。

增强基础保障能力。充分利用最新管理方法和技术,完善资源有偿使用机制,搭建有利于资源共享的"化工类""机电类""人文社科类"三大模块实验平台和工程训练中心的"3+1"横向实验平台体系,突出优质实验资源建设和利用。加强智慧校园建设,提升学校信息化建设水平。加强数字化图书馆建设,建成多个特色学科图书资料中心。改造扩建图书馆,建设东区图书馆情报信息中心,形成东西区各有图书资料中心的支撑格局。加强绿色生态校园建设,提升校园整体环境质量。加强节约校园建设资金,深化能耗监测平台的应用与管理。

着力改善民生。积极争取解决教职工在新区入园、上学、就医、交通等方面的困难,千方百计创造条件提高教职工收入和福利待遇,力争不低于入驻新区前所享受的政策待遇。坚持开源节流,多方筹措资金,适度提高住房公积金。采取切实有效措施,提高教职工待遇增量,提升融入新区的个人生活水平。确保教职工工作用餐质量。坚持每年为师生员工办好若干件实事,丰富师生精神文化生活,进一步改善师生工作、学习、生活条件,提高学校民计民生水平。

四、全面推进党的建设

建设有特色高水平科技大学,关键在党。我们必须坚持党要管党、从严治党,全面加强党的思想建设、组织建设、作风建设、反腐倡廉建设和制度建设,为学校事业改革发展稳定提供强大动力和坚强保证。

(一)进一步加强党的思想建设

坚持把思想理论建设放在首位,深入学习贯彻党的十八大及十八届二中、三中、四中全会精神和习近平总书记系列重要讲话精神,坚持用发展着的马克思主义武装头脑,进一步增强广大党员和师生员工的道路自信、理论自信、制度自信。继续深化学习型党组织建设,深化校、院两级中心组学习制度,善于利用新技术、新手段不断丰富学习形式和载体,创造性地开展学习活动。

充分发挥哲学社会科学学科优势,加强马克思主义教育学院建设,组建天津科技大学中国特色社会主义理论研究中心,以组织课题项目和举办各类理论研讨、宣讲活动为载体,切实推进基层党组织理论武装工作。大力弘扬理论联系实际的学风,努力把科学发展观内化为办学观、教育观,转化为促进学校改革发展的实际行动。

坚持以社会主义核心价值体系为根本,牢牢把握党对学校意识形态工作的领导权。把思想政治工作同改善师生学习、工作、生活条件结合起来,注重人文关怀和心理疏导,在贴近学校实际、贴近师生生活中不断增强思想政治工作的针对性和实效性,努力在校园内形成讲理想信念、讲精神追求、讲道德风尚的文化氛围。切实加强新闻宣传工作,弘扬主旋律,传播正能量。

(二)进一步加强党的组织建设

落实党建工作责任制,制定《基层党支部工作细则》,推进党支部进公寓、进社团、进实验室工作,拓展党的工作的影响力和覆盖面。加强服务型党组织建设,构建党员立足岗位创先争优长效机制。严格党内组织生活,健全党员党性定期分析、民主评议等制度。创新基层党组织的工作机制和活动方式,建设一支高素质的专职组织员队伍,持续开展创先争优活动。抓好党员的发展工作,提高党员发展质量。重点在高学历高职称人员、优秀青年教师和优秀大学生中发展党员,进一步优化党员队伍结构,提高党员队伍整体素质。

坚持党管干部、党管人才原则。加强领导班子和管理干部队伍建设,按照"信念坚定、为民服务、勤政务实、敢于担当、清正廉洁"的好干部标准,不拘一格,把好干部选拔上来,派到重要、困难的岗位上锻炼。优化领导班子和干部队伍结构,注重从基层一线选拔干部;加大干部交流力度,党务与行政之间、学校机关与学院基层之间、专业技术人员与管理干部之间要加强交流。坚持对领导班子和班子个人的考核,严格干部管理,不让脑子不想事、心里不装事、手中不干事、只想当官不想干事、见事躲着走、推推动动、不推不动的人过得滋润舒服;不让老实人吃亏,不让投机钻营者得利,不让只耍嘴皮子、不干正事的人得势。创新干部培训、考核和分类管理体系,加强后备干部队伍建设,加大多岗位锻炼的力度,鼓励年轻干部到基层和困难多的地方锻炼成长。深入推进人才强校战略,健全人才工作体制机制,用足用好国家政策,统筹协调人才的遴选、引进、培养、使用和考核,营造促进各类人才脱颖而出、人尽其才的良好环境,最大限度把各类优秀人才凝聚在党的周围。

(三)进一步加强党的制度建设

坚持和完善党委领导下的校长负责制,充分发挥党委统揽全局、协调各方的领导核心作用,支持校长依法独立开展工作,稳妥处理改革发展稳定的关键问题。以《中国共产党普通高等学校基层组织工作条例》为根本依据,加强学校领导班子建设,不断提高应对复杂情况,保持政治稳定和依法办学、依法治校的能力。

坚持民主集中制,健全党内民主制度。按照集体领导、民主集中、个别酝酿、会议决定的原则,完善党委议事规则和决策程序,落实常委会向全委会报告工作和接受监督的制度。完善院级党组织工作机制,落实好专业学院党政联席会议制度。加强党内基层民主建设,加大党务公开力度,完善党员定期评议基层党组织领导班子等制度,增强党内生活原则性和透明度。

(四)进一步加强作风建设和反腐倡廉建设

各级领导班子和广大党员干部都要自觉加强党性修养,大力弘扬求真务实、艰苦奋斗、批评和自我批评的优良作风,坚决克服官僚主义和形式主义,大力倡导勤俭节约、勤俭办校,反对奢侈浪费。完善领导干部联系基层、党员联系师生制度,关心师生员工特别是青年教师、离退休人员和家庭经济困难学生的学习、工作、生活,尽心竭力解决师生的实际困难。深入开展党风党纪教育,继承优良传统,弘扬新风正气,以党风建设推进学风、教风和校风建设。

严格落实党风廉政建设责任制,落实党委主体责任和纪委监督责任。按照标本兼治、综合治理、惩防并举、注重预防的方针,建立健全与学校实际情况相适应的惩治和预防腐败体系,切实加强对重点领域和关键环节的监管,深化廉政教育和廉洁文化建设。各级领导班子和领导干部要严格遵守《廉政准则》,严于律己、以身作则、廉政勤政。

(五)进一步发挥党的政治优势,共建科大美好家园

弘扬"尚德尚学尚行 爱国爱校爱人"的校训精神,传承"朴实、敬业、进取"的光荣传统,塑造科大人的价值观念与理想追求,不断增强师生员工的归属感、自豪感、责任感和使命感。

尊重师生员工的主人翁地位,深入推进校务公开。拓宽民主参与、民主管理、民主监督渠道,积极发挥教代会和工会组织的重要作用。切实维护教职工的合法权益,真诚关心教职工生活。高度重视共青团工作,坚持"以党建带团建",积极开展团组织活动。探索学生参与治校的机制,经常听取学生意见和建议,推动学生组织开展自我教育、自我管理、自我服务。进一步做好党的统一战线工作,充分发挥民主党派和无党派人士的积极作用,支持各级人大代表、政协委员和党外人士为学校发展及经济社会发展建言献策,做好民族、宗教、港澳台、侨务及留学归国人员工作。尊重、关心离退休老同志,努力为他们发挥余热创造条件。切实加强校友工作,提升服务校友能力,增强校友会功能和校友对学校发展的支撑力、贡献力。

加强平安校园建设,继续完善突发事件应急工作机制,加强综合治理,强化安全教育,严格日常监管,切实维护学校安全稳定。要充分调动一切积极因素,全力化解一切消极因素,为学校的改革发展创造团结和谐、健康向上的良好环境,共建师生校友热爱的美好科大家园。

同志们!

1945 年 6 月 11 日,毛泽东同志在中共第七次全国代表大会上说:古代有一位老人,住在华北,名叫北山愚公。他的家门南面有两座大山挡住他家的出路,

一座叫作太行山，一座叫作王屋山。愚公下决心率领他的儿子们要用锄头挖去这两座大山。有个老头子名叫智叟的看了发笑，说是你们这样干未免太愚蠢了，你们父子数人要挖掉这样两座大山是完全不可能的。愚公回答说："我死了以后有我的儿子，儿子死了，又有孙子，子子孙孙是没有穷尽的。这两座山虽然很高，却是不会再增高了，挖一点就会少一点，为什么挖不平呢？"愚公批驳了智叟的错误思想，毫不动摇，每天挖山不止。这件事感动了上帝，他就派了两个神仙下凡，把两座山背走了。2013年2月28日，习近平在中共十八届二中全会第二次全体会议上的讲话中指出：我们要有钉钉子的精神，钉钉子往往不是一锤子就能钉好的，而是要一锤一锤接着敲，直到把钉子钉实钉牢，钉牢一颗再钉下一颗，不断钉下去，必然大有成效。如果东一榔头西一棒子，结果很可能是一颗钉子都钉不上、钉不牢。我们要有"功成不必在我"的精神。一张好的蓝图，只要是科学的、切合实际的、符合人民愿望的，大家就要一茬一茬接着干，干出来的都是实绩，广大干部群众都会看在眼里、记在心里。这就是毛泽东同志提出的愚公移山精神和习近平同志提出的钉钉子精神。

回顾科大56年发展历程，其中寄托着几代科大人的梦想和追求，饱含着全体科大人的艰辛努力和忘我奉献。展望科大百年发展的宏伟蓝图，我们要发扬愚公移山精神，发扬钉子精神，咬定青山不放松，一张蓝图绘到底，我们必须以更加坚定的信念、更加顽强的作风、更加务实的品格，坚定不移推进顶层设计，力争早日跻身国内同类高校前列。面对全校师生的信任和重托，面对新的历史条件和考验，我们的目标一定要实现，我们的目标一定能够实现！

让我们紧密团结在以习近平同志为总书记的党中央周围，高举中国特色社会主义伟大旗帜，深入学习贯彻习近平总书记系列重要讲话精神，在天津市委的正确领导下，改革创新，奋力争先，不断开创建设有特色高水平科技大学新局面，为中华民族伟大复兴做出新的更大贡献！

第三节 天津科技大学教育事业中长期发展规划

（2010—2020，2058）

根据《国家中长期教育改革和发展规划纲要》和《天津市中长期教育改革和发展规划纲要》精神，结合我校发展实际，制定本规划纲要。

序言：培养每一个学生的创新精神和实践能力让更多优秀人才脱颖而出

教育，关系着每一个人的生存与发展，是民族振兴的基石，是创新进步的源

31

泉。随着人类社会的继续发展,高等教育作为人才培养基地的作用将更加突出,经济、科技的飞速发展和社会的不断进步,对高等教育培养人才的数量和质量提出了更高的要求。

天津科技大学教育事业经历 50 年积淀,伴随新中国轻工业的建设与发展,实现了持续进步。特别是改革开放以来,在中央有关部门、市委、市政府、市委教育工委和市教委的领导下,在全校师生的共同努力下,学校教育事业取得了重大成就,为未来发展奠定了良好的基础——教育事业全面发展,办学条件显著改善,素质教育不断加强,教育质量进一步提高,学科布局日趋合理,师资总体水平逐年提高,具有创新精神和实践能力的高素质应用型人才培养体系基本形成,科技创新能力逐步提升,社会服务影响日趋扩大,发挥学校的辐射作用,在提高校园周边素质和促进城市发展中发挥了重要的作用,教育教学改革试验深入实施,教育开放不断扩大、教育活力不断增强,为国家现代化建设输送了大批人才。

学校改革发展所取得的巨大成就,得益于几代科大人尊重人才、重视教育、发展科技和矢志服务国计民生的良好传统,得益于坚持建设高质量教育、精心培育行业中坚的执着追求,得益于坚持走具有轻工特色、符合时代特征和科大特点的教育发展之路的坚定信念;是学校历代教育工作者贯彻党和国家的教育方针、紧紧围绕培养德智体美全面发展的社会主义建设者和接班人这一根本任务,辛勤耕耘和创新探索的智慧结晶。严谨朴实敬业、甘于奉献的优良历史传统,地处滨海新区的明显区域优势,与轻工行业紧密结合的突出轻工学科优势,这些是我校取得巨大成就和继续发展的比较优势所在。

学校虽然保持着良好的发展态势,但在理念、服务、质量、体制等方面还存在诸多薄弱环节,主要表现在:领军人才还不足以支撑学校的高水平发展;人才培养模式尚不适应时代发展和学生成长的需要;教育资源配置还有待进一步优化,学校办学条件距高质量办学要求还存在着较大差距;教育管理体制和考评机制改革相对滞后;知识创新和知识服务能力还不强,教育国际影响力和竞争力还不够;学科和思维定势还急需突破。

未来一段时期,国际经济政治将处于深刻变化之中,知识竞争和创新驱动发展仍然是世界发展的重要特征之一。我国将全面建设小康社会和创新型国家,从人力资源大国向人力资源强国迈进。天津将加快经济发展方式转变和经济结构调整,不断增强城市的综合竞争力和国际竞争力,人民群众对精神文化需求将更加迫切,对教育质量提出了更高的要求,教育诉求也将更趋多元和多样。自主创新需求、国际科技竞争、国家重点投入、区域经济发展以及国家中长期发展规划将要求重点建设有特色高水平大学、培养卓越应用型人才,我校的发展解决好新校区整体规划和建设的问题是学校今后发展的历史机遇的着力点。同时,学科转型及交叉速度加快,大学竞争日趋激烈,对学校的发展提出了严峻的挑战。随着高考报考人数一路下行,生源竞争、生存竞争即将成为各高校需要面对的严峻现实,大学教育将进入品牌时代。面对社会大众从"有学上"转向"上好学"的社会需求,高校必须重新审视自己,找准自身应有的位置,合理定位办学目标,努力办出特色,办出品牌。

创设有特色高水平的教育环境,关心所有学生的健康成长,关注学生各个群体的发展需求,为他们提供更为优质、多样的学习机会,让每一个学生都具有坚定的理想信念、强烈的公民意识、健康的身心和深厚的科学人文素养,让更多的优秀人才脱颖而出,为经济社会发展培养有特色高水平的创新人才和大批具有创新精神与实践能力的高素质应用型人才,将是我校的社会责任。

一、总体战略

(一)天津科技大学使命

勇于承担社会责任是我校重要价值的体现。我们肩上承担着积淀、传承和发展民族文化以及吸收世界优秀文化的责任;担负着培养一代代精英和大批高素质应用型人才的责任。面对国际国内的新形势和人民群众的新需求,我校必须紧紧围绕国家的重大战略,紧紧围绕人才培养这个中心,更加注重人才队伍建设,更加关注学生的全面成长,更加重视科技创新和社会服务,坚持改革创新,把培养学生的创新精神与实践能力作为核心理念,为服务于经济建设、推动自主创新、引领文化发展、促进社会和谐做出更大的贡献。

指导思想

高举中国特色社会主义伟大旗帜,以邓小平理论和"三个代表"重要思想为指导,深入贯彻落实科学发展观,全面贯彻党的教育方针,遵循高等教育发展规律,面向社会需求。坚持以人为本、育人为先,促进每一个学生的全面发展和优秀人才的脱颖而出,让师生享受更优质的教育和服务;坚持办学特色、质量立校,提升学科、人才、科研和服务水平,为国家、天津经济社会发展和滨海新区开发开放做出贡献;坚持改革创新、开放办学,建设现代大学制度,拓展中外合作领域,提高学校国际化水平和社会影响力。努力把学校建设成为国内同类高校一流、国际知名的有特色高水平大学。

学校定位

总体目标定位:保持和拓展轻工特色与优势,坚持以工为主,工、理、文、经、管、法多学科协调发展。至 2020 年,把学校建成在国内有较大影响、特色学科领先的多科性教学研究型大学。至 2058 年,把学校建设成为国内一流、国际知名的有特色高水平大学。

规模定位:按照"稳本、增研、扩外"的战略,到 2020 年,在校生本研一体达到 25000 人;到建校 100 周年,本科生与研究生比例基本达到研究教学型大学水平。

类型定位:教学研究型大学。

学科发展定位:以工为主,依托优势学科,实现多学科协调发展。

办学层次定位:以本科教育为主,逐步发展到本科与研究生教育并重,积极发展留学生教育和国际合作教育。

培养目标定位:培养思想道德良好、专业基础扎实、国际视野开阔,具有较强创新创造能力和工程实践能力的行业卓越人才和大批高素质应用型人才。

服务面向定位:立足轻工,服务社会;立足天津,面向全国。

在推进学校教育改革和发展的过程中,要坚持"育人为本、强化特色、提高质量、开放合作、争创一流、推动创新、服务发展"的工作方针:

——育人为本。坚持以人为本、育人为本,让学生享受我们的教育和服务。以满足人民群众的高质量教育需求为宗旨,努力实现学有所教,使每一个学生得到符合自身特点的综合发展。

——强化特色。坚持特色办学,建设一流特色学科,培育行业精英人才,逐步形成我校个性化的办学风格和特色,打造学校的比较优势和核心价值,提高核心竞争力。

——提高质量。坚定不移地把提高教育教学质量作为学校发展的永恒主题,作为在激烈竞争中学校求生存谋发展的生命线。努力构建激发受教育者发展潜能的教育新模式,立足行业卓越人才和高级专门人才培养,设置相对独立的教学与创新体系;进一步扩大教育的选择性,使教学的组织安排更适应学生发展的需求,让学有所长的学生张扬个性,让学有所难的学生增强自信,使学生思想品德、学习能力和创新实践能力显著提升;现代信息网络技术更加广泛应用,更好地体现教育教学和人才培养和谐、灵活、多样的特点,使受教育者得到全面而有个性的发展。

——开放合作。吸引社会力量参与学校改革发展,与经济社会发展联系更加紧密,国际、区域教育合作交流进一步加强,教育开放度和国际化水平明显提高,教育活力和教育效益不断增强,形成多元开放的教育新格局。

——争创一流。确立现代教育理念,瞄准世界和国内先进水平,以国内外一流的高等教育标准谋划发展,不断提高教育质量和办学效益,通过实施行业卓越人才培养计划,使创新人才培养水平显著提高;在重点学科专业领域争创一流,培育行业精英,打造教育品牌;通过广泛的交流合作,扩大社会影响力和国际知名度。勇于追赶大校、名校,努力达到同类高校中国内一流水平。

——推动创新。坚持解放思想,全面推进教育体制机制改革,创新教育体制和发展模式,不断增强办学活力。建立与人的全面发展相适应的现代大学内部治理结构和管理运行机制,形成均衡协调可持续发展的办学新模式,使教育资源配置向最需要的地方倾斜,促进学校事业科学发展。

——服务发展。完善知识创新和知识服务体系,推进教育与科研、产业的紧密结合,增强学校服务经济社会发展的能力,在服务京津冀、滨海新区和全国经济社会发展中发挥重要作用。

(二)战略目标

实施三步走战略:

第一阶段,2011—2015年(第一个5年),落实学校教育事业"十二五"发展规划和"强校计划"第一阶段目标任务,力争完成办学资源的扩展和布局调整,强特色、调结构、填空白、提质量、增实力,为建设在国内有较大影响、特色学科领先的多科性教学研究型大学奠定坚实基础。

第二阶段,2016—2020年(第二个5年),落实"强校计划"第二阶段目标任务,显著提升特色学科专业优势,形成行业精英人才培养、科技创新研发、特色技术服务的品牌效应,把学校建设成为在国内有较大影响、特色学科领先的多科性教学研究型大学。

第三阶段,2021—2058年(38年),历经几代人持之以恒的努力,到建校100周年时,把学校建设成为国内同类高校一流、国际知名的有特色高水平大学。

(三)战略部署

根据指导思想和总体目标,我校教育改革和发展要聚焦重大战略主题,探索和推进办学管理体制机制改革,分类指导、分步实施,按照特色化与综合性协调发展、非均衡与整体性协调发展、跨越式与可持续协调发展的原则,逐步推进我校改革发展建设目标的实现。

——聚焦战略主题,实现重大突破。围绕以人为本、提高教育质量、培育教育品牌这一战略主题,追求教育卓越,在若干领域取得重大突破。努力使所有受教育者都得到充分发展;推进素质教育和创新人才培养,加强民族精神、时代精神和人文精神教育,提高学生的创新精神和实践能力;增强知识创新和知识服务能力,促进知识的扩散、传播、共享和应用,推动学校成为国家和区域创新发展的知识创新基地和知识服务中心;提升教育国际化水平,注重培养学生的国际视野和国际交流能力,增强学校的国际吸引力、影响力和竞争力;推进教育信息化,运用信息通信技术推动教育变革,促进学习个性化和教育的开放化、远程化、网络化;加快人才培养模式改革,搭建个性化学习平台,满足个人多样化的学习和发展需要。

——实施学校管理体制机制综合改革,不断增强办学活力。坚持从战略性、宏观性、全局性的高度出发,以实施"四规划一计划"为重要载体,深化教育改革,扩大教育开放,推进学校事业又好又快发展。紧紧围绕师生的成才成长和创新实践能力培养,整体设计学校发展的目标要求,加快推进教育教学改革,增强改革发展的系统性和衔接性;坚持管理体制、机制改革和现代大学制度建设一体化推进,尝试建设理事会、教授委员会、学术委员会,制定和完善学校章程、优化学校决策机制,更好地发挥专家教授在学校决策中的作用,继续实施校院两级管理体制、人事聘用制度、后勤管理体制等改革;统筹学校教育资源,吸引国际优质教育资源,优化资源配置,发挥资源利用的最大效益;正确处理好学校、政府、企业、社会的关系,坚持学校依法自主办学,积极争取社会力量和企业参与和支持人才培养和教育发展;发挥滨海新区改革先行效应,探索国际化合作办学和人才培养国际化发展。

——实施分类指导服务,分步推进各项工作。按照总体目标要求,针对不同学院、不同学科专业发展特点,明确改革和发展的重点任务,加强有针对性的指导和服务;确定教育改革和发展的阶段性目标和工作要求,分步骤推进,分阶段实施;整体推进与重点工作相结合,以实施一批重大项目为主要抓手,把各项改革和发展任务落实到位。

二、主要任务

学校中长期教育改革和发展的主要任务是:紧紧围绕"为了培养每一个学生的创新精神和实践能力,让更多优秀人才脱颖而出"这一核心理念,坚持科学发展、内涵发展、特色发展,以优化整合学科资源、加强教师队伍建设、扩大国内外合作交流和推进校园建设为重要支撑,积极强化办学特色,全面提高人才培养质量,大力提升科学研究水平,不断增强社会服务能力,努力向建设有特色高水平科技大学目标迈进。

(一)人才培养:促进学生创新精神与实践能力的提升和优秀人才的脱颖而出

牢固确立人才培养在学校工作中的中心地位,着力培养信念执着、品德优良、知识丰富、本领过硬的德智体美全面发展的高素质专门人才和拔尖创新人才。切实加强德育工作,增强德育的针对性、实效性和吸引力、感染力,让学生具备符合中国特色社会主义建设要求的理想信念、公民素质和健全人格。创新人才培养模式,提高学生创新精神和实践能力,努力培养卓有建树的行业精英。全面贯彻健康第一的思想,促进学生身心健康。加强美育,着力培养学生良好的审美情趣和文艺素养。促进德育、智育、体育、美育有机融合,着力提升学生综合素质。加强创业教育和就业指导,提高学生创业潜力和就业能力。大力推进人才培养国际化,努力培养具有国际视野、通晓国际规则、能够参与国际事务和国际竞争的国际化人才。加快教育信息化进程,形成开放、互动、共享的教育模式,为学生提供更加开放、便捷的学习环境。

至2020年,人才培养质量显著提高,创新和卓越人才培养体系逐步完善,行业精英人才培养取得成效,人才品牌建设取得重大进展;本科生在校期间具有海外游学实习经历的人数比例达到10%,研究生达到20%;毕业生一次就业率达到90%。

至建校100周年,形成开放式、国际化、有特色、高质量的人才培养体系,优秀毕业生在国内外特别是相关行业享有较高声誉,形成科大人才品牌。

(二)科学研究:构建科教互动、交叉融合的科技创新体系

完善科研管理体制,大力提高科研质量和水平。加强科研基地和科技平台建设,增强自主创新能力,进一步提高承担国家和地方重大科研项目的能力。创新科研组织模式,培育跨学科、跨领域的科研团队,促进科研与教学互动。推进各学院、各学科、各实验室科技资源共享。促进科技成果转化,提高科研成果转化率。积极营造宽松的学术环境和良好的学术氛围。

至2020年,国家级科技奖励数量实现重大突破,人文社会科学研究取得重大成果,在争取国家级科研项目和建设国家级科技平台上取得更大进展。

至建校100周年,要建成若干个具有国际影响力的科研创新基地和科技创新平台,承担一批聚焦国际科技前沿、有重要国际影响的国际科技合作项目,取得一批具有重大学术价值和国际影响的标志性科研成果。

(三)学科建设:打造特色鲜明、优势突出的学科专业体系

加强重点学科建设,在争取国家级和省部级重点学科上取得新的突破。大力推进特色专业和品牌专业建设。优化整合学科资源,促进学科交叉融合。加强学位授权点建设,促进博士学位授权点、硕士学位授权点和专业学位授权领域数量稳步增长。完善学科建设机制,推进学科建设与人才培养、科技创新、人才队伍建设、科技平台建设、国内外合作交流等领域的协调配合。

至2020年,特色优势学科达到国内一流水平,建成若干个跨学科、跨领域、具有较强竞争力的学科群,形成特色鲜明、优势突出、结构合理、多学科协调配合的学科专业体系。

至建校 100 周年,若干个强势学科达到或接近世界先进水平,建成若干个国内一流、具有国际影响力的高水平学科群。

(四)队伍建设:为学生全面发展造就高水平的引路人

加强师德师风建设,引导教师做充满爱心、品格优秀、业务精良、道德高尚、行为世范的教育工作者,做学生健康成长的指导者和引路人。重视和促进每一位教师的专业发展,不断提升教师教学水平和科研创新与社会服务能力。增强中青年教师创新能力和实践能力,促进优秀中青年人才脱颖而出。积极引进海外优秀人才,鼓励教师面向世界开展学术合作与交流,提高教师队伍国际化程度。加强教学和科研团队建设,努力造就高水平的教学和科研创新团队。加强管理队伍、实验技术队伍和辅导员队伍建设,推进管理队伍职业化,提高实验技术队伍和辅导员队伍专业化水平。

至 2020 年,在院士、长江学者、杰青等国家级拔尖人才队伍建设方面取得新的突破,在优势学科领域形成若干个以知名学者领衔、在国内有较大影响力的教学团队和科研创新团队,各个重点学科和重点发展学科都有若干名 35 岁左右的后备骨干人才。

至建校 100 周年,师资队伍整体实力和国际竞争力显著提升,教师队伍中具有长期境外经历的人员比例达到 60%,拥有一批具有国际影响的学科领军人才,在特色优势领域形成若干个具有国际水准的一流教学团队和科研创新团队。

(五)社会服务:努力成为服务全国和天津经济社会发展的重要基地,成为服务滨海新区开发开放的尖兵

大力推进政产学研合作,努力成为国家、区域和行业发展的思想库、技术库与人才库。坚持"特色战略求发展,滨海新区做尖兵"的战略方针,不断提高我校服务滨海新区开发开放的能力和水平,不断增强对滨海新区的文化辐射力。把服务轻工行业作为特色化发展的重要切入点,围绕轻工行业发展需要,加强行业共性技术研究和国家行业发展战略研究,努力提供优质技术服务,大力培养行业精英人才。积极扩大继续教育规模,提高继续教育质量。

至 2020 年,建成若干个具有较大影响力的政产学研合作基地,形成一批服务滨海新区的标志性成果,成为滨海新区重要的人才培养基地、技术创新基地和社会服务基地。优势学科专业与行业企业的合作进一步加强,我校在相关行业中的影响力进一步扩大。

至建校 100 周年,使我校成为服务全国和天津经济社会发展的重要基地,成为支撑滨海新区经济社会建设的重要力量,成为推动我国轻工行业技术进步的战略高地。

（六）合作交流：营造更加开放、更有活力的教育科研环境

加强与国内外知名高校、科研院所和行业企业的合作交流，不断拓展国内外合作广度和深度。积极争取国际科技合作项目，建设高水平的国际科技合作平台。吸引国际优秀科学家到我校兼职。鼓励各学院积极开展中外合作办学，进一步提高国际合作办学的层次和水平。扩大留学生规模，提高学历留学生比例。

至 2020 年，与国内外知名高校、科研院所和行业企业在人才培养、科学研究、学科建设、人才共享等方面合作明显加强，国内外影响进一步扩大。留学生教育形成规模，其中学历生比例不低于 30%；初步建立以一级学科（覆盖本硕博）为基础、与国际接轨的全英文留学生学位课程体系及相应的中文课程体系。

至建校 100 周年，形成开放式、国际化、具有科大特色的教育教学体系；形成多类型、多层次、多途径的学生海外游学经历体系；建立起更具系统性的全英文留学生学历教育体系，形成与学校事业发展相适应的留学生规模和结构。

（七）校园建设：建设安全稳定、积极健康、环境优美、充满活力的和谐校园

加快学校办学资源拓展和优化整合，合理规划新老校区的功能定位与土地资源利用方式，切实做到高起点规划、高水平建设、高效能管理。加强和谐校园建设，着力促进领导班子和谐、党群干群和谐、师生员工和谐、师生员工与机关后勤部门和谐、学术权力与行政权力和谐、学校人文环境和谐、学校自然环境和谐、学校与社会和谐。大力繁荣校园文化，提升学校文化内涵，形成健康向上、独具特色的校园文化氛围。加强绿色教育，倡导绿色生活，努力创建绿色大学。加强平安校园建设，营造安定有序的校园环境。

至 2015 年，基本完成学校新征土地的规划建设。

至建校 100 周年，把我校建设成为和谐稳定、积极健康、环境优美、设施完备、充满活力的现代化校园。

三、体制机制改革

从建立和完善中国特色现代大学制度入手，依法建立健全现代大学治理结构，强化依法办学、教授治学、民主管理，改革决策机制，创新运行机制，探索多元办学机制，优化校园建设管理机制，促进办学管理水平的不断提高。

（一）建设现代大学制度

完善《天津科技大学章程》，依照章程规定管理学校。完善党委领导下的校长负责制，建立健全党委领导、校长负责、教授治学、民主管理的现代大学治理结构。探索建立由多方面代表参加的学校理事会，吸引社会贤达参与学校重大决策和管理。成立学术委员会,完善相关管理制度,强化学术委员会的学术权力,发挥广大教师尤其是专家教授在学术发展、学科建设、学校管理等方面的作用。继续推进校院两级管理体制改革,探索以学校为办学主体、以学院为管理实体的管理运行模式,实现规范化管理。

（二）改革决策机制

健全学校的领导管理体制和民主监督机制,加强民主管理和民主监督,完善教职工代表大会制度、重大决策公示问责制度等。完善决策程序,增强决策透明度和师生参与度,进一步提高决策民主化和科学化水平。建立学校重大决策咨询制度,完善学校重大事项公示、听证制度及学校章程、管理制度、发展规划、规范性文件和重大政策措施的制订和修订。涉及面广、与师生利益密切相关的重大事项的决策,应通过适当途径向师生公布,充分听取师生的意见和建议,必要时可组织听证。建立健全学校信息公开的各项制度和途径,丰富公开的形式,保证信息公开的及时准确。

（三）创新运行机制

建立健全学校决策权、执行权、监督权相分离和相制衡的机制,促进学校面向社会、依法自主办学,增强学校办学活力。加强服务型管理建设,实行管、办、评分离,形成学校统筹、分级负责、专家评估、师生监督的学校管理服务体系。统筹发展重点,健全运行机制,促进条块结合,推动特色发展。建立符合不同学科专业特点的人事岗位聘任考核和教学质量评估制度,进一步优化资源配置体系、考核评估体系、教师激励机制和科技管理政策。

（四）探索多元办学机制

以增强学校活力、提升教育质量、提高办学效益为目的,深化办学体制改革,形成办学主体多元、办学形式多样的办学格局。健全社会合作机制,吸纳社会资源和国际高水平教育资源,探索建立合作与共建、产学研联盟、多元化筹资的办学模式。

（五）优化校园建设管理机制

推进学校后勤社会化改革,创新学校后勤管理体制机制。以校园环境改造提升工程为基础,以新校区规划建设为契机,以建设绿色大学、节约型校园、数字化校园和提升校园文化水平为抓手,深化学校后勤管理体制机制改革。以科学的态度和发展的眼光,提倡低碳生活,优化资源的合理配置和使用,依据学科专业布局规划建设项目,建设标准化的数字信息平台、数字图书馆和校园网络平台,打造生态良好、环境优美、秉承传统学术文化又充满生机活力的和谐校园,全力建设和谐新科大。

四、重大项目

为加快推进有特色高水平科技大学建设步伐,早日实现我校"三步走"战略目标,依据学校教育改革发展目标和任务,聚焦关键领域和薄弱环节,组织实施一批重大项目。

(一)人才培养模式改革工程

创新人才培养模式和机制。采取大类招生、模块化培养、自主选择的培养模式。实施"卓越人才培养计划",建立学校与科研院所、行业企业和科技园区联合培养人才的有效机制。积极探索"订单式"培养,推广"3+1""1+2+1"等国内外合作培养方式,丰富学生"第二校园经历"。全面推行学分制和弹性学制,推进校际资源共享,为学生提供更多的课程选择。实行本科生导师制,健全学术名家、资深教授和骨干教师深入教学第一线的机制。建立本科教育与研究生教育紧密衔接的培养机制。加强实验室和实践教学基地建设,强化实践教学环节,支持学生参与科学研究。倡导启发式、探究式、讨论式、参与式教学,注重培养学生批判性思维和创造性思维。优化通识教育,促进专业教育与通识教育有机融合。

实施研究生培养创新计划。加强研究生导师队伍建设,健全研究生导师遴选、考核与淘汰机制。推行产学研联合培养研究生的"双导师制",建立以科学与工程技术研究为主导的导师责任制和导师项目资助制,加快产学研联合培养研究生基地建设。鼓励研究生导师进行跨专业、跨学科的联合授课与合作指导。积极探索与国外知名大学和科研机构联合招收、共同培养研究生的教育模式,充分利用海外优质教育资源培养创新人才。深化研究生招生改革,突出科学素养、综合素质、创新潜能的考查。

(二)科技创新工程

建立有利于学科交叉、队伍整合和资源共享的科研体制,完善以创新和质量为导向的科研评价机制和分配激励机制。推动跨学科、跨领域的科研合作,着力打造一流科研创新团队。大力推进重点科研创新基地与科技创新平台建设。支持优势学科专业、重点实验室与海内外高水平教育科研机构及知名企业共建实验室、研发中心。加强与国内外高校、科研院所、相关行业和知名企业的科技合作,大力开展科技创新联合攻关。坚持把关系国家和天津市尤其是滨海新区发展的全局性、前瞻性和战略性问题作为主攻方向,重点扶持一批科技含量高、应用前景好的高水平科研项目。

(三)学科建设工程

加强学科发展规划工作,不断完善学科布局,优化专业设置。建立学科评估制度,加强学科评价和指导工作。按照"扶需、扶特、扶强"原则,大力加强重点学科建设,积极发展前沿新型学科和交叉学科。加快发展食品、生物、造纸、海洋、化工、机电、传媒、物流、现代服务业等重点学科群。创新学科交叉融合机制,建立面向国家及区域重大战略问题和国际学术前沿的跨学科教学科研团队与平台。加强人文社会科学学科基地建设,推动人文社会科学学科创特色、上水平。加强学位授权点建设,积极申报一级学科博士、硕士学位授权点,拓展专业学位授权领域。

(四)教师队伍建设工程

加强教师职业理想和职业道德教育,不断增强教师教书育人的责任感和使命感。完善师德考核奖惩制度,把师德表现作为教师聘用、评优评先的重要依据。健全人才引进、培养、激励和评价机制,努力创建有利于拔尖人才尽快成长和发挥才干的制度环境、工作环境和生活环境。引进和培养一批处于国际学术研究前沿、能够带动相关学科向高水平迈进的著名科学家和领军人才。继续实施教学名师计划,引进和培养高水平教学带头人。加大中青年教师培养力度,鼓励中青年教师到企业挂职锻炼。积极选派重点课程教师和骨干教师出境培训,大力支持教师赴国外一流大学和科研机构进修访问。加强教学和科研创新团队建设,建立和完善以团队为基础的考核方式,探索"大师 + 团队 + 平台"的教学科研团队建设模式。

(五)服务滨海能力提升工程

围绕滨海新区当前重大需求和未来战略方向,调整学科专业结构,提高学科方向与滨海新区支柱产业的契合度,实现学校与滨海新区在学科链、产业链、人才链上的有效对接。创新政产学研合作机制,完善科技服务体系。主动融入区域技术创新体系,积极与地方政府、行业企业共建政产学研合作基地。大力扶持一批服务滨海新区的产业化项目,着力打造服务滨海品牌。积极参与天津市科技"小巨人"成长计划,鼓励教师到滨海新区企业转化科技成果和联合开展科技攻关。建设与用人单位紧密结合的各种形式继续教育基地,提供高质量的继续教育服务。广泛开展志愿服务滨海新区活动。

(六)教育信息化建设工程

推进数字化校园和智能校园建设,完善教育信息化服务体系,以教育信息化促进学校教育现代化。加强数字化教学科研资源建设,引进国内外优质数字化文献资源,形成人人享有、人人利用、人人贡献的数字化优质教育资源平台。运用现代信息技术改革教育教学内容和方法,推动课程教学与信息资源的有机整合,满足学生多元化和个性化的学习需求。继续推进学校管理信息系统建设,加快教育管理和服务信息化进程。建立全校统一的校情数据中心,为学校决策提供科学依据。

（七）教育国际化建设工程

大力引进海外优质教育资源,加强与国外著名大学、国际组织、各国政府、世界著名企业以及权威研究机构的合作,提升各类合作的层次和水平。完善吸引海外学者来校从事教学与合作研究的政策体系,大力引进高水平外籍教师。加强双语教学,积极引进消化吸收国外先进课程资源。积极发展中外合作专业和课程,开展学生交换项目,探索与境外高校间的课程和学分互认。实施优秀学生海外游学实习计划,支持优秀学生赴海外著名大学、跨国企业和国际组织游学、实习。加强学历教育与国际执业资格认证的衔接。积极发展外国留学生教育,为海外学生来校学习提供良好环境和优质服务。多渠道开展国际学术交流,积极承办高层次国际学术会议。

（八）和谐校园建设工程

加强民主制度建设,建立健全学术委员会、教代会、工会、民主党派、共青团、学生会等组织和离退休老同志参与学校管理决策的有效机制。建立健全畅通有效的沟通表达机制,保障师生员工的知情权、参与权、表达权和监督权。加强学校机关处室和后勤管理部门作风建设,为师生员工提供优质服务。切实关注民计民生,千方百计改善师生学习、工作和生活条件,努力为师生员工办实事、解难题。拓宽师生联系与交流的渠道,建立融洽的师生关系。全力加强大学生就业工作。加强校园文化设施、文化景观和识别系统建设,提升学校文化形象。推进校园绿化美化生态化建设,提升校园环境水平。完善校园安全防控体系和应急管理体系,努力创建平安校园。

（九）学生健康促进工程

加强生命教育,引导学生关爱生命,提高生活品质。加强健康教育,增强学生自我保健意识。完善学校体育设施,大力开展阳光体育运动,培养学生良好的体育锻炼习惯,增强学生体质。重视心理健康教育,培养学生健全的人格和良好的心理素质。加强学校心理咨询中心建设,完善心理危机干预机制,多渠道提供心理咨询服务。推进学生食堂标准化建设,进一步完善食堂管理制度,确保学生饮食卫生安全。加强校医院建设,为学生提供良好的医疗服务。

五、领导和保障

为实现我校教育改革和发展目标,必须大力加强对学校教育事业的领导,深入推进依法治校,切实保障办学经费投入,着力加强学校党的建设。

（一）加强组织领导

推进学校教育改革与发展、建设有特色高水平的科技大学,是一项光荣而艰巨的任务。必须坚持党对学校教育事业的领导,凝聚全体师生员工的智慧和力量,为学校教育改革和发展构建和谐、健康、稳定、有序的良好环境。学校各级党委要认真贯彻党的教育方针,建立健全党委统一领导、党政分工负责、协调配合的工作机制,确保学校教育的社会主义方向,推动学校教育事业科学发展。加强高等教育政策和发展战略研究,提高学校教育决策科学化水平。

(二)推进依法治校

建立和完善符合法律规定、体现自身特色的学校章程和制度,依法办学,从严治校,促进学校正确行使办学自主权。完善师生申诉制度,健全学校内部救济制度,依法保障师生合法权益。严格执行国家财政资金管理法律制度和财经纪律,依法管理国有资产和学校法人财产。加强普法教育,提高师生员工法律素质和公民意识。

(三)保障经费投入

完善投融资体系,拓宽办学资金来源。建立科学化精细化预算管理机制,科学编制预算,提高预算执行效率。加强学校财务会计制度建设,完善经费使用内部稽核和内部控制制度,提升经费使用和资产管理专业化水平。加强学校国有资产管理,建立健全学校国有资产配置、使用、处置管理制度,防止国有资产流失。建立经费使用绩效评价制度,加强重大项目经费使用考评。加强成本控制和考核,提高资金使用效益。坚持勤俭办学,努力建设节约型校园。

(四)加强学校党的建设

坚持以科学理论指导党的建设、以科学制度保障党的建设、以科学方法推进党的建设,不断提高学校党的建设科学化水平。牢牢把握党的执政能力建设和先进性建设这一主线,从思想、组织、作风、制度上全面推进学校党的建设,以党的建设新成效保证学校改革发展稳定各项工作的落实。

加强思想政治建设。坚持用中国特色社会主义理论体系武装党员干部、教育广大师生。深入推动中国特色社会主义理论体系进教材、进课堂、进头脑。大力营造崇尚学习的浓厚氛围,积极建设学习型党组织和学习型领导班子。深入开展社会主义核心价值体系学习教育。

加强领导班子和干部队伍建设。加强学校各级领导班子建设,不断提高领导干部把握方向、谋划战略、推动改革、促进发展、化解矛盾的能力。建立健全适应教育管理特点的干部选拔任用和管理制度,逐步推广领导干部公开选拔招聘制度。加强行政管理干部队伍建设,加大培养和培训力度,完善干部评价考核和激励机制,不断提高行政服务专业化水平。

加强基层党组织建设。要把全面贯彻党的教育方针、培养社会主义建设者和接班人贯穿学校党组织活动始终，坚持民主集中制，学校"三重一大"等重大事项由党委集体讨论决策，发挥党组织在推进教育改革、搞好教书育人、加强教师队伍建设中的领导核心作用。

加强党风廉政建设。大兴密切联系群众之风、求真务实之风、艰苦奋斗之风、批评和自我批评之风。进一步健全党风廉政建设责任制，从制度上保证对干部权力运行的有效监督和制约。坚持以党内民主促进校园民主，推进校务公开，加强群众监督。

（五）实施与评估

《规划纲要》是指导我校中长期教育改革与发展的纲领性文件。必须周密部署、精心组织、认真实施、加强监督，有效推进《规划纲要》的贯彻落实。

落实责任分工。各部门、各学院要在学校统一领导下，按照《规划纲要》的部署和要求，对目标任务进行分解，明确责任分工。要把《规划纲要》与学校"十二五"发展规划、学科建设规划、校园建设规划、强校计划以及部门和院系规划、年度计划紧密结合起来，上下联动，远近结合，形成合力，使《规划纲要》确定的各项目标、任务和措施切实得到贯彻落实。

制定实施方案。各有关部门和学院要围绕《规划纲要》确定的战略目标、主要任务、体制改革、重大项目等，提出各自的具体实施方案和措施，分阶段、分步骤组织实施。要抓紧研究、制定切实可行、操作性强的配套政策，并尽快出台实施。

广泛宣传动员。要在全校上下广泛宣传推进学校改革发展的重要性和紧迫性，广泛宣传《规划纲要》的重大意义和主要内容，动员全校师生员工进一步关心支持学校教育改革与发展，大力营造人人关心学校发展、人人奉献学校事业的良好氛围。

加强评估检查。《规划纲要》确定的各项目标任务要纳入学校各部门和各学院考核评价体系。《规划纲要》开始实施后，要围绕规划提出的主要目标、重点任务和政策措施，组织开展实施评估，全面分析检查实施效果及各项政策措施落实情况。根据各部门和各学院的实施情况，进行表彰奖励和劝诫问责。

第四节　天津科技大学"十二五"事业发展规划纲要
（2010 年 12 月）

根据学校 2008 年教学评估时确立的"保持和拓展轻工特色与优势，以工为主,工、理、文、经、管、法多学科协调发展。至 2020 年,把学校建成在国内有较大影响、特色学科领先的多科性教学研究型大学。"目标定位及《国家中长期教育改革和发展规划纲要》的精神,为促进我校教育事业更好更快的发展,结合学校实际情况,特制定本规划。

一、"十一五"期间教育改革和发展成就

(一)位于滨海新区的泰达校区初具规模

使学校总占地面积达到 108.8 万平方米, 总建筑面积达到 64.2 万平方米,办学条件明显改善,办学规模显著扩大,各项事业取得了令人鼓舞的新成绩。学校结合滨海新区开发开放需要,将海洋、食品、生物、化工和艺术等学科专业及相关学院迁到滨海校区,确立了以特色优势学科为重点,紧密贴合滨海新区发展建设需要,多学科协调发展的建设格局。成立了"服务滨海新区开发开放工作办公室",服务滨海平台建设不断推进。战略东移步伐加快,从人才培养、科学研究和社会服务等方面全力支持滨海新区发展建设。服务滨海新区开发开放的尖兵作用进一步增强;产学研合作机制日益完善,与我校建立合作关系的滨海新区企业总数达到 280 家。

(二)教育教学质量稳步提高

获国家级优秀教学成果奖 4 项,获天津市级教学成果一等奖 4 项。建成国家级精品课程 3 科、国家级双语教学示范课程 1 科、天津市级精品课程 19 科。4 个专业被教育部批准为特色专业建设点。2 个团队入选国家级教学团队,3 个团队入选市级教学团队。5 名教师被评为全国优秀教师,6 名教师入选市级教学名师。国家级精品课程、国家级教学团队以及国家级优秀教学成果奖均实现了历史性突破。本科招生生源质量大幅度提高,连续几年一志愿录取率达 100%。毕业生就业状况良好,平均就业率达 90% 以上。在 2008 年教育部对我校本科教学工作水平评估中获得优秀。

(三)学科建设实现重大突破

博士学位授权专业达到 13 个,硕士学位授权专业达到 63 个。"发酵工程"入选国家级重点学科,实现了国家级重点学科从无到有的历史性突破。省部级重点学科达到 6 个,其中"食品科学""发酵工程""制浆造纸工程"入选天津市高校"重中之重"学科。建成"轻工技术与工程""食品科学与工程"2 个博士后科研流动站和天津市食品加工工程中心 1 个博士后科研工作站。

(四)人才队伍建设取得新进展

教职工总数达到 1906 人。教师队伍结构不断优化,拥有博士和硕士学位的教师分别为 457 人和 452 人;拥有教授和副教授职称的教师分别为 197 人和

376 人。拥有双聘院士 4 名、长江学者 2 名、入选国家"千人计划"1 名、新世纪百千万人才工程国家级人选 2 名、国家级有突出贡献的中青年专家 2 名、新世纪优秀人才支持计划人选 4 名、天津市特聘教授(含特聘讲座教授)11 名,高水平人才队伍建设取得了突破性进展。

(五)科研实力大幅提升

获得"863"计划项目、"973"计划项目、国家自然科学基金项目等国家级科研项目近 200 项, 在市属高校中名列前茅。获批建设 2 个教育部重点实验室、2个国家工程实验室和 1 个教育部工程中心,成为市属高校中拥有高水平科技平台数量最多的高校。申请专利 513 项,三大检索收录论文 630 篇。获省部级以上科技奖励 28 项, 首获天津市哲学社会科学优秀成果一等奖。科研经费从 2005年 3922 万增加到了 2009 年的 10130 万元,增长了 258%。

(六)人才培养工作取得突出成绩

实行"3+1"本科人才培养模式,启动了"1+2+1"中美人才合作培养计划,人才培养模式改革不断推进。学生在"挑战杯"竞赛中,获国家级奖励 10 项,天津市级奖励 58 项;在数学建模大赛、电子设计大赛、天津市大学生数学竞赛、天津市大学生英语演讲竞赛等 4 项赛事中有上百人次获奖——特别是数学建模大赛,我校连续三年名列天津赛区第一,是天津赛区获奖等级最高、获奖数量最多的高校。学生陆春龙、何雯娜分获北京奥运会蹦床男女项目冠军。

(七)内部管理体制改革成效明显

全员聘用制改革顺利实施,人事管理实现由身份管理向岗位管理的转变,进一步调动了广大教职工的主人翁意识和创造性开展工作的积极性。两校区管理体制机制更加健全,管理运行条件不断改善。校院两级管理体制改革稳步推进,学院办学积极性和主动性进一步增强。后勤社会化改革进展顺利,数字化建设不断推进,服务质量不断提高。

(八)开放型大学建设不断加强

国内外交流不断扩大,合作广度和深度不断拓展。与我校建立学术联系的国外大学和科研机构达到 40 多所。我校先后同日本长崎大学、美国加州弗雷斯诺大学、澳大利亚塔斯马尼亚大学等国外高校签订了联合培养人才协议,中外合作办学取得良好经济社会效益,人才培养国际化迈出重要步伐。具有海外学习和研修经历的教师人数大量增加。学校正式成为"接受中国政府奖学金来华留学生院校",留学生教育取得明显进展。先后接受来自 16 个国家的留学生和访问学者来校学习访问。多次举办国内外高层次学术会议,国内外影响不断扩大。

二、"十二五"期间面临的形势与思路

(一)面临的形势

今后五年是学校发展至关重要的时期。从总体上看,学校发展面临的机遇与挑战并存,希望与困难同在。

1.竞争加剧。由于新增高校的加入和连年扩招,适龄生源减少,高校生源将相对萎缩,抢夺生源的序幕已经拉开,高校间的激烈竞争将会进一步加剧。

2.市场选择。由于市场经济体制的确立,高校价值的确认越来越偏重于社会的认可。高校的毕业生要接受社会的严格选择,高校的科研成果同样要接受市场的严格选择。按照国家中长期科学和技术中长期发展规划纲要的要求:高等院校要适应国家科技发展战略和市场对创新人才的需求,及时合理地设置一些交叉学科、新兴学科并调整专业结构。

3.交流合作。随着科技的不断发展和经济全球化步伐的加快,我国高等教育将更加广泛地参与全球范围内的教育服务竞争。国内高校与国外高校及各研究机构的国际化交流合作空前活跃。

4.信息技术更新。现代信息技术正在向高校教学、科研的每一个环节渗透,并将彻底改变传统的教学模式,大幅度提高教育资源的利用效率,多媒体教学、数字化校园、网上大学已被人们熟悉,我国高等教育正在走向全面的信息化。

5.教学内容改革。《国家中长期教育改革和发展规划纲要》提出了"加快从教育大国向教育强国、从人力资源大国向人力资源强国迈进",要求高校在今后一段时期为国家培养出更多的高素质、有国际视野的专门人才。为此,高等教育在注意专业知识传播的同时,必须注重思想道德、法制、社会、人文、艺术和环境生态教育。人文教育与科学教育相融,专业教育与通识教育并重。

(二)发展思路和主要目标

发展思路:质量立校,特色兴校,人才强校,服务奠基,开放提升。一是以育人为根本,以质量求生存。坚持以人为本、育人为本,让学生享受我们的教育和服务。以满足人民群众的高质量教育需求为宗旨,努力实现学有所教,使每一个学生得到符合自身特点的综合发展,促进学生健康成长成才。坚持把提高质量作为学校生存与发展的生命线并贯穿于办学全过程。围绕培养知识、能力、素质协调发展,既可适应现在又能应对未来的高素质创新型人才的目标要求,扎实推进教育教学改革,努力培养一批高素质专门人才。二是以轻工为底蕴,以特色求发展。优势和特色标志着学校的实力和水平,体现着学校的核心竞争力。学校和校内各个领域都要立足实际,分析现状,找准优势和特色,大力加强对轻工行业建设和社会发展影响重大的学科群建设,着眼于解决重大理论、科技问题,积极为改善民生和服务社会提供强有力的支持,努力在"生物""食品""海洋""材料""机械"上创特色、创品牌,加以重点建设,并通过优势和特色强力带动学校整体工作全面发展。三是以需求为导向,以服务强支持。大力加强对滨海经济建设和社会发展影响重大的学科建设,积极为天津市、天津滨海新区经济建设和社会发展提供强有力的支持。努力在"海洋资源高效开发利用""物流""服务外包""海洋生态与环境保护""城市生态居住环境质量保障""食品安全与出入境检验检疫""新一代工业生物技术""农产品精深加工与现代储运""新技术新材料"上创特色、建学科、育品牌。四是以交流拓空间,以开放求突破。开放式办学是现代高等教育的一个重要特征,高等学校既需要内部加强协作,交叉融合,更需要从外界社会汲取营养,丰富内涵。因此,必须牢固树立开放式办学的思想,拓宽合作领域,加大交流力度,开拓发展空间,达到优势互补、资源共享、合作交流、共同提高的目的。

总体目标:保持和拓展轻工特色与优势,坚持以工为主,工、理、文、经、管、法多学科协调发展。"十二五"期间,将为学校在2020年建成国内有较大影响、特色学科领先的多科性教学研究型大学奠定坚实的基础。

规模定位:到2015年,在校普通本科生规模稳定在20000人左右,研究生规模达到4000人,继续教育在册人数达到6000人。

三、"十二五"实现目标和完成主要任务的保障措施

(一)教育事业规模

1.目标和主要任务

合理调整办学层次和结构,加强内涵建设。积极发展本科生教育,大力发展研究生教育,大幅度增加在站博士后人员和留学生数量;进一步密切与轻工等行业主管部门的联系,实施重点专业共建计划,使我校的部分学科专业在行业内处于领头位置。扩大继续教育范畴,采取灵活的办学形式,充分利用社会资源,扩大规模,提高效益。

稳定本科专业数量,调整专业结构,适当扩大本科生招生数,到2015年在校本科生达到约20000人的规模(见表1.1)。以主动适应我国经济结构战略性调整、人才市场需求和提高国际竞争能力为出发点,根据环渤海地区社会经济发展和产业结构调整优化的要求,加大专业调整、改革和建设力度。稳定国防生招生规模,完善国防生管理体制,提高国防生培养质量,为国防事业培养更多的合格人才。加强教学基础设施建设,加大本科教学经费投入,不断改善办学条件。深化教育教学改革,强化基础课程教学,优化通识教育,增强学生人文精神和科学素养。实施卓越人才培养计划和工程特色教学改革计划,为学有所长和具有创新兴趣的学生提供更多的创新实践机会。加大专业和课程建设力度,重

点建设好国家特色专业建设点和天津市品牌专业。开发和培育优质教学资源，遴选和资助一批精品课程、优秀教材和重点实验教学中心和示范实习基地。获取一批教学改革成果，争取再获国家级教学成果奖 2—3 项，在国家级、市教学研究课题评选中争取到更多课题，为深化教学改革提供理论支持。提高学生实践和创新能力，建设一批高水平的本科教学实验室，新增若干个通过市级评估的教学实验室，建立若干个学生实践训练中心。争取获得国家十二五规划教材 10—12 部。十二五期间新增国家级特色专业 1—2 个，建成天津市品牌专业 13 个，战略性新兴产业相关专业 5—6 个，有 2—3 个专业通过工程教育专业认证。

稳步扩大研究生教育规模，加强研究生教育管理，提高研究生教育质量。新增一级学科博士学位授权点 1—2 个、一级学科硕士学位授权点 2—5 个（见表 1.2）。调整研究生专业结构，在大力发展轻化工程和机电工程类研究生专业的同时，积极扩大其他非工科类研究生教育规模，如经济学、管理科学与工程、工商管理、外国语言与应用语言学、艺术设计学等。在保证质量的前提下，积极扩大专业硕士学位研究生教育规模。到 2015 年，在校研究生人数争取达到 4000 人。大力发展外国留学生的研究生教育，拓展研究生教育新形式，积极开拓与国外知名高校和研究机构共同培养、合作研究招收研究生的形式。加大投入，改善研究生实验室和科研基地条件，加强教学设施和导师队伍建设，力争实现全国百篇优秀博士学位论文零的突破。进一步加强研究生教育管理，提高研究生教育质量。

积极发展继续教育，为天津市架构终身学习系统提供支持服务体系。充分利用学校品牌和优势，积极开展教育培训工作，开发符合产业发展方向的培训项目，加大力度发展技术培训、职业资格培训和企业劳动力培训等工作。依托滨海新区的需求，建立和稳固我校的继续教育阵地，办成具有示范性特色的开放式继续教育大学。形成成人本、专科教育并重，业余、函授班为主，脱产班为辅，稳步发展自学考试形式的"多层次、多形式、开放式"的成人高等教育新局面，争取"十二五"末继续教育在册学生数稳定在 6000 人左右。

表 1.1 2010—2015 在校生总量、规模发展明细表

年度	学生人数					合计	本科生与研究生比率	加权后学生人数
	本科	硕士生		博士	留学生			
		普通	在职					
2010	18703	1908	217	199	43	20853	15:1	22418
2011	19050	1500	160	120	100	20930	11:1	22080

年度	学生人数					合计	本科生与研究生比率	加权后学生人数
	本科	硕士生		博士	留学生			
		普通	在职					
2012	19350	2000	200	140	200	21890	8:1	23530
2013	19650	2600	220	160	300	22930	7:1	25100
2014	19850	3200	240	180	400	23870	5.5:1	26540
2015	20000	3800	300	200	500	24800	4:1	28050

表 1.2 2010—2015 年学位点及在校研究生发展规模(单位:个)

项目 \ 年份	2010 年	2011 年	2012 年	2013 年	2014 年	2015 年
博士后流动站	2	2—4				
一级学科博士点	2	3—4				
一级学科硕士点	13	15—18				
工程硕士授权专业	13	13–19				
国家级重点学科	1	2—3				
省级重点学科	6	13—14				

2.保障措施

(1)积极探索"订单式"培养,拓展"1＋2＋1""3＋1"等国内外合作培养模式。探索"三学期制"等教学改革举措,促进学生综合素质培养和个性化发展。积极推行以"应用型理论教学,工程技术型实践教学"为特点的教学模式改革。实施行业"卓越人才培养计划"。依据"宽口径,厚基础,强实践"的原则,建立本科生与研究生紧密衔接的培养机制。选拔、培养和推荐有较高素质、较强创新意识和实践能力的拔尖学生,采取多形式的个性化培养,打造一批能较好适应社会和行业对优秀人才需求的卓越毕业生,有效地提升我校的社会影响力。

(2)实施研究生教育创新计划。构建符合本校实际的研究生创新人才培养体系,积极探索推行突出创新能力培养的研究生课程体系改革,完善创新人才培养过程和内容,构建合理的研究生知识结构,建立适应高层次、拔尖创新型人才培养的体制及模式。积极响应国家全日制专业硕士试点招生工作,扩大招生规模,积极与有关企事业和科研院所联系,建立稳定的实训基地。完善研究生培养的导师负责制,健全研究生导师遴选、考核与淘汰机制,鼓励导师进行跨专业、跨学科的联合授课与合作指导。制定并启动实施研究生科技创新计划,实施研究生联合培养、国内外访学和学术交流计划,加强研究生创新平台建设,强化研究生创新意识和创新能力的培养。

(3)深入实施教学质量工程。强化国家、市级、校级精品课程建设体系,以精品课程建设为参照,完善课程建设质量标准。增加课程尤其是选修课程的资源总量,利用学校"轻化工"类学科群和"机电"类学科群的科研优势和师资力量,将工程学科的前沿技术引入课堂。工科专业,要积极按照《全国工程教育专业认证标准》或国际专业认证标准,设计专业培养方案,整合课程体系,课程设置要尽量反映学校、学科的特色,形成竞争优势。加大基础课程建设,通过多渠道每年筹资 500 万元左右,改善大学英语、计算机基础、物理、化学、体育等课程的教学条件。逐步建成几个高水平的基础实验室和校内实践基地。搭建一个面向高年级学生的、由若干门不同学科"技术前沿"课程组成的选修课平台,供学生选读,使学生掌握最新的科学思想。设立工程教材出版基金,支持教授撰写面向现代工程理念和工程学科的国家普通高校规划教材。积极鼓励、扶持编写特色教材,资助优秀教材出版。强化校内本科教学质量评估,建立教务部门与学院相结合的教学督导与质量监控机制,完善现代化教务管理系统,健全教学质量保障体系。

(4)组织发动广大教师推进教学内容与教学方法的改革。加强专业教研室的建设,大力开展教师教研活动。引导教师及时更新教学内容,将教学与科研相结合,积极在课程讲授中引入最新科研成果和学科前沿知识。鼓励教师开展教学方法及教学手段改革的实践,推广应用"讨论式""研究式""体验式""案例式"等教学模式,提高广大教师使用多媒体等现代教学手段的水平和效果。统筹规划并鼓励教师参与建立共享型教学资源库,并不断扩大建立网上教学互动平台的课程比例。加大教学改革立项组织工作及资助力度,积极培育优秀教改成果。

(5)着力推进实践教学创新。在整合优化全校实践教学资源的基础上建立健全统一、高效的管理机制,实现实践教学资源共享,促进实验教学管理科学化和规范化。打破传统的实验教学模式,突出对科学研究方法、工程综合能力和创新思维的训练培养,建立多层次、模块化、课程化、开放化的实验教学模式。深化实验教学内容改革,加大综合性、设计性实验的开设比例。健全实验室开放机制,设立实验室开放基金,每年投入 20 万元左右用于学生自主学习和创新实践的需要。

(6)积极拓展以创新实践能力为核心的大学生综合素质培养。围绕学生第二课堂活动的开展,搭建多元平台,拓展学生自我发展个性空间,巩固学生的理论知识,促进理论知识和实际应用的有效结合。实施"天津科技大学学生科技创新工程",启动大学生创新性实验计划和大学生科研训练计划,逐步形成校院两级布局,以学生科研训练、科技创新活动、学科竞赛、创新性实验等为主体的具有我校特色的学生创新能力培养体系。积极吸引相关企业,设立基于案例的各类创新、创业竞赛基金。积极推动教师吸收学生参与自己的科研项目,使学生在本科阶段就了解知识获得的过程及科学研究思想的重要性。积极鼓励学生充分利用各类资源,自主选择创新性实验课题,参加创新创业活动。实施"卓越人才培养计划",学校、科研院所、企业三方联手,探索基于产品研发、设计和生产全过程的工程案例教学。

(7)切实抓好大学生的思想政治教育和管理服务。进一步深化"思政课"教改,创新教学模式,增强教学效果。积极创造形式多样的新的教育方式,加强对学生的理想信念教育、爱国主义教育、社会主义荣辱观教育、公民道德教育。建设学生"三个生涯"规划工程,指导学生树立正确的世界观、人生观和价值观。创新共青团思想引领途径,拓宽共青团思想工作的阵地,充分发挥共青团在学生思想政治教育中的重要作用。积极推行大学生管理服务工作创新,探索和完善学生自我管理的机制。建立学生心理健康教育网络工作机制,保障学生心理健康。建立健全"奖、贷、减、免、勤、资、补"的资助体系,确保贫困家庭大学生顺利完成学业。建立健全"学校统筹、学院为主、全员参与"的毕业生就业服务工作体系,实施大学生创业教育计划,大力拓展市内外就业市场,帮助学生高比例、高质量就业。加强学生代表大会建设。

(8)完善监管、问责和评价机制。健全教学质量保障体系,凡是与教学质量有关的因素与环节,全部纳入保障和监控的范围。实施检查和评估结果公告、问责和整改制度,在教育、教学与管理过程中强化质量保障意识。

(二)学科建设

1.目标和主要任务

加强重点学科建设,发展特色学科和新兴交叉学科,培育学科新的增长点。加强生物工程重点学科建设项目,力争新增1个国家一级重点学科;通过特色学科、交叉学科、新兴学科建设,形成新的学科增长点,重点建设对天津经济社会发展起到重要影响的优势特色学科7—8个。

成立跨学科研究中心:充分开展校内不同专业的合作,组建一批跨学科研究中心,"十二五"期间,我校将采取自愿结合与协调组织、固定结合与松散组合的不同方式组建若干跨学科研究中心,为开展跨学科交叉研究奠定基础。加强与国内外科研院所的联系,鼓励教师与相关院所及企事业单位开展学术交流与技术创新联合攻关。

表1.3 2010—2015学科建设主要指标发展明细表

一级指标	二级指标		"十一五"期间	"十二五"期间	增长率（%）
人才培养	毕业的本科生（人）		18750	20000	6.7
	毕业的硕士生（人）		1553	3756	141.85
	毕业的博士生（人）		129	200	55.04
	已毕业的全日制来华留学生（人）		53	500	843
队伍建设	获国家拔尖人才（长江学者、杰青、国家千人计划等）		3	5	167
科学研究	科研总经费（亿元）		1	5	400
	发表的论文总数（篇）	被SCI收录的论文数（篇）	630	2530	300
		被EI收录的论文数（篇）			
获奖情况	获得国家级奖（项）		4	5	25
	获得省部级奖（项）		30	50	67
图书建设	图书总藏量（万册）		185.16	224.4	21

2.保障措施

（1）抓好新增博士点、硕士点的申报与建设,优化学位点结构和布局。充分挖掘现有学科资源,科学梳理、凝练学科方向,高质量完成博士点、硕士点申报的准备工作切实提高申报与建设工作的质量与成效。打破传统学科界限,构筑优势学科群。本着"特色带整体,整体促特色,相互支持、共同发展、相得益彰"的学科建设思路,以生物、食品、化工等优势和特色的学科为主体组合形成新的学科群。积极开辟重大学科研究领域,通过共同承担重大研究项目、跨学科培养人才和共建学科基地等多种形式,充分发挥学科的集成优势。

（2）以我校各级工程研究中心为基础,加强产学研结合,加大应用研究力度,提高技术创新水平和科技成果转化率。在提升我校应用研究整体水平的前提下,重点支持生物、食品、化工、机械等学科领域,为国家和地方科学技术产业化服务,在社会经济建设中发挥应有的作用,创出学校的标志性成果。

（3）加强专业建设。进一步优化专业结构,拓宽专业领域,延伸专业方向,以国家产业结构调整和区域经济社会发展实际需求为导向,以毕业生就业率为重要依据,科学调整专业设置,严格控制新增专业,对不适应人才需求趋势的传统专业减少招生或进行改、并、转,使本科专业总数控制在50个左右,专业结构与布局更好地适应时代进步和经济社会发展的要求。制定专业建设评估标准,加强对特色专业、品牌专业的培育,加快改善新办专业的基础条件。

(4)构建与学科发展相适应的学科管理体制。在我校部分重点学科中试行首席教授负责制,组成以首席教授为核心的学术梯队。推行学科建设责任制和目标管理,将学科建设的职责和目标落实和分解到学院及学科带头人,并将"人、财、物"的支配使用权直接与职责和目标挂钩。建立学科评估制度。制定学科评估指标体系,加强定期的学科评价、学科建设项目的中期检查和末期验收评估。

(三)队伍建设

1.目标和主要任务

以提升教师育德能力、创新精神、专业素质和研究能力为重点,推动教师改革教学方法和教学模式,不断提高培养创新人才的能力,培育一批名师。

加强师德师风建设。坚持把师德建设摆在教师队伍建设的首位,强化师德教育,引导教师做充满爱心、品格优秀、业务精良、道德高尚、行为世范的教育工作者。加强职业理想教育,引导教师把教书育人作为毕生的事业追求,以平等态度对待学生、以高尚情操熏陶学生、以人格魅力感染学生,做学生健康成长的指导者和引路人。完善师德规范,健全激励机制,不断增强教师的责任感和使命感,对为人师表、关爱学生、辛勤耕耘、教书育人成绩突出的杰出教师要予以表彰和奖励。健全师德师风监督考核机制,对失德失范者要严厉教育,对学术不端者要严肃处理。

在2010—2015年期间,为实现在校学生人数规模达到25000人左右的目标而继续引进专任教师,使专任教师数量达到或超过1700人,达到国家高校师生比的优秀标准。根据学科专业发展要求,平衡学科专业教师数,重视新专业教师队伍建设,使之能够满足基本教学要求,达到国家相应学科专业建设教师人数及结构要求。与此同时,根据学校逐步加大对研究型人才培养的办学思路,进一步优化教师结构,提升教师队伍质量;人才建设的工作重点主要放到大力引进和培养国内外著名学者和一流学科带头人上。

提高教师业务水平。重视和促进每一位教师的专业发展,以增强教师创新能力和实践能力为重点,大力提高教师教学能力、科技创新能力和社会服务能力。引进和培养一批处于国际学术研究前沿、能够带动相关学科向国内一流水平迈进的著名科学家和领军人才,重点引进在海外知名大学或科研机构任职的高层次人才和国内在本专业领域得到同行认可的拔尖人才。加大后备骨干人才培养力度,积极创造有利条件促进其快速成长。鼓励教师积极面向世界开展学术交流,大力支持教师赴海外研修,不断提高教师队伍的国际化程度。加强管理队伍、实验技术队伍和辅导员队伍建设,推进管理队伍职业化,提高实验技术队伍和辅导员队伍专业化水平。

加强教学和科研创新团队建设。促进跨学科、跨单位合作,形成"大师+团队+平台"的教学科研团队建设格局,努力造就高水平的教学和科研创新团队。

2.保障措施

(1)完善校、院两级管理体制。进一步深化基于"按需设岗、依岗聘人、公开招聘、竞争上岗、合同管理"的人才引进和教师岗位聘任制的改革,积极探索和建立科学的、尊重不同学科门类特点的评价指标体系,重在质量考核;进一步深化我校人事分配制度改革,推行能充分体现绩效和贡献的分配方式。坚持以学科建设为中心、以提高教育质量为根本、以院为基础的师资队伍建设机制。充分调动院(部)进行师资队伍建设的积极性和主动性,鼓励各个院(部)结合自身的特点和需求建立针对性强的教师培养模式;对各院(部)的负责人的年度考核和任期考核要有明确的抓师资队伍建设方面的考核指标。

(2)大力加强师德师风建设,弘扬尊师重教的风尚。按照"学高为师,身正为范"的要求,培养广大教师爱岗敬业、教书育人的高尚精神,增强广大教师的学识魅力和人格魅力;制定切实可行的学术道德规范,将学术道德教育纳入教师上岗培训和学生培养体系之中,提倡扎扎实实、认认真真做学问的风气,强化广大师生的学术道德意识,以师风带学风促校风,形成良好的师风、学风、校风和健康和谐的师生关系。

(3)重视和促进每个教师的专业发展,实施教师素质提升工程,鼓励教师改革教育教学方式,推进教育实践创新,不断提高人才培养质量。搭建教学信息化平台,不断丰富教育教学资源,满足教师运用现代信息技术改革教育教学内容和方法的需求,推动课程教学与信息资源的有机整合,形成开放、互动、共享的信息化教育模式。加强对青年教师创新能力的培养,设立青年教师创新基金,资助青年教师开展跨学科、跨学校、跨地区的创新教学和科研活动,为教师创造性地发挥智慧提供宽松的教学、科研环境。鼓励教师不断探索教学创新方法、积极参与企业创新活动,将教师的创新实践和成效纳入教师职务晋升、考核评价指标体系,逐步形成以业绩贡献和能力水平为导向的教师评价机制。

(4)本着培育和引进并举的原则,实施重点人才工程,着力构筑人才高峰。突出领军人物的培养和引进,力争在"千人计划""百人计划""长江学者奖励"计划、国家杰出青年科学基金资助等方面取得更大成绩;完善有利于提高师资队伍整体实力、有利于人才引进及培养和使用的工作机制和配套措施,根据变化修改调整有关人才人事政策。重点加强对创新团队骨干、工程技术骨干、后继学术带头人的培养。大力推进以"优秀科技创新团队和优秀教学团队"为目标的优秀创新团队建设,努力探索"以团队推大师""大师带团队"的高水平人才培养模式。优秀科技创新团队建设旨在以创新能力建设为主线,以支持创新人才为核心,努力营造有利于科技创新和拔尖人才脱颖而出的良好环境,带动学科发展,获得标志性成果,提升学校在国内、国际上的学术地位和竞争力;优秀教学团队旨在建设落实"质量工程",强化质量意识,深化教学改革,促进教学研讨与教学经验交流,开发教学资源,推进教育创新,加强课程建设和专业建设,切实提高教学质量,建设可持续发展的教学队伍。同时积极清除不利于高水平创新团队形成和优秀人才脱颖而出的人才组织上的体制性障碍。对于急需的高层次拔尖人才的引进,有快速反应机制,敢于采取超常规做法,开通引进"绿色通道"。同时,对引进人才要建立追责问效机制。积极稳妥地建立适应社会主义市场经济需要的人才流动机制。

（5）大力推进"中青年骨干教师出国研修计划""中青年教师国内访问学者计划""中青年骨干教师企业实践计划",着眼于加强青年教师教学和学术梯队建设,提高学校的教学科研水平。培育支撑学校长远发展的创新性青年学术人才,扶持其取得标志性成果。在省部以上教学科技奖励、人才建设计划和国内外学术合作与交流等方面取得成效。设立专项资金,资助优秀青年教师赴国内外一流高等学校、研究机构和大型企业,师从一流学者专家,开展访学和研修。

（四）科学研究

1.目标和主要任务

建立和完善校内外科技开发工作网络,提高学校科技开发和成果转化的能力与水平,显著提高学校服务国家和地方经济建设的能力。

"十二五"末科研总经费达到或超过 5 亿元;努力提高我校承担重大科技任务的能力,使我校重大科研项目的比例显著增加;建成一批高水平的科研基地(见表1.4)。

表 1.4 2010—2015 科学研究、教育教学主要任务和目标

序号	一级指标	二级指标	数量	备注
1	科学创新基地	国家实验室培育基地	1 个	
		教育部人文社科重点研究基地	1 个	
		省部共建教育部重点实验室	1 个	

续表

序号	一级指标	二级指标	数量	备注
2	基础科研项目	973国家重大基础研究项目、国家重大科学研究计划项目	20项	
		国家自然科学基金项目	150项	
		国家社会科学基金项目	突破	
3	重大科研成果	国家科技、专利奖	2—3项	
4	学科水平	一级重点学科	1个	
		国家二级重点学科或国家重点培育学科	1个	
		一级学科博士点	1—2个	
		一级学科硕士点	2—5个	
5	人才队伍	国家级拔尖人才(长江学者、杰青、国家千人计划等)	1—3人	
6	教学成果	国家级精品课程	2门	
		高等学校特色专业	1—2个	
		国家教学名师	1—2个	
		国家规划教材	10—12本	
		国家实验教学示范中心	1个	
		国家教学成果奖	2—3项	
7	学生获奖	全国优秀博士论文(含提名)	1—2个	
		全国大学生创业计划、课外学术科技作品竞赛、数学建模、电子设计竞赛、英语演讲竞赛获得者	50—75项	
8	高水平论文	发表在本专业领域Ⅰ区或Ⅱ区的top Journal的SCI论文	30篇	
9	团队建设	教育部创新团队	1个	
		国家级教学团队	1个	
10	社会声誉	国家优秀教师、劳动模范等国家荣誉称号	2个	
		中央媒体(电视和电台)	10次	
		国家级报纸报道	50次	

2.保障措施

（1）探索产学研用合作新机制。根据国家经济建设和社会发展的需求,特别是以国家中长期科技发展规划为指引,结合学科发展特点和优势,有效地凝聚多学科的力量,不断推动资源整合、学科融合、人才聚集,形成若干个具有较强竞争力的研究群体。"对接"国家科技发展的动向,及时获取国家科技发展政策支持,争取形成若干品牌项目,努力实现"构建大平台,组织大团队,争取大项目,产出大成果"的科技发展目标。加大高水平科技研发平台建设力度,创新平台管理机制,完善科研绩效考核办法,积极探索和深化团队绩效考核方式,使团队中不同年龄、不同背景、不同专业的成员,各尽所长,互相合作,以其协同效应,增强学校竞争国家重大科技项目和进行重大国际合作研究的实力。

（2）加大扶持培育大项目的力度,提高科技开发工作可持续发展能力。在充分调研论证的基础上,找准目标,对具有一定基础的研究领域或方向,给予重点扶持和培育,到"十二五"末期,力争能够提炼出若干个"年到位"横向科研经费超100万元的大项目或研究方向,使大项目的到位横向科技经费成为横向经费的主要支撑点,从而大大提高科技开发工作可持续发展的能力。

（3）组织一批挖掘企业课题能力强的攻关团队,显著提高学校承接企业技术难题的能力。充分发挥和依托学校科技和人才优势,按照生物、食品、海洋、机械制造、电子信息、物流、服务外包等产业领域分别组织攻关小组,学校给予一定的启动经费,针对上述领域中经济实力强、发展势头猛、科研投入大的企业或集团开展攻关,全力寻找、争取和挖掘企业的技术攻关课题,使学校在承担企业大的技术创新课题及承担企业技术难题的总体数量上有较大突破。

（4）着力推进科研管理体制创新。健全科研经费管理、科研奖励、科研流动编制计算、科研成果评价等制度,强化科研激励机制。实施校内科研团队建设专项和创新项目资助计划,全面调动教学科研人员面向滨海新区经济社会发展需求开展科研创新的积极性。完善科研机构设置,建立规范有效的科研机构管理机制。组建一支强有力的科研服务队伍,通过建立覆盖面广的企业联系网络、广泛收集各方面科技需求信息、联络争取科研项目和组织校内联合攻关,不断开创学校科研工作新局面。

（五）社会服务

1.目标和主要任务

积极发挥高校的社会服务功能,在科技支持和文化辐射方面,为地方经济、文化发展做出贡献。积极拓宽科技成果转化渠道,提高科技成果转化率。到"十二五"末期,围绕国家战略和天津市重点产业需求,搭建知识、经济服务平台,力争建立起若干个社会影响力大、成果转化能力强、校企资源共享充分的科技合作对接平台,为天津市实施科教兴市、人才强市战略和构筑"三个高地"、打好"五个攻坚战"做出贡献。

2.保障措施

(1)促进学科链、专业链、人才链与滨海新区产业链有效对接。紧密围绕滨海新区当前需求和未来战略方向,调整学科专业结构,提高学科方向与滨海新区支柱产业需求的契合度。

(2)建立一批服务地方的科技对接平台,显著提高学校科技成果转化能力。创新产学研用合作机制,推动我校与滨海新区政府和企事业单位的深度交流与合作。争取在政府的支持下,通过与天津市支柱企业建立科技创新平台,推动"产学研用"合作创新机制的形成和完善,以高新技术提升企业的技术、人力和产品水平,提高企业的核心竞争力。

(3)校企互动,推进面向实践的工程教育。利用滨海新区的地域优势,与大型企业建立互动共赢的产学研关系,为学生实践和教师培训提供平台。一方面利用企业的资源优势,让学生参观、实习,培养学生的工程实践能力,支持教师到这些企业兼职,丰富工程实践经验,有计划地邀请企业优秀工程技术和管理人员到学校任教,丰富实践教学内容;另一方面,利用学校的学术优势,对企业的工程技术人员进行再培训,增强企业工程人才的再创新能力。

(4)推动师生服务滨海、奉献滨海。鼓励师生围绕滨海新区开发开放的需要开展科学研究,积极与滨海新区企业和科研院所进行科技合作。建立学生志愿者服务基地,广泛开展志愿服务滨海新区的工作。

(5)主动适应信息化发展趋势,以教育信息化促进教育现代化,构建教育信息化服务平台。充分发挥我校校园信息网,整合我校各类公共信息资源,建成社会共享的信息资源平台,为科技教育和社会经济文化发展服务,力争进入国家和省部级信息平台建设体系,提高我校的影响力。

(六)海内外合作

1.目标和主要任务

建立全方位、宽渠道、多形式的对外开放格局,积极促进国内、国际间不同教育模式之间的交流与合作,拓宽学术交流渠道和范围,提高学校在国内、国际上的知名度。

2.保障措施

(1)积极探索与境内外大学、研究机构和企业集团联合办学的途径,在国家法律和法规允许的范围内,依据自愿合作、互惠互利的原则,积极创造条件,在合作办学、师资互派、科学研究、科技开发和社会文化交往等各方面,拓宽往来渠道。

（2）拓宽招生渠道,扩大招收海外本科生、研究生的规模。加强与海内外校友会的联系,积极争取校友对学校事业发展的支持与合作。

（3）放宽视野,为学生搭建常态性的国内、国际交流平台。我校国际交流处、国际学院及其他学院要充分利用与国内外大学已有的合作基础,积极拓展本科生交流项目,让部分学生在校期间获得第二校园的体验。

（七）校园与支撑条件建设

1.目标和主要任务

启动泰达校区后续新规划建设工程,在"十二五"末按国家规定的标准完成泰达校区的建设。努力把泰达校区建设成为一个风格统一、布局合理、功能完善的现代化新校区。同时制定相关学院的搬迁计划,积极稳妥地做好仪器、设备、人员的搬迁;坚持以人为本,解决好教职工的后顾之忧。

按照学校对各个校区功能布局的整体规划,以"改善教学、科研、学习、工作与生活条件"为基本价值取向,制定河西校区改造计划,并分步组织实施。

大力加强教育基础设施建设,提高和改善办学条件,在教学科研行政用房、仪器设备、实验实习条件、图书资料、学生活动场所、现代教育技术手段和设施等方面达到国家优秀标准。

提升、整合各类教育信息化学习资源,完善基础设施和服务体系,打造校内教育信息服务平台。提供在线学习、智能搜索、个性化学习推荐,满足学生多元化和个性化的学习需求。

2.保障措施

制定校园建设规划、校园文化建设规划、财力资源发展规划、信息化建设规划、实验室与仪器设备发展规划,并具体实施。加大实验室和大型仪器设备的开放力度,规范无形资产的管理、保护、开发和利用。

开源节流,强化资金保障。积极向上级主管部门及财政部门争取经费,吸收社会捐助,提高学校自筹经费的能力。吸纳各种办学资源,大力发展校办产业,群策群力,拓展财源,使学校总收入在原有基础上有所突破。在保障学校日常运转的前提下,重点保证学科建设和基本建设的资金投入,确保学校整体发展规划的顺利实施。

加大投入,完成多校区网络系统建设工程,构建功能齐全、信息畅通的校园数字化平台;完善公共资源服务系统,加快网络辅助教学系统、科研系统和远程教育系统建设,实现高质量教学与学术资源的共享与传播;完善图书馆自动化系统,加快数字化图书馆建设进程,提高图书馆、资料室和档案馆的服务能力。逐步完善网络教育信息化建设,探索和建设课外学习中心管理平台、学生学习平台、多媒体实时交互平台、短信平台和毕业论文指导平台;完成形成性考核和网上作业系统的建设。

(八)和谐校园建设

1.目标和主要任务

构建一个具有我校特色的公正、文明、富裕和充满活力的和谐校园,让每一个科大人都能沐浴在和谐校园的阳光里,实现全面发展。

健全学校领导管理体制和民主监督机制,建立健全党委领导、校长负责、教授治学、民主管理的中国特色现代大学治理结构,推进依法办学、民主治校、科学决策。

切实解决好师生员工最关心、最直接和最现实的利益问题,保证共享改革发展成果。继续实施实事工程建设,建立长效运作机制,拓宽资金投入渠道,抓好年度实事项目建设,切实为广大教职员工谋福利。加快收入分配制度改革,在学校财力允许范围内,保证教职员工收入待遇每年平均以不低于8%的比例增长;关心老职工的住房补贴问题,使老职工的补充住房公积金缴纳比例在三年内逐步达到30%;关心教职员工身体健康,做好医保点建设工作,办好教职工大病保险,完善教职工医疗体检制度。继续完善学生助学帮困体系建设,扎实做好毕业生就业工作。

2.保障措施

(1)健全民主科学的管理机制。健全"党委领导、校长负责、依法治校、民主管理"的现代大学管理体制。强化学术委员会的学术权力,发挥广大教师尤其是教授在学术发展、学科建设、学校管理等方面的作用。健全、完善教职工代表大会制度、重大决策公示问责制度等。探索建立由多方面代表参加的学校理事会,吸引社会贤达参与学校的重大决策和管理。

(2)丰富校园文化活动。提升校园文化品位,开展以"我和科大共发展"为主题、以践行社会主义荣辱观为重点的各种主题创建活动。大力推动各类文化讲座、学术讲座和"高雅艺术进校园"活动,广泛开展各类科技、文娱、体育活动,发挥好科技学术活动的带头作用和高雅文化的艺术熏陶作用。加强文化传播载体和网络文化建设。切实加强校报、校刊、校内广播建设,加强课堂、宿舍、班车等各类文化阵地的建设和管理。高度重视网络文化建设,继续建好校园网、易佳网和常青藤网等主题教育网站,以增强对学生的吸引力。加强辅导员博客建设,使之成为增进师生联系的平台;继续开展好优秀网站评选活动,引导各单位重视网络文化建设。加强校园环境建设。明确各校区的功能定位,制定校园建设规划;充分发挥校区现有校史展、档案馆、图书馆和历史建筑等文化设施的作用,同时加快推进泰达校区的环境文化建设,建设一批寓意深刻、内涵突出的人文景观;抓紧两校区道路、湖泊、楼宇、桥梁的命名和指示系统建设。

(3)切实解决好师生员工最关心、最直接和最现实的利益问题,保证共享改革发展成果。除继续争取财政拨款、专项经费和上级补助外,积极争取从科研渠道、基金渠道、贷款及其他渠道筹措经费,以保证学校运行及发展的顺利进行和职工收入不断增长。严格执行国库集中收付、部门预算、收支两条线的财政纪律。勤俭办学,管好钱、用好钱,提高资金利用率和投资效益。建好教职工帮困基金,及时为经济困难职工发放专项补助;完善"国家助学贷款为主,奖、贷、减、补、勤等多种方式相结合"的助学体系,帮助贫困学生完成学业;认真做好大学生心理健康教育和咨询辅导工作,帮助学生树立自强自立意识、诚信意识和感恩意识,形成自尊自信和积极向上的心理。扎实做好毕业生就业工作。进一步加强就业指导,通过课程培训、实战训练、职业生涯导航等手段,全面提升我校学生就业能力和就业质量;加强政策研究和制度创新,建立大学生就业实习基地,促进学生与企业的联系和沟通;扎实推进就业工作信息化建设,提高就业管理工作效率,为学生提供更多用人需求信息;加强就业引导工程建设,着眼于国家需求,帮助学生树立正确的就业观念。关心离退休人员生活。积极发挥离退休同志的作用,为他们参与学校工作创造机会和条件;落实好离退休干部政治待遇,定期通报学校改革与发展情况,听取离退休干部意见和建议;继续为离退休人员办好医疗保险,建立有效的保障机制、稳步提高待遇标准。

(4)推进后勤工作机制体制改革,优化服务流程。加强食品安全管理,稳定消费价格,为师生提供物美价廉的餐饮服务;完成校园环境提升和改造工程,加强校内楼栋、生活园区和各类活动场所管理;加强校医院建设,推进医疗服务改革,按照天津市统一部署,大力推进学校医保定点单位建设工作,为师生员工提供良好的医疗服务;进一步推进交通保障改革,根据学校布局调整需要,合理配置班车,满足师生出行需求。

第二章 学校"十二五"事业发展概况

总 述

"十二五"期间,在学校党委正确领导下,学校紧紧抓住我国高等教育加快发展和天津"五大国家战略"叠加的重大历史机遇,深入实施顶层设计,加快推进一地集中办学,着力完善内部治理结构,召开了第二次党员代表大会,不断提高党的建设科学化水平,各项事业迈上新的台阶,为建设在国内有较大影响、特色学科领先的多科性教学研究型大学奠定了坚实基础。

一、着力加强内涵建设,学校各项事业再上新水平

学校坚持以提高质量为核心,全面深化改革,着力推进内涵发展,圆满完成顶层设计第一阶段目标任务,核心指标实现新的突破。

办学条件进一步改善。新征办学用地 420 亩;原天津开发区职业技术学院成功并入,滨海校区占地面积达到 1888 亩,学校占地面积达到 2299.86 亩(图1)。新增或在建校舍建筑面积 23.47 万平方米,校舍总面积达到 82.98 万平方米(表 2.1)。教育事业收入达到 41.2 亿元,教育事业支出达到 39.4 亿元,分别是"十一五"的 2.2 倍和 2.3 倍。固定资产总值达到 16.6 亿元,比"十一五"增长60%。其中,教学科研仪器设备值增加 1.9 亿元,达到 4.3 亿元(图2);生均仪器设备值达到 1.41 万元,是国家标准的近 3 倍;信息化设备资产值达到 1 亿元,数字化校园初步建成;图书总量新增 59.7 万册,达到 245.05 万册,图书馆现代化水平显著提高(图3)。

校园环境提升工程全面完成,美丽校园建设成效显著,获得"全国绿化先进单位"称号。

表 2.1 新增或在建校舍建筑面积

项目	面积(万平方米)
新增或在建校舍建筑	23.47
校舍总面积	82.98

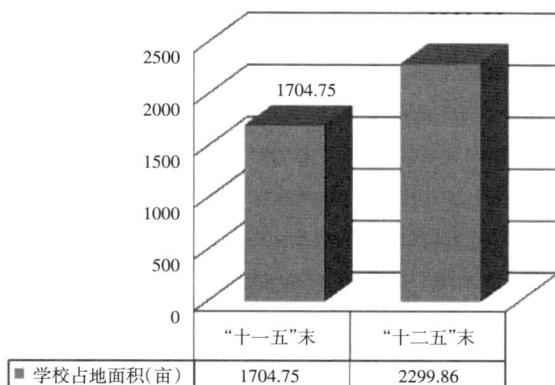

图 1 学校占地面积对比图

	"十一五"末	"十二五"末
■ 学校占地面积(亩)	1704.75	2299.86

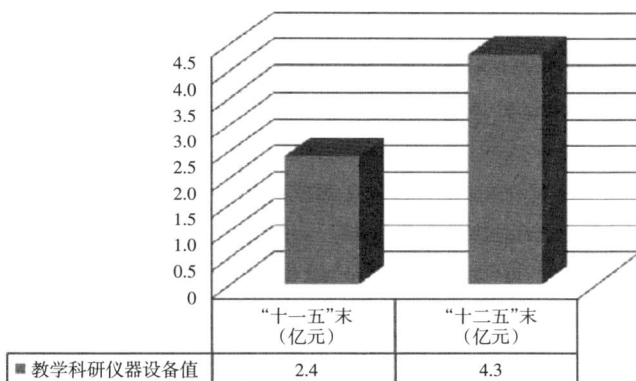

图 2 教学科研仪器设备值对比图

	"十一五"末 (亿元)	"十二五"末 (亿元)
■ 教学科研仪器设备值	2.4	4.3

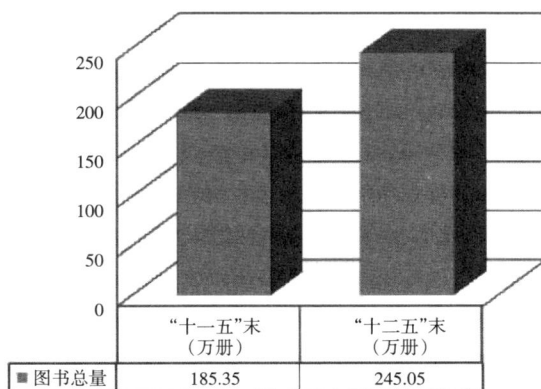

图 3 图书总量对比图

	"十一五"末 (万册)	"十二五"末 (万册)
■ 图书总量	185.35	245.05

　　教育教学质量稳步提高。全日制在校生达到 26030 人（图 4），是"十一五"的 1.22 倍。其中本科生 22783 人、研究生 3247 人，分别是"十一五"的 1.22 倍、1.54 倍（图 5）。学院数量增加到 18 个，本科专业由 35 个增加到 63 个（图 6），1 个专业成为国家级综合改革试点，3 个专业被列入教育部"卓越工程师"教育培养计划，形成了以国家首批"万人计划"教学名师、13 名国家和市级教学名师、22 个国家及市级品牌专业和战略新兴专业、14 个国家和市级实验教学示范中心（虚拟仿真中心）、10 支国家和市级教学团队、31 科国家和市级精品课程为引领的本科教育教学体系。成立研究生院，召开学位与研究生教育工作会议，出台了关于深化研究生教育改革和提高研究生培养质量的一系列制度文件，重点完善了研究生招生、培养、学位质量保障、奖助学金制度。研究生培养质量显著提高，获得天津市优秀博士论文 8 篇、天津市优秀硕士论文 28 篇。继续教育取得新进展，建成教育部"高等学校继续教育示范基地"。

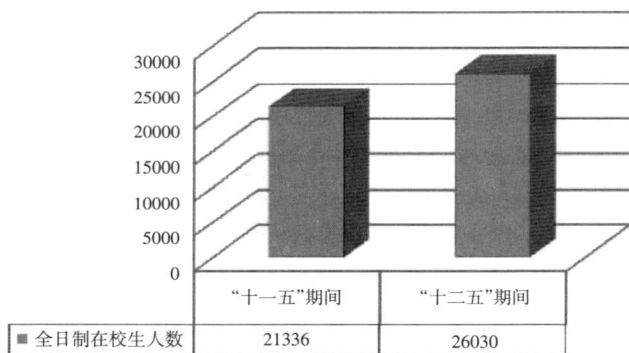

	"十一五"期间	"十二五"期间
全日制在校生人数	21336	26030

图 4　全日制在校生人数对比图

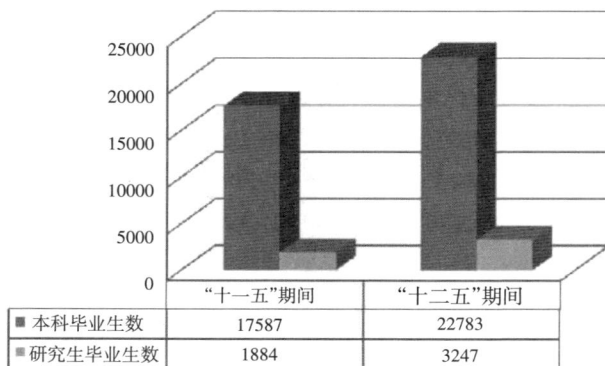

	"十一五"期间	"十二五"期间
本科毕业生数	17587	22783
研究生毕业生数	1884	3247

图 5　本科生、研究生毕业生人数对比图

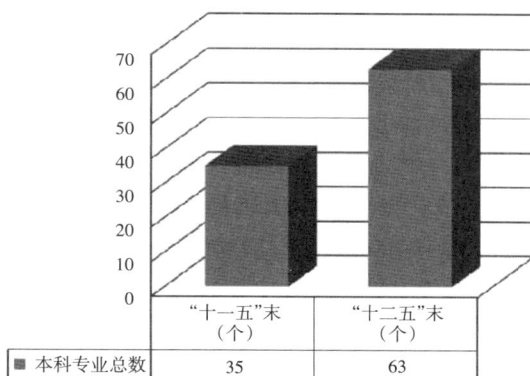

	"十一五"末（个）	"十二五"末（个）
■ 本科专业总数	35	63

图 6 本科专业数量对比图

科研创新能力逐步增强。"十二五"期间，新增 1 个国家地方联合工程实验室、1 个国家新农村发展研究院、1 个示范型国家国际科技合作基地、2 个天津市国际科技合作基地、1 个工信部食品企业质量安全检测技术示范中心、1 个天津市重点实验室、3 个天津市工程中心、1 个天津市工程实验室、2 个天津市协同创新中心，省部级以上科研平台达到 24 个（表 2.2）。承担省部级以上科研项目 942 项，其中国家科技计划项目 106 项、国家自然科学基金项目 205 项、国家社科基金项目 5 项，国家自然科学基金"杰出青年"基金项目、国家自然科学"重点"基金项目、国家社科基金项目、教育部人文社科重大攻关项目、国家国际合作基地

表 2.2 新增科研基地汇总表

名称	数量
国家地方联合工程实验室	1
国家新农村发展研究院	1
示范型国家国际科技合作基地	1
天津市国际科技合作基地	2
工信部食品企业质量安全检测技术示范中心	1
天津市重点实验室	1
天津市工程中心	1
天津市工程实验室	1
天津市协同创新中心	2
省部级以上科研平台	24

等实现零的突破。到账科研经费累计 3.9 亿元,比"十一五"期间增长 2.6 倍。《天津科技大学学报》入选中文核心期刊目录。科研水平和成果转化能力显著提升,获得国家科学技术奖励 7 项,2015 年首获第十七届中国专利优秀奖 1 项、省部级奖励 71 项,2014 年首获天津市专利金奖和德国"红点至尊奖",2011 年获批的"食品与营养关键控制技术研究"教育部创新团队于 2015 年获批教育部滚动支持;截至目前,与全国 15 个省市自治区、天津 7 个区县签署了战略合作协议,初步形成多层次、宽领域、全方位服务全国、服务天津的格局。

学科建设取得新进展。市级重点学科从 6 个二级学科增加到 7 个一级学科,建成 4 个校级重点一级学科和 12 个校级重点支持一级学科。在全国最新一轮高校一级学科评估中,"轻工技术与工程"位列第三,"食品科学与工程"、"海洋科学"位列前十;农业科学学科 ESI 排名保持全球前 1%;在《中国大学及学科专业评价》中,生物工程专业在专业大类中排名跻身全国前三,食品科学与工程专业在专业大类的排名中,进入全国前 4%,而包装工程专业则继续保持该专业全国第一。调整"化学工程与技术"一级学科,组建化工与材料学院、海洋与环境学院、造纸学院。新增"食品科学与工程"一级学科博士点;二级学科博士点由 11 个增加到 17 个;一级学科硕士点由 6 个增加到 13 个,二级学科硕士点由 39 个增加到 74 个(图 7),新增工程硕士专业学位授权领域 1 个、专业学位类别 2 个。

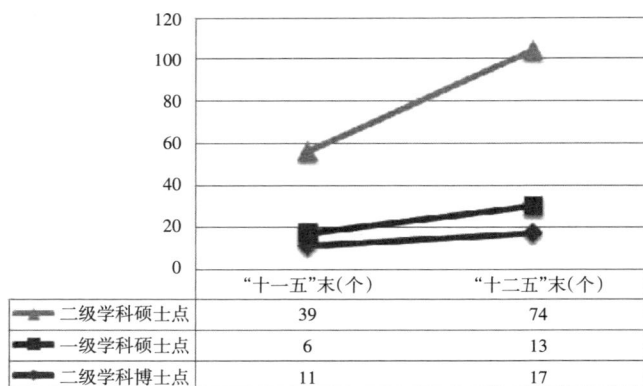

	"十一五"末(个)	"十二五"末(个)
二级学科硕士点	39	74
一级学科硕士点	6	13
二级学科博士点	11	17

图 7 硕博士点数量增长情况

队伍建设实现新突破。教职工总数由"十一五"的 1623 人增至 1971 人,增长 21%(图 8);专任教师总数增长 35%,其中教授、副教授占 52.5%,拥有博士学位的占 40.8%,45 岁以下的占 73.8%。积极实施"海河学者"特聘教授制度和"海河学者"培育计划,引进和培养国家"千人计划""万人计划"、国家杰出青年基金获得者、"长江学者"等省部级及以上高水平人才50余名,2支团队入选教育部科技创新团队。稳步推进人事制度改革,召开了天津科技大学人才工作会议,制定并完善了一系列人才制度和政策。推行教职工全员聘用制和专业技术人员"以聘代评"制度改革,将教职工工资收入分配与岗位职责及实际贡献挂钩,教职工队伍整体活力进一步增强。

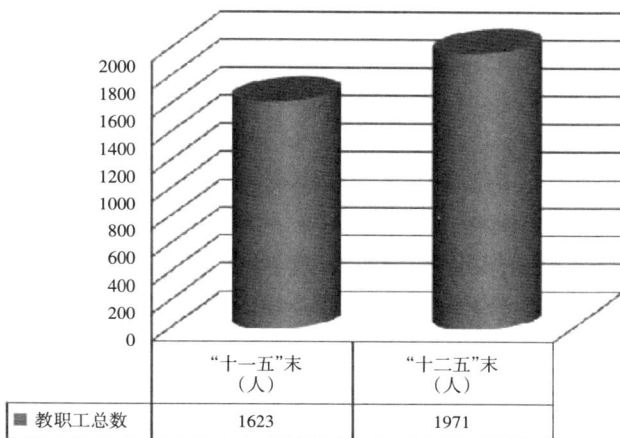

	"十一五"末 (人)	"十二五"末 (人)
■ 教职工总数	1623	1971

图 8 教职工总数

学生德育工作扎实推进。出台了《新入职教师首年担任大学生辅导员工作实施细则》,辅导员队伍整体力量得到加强。加强社会主义核心价值观教育,成立马克思主义教育学院,推出了"文化之韵"主题展览等一系列独具特色的品牌活动。建立大学生社会实践基地、志愿服务基地126个,提供志愿服务40万余小时。国防生、海南少数民族学生培养取得成效。家庭经济困难学生资助体系更加完善。建成标准化心理健康教育中心。承办第三届亚洲荷球锦标赛、第九届全国大学生运动会男子排球赛等重大体育赛事,并首次获得大学生运动会"校长杯"荣誉称号,此外,共有42人次在国内外大型体育比赛中获得金牌;在"挑战杯"全国大学生系列学术科技、创新创业竞赛中夺得市级金奖29项,银奖、铜奖64项,国家级铜奖6项。涌现出了救人英雄王汝华等一大批优秀集体和个人。德育工作经验和成效得到中宣部、教育部肯定。

对外合作交流广泛开展。中外合作办学成效显著,在原有中美、中日、中澳等项目基础上,增设中英项目,同时与加拿大、澳大利亚、芬兰等国高校开展了深层次的科研合作及学生交流。截至目前,与30多个国家的60多所大学、科研机构建立了合作交流关系;聘请了351名外国专家来校工作,其中艾伦·牟俊达教授获2013年国家国际科学技术合作奖。派遣教师参加境外学术会议、合作研究或研修等270余人次,举办达沃斯经济论坛新领军者年会、"中法建交五十周年"纪念活动暨"中法食品营养安全与药物化学联合实验室"揭牌仪式等数十场国际会议和活动。留学生规模逐步扩大,接收来自80多个国家和地区的各类留学生3000余人。2015年,与泰国易三仓大学共建了孔子学院。

*学校内部治理更加规范。*完成天津市教育体制机制改革试点项目——"深化管理体制改革,探索建立现代大学制度",制定《天津科技大学章程》《学术委员会章程》,多渠道发挥教代会、工会、共青团、学生会、离退休老同志和校友的重要作用,完善校友工作体制机制,依法治校迈出重要步伐。推进校院两级管理体制改革,调整校内管理机构设置,制定《二级学院党政联席会议议事规则》,二级学院办学活力得到增强。加强民主管理、民主监督,积极推进校务公开、信息公开。我校统战工作经验在第二次全国高校统战工作会议上做了交流。

*和谐校园建设成效明显。*创作完成《天津科技大学校歌》,制定完成学校形象识别系统,成功举办学校更名10周年纪念大会等重大活动。坚持每年为师生员工办实事,千方百计提高教职工工资和福利待遇,教职工平均收入达到"十一五"的1.8倍。实施幸福工程,开展"五比双创"活动,教职工干事创业积极性显著提高。全面加强校园综合治理和信访、保密、防范抵御邪教等工作,营造了和谐稳定的发展环境。

二、全面加强党的建设,为学校改革发展的稳定提供了坚强保证

学校始终坚持党要管党、从严治党,全面加强党的思想建设、组织建设、作风建设、反腐倡廉建设和制度建设,党的建设科学化水平显著提高。学校党建工作经验在第二十二次全国高校党的建设工作会议上做了书面交流。先后获得全国精神文明建设先进单位、全国文明单位等荣誉称号。

*党的思想建设进一步加强。*坚持用中国特色社会主义理论体系武装师生头脑,扎实开展创先争优活动、保持党的纯洁性教育活动、党的群众路线教育实践活动、"三严三实"专题教育活动,各级领导干部和广大党员思想政治素质不断提高。加强学习型党组织建设,进一步完善校院两级党委中心组理论学习制度。成立马克思主义教育学院,组建天津科技大学中国特色社会主义理论体系研究中心。深入开展社会主义核心价值观教育,进一步形成了自觉践行社会主义核心价值观的良好氛围。宣传思想工作保持良好发展势头,为学校健康发展提供了强大的精神激励、舆论支持和思想保证。

*党的组织建设进一步加强。*加强基层党组织建设,着力加强党员教育和管

理,科学调整基层党组织设置,探索在学科组、课题组、科研团队、学生公寓、社团中设立党支部,加强在"双高"人员和青年学生中发展党员。制定实施学院党政联席会议制度,在二级学院配备专职组织员,坚持开展"创最佳党日"及"五好党支部"创建和基层党建工作创新的立项活动。

党的制度建设进一步加强。坚持党委领导下的校长负责制和民主集中制,制定了校领导班子议事规则和《处级领导班子和领导干部年度考核办法》,完善了各级党组织的民主生活会和"三联系"制度,积极推进党内民主和党务公开,干部选拔、培养、任用、考核与监督规范化水平进一步提升。

作风建设和反腐倡廉建设进一步加强。深化学校惩防体系建设和作风建设,不断强化党风廉政建设责任制的贯彻落实,深入开展有针对性的廉洁教育,在招标、招聘、招生、干部考察任免、财务、物资设备采购、基本建设等重点领域和关键环节深化了廉政风险防控机制建设。制定了《关于进一步改进工作作风、密切联系群众的若干规定》,开展了清理小金库等专项治理工作,反腐倡廉制度建设得到全面推进和加强,党在学校的创造力、凝聚力、战斗力明显增强。

第三章 教育教学

"十二五"以来,学校以建设"国内同类高校一流、国际知名的有特色高水平科技大学"为办学目标,保持和拓展轻工特色与优势,培养德智体美全面发展、具有创新精神和实践能力的高素质应用型人才。

学校拥有"发酵工程"国家级重点学科和7个省部级重点学科;"轻工技术与工程"、"食品科学与工程"2个一级学科博士学位授权点,17个二级学科博士学位授权点,其中制浆造纸工程学科是全国同学科中第一个博士学位授权点。建有13个一级学科硕士学位授权点,覆盖74个二级硕士学位授权学科;6个硕士专业学位授权点,覆盖19个专业授权领域;拥有14个工程硕士授权领域。拥有63个本科专业,依托重点学科建设了生物工程、食品科学与工程、轻化工程、高分子材料与工程、化学工程与工艺、包装工程、机械设计制造及其自动化等一批优势特色本科专业。建有食品科学与工程、包装工程、生物工程、轻化工程4个国家级特色专业、13个天津市品牌专业和5个战略性新兴产业相关专业。长期以来,学校在面向全国、立足轻工、艰苦奋斗、开拓进取、服务社会的过程中,凝练了"坚持拓展轻工特色,精心培育行业中坚,矢志服务国计民生"的办学特色,为国家经济社会和行业的发展做出了重要贡献。

第一节 本科生教育

学校始终坚持"以教学为中心",依据学校培养行业卓越人才和高素质应用型人才的目标定位,完善本科教学管理制度和人才培养方案,推进质量保障体系建设,圆满完成了本科招生、就业、教学建设与改革的各项工作。

一、招生情况

本科招生工作进一步加强规范管理,深入实施高校招生阳光工程,做好招生宣传和服务工作,提高了生源质量。

1.招生计划执行情况

基于学校办学条件的改善和稳定,学校本科招生规模在"十二五"初期有所增长,"十二五"末期趋于稳定,年招生规模为6200余人。

表3.1 "十二五"期间招生计划统计表

项目 年份	招生计划	其中:			增长率
		理工类	文史类	艺术类	
2011 年	5255	4230	545	480	—
2012 年	5275	4213	500	562	0.38%
2013 年	6320	5047	684	589	19.81%
2014 年	6295	4935	750	610	−0.39%
2015 年	6245	4814	816	615	−0.79%

学校认真落实国家相关指令性计划,完成支援中西部地区专项招生计划和面向贫困地区专项计划,增加了山西、河南、广西、贵州、云南、甘肃、四川、西藏等省市的协作计划和重庆、新疆的贫困专项计划。"十二五"期间,协作计划总量增加520人,增幅62.65%;完成贫困地区专项定向计划,共招收104人;完成少数民族预科班、内地西藏班和内地新疆高中班招生,累计招收预科班学生253人、内地西藏班32人、内地新疆班100人。2014年,学校首次面向西藏自治区招生,招生省份覆盖全国32个省、自治区、直辖市。

表3.2 "十二五"期间国家指令性计划统计表

项目 年份	协作 计划数	贫困地区 专项计划	预科班 招生数	内地西藏班 招生数	内地新疆班 招生数
2011 年	930	–	45	–	17
2012 年	1000	8	45	2	18
2013 年	1400	26	56	6	21
2014 年	1400	30	48	12	21
2015 年	1450	40	59	12	23

2.录取基本情况

"十二五"期间,学校新增13个本科专业、7个专业方向和1个中外合作办学项目。学校在河北、内蒙古、福建、河南、重庆、海南、西藏、宁夏、新疆、天津10个省区市在本科一批录取,在其他省市为本科二批录取,在山东、安徽、山西、河南、陕西、黑龙江等大部分省份的录取最低分超过或接近当地一本线。

表 3.3 "十二五"期间录取一志愿率及生源情况统计表

年份 \ 志愿率	录取一志愿率	普通类录取一志愿率	艺术类录取一志愿率	各省理科录取最低分超二本线平均分值	各省文科录取最低分超二本线平均分值
2011 年	95.83%	96.07%	93.54%	55.23	52.32
2012 年	98.16%	98.65%	94.51%	60.27	53.39
2013 年	97.39%	97.75%	96.68%	55.33	44.33
2014 年	98.26%	98.79%	96.76%	63.29	52.27
2015 年	97.75%	98.64%	93.67%	67.52	61.55

"十二五"期间累计招收国防生 456 人,招收海南民族班学生 150 人,招收高水平运动员 171 人(其中乒乓球项目 53 人、健美操项目 39 人、龙舟项目 79 人),招收对口支援新疆和田地区定向生 25 人,招收港澳台学生 10 人。

近五年录取新生中,平均男女生比例为 1.13:1;城镇应届平均占新生总数的 45.82%,农村应届占 36.61%,城镇往届占 6.43%,农村往届占 10.80%。

3.生源质量

"十二五"期间,学校生源质量稳步提高。

表 3.4 "十二五"期间录取一志愿率及生源情况统计表

年份 \ 志愿率	录取一志愿率	普通类录取一志愿率	艺术类录取一志愿率	各省理科录取最低分超二本线平均分值	各省文科录取最低分超二本线平均分值
2011 年	95.83%	96.07%	93.54%	55.23	52.32
2012 年	98.16%	98.65%	94.51%	60.27	53.39
2013 年	97.39%	97.75%	96.68%	55.33	44.33
2014 年	98.26%	98.79%	96.76%	63.29	52.27
2015 年	97.75%	98.64%	93.67%	67.52	61.55

"十二五"期间,学校在天津市保持了较好的生源质量,录取一志愿率100%。

表 3.5 "十二五"期间在津招生情况统计表

在津招生年份	招生计划			本二 A 录取最低分超二本线分值	
	理工类	文史类	艺术类	理工类	文史类
2011 年	1459	199	40	56	2
2012 年	1402	186	60	69	32
2013 年	1833	258	47	33	46

在津招生年份	招生计划			本二 A 录取最低分超二本线分值	
	理工类	文史类	艺术类	理工类	文史类
2014 年	1665	283	56	39	33
2015 年	1703	322	29	49	35

二、就业情况

学校贯彻落实党委书记和校长负总责的就业创业工作"一把手工程",同时,成立了校、院两级毕业生就业创业工作领导小组,积极推进学校就业创业工作开展。

我校本科毕业生的数量从 2011 年 4114 人,增加到 2015 年 5057 人,增幅22.9%。我校毕业生的就业工作,在校党委的正确领导下,在所有毕业生就业工作人员的共同努力下,连续五年就业率均保持在 90% 以上,毕业生需求的供需比例在 1:4 左右。

表 3.6 "十二五"期间毕业生就业情况统计表

年份	毕业生人数(人)	就业率(%)
2011 届	4114	96%
2012 届	4375	96.09%
2013 届	4676	95.6%
2014 届	4942	94.98%
2015 届	5055	91.89%

三、专业建设

以教育部《普通高等学校本科专业目录和专业介绍》(2012 年)为基准,实施"十二五"专业建设规划,调整和完善专业设置。2012—2014 年,新建机械电子工程、车辆工程、数字出版、公共艺术、物流管理、物联网工程、翻译、知识产权、会展经济与管理等 9 个专业,达到 63 个本科专业。2012 年,与天津职业大学签订了联合培养技术应用型、高端技能型人才协议,并以包装工程(包装技术与设计)、化学工程与工艺(应用化工技术)、物流工程(物流工程管理)3 个专业于当年 9 月首批招生。

同时,建设了测控技术与仪器、环境科学等 13 个天津市品牌专业和机械设计制造及其自动化(新能源汽车)、食品质量与安全(食品安全分析检测技术)等5 个战略性新兴产业相关专业。构建了以发酵、食品、生物、造纸、机械、轻化工程等工程技术类专业为主线的轻工特色专业群。食品科学与工程、生物工程、包装工程 3 个专业于 2012 年入选教育部第二批"卓越工程师"教育培养计划。同年，包装工程、食品科学与工程专业分别获批国家级、市级专业综合改革试点。

四、课程建设

1.课程体系

构建了由通识教育课程、学科平台课程、专业平台课程组成的 3 个层次理论课程体系,突出了对学生的工程性思维、工程应用特色及学生创新精神和创新能力的培养。加大了理论课程与工程类课程的交叉力度。随着课程改革的深化和特色课程体系的建设,已建成以 24 门轻工工程技术类国家级和市级精品课程为主线的特色课程群。

2.开放课程

学校"食品技术原理""生物反应工程""包装材料学"3 门"十一五"时期建成的国家级精品课程完成转型升级,入选国家级精品资源共享课建设名单;"食品技术与文化""奥妙的微生物世界"入选国家级精品视频公开课建设名单,获批教育部建设经费总额达 48 万元。

3.课程组织

探索将资源分配到学院的校院两级排课模式。拓展通识教育课程资源,引入网络通识教育课程 66 门,学生选课 41881 人次,生均可选通识教育课程数量由"十二五"初期的 1.2 门增加到 2 门。

4.教材建设

《印后加工技术》《包装管理与法规》《生物反应工程原理》《食品添加剂》《包装材料学》《生物工程专业实验》《造纸湿部化学》《植物纤维化学》《印刷材料学》《包装结构设计》共 10 本教材被评为"天津市'十二五'规划教材",其中《包装材料学》《印刷材料学》和《包装结构设计》3 本教材被评为"国家级'十二五'规划教材"。

2014 年,《植物纤维化学》《包装材料学》《新编国际贸易实务》等 6 本教材被中国轻工业联合会教育工作分会授予中国轻工业优秀教材一等奖,《造纸湿部化学》《印刷材料学》等 5 本教材获中国轻工业优秀教材二等奖,《食品生物技术实验指导》《食品安全与卫生》等 5 本教材获中国轻工业优秀教材三等奖。

五、实践教学

1.实验教学

学校持续加强实验教学投入,生物工程实验教学中心获批国家级实验教学示范中心,包装工程虚拟仿真实验教学中心入选国家级虚拟仿真实验教学中心。不断更新实验项目和实验教学内容,逐年增大综合性、设计性实验项目的比例。综合性、设计性实验占实验项目总数的45%以上，每年更新的实验项目数超过实验项目总数的5%。

2.工程训练

五年来，学校工程训练中心积极引进实习教学及创新实训平台所需设备。累计完成近18000名学生的工程训练任务，其中金工实习学生9500余人，电子工艺实习学生5500余人，工程认知实践学生2600人。同时，完成了新校区工程训练中心的规划任务。

3.校外实践基地

依据《天津科技大学校外实践教学基地建设经费管理办法》，设立校外实践教学基地建设专项经费，不断加强校外实践教学基地建设，重视与高新技术企业的合作。其中，天津赛象科技股份有限公司、中法合营王朝葡萄酿酒有限公司获批国家级工程实践教育中心，"天津科技大学—赛闻（天津）工业有限公司工程实践教育中心"获批为国家级大学生校外实践教育基地。先后与诺维信（中国）生物技术有限公司、天津百事可乐有限公司、玖龙纸业（天津）有限公司等国内外知名企业达成合作协议，共建校外实践教学基地。

4.毕业设计（论文）

毕业设计（论文）已涵盖工学、理学、管理学、经济学、法学、文学、艺术学7个学科门类，五年来，参加毕业设计（论文）环节学生总计23000余人。先后投入12万元专项经费引入中国知网本科学位论文学术不端检测系统，在提高毕业设计（论文）写作质量的同时，进一步强化了本科生诚信教育。

在此期间，学校依据各专业特点不断完善毕业设计（论文）工作规范。坚持本科毕业设计（论文）工作实施全面的过程管理和质量监控，实行学校、学院、专业教研室三级监控和前期、中期、后期三期监控相结合的"双三"制的质量监控办法，为毕业设计（论文）质量提供了组织和过程的双重保障，学院二级管理逐步到位。

"十二五"期间，学校连续五年获天津市毕业设计（论文）管理工作先进单位荣誉，相关个人连续五年获市级毕业设计（论文）管理工作先进个人，13名学生及指导教师获市级优秀毕业设计（论文）荣誉，累计评选和表彰校级优秀毕业设计（论文）学生及指导教师266人次。

六、创新创业训练与国际交流合作

1.大学生创新创业训练计划

学校于2012年7月启动"大学生创新创业训练计划"项目，至2015年，已立项410项，其中国家级项目149项，市级项目99项，校级项目113项，院级项目49项。学校累计投入"大学生创新创业训练计划"项目经费155.8万元。积极支持学生参加学科竞赛、科技活动等创新实践,着力培养大学生创新精神、创业意识与创业能力。

2012—2014年,学校"大创计划"推荐的"家用双层旋转式停车位"项目、"架子鼓踩锤踏板创新设计实践"项目和"细菌纤维素/透明质酸复合水凝胶的制备与表征"论文连续三年入选教育部、科技部联合举办的全国大学生创新创业年会。

2.本科生国际交流合作项目

2013年,"天津科技大学与芬兰塞马应用科技大学本科生交流项目"首次获得国家留学基金管理委员会优秀本科生国际交流项目资助,实现学校本科生国家公派交流项目零的突破。"天津科技大学与泰国农业大学本科生交流项目"于2015年成为学校第二个获得国家留学基金委资助的交流项目。

3.本科生创新创业工作

坚持创新引领创业、创业带动就业,遵循"坚持协同推进,汇聚培养合力"的原则,制定了《天津科技大学学生学术科技创新工作实施办法》《天津科技大学关于推进创新创业教育和大学生自主创业工作的实施意见》等制度,出台了《天津科技大学深化创新创业教育改革的实施方案》。

4.就业创业教研室建设

组建由专业教师、就业工作小组成员、企业家、创业人士、专家学者组成的教学团队,打造专业化、专家化的教师队伍。较好地完成了"创业基础""大学生就业指导"和"大学生职业生涯发展与规划"等课程的教学任务,实现了就业教育的全程化。为提高就业指导队伍工作水平,积极推荐相关教师参加校内外专业培训。

充分发挥校内外导师作用,开展"职场精英挑战赛""简历加油站"等多种形式的活动,提高就业指导的覆盖面和实效性。深入开展个性化的辅导与咨询,开放就业咨询室,帮助毕业生合理确定职业目标,解决毕业生在求职过程中的焦虑等、靠等问题。组织"我的就业之路"征文活动,分享毕业生的就业感受与经历,帮助在校生了解本专业就业方向,树立正确的职业价值观和生涯发展观。

七、教学改革和质量保障

学校先后立项各级教改项目206项,其中国家级项目2项,省部级项目70项,专业建设与改革相关项目18项。2014年首批设立天津科技大学青年教师教育教学创新基金28项,专门用于培养和支持具有一定教学改革研究基础和创新能力的优秀青年教师、教学管理和教学辅助人员。

学校根据《市教委关于开展普通高校本科专业综合评价试点工作的通知》

要求,开展了法学、国际经济与贸易、计算机科学与技术、软件工程等 4 个本科专业综合评价试点,在总结试点经验的基础上,启动了校内 29 个专业的综合评估工作。

学校优秀教学名师和团队不断涌现,16 名教师获各级别教学名师奖;累计建设 22 支教师团队,其中,获国家级教学名师奖 1 人,市级教学名师奖 8 人,校级教学名师奖 7 人;建设市级教学团队 6 支,市级创新团队 4 支,校级教学团队 12 支。2015 年,学校还首次启动了"优秀青年主讲教师奖"评选活动,经学院推荐、督导专家组随堂听课且参加材料评审等环节,完成了 31 名青年主讲教师的综合评定工作。

第二节 研究生教育

"十二五"期间,从机构设置,管理体制机制,研究生招生规模,培养教学过程,思想政治教育,导师队伍建设等方面加强研究生教育工作。

一、启动研究生教育综合改革

确定了改革的指导思想:以服务国家经济及行业发展需求为导向,与社会主义市场经济体制及科学技术发展相适应,满足国家经济建设、区域发展及行业对高级人才的需要。在突出学校办学特色和优势的同时,密切关注我国科技、经济发展态势,以服务区域经济为主导,同时,结合学校"顶层设计"及中长期教育事业发展规划及学科建设发展规划,为提高学校研究生创新力和创造力提供有力支撑。

二、召开学校第二次学位与研究生教育工作会议

发布《天津科技大学关于进一步深化研究生教育改革提高研究生培养质量的实施意见》等重要文件,明确了今后一段时间学校研究生教育改革的总体思路,围绕提高研究生培养质量这一主线,打造研究生教育"三二二"质量提升工程,即推进"三项机制":推进研究生招生选拔改革机制、健全研究生分类培养机制,优化研究生培养类型结构、优化导师权责机制;打造"两个体系":构建研究生质量保障体系、完善研究生奖助激励体系;抓好"两个环节":加强学术氛围营造,加强科学道德教育。

三、研究生招生工作

研究生招生规模稳步增长。与"十一五"期间相比,研究生招生总规模增长率为 52%。全日制硕士研究生招生规模增长率为 71%,博士研究生招生规模增长率为 21%。2013 年,全日制研究生(含博士和硕士)招生 1013 人,研究生招生总规模首次突破千人大关;2015年,仅全日制硕士研究生就招生1023人,硕士研究生年招生规模也迈入了千人行列。

根据《天津市全国硕士研究生统一入学考试标准化考点建设工作方案》,专项投资建立了全日制硕士研究生初试标准化考场,实现了与天津市及教育部同步联网监控。

不断探索全日制硕士研究生复试工作改革举措。为进一步加强学院、导师对于招生的自主性、积极性,2013年、2014年进行有关学院试点单独组织复试工作,并于2015年全部下放至学院,各学院均顺利完成复试录取工作,已形成以研究生院总体协调监控、各学院具体执行的工作机制。

在非学历硕士生招生工作中,建立了巡回宣讲招生制度。与北京、天津、新疆、宁夏、内蒙古、浙江等地相关单位建立了密切的战略合作关系,深入企业宣传招生政策,为在职研究生招生、培养和校企产学研一体化提供了良好的平台。专项计划招生中,从2012年起,学校开始承担教育部"少数民族高层次骨干人才计划"招生,截止到2015年,已经累计招收少数民族高层次骨干人才计划考生52人,其中博士生5人、硕士生47人。"十二五"期间,在职人员工程硕士招生人数相比"十一五"期间,增长率为8%。

表3.7 "十一五"和"十二五"期间研究生规模比较

时期	全日制硕士生人数	全日制博士生人数	非学历工程硕士人数	同等学力申请硕士学位人数	合计
十一五	2767	198	374	251	3590
十二五	4718	240	433	79	5470

四、研究生教育培养工作

为提高学校研究生培养质量,对工学、理学、医学、农学等四个门类学术学位硕士研究生培养学制进行了变更,由2.5年改为3年。

全面修订了天津科技大学全日制硕士研究生培养方案。明确要求学术学位研究生课程以学院为单位按照一级学科设置;将选修课分为专业选修课与实践类选修课,调整专业学位研究生课程学分要求,由原25学分增加为30学分,课程安排由一个学期调整为两个学期,并要求设置实践选修课,课程门数不少于5门,选修学分不少于4.5学分。

对研究生英语课程进行了改革。推出公共英语课"免修"制度,改进硕士研究生学位英语考核,制定英语免修办法。

开展研究生校外创新实践基地建设:天津工业生物技术研究所、天津市尖峰天然产物研究开发有限公司、天津长芦汉沽盐场有限责任公司3个研究生校外创新实践基地被列入天津市高校研究生教育校外创新实践基地建设单位。广泛加强国际、国内交流合作：与西班牙巴斯克大学、芬兰拉普兰塔理工大学、中国科学院广州能源研究所、海南省琼州学院，签署联合培养硕士研究生合作协议。

研究生竞赛中，我校 2014 年、2015 年连续两年获得全国研究生数学建模竞赛一等奖。在 2015 年的中国研究生电子设计竞赛中，作为天津市唯一一支代表队参加全国比赛，获得华北赛区一等奖，并获得团体二等奖。

加强了制度建设。制定了《天津科技大学硕士研究生指导教师工作考核办法》《天津科技大学硕士研究生培养经费管理办法》《天津科技大学体育特长生研究生管理办法》，修订了《天津科技大学学术型硕士、博士连读研究生暂行规定》。

五、加强和改进研究生思想政治教育工作

2011 年 5 月 6 日上午，学校召开了我校首届加强和改进研究生思想政治教育工作会议，既而颁布实施了《关于进一步加强和改进研究生思想政治教育的意见》《关于进一步加强导师在研究生思想政治教育中作用的实施办法》《关于进一步加强研究生思想政治教育工作队伍建设的实施办法》等系列文件，这些文件成为"十二五"期间指导我校研究生思想教育工作开展的纲领性文件。

学校强化了研究生思想政治教育工作的体制机制建设，建立和完善了党委统一领导、党政齐抓共管、专兼职队伍相结合、全校紧密配合的研究生思想政治教育领导体制。校宣传思想政治教育工作领导小组负责研究生思想政治教育的统筹领导和政策制定；校党委研究生工作部负责组织、指导、协调、落实全校研究生思想政治教育管理工作，成立研究生思想政治教育科并设专职岗位承担具体工作任务。各学院成立研究生思想政治工作领导小组并由学院党委书记任组长，具体负责指导本学院研究生的思想政治工作。建设以专职为骨干、专兼职结合的研究生辅导员队伍，按照 1：200 的师生比配备标准配置专职研究生辅导员。明确了研究生思想政治教育经费和研究生思想教育活动经费的来源和使用标准。

六、研究生奖及助学金工作

学校着力构建并不断健全长效、多元的研究生奖助政策体系。2012 年起设立国家奖学金，2014 年起设立研究生学业奖学金。分别制定了《天津科技大学研究生国家奖学金管理实施细则》《天津科技大学研究生国家奖学金评审内容和标准》(津科大发〔2014〕125 号)、《天津科技大学研究生学业奖学金管理实施细则》《天津科技大学研究生学业奖学金评审内容和标准》(津科大发〔2014〕123号)、《天津科技大学研究生国家助学金管理实施细则》(津科大发〔2014〕124 号)等文件，奖助工作严格执行学生申请、学院评审委员会评选推荐、学校评审委员会评选的评审程序，保证评选的公开、公平、公正，不断完善研究生奖助体系，支持学生更好地完成学业。

表 3.8 "十二五"期间奖助学金统计表(单位:万元)

年份	普通奖学金 (含副食铺贴)	国家助 学金	学校助 学金	国家奖 学金	学业奖 学金	学习优秀 奖学金	奖助支出 合计
2011 年	573.936	—	—	—	—	42.13	616.066
2012 年	601.177	—	—	148	—	49.68	798.857
2013 年	666.948	—	—	148	-	54.59	869.538
2014 年	427.258	693.41	18.4	152	346.1	58.12	1695.288
2015 年	—	1563.42	74.5	157	711.6	32.98	2539.5
合计	2269.319	2256.83	92.9	605	1057.7	237.5	6519.249

七、研究生学位授予工作

组织完成天津科技大学学位评定委员会、学位评定分委员会的换届,成立了新一届委员会。完成天津科技大学学位评定委员会办公室成员组成调整,修订了《天津科技大学学位评定委员会工作职责》。

制定了《天津科技大学优秀研究生学位论文评选实施办法》《天津科技大学学位论文作假行为处理办法》等规则,全面修订了《天津科技大学学位授予工作实施细则》《天津科技大学优秀博士学位论文创新基金项目管理办法》的文件内容。"十二五"期间,被评为天津市优秀博士学位论文 8 篇、优秀硕士学位论文 28 篇,评选校级优秀博士学位论文 13 篇、优秀硕士学位论文 75 篇。为提高博士学位论文质量,实施了优秀博士学位论文创新基金资助项目,共选拔资助天津科技大学优秀博士学位论文创新基金项目 9 个(候选人 9 人)。

八、研究生就业工作

加强就业指导和信息服务,及时发布招聘信息,组织用人单位开展校园招聘宣讲会,开展毕业研究生的就业指导讲座,制作就业系统培训流程,确保就业数据的准确性、真实性。通过一系列工作,保证了就业率的稳步提升。

表 3.9 "十二五"期间毕业研究生数

毕业人数	2011 年	2012 年	2013 年	2014 年	2015 年
硕士生	509	577	728	824	882
博士生	36	31	36	35	38

表 3.10 "十二五"期间毕业研究生就业率情况

	2011 年	2012 年	2013 年	2014 年	2015 年
就业率	89.17%	86.30%	95.29%	93.83%	87%
签约率	71.7%	75.54%	78.93%	80.33%	73.04%

第三节　留学生教育

学校共招收和培养了外国留学生 3625 人。其中学历生 223 名，语言进修生 3402 名。留学生主要来自蒙古、美国、波兰、德国、韩国、马来西亚等 80 多个国家。

一、开拓创新，扩大交流

1.赴境外的招生工作

学校组织和参加外出招生团，随市教委留学生招生团组分别赴英国、波兰、俄罗斯、蒙古等国进行招生宣传。推进与俄罗斯、新加坡、美国等合作院校的学生交流项目。将留学生招生重点转移到"一带一路"沿岸的国家和地区生源，结合学校实际情况，与韩国、泰国、法国、英国、格鲁吉亚、芬兰等海外院校建立密切深入的联系。

2.与国内外的招生机构联系

学校在与原有的美国、俄罗斯和新加坡交流团组的基础上，增加接待了澳大利亚和墨西哥大学的游学团组，并达成了长期合作意向。

3.留学生招生宣传网建设

2015 年，学校组织力量专门对留学生网站进行改版，新更新的网页内容更为丰富，涵盖了从境外申请到来校报到、学习指南、校园生活、签证服务、毕业生信息等十几个板块，使外国留学生能更轻松地找到各类信息。

二、调整理顺留学生管理体制机制

按照留学生招管分离的原则，调整并理顺留学生管理体制机制。国际交流处负责招生和证照管理，日常生活及学习管理由国际学院负责，并成立留学生科。由国际交流处一位副处长兼任国际学院副院长，发挥协调统筹作用。制定了《天津科技大学留学生管理手册》，完善了《天津科技大学留学生招生简章》《外国留学生招生录取及入学指南介绍》的内容，在"留学中国"网站上更新宣传内容。

三、留学生工作取得的成效

五年来，留学生招生在开拓国别方面取得了新突破，开拓了赤道几内亚、墨西哥、德国、西班牙等新的国别。

短期团组交流中，在传统的语言教学工作之外，开设书法、太极拳等中国传统文化课；组织外国留学生及外籍专家的国庆招待会和春游、秋游等活动，丰富了留学生的课余文化生活。

学历生教育中，学校努力筹建英文授课专业。在组织正常授课外，经济与管理学院尝试开展英文授课，目前已为俄罗斯学生开设了国际金融、市场营销等课程。2013 年,经管学院又率先开设硕士英文授课 MBA 课程,目前已经招收了 7 名印度尼西亚硕士研究生,项目开展良好。

第四节　继续教育

学校继续教育工作广开办学思路,坚持多形式、多渠道开放办学,已形成了以专、本科学历教育及高自考和技能培训等多形式、多层次的继续教育基地,实现在册学生万人的目标,并建成天津市唯一一所国家普通高等学校继续教育示范基地。

一、建设成效

1.学历教育

"十二五"初,学校成人高等教育招生专业 23 个,其中本科专业 12 个,专科专业 11 个。建有福建省、湖南省、山西省、广东省、河南省、内蒙古自治区等省外函授站点 6 个,市内教学站点 11 个,在校生规模 6210 人,到"十二五"末,学校成人高等教育招生专业达到 28 个,其中本科专业 14 个,专科专业 14 个。建有福建省、陕西省、湖南省、山西省、广东省、河南省、内蒙古自治区、新疆维吾尔自治区等省外函授站点 10 个,市内教学站点 16 个,在校生规模 9758 人,其中夜大学 6907 人,函授 2851 人;本科 6629 人,占总规模 67.9%,专科 3129 人,占比 32.1%。

"十二五"期间,继续教育在校生规模增加 3548 人,增长 57.1%。本科在校生增加 2231 人,增长 65.6%。

2.培训工作

积极开展非学历教育服务,与中国质量认证天津评审中心、天津卫生局卫生监督所合作,开展了 ISO9001 质量管理内部审核员培训、食品企业国家安全标准培训及建造师资格等培训项目;与天津市塑料集团、泰达热电集团、开发区工会等企事业联合建立继续教育基地,为企业定制培训人才,极大地推进了非学历教育的发展。

3.自学考试

在开展高等教育自学考试工作上,充分利用天津市高自考委员会推动高等教育自学考试事业发展的有利政策,在天津市自考委的大力支持下,学校与陕西、山东、广东、北京等省高职院校,建立了天津科技大学高等教育自学考试艺术类专业考点 17 个,从 2009 年的几十名注册学生,至今年学校艺术类开考注册人数达到了 3000 余人,实现了学校自学考试艺术类专业开考人数的新跨越。

二、组织管理机构建设

将继续教育纳入学校工作体系。继续教育学院在学校教务处、学位办公室等部门的指导和协助下独立开展继续教育工作,院党组织纳入机关党委统一管理。

三、教育教学管理

修订和建立了有关继续教育管理的规定和制度,汇编成《天津科技大学继续教育管理文件汇编》,使继续教育管理工作做到规范化、制度化;注重专业建设,严把教学质量,保持教材的更新与日校专业同步,积极使用重点教材和推荐教材,对函授专业,实行统一教学计划、统一教材,根据需求,自编了部分主干课程辅导大纲。

第五节　特色培养

一、卓越人才实验班教育

2011 年,学校制定并汇编成《天津科技大学行业卓越人才实验班计划》,先后组建了"机械电子工程""化工与材料""食品与生物工程""工商管理""艺术设计"5 个行业卓越人才实验班,按大类招生,采取"直招"和"选招"相结合的招生方式、"2+2"分段式人才培养模式。

至 2015 年,学校行业卓越人才实验班共有在校生 846 人,毕业生 207 人。组建了 2 个实验班基础课教学团队、7 个实验班专业导师团队;建设了 27 门实验班专业核心课,开设了 5 门实验班专属通识教育课、10 门实验班英语分类教学课程;为实验班专设了"天津科技大学大学生实验室创新基金项目(实验班专项)"。

实验班学生共主持国家级及市级大学生创新创业训练计划项目 48 项,主持及参与校实验室创新基金项目 46 项;220 人次在各类国家级、市级大学生学科竞赛中获奖;5 名学生获得天津市"王克昌奖学金",1 名学生获得天津市大学生创新创业奖学金,14 名学生获得国家奖学金,14 名学生获得天津市人民政府奖学金,2 名学生分别获得天津市三好学生和天津市优秀学生干部荣誉称号,3 个班级获得天津市级先进集体荣誉称号;2015 届实验班毕业生中硕士研究生录取比例达 26%,3 人在校期间完成国际交流项目,12 人赴国外高校继续深造,10 人获得天津科技大学 2015 届优秀毕业生称号。

二、国防生教育

2004 年 4 月 25 日,天津科技大学与北京军区政治部签订依托培养协议,于当年开始从在校生中选拔国防生,2005 年起在应届高中毕业生中招收国防生。

目前,在校国防生分布在机械工程、电子信息与自动化、经济与管理、法政、计算机科学与信息工程、食品工程与生物技术、应用文理7个学院,包括机械电子工程、机械设计制造及其自动化、汽车服务工程、车辆工程、过程装备与控制工程、工业设计、电气工程及其自动化、电子信息工程、通讯工程、财务管理、国际经济与贸易、公共事业管理、人力资源管理、法学、计算机科学与技术、软件工程、食品科学与工程、生物技术18个专业。截至2015年12月,学校已完成9个培养周期,毕业国防生667人(女生37人)。目前在校国防生共416人(女生25人)。

2009年4月21—22日,我校举行与北京军区签约培养国防生五周年纪念活动,北京军区政治部主任董万才、天津警备区政委谢建华、市委常委及市委教卫工委书记陈超英、总政干部部培训局副局长孙栋廷、北京军区政治部干部部部长尚振贵出席纪念大会。

2014年4月26日,值北京军区与我校签约培养国防生十周年之际,学校在天津警备区大礼堂隆重召开国防生工作会议。市委常委、天津警备区政委廖可铎,市委常委、市委教育工委书记朱丽萍出席会议并讲话。我校党委书记李旭炎做国防生培养工作报告。廖可铎强调指出,要进一步强化抓好国防生工作的责任担当,坚持不懈地抓好强军目标的学习贯彻,不断提高军民融合共育人才的质量层次,为部队输送更多优秀军事人才。朱丽萍指出,要把"立德树人"与强军目标结合起来,健全培养机制,提高培养质量,实现发展需求与依托培养同步、教育教学和军政训练协调、科技素质与军政素质并重。

学校认真贯彻军民深度融合战略精神,紧扣部队人才需求目标,牢固树立"塑军魂、铸脊梁、插翅膀"的培养理念,始终坚持"四个一体化",国防生培养质量稳步提高。

1.加强以毕业教育为特色的思想政治教育,铸牢军魂。学校针对不同年级国防生特点,结合重大节庆日教育契机,以社会实践为突破口,分阶段地不断强化政治教育,增强教育的针对性与实效性。国防生沿着中国革命胜利的道路井冈山、延安、西柏坡、北京等地进行铸魂洗礼,沿着沈阳、武乡、涉县、左权、阳泉等地进行战斗精神培育,引导国防生坚定强军信念,积极投身强军实践,做新一代"四有"革命军人。

2.以国防生培养签约十周年为契机,召开国防生工作会议推动国防生教育培养创新发展。

健全培养机制,构建以国防和军队现代化建设为核心,充分发挥高校主体作用,强化分级负责的管理体制,细化军地各地各部门职责任务,有效保证教育教学和军政训练的协调一致;提高培养质量,坚持科技素质与军政素质并重,将创新能力培养和军政素质训练纳入教学体系。协同拟制国防生培养方案,试行国防生毕业(设计)论文前置、国防生毕业综合强化训练,实施毕业分配综合测评、全程量化管理等制度。

3.强化国防生军政素质培养。9门军政理论课纳入国防生教学大排课系统,作为通识教育版块,邀请军事法院、心理学专业教师开展教学。搭建模拟营连建制,坚持每年开展暑期基地化集训、军训锻炼、教学法集训、承训新生军事技能训练、代职磨炼等军事训练,并通过开展军事比武竞赛、军事考核等活动,强化军事技能。先后投入15万元专项经费在两校区国防生公寓建起了军营文化长廊。坚持每年组织国防生参演、主演甚至导演学校各类文艺演出,开展建党90周年诗歌朗诵和文艺演出、强军梦演讲比赛、抗战歌曲合唱等活动。把国防生早操队列、晚操体能训练、集中讲评、列队行进以及站岗执勤等,作为国防生学习成长、实践行为的必经过程,并逐渐打造成为一种文化品牌、一种文化现象。在国防生中组建男子国旗护卫队,承担学校各类重大节日、庆典活动升旗任务,成为天津科技大学校园内"一道亮丽的风景"。

在全国第三届大学生艺术展演比赛上,由国防生主演的原创话剧作品《青春起跑线》获全国戏剧类金奖;国防生舞蹈作品《成长的脚步》荣获全国第四届大学生艺术展演舞蹈类一等奖,并参加CCTV-3《舞蹈全民星》录制播出,展现了学校国防生的精神风貌。中央电视台、《人民日报》等多家国家、天津权威媒体对学校国防生培养工作进行报道,给予了高度评价。市教委在教育部相关会议上汇报了学校军训工作经验。国防教育科获天津市教育系统"教工先锋号"先进集体的称号。国防生在全军组织的毕业考核中,成绩优异,位列天津第一。

三、海南民族班教育

2006年5月,海南省人民政府和天津科技大学签署招收培养少数民族学生合作协议。至此,天津科技大学在原安排海南省普通高校招生总量的基础上,每年增加20名专门针对少数民族学生招生指标,正式启动了海南民族班的教育管理工作。目前,海南民族班学生分布在11个学院、24个优势特色专业中,共121人。经过省校双方的共同努力,合作培养工作健康发展,人才效益日渐显现,至今已走过十年的历程,为海南经济社会发展共培养毕业生134人,成为社会公认的跨省市政府与高校联合培养民族优秀人才的成功范例。

学校党委紧紧围绕"科教兴琼"战略,不断探索和推进跨省市政府与普通高校联合培养少数民族大学生的创新实践。完善海南民族学生培养的组织保障体系、政策制度体系、思想教育体系、教育教学体系,形成了省校协同、合力推进、共赢发展的工作局面,保证了培养质量的稳步提高。

1.加强省校协同,合力推进民族班教育工作。省校双方先后出台《关于进一步加强海南民族特招学生学风建设工作的意见》《关于加强少数民族学生教育管理工作的通知》和《海南省委组织部等五部门关于进一步加强天津科技大学海南少数民族特招班人才培养工作的意见》等文件,先后两次在海口召开学生座谈会,罗保铭书记先后3次接见学校领导和相关部门负责同志,海南省相关领导先后4次到校了解海南民族班学生学习生活情况,深化省校合作。这为学校海南民族班教育提供了坚实的后盾,成为海南少数民族学生努力学习、奋发成才的强大动力。

2.召开海南少数民族特招班十年工作总结暨优秀毕业生代表及新生座谈会。海南省委书记罗保铭充分肯定了特招班同学的学习工作表现,并用"立德、立志、立学、立业"八个字勉励学子们心怀海南、情系家乡;高度赞扬了学校为培养海南少数民族人才所做出的努力,并希望海南与天津科大深化合作,久久为功,为海南培养更多少数民族人才。

3.大力持续推进海南民族班教育管理。培养工作中,学工部专门编配了班主任,专人负责海南民族学生的教育管理、学业引导、成才引领,重点把民族班学生党员发展工作作为落实民族政策的一项主要工作来抓;在专业培养、学风建设和资助奖励工作方面,狠抓四个百分之百的实现:即民族班学生百分之百就读于学校的优势特色学科专业,将民族班学生百分之百纳入学长关怀计划,优秀教师和干部带班指导覆盖面达到100%,民族班学生奖助学金受益面达到100%。目前已有700余人次的民族班学生受益,累计奖励、资助金额近100万元。学校还通过为学生购买冬衣、民族服装和就业正装,定期以召开座谈会和工作联席会等形式加强对学生的培养。

4.加强实践育人,引导学生学成返乡就业,投身海南建设。学校定期组织海南民族班学生前往国家博物馆、天津规划展览馆以及圆明园、西柏坡等地参观实践,了解天津经济社会发展和开展革命传统和爱国主义教育。同时,海南民族班定期举办"三月三晚会",增强不同民族文化交流。以省校签约十年为契机,组织学生回到海南开展企业用人需求调研、优秀校友寻访等实践活动,提振返乡建设海南热情。五年间,绝大部分海南民族班毕业生选择返乡就业,涌现出以2011届毕业生李学智、吴敏敏为代表的优秀个人,他们获得工作单位的积极评价。

《人民日报》《光明日报》《中国教育报》、海南电视台、《海南日报》《天津日报》等各大媒体多次对相关工作进行了报道,产生了良好的教育效果和社会效应。2015年8月,学校组织23名海南民族特招班优秀学生代表在海南省昌江、琼中和海口等地进行寻访优秀校友社会实践活动,实践团被授予"天津市大中专学生暑期三下乡社会实践活动优秀团队和优秀实践团队标兵"称号。

四、体育教学及艺术类和高水平运动队

1.体育教学

学校深化体育教育教学改革,巩固体育课内外一体化的建设成果,将传授给学生一、两项运动的技能作为终身体育的载体,重点培养学生体育锻炼的习惯。结合《高等学校体育工作标准》和《国家学生体质健康标准》,坚持普及与提高相结合,大力开展群体活动,提高学生的健康水平;选拔和甄别有一定水平的大学生运动员参加学校体育代表队。2012 年 9 月成功承办了第九届全国大学生运动会排球比赛。

(1)本科生教育

认真贯彻《高等学校体育工作标准》《国家学生体质健康标准》,力争使学生的健康水平进一步提高。

——专业建设。联合艺术学院共同申报了表演专业——运动艺术与表演方向,并在 2010—2014 年进行了招生,到目前为止已经有两届毕业生。

——课程建设。继续完善"大学公共体育"精品课程,对公共体育课的课程性质、课程目标、课程设置、课程结构、课程内容及教学方法、课程建设、课程资源的开发与利用以及多媒体建设、课程评价等方面也进行进一步的审定和完善。

——学生体质监测。按照《高等学校体育工作基本标准》和《国家学生体质测试标准》的要求,通过优化课堂加大素质评分分数比例、增加课外活动辅导课时等措施使得学生近五年体质健康水平逐年提高。目前根据学生体质监测数据的情况,合格率已达 85%。

(2)师资队伍建设

引进 4 名硕士专项教师,合并引进开发区职业技术学院 7 名教师,体育教学部共计 43 名专业课教师,正高级职称 3 名,副高级职称 22 名。1 名教师获得天津市市级教学名师,20 余人次获得校教学质量奖。有计划地安排体育教师定期接受继续教育和组织外出交流学习活动, 支持青年教师参加研究生学历培训,鼓励教师特别是青年教师树立终身学习的观念。不断完善教师的知识结构、能力结构和提高学历水平,五年间教师取得硕士研究生学历学位的占全体教师56%,高级职称的教师占 59%。

(3)场地设施建设

根据学校校园整体规划并伴随着原开发区职业技术学院的合并,泰达校区中建设了综合体育馆,风雨操场馆,室外篮、排、网球场,泰达西校区开发了室内健身健美操房、乒乓球室、完善篮球、排球、网球和足球场地的灯光设施,学生宿舍区增加了学生的体育健身活动区域。

河西校区体育馆为承接 2012 年全国大学生男子排球比赛进行了翻修,扩建了两个健身健美室并对室外蓝、排、网小足球场进行了翻修。

2.艺术类

2005 年,学校成立艺术教育中心,隶属校团委。艺教中心主要负责:配合教务处进行通识教育音乐鉴赏课程的教学和组织工作,还负责组织开展学生艺术教育活动和指导校大学生艺术团日常训练。

本着"走出去请进来"的原则,我校自 2014 年开始与开发区文化教育卫生体育局、天津音乐学院合作开展文化共建,每年定期组织文化演出,成立了学校学生文化志愿者队伍。

每年定期组织高雅艺术进校园系列活动,邀请知名艺术团将高雅的文艺演出请进校园,依据学校当年文化活动主题开展了如诗颂会、合唱大赛等艺术活动。

指导校大学生艺术团开展日常培训工作,校大学生艺术团现有合唱团、管乐团、话剧团、舞蹈团、民乐团、礼仪队。为了让更多的学生能参与艺术活动,2014 年开始与学院共建院级学生艺术团队,目前在学院成立院级学生艺术团队 5 个,选拔优秀学生作品参加市及全国大学生艺术展演屡获佳绩。五年来,共组织"高雅艺术进校园"系列活动 54 场,累计参与师生 4.5 万余人。五年以来,组织学生参加全国和天津市文艺展演,2 件作品获得全国一等奖,3 件作品获得全国二等奖,4件作品获全国三等奖。在 2015 年度天津市学校文艺展演比赛中,2 项获一等奖,2项获二等奖,2 项获三等奖。2012 年在三年一届的全国文艺展演中,学校原创话剧作品《青春起跑线》获表演类一等奖,原创舞蹈作品《如火的青春》获表演类二等奖。2015 年,在全国第四届大学生艺术展演活动中,由学校 28 名国防生参演的舞蹈《成长的脚步》一举夺得表演类一等奖,并登上中央电视台舞台。

3.高水平运动队

学校高水平运动队在乒乓球、健美操、龙舟、荷球等几个运动项目上已形成较强优势和明显特色,在全国及高校中居于较高水平。部分运动员曾多次代表国家及天津市高校参加世界、全国、省、市大学生多种体育赛事,成绩名列前茅,国际及全国大学生和专业比赛中共获得金牌 53 块,天津市全民运动会和大学生运动竞赛中获得金牌 65 块。

(1)高水平运动队取得赛事成绩

2010 级经管学院公共事业管理专业本科生、2015 级企业管理专业硕士研究生张继科,先后获得 2011 年巴黎男子乒乓球世界杯赛男单冠军、2012 年世界乒乓球团体锦标赛冠军、2012 年伦敦奥运会男单冠军、2013 年巴黎世乒赛男单冠军、2014 年仁川亚运会男双冠军、2014 年德国乒乓球世界杯男单冠军、2015年苏州世乒赛男双冠军。

2011 年闫安、方博两位同学入选中国大学生乒乓球代表队,在第 26 届世界大学生夏季运动会上,收获男团和男单 2 金、男单 1 银的优异成绩。

2013 年世界杯系列赛学校健美操高水平运动员高旭、闫筱可入选国家队,代表中国参加了本次比赛的混合双人操项目。

2014 年 6 名学校荷球队员代表中国勇夺亚洲暨大洋洲荷球锦标赛季军。2015 年 10 月 21 日,科大荷球队 8 名队员入选国家队,并代表中国参加 10 月30 日在比利时举行的世界荷球锦标赛获得第七名,在创造了中国荷球队参加世锦赛最好成绩的同时,也获得了 2017 年波兰世界运动会荷球比赛的参赛权。

2015 年 7 月底在美国圣地亚哥举行的第二十六届世界健美操冠军赛赛场上,代表中国参赛的学校健美操队摘得本次比赛竞技五人操冠军,为中国代表团夺得分量最重的竞技组唯一一枚金牌。同时,还夺得混双季军、三人操第四名和第六名、男单第六名的好成绩。

2012 年学校承办了第九届全国大学生运动会男子排球比赛的全部赛事。在全国第九届大运会上,学校共 17 名运动员参加了健美操、乒乓球、田径、武术、跆拳道五个项目的角逐,共获得 4 金 2 银 1 铜,两个第四名,一个第七名的可喜成绩。学校首次获大学生运动会"校长杯"荣誉称号。

学校相继承办第三届亚洲荷球锦标赛、全国健身操舞大赛天津分站赛及天津市教委每年至少 4 项群体竞赛等赛事,为提升学校在国际国内的知名度,发挥窗口作用,教育师生爱国、爱校、为校争光,培养拼搏意识发挥团队协作精神,传播体育文化起到了非常积极的作用。

(2)高水平运动队建设与发展

2013 年学校与市体育局签约培养乒乓球高水平运动员,联合共建天津科技大学乒乓球高水平队和天津乒乓球队,为天津科技大学培养具有较高政治、文化素质和优秀专项技能的运动员,共同推动我市大中小学乒乓球运动的普及和发展,共同推动和扩大天津科技大学乒乓球高水平队及天津乒乓球队在国内外的影响。

2014 年中国荷球十周年系列庆典活动暨全国第六届荷球锦标赛在郑州大学举行。国家体育总局社体中心、中国荷球协会向十年来为荷球事业做出突出贡献的单位和个人进行表彰,学校荣获"突出贡献奖单位"称号。同时,学校荷球主教练刘黎明获"个人突出贡献"奖、"中国优秀教练员"奖,体育部教师林伟峰获"中国首批国家级荷球裁判员"资格证书。

2014年全国蹦床冠军赛在天津举办,学校经管学院毕业生李丹、钟杏平一举夺得女子网上个人冠亚军,董栋夺得男子网上个人亚军。同时,董栋、李丹、钟杏平包揽此次比赛专门设立的"难度创新奖"。颁奖仪式上,国家蹦床队赠予学校"友情支持 共铸辉煌"奖杯。

学校高水平队共有20名高水平运动员在国内外比赛中获得国家健将运动员等级,其中健美操队宋珂同学获得国际健将运动员等级。2015年中国大学生体育协会荷球分会成立大会在我校举行,天津科技大学成为第一届主席单位。2010年国际合球联合会教练委员会主席Ben先生带着世界一流强队荷兰国家合球队来学校进行为期十余天的交流访问。五年来,学校高水平运动队有77人在校在读在训队员入选国家集训队。

第六节 中外合作办学

学校始终坚持开放和国际化办学的思路,同美国、日本、澳大利亚、加拿大、德国、瑞典、芬兰等30多个国家的80多所大学及科研机构建立了合作交流关系,定期开展合作科研及学生交流。学校重视国际合作办学,在中美合作项目的基础上,增开中澳、中日、中英项目,与美国加州大学、佐治亚大学、加拿大渥太华大学、日本长崎大学、波兰罗兹大学等国外高校签订"1+2+1""2+2""3+2"等联合培养人才协议,与加拿大新布朗兹维克大学、澳大利亚悉尼大学、芬兰拉普兰塔理工大学等国外高校开展了深层次的科研及学生交流。

"十二五"期间,学校共有合作办学项目四项。包括与美国纽约州库克学院合作的中美合作办学项目国际经济与贸易(国际企业管理)专业,与澳大利亚南十字星大学合作的中澳合作办学项目财务管理专业,与日本京都信息大学院大学合作的中日合作办学项目计算机科学与技术(信息处理)专业,与英国赫瑞瓦特大学合作的中英合作办学项目生物工程(酿造与蒸馏)专业,为"十二五"期间新增合作办学项目。

2009年9月20日,天津科技大学中外合作办学暨国际学院建院十周年纪念大会在河西校区体育馆隆重举行。

一、合作办学项目基本情况

1.中美合作办学的国际经济与贸易专业(国际企业管理)

该项目注重学生商务英语应用能力的培养,通过引进美方10门以上专业核心课程,依托学校轻工优势,培养学生工程认知与专业相结合的综合应用能力。

"十二五"期间中美合作办学的国际经济与贸易专业培养了大批熟悉国际市场规则、英语应用能力强的毕业生。他们分别在外经贸部门、物流部门、海关、三资企业、金融、项目管理等领域的政府机构、企事业单位发挥了自己巨大的作用。

国际经济与贸易(国际商务管理)专业的毕业生,在达到了中美两校相关要求的情况下,获得天津科技大学毕业证书、经济学学士证书与美国库克大学理学学士学位证书。

2.中澳合作的财务管理专业

完成了中澳合作办学项目的延期申报工作。经教育部批准,中澳合作办学项目延期至2020年。同时,该项目批准招生人数增至120人,境内可授予澳大利亚南十字星大学学士学位证书。

该项目依托学校轻工优势与澳方学术研究优势,融合了食品、轻工等内容的工程认知实践环节,通过跨学科知识的有机结合,培养学生的工程认知与财务管理相结合的综合能力,引入澳方《Entrepreneurship and Innovation 企业与创新》等创业课程,传授国际先进的创新创业理念,支持了高年级本科生积极参加专业学科竞赛、创新创业项目大赛,参与教师科研项目和实习实践环节,主持并参与完成了国家级大创项目1项、校级大创项目2项,获得天津市创新创业奖学金、"挑战杯"天津市大学生创新创业计划竞赛铜奖。

3.中日合作的计算机科学与技术(信息处理)专业

计算机科学与技术(信息处理)专业主要以引进日方专业核心课程为特色,两校共同制定教学培养方案,学生在达到了培养要求的情况下,授予天津科技大学毕业证书与工学学士学位证书。

该专业依托滨海新区,毕业后就业面宽,只针对2013级在校生现已有多家国内外企业来学校协商毕业生招聘计划及探讨建立校企联合培养实训基地。该专业适合于对日软件开发等领域的国内外企业、公司、高等院校、金融外贸系统等单位,现已有许多学生准备申请国内外高校继续深造。

为进一步扩大中日合作办学的计算机科学与技术(信息处理)专业在全国范围内的影响力,2014年在两校共同努力下,在有关部门配合下,完成了中日合作办学项目的教育教学培养方案,引进日方专业课程达到15门,使该专业不仅能够满足教育部相关要求,还进一步提升在全国范围内的影响力。

4.中英合作的生物工程专业

本专业为双学位授予,即在修满所需学分的条件下,分别颁发天津科技大学毕业证书、工学学士学位证书,去英国赫瑞瓦特大学留学一年的学生,还可获得赫瑞瓦特大学酿造与蒸馏专业理学学士学位证书。

通过赫瑞瓦特大学的前沿教学内容与教育教学经验,结合天津科技大学重点学科,双方共同拟定中英合作生物工程专业教学培养方案。在进行合作办学过程中,实行聘请外籍教师进行强化英语教学,引进了8门外方专业核心课程及8个专业前沿讲座。核心课程均采用英方大学教学大纲,原版教材由英国赫瑞瓦特大学选派教师面授,并按英方要求同时、同卷、同标准进行教考评分离的模式考核。培养的目标是具有广阔的国际视野和较高的英语使用能力,同时具有宽厚、扎实的专业理论知识和实践动手能力的学生。学生在学校和英国赫瑞瓦特大学均有流畅的上升通道。经过两校联合培养的毕业生可在国内外知名的生物制造企业、研究所、设计院从事科学研究、工程设计、品控管理等工作,也可在生物工程与酿造领域从事生产技术管理工作,亦可在国内外高校继续深造。

表 3.11 "十二五"期间合作办学人数

专业	2011 年	2012 年	2013 年	2014 年	2015 年
国际经济与贸易	111	74	102	—	—
财务管理	67	56	107	110	118
计算机科学与技术(信息处理)	—	—	97	114	115
生物工程	—	—	—	48	53

在中外合作办学项目的执行中,学校始终坚持所有外语教学全部采用母语国家人员授课方式,中外合作办学项目年平均聘请英语、日语外教达10余人,学生每周课时量达 12—18 学时,这些措施,极大地提高了中外合作办学学生的外语水平。

二、扎实推进合作办学

1.完成合作方学位授予工作

针对中外双方对专业学分和专业框架结构不同,学校组织并完成了各项目合作区域学分与专业框架体系的研究,使学生能在完成学业时,符合外方授予学位条件,顺利获取外方相关学位。外方学位一次性获取率逐年提高,由最初的60%稳定在 95%—100%。

中美国际经济与贸易专业、中澳财务管理专业学生,由合作方和学校分别举行毕业典礼,完成双方学位授予。共举行毕业典礼仪式 10 场。

2.完善合作办学基础设施

由外方按协议建成计算机实验室 5 间,共拥有 300 余机位,同时配置了相应的计算机教学辅助设施。该实验室主要用于学校中日合作办学计算机科学与技术专业学生的学习,同时也兼供学校其他专业学生使用。由学校为中澳合作办学项目的语言教学配置了4间教室和相关多媒体设备,按英国大学要求标准配置了两间考试专用考场。

3.中外协商,逐步完善教学培养方案与改进教学运行管理

中外双方院校在原有的教育教学培养方案基础上,重新制定了相关方案和各自应承担的教学工作,使双方教育教学体系更加融合。为保证合作方课程门数、课程时数在整体授课中所占比例,在2014年经与日本京都计算机学院协商,在原有协议基础上中日合作办学项目计算机科学与技术专业由原有由日方承担的10门课程,变更为15门;在2015年,经过学校与英国赫瑞瓦特大学多轮协商,中英合作办学项目生物工程专业在原有由外方承担专业核心课程6门基础上,新增英方授课课程2门并增加了8次专业前沿讲座。不仅使外方课程数、学时数更加接近教育部的要求,还使得该专业学生在留学英国时,由原来只可能申请英方普通学位,变更为可申请英方高级学士学位,为学生毕业后申请天津科技大学毕业资格与学位资格以及继续申请修读英方硕士学位课程打下了良好的基础。

4.科学研究,逐步建立完善中外合作办学教育教学质量监控体系

结合国际合作办学向提高办学质量的发展趋势,着重对保证学生学习质量、外方教师的教学质量方面严加管理,通过教改科研立项、发表论文、制定相应制度和实施办法。完成教改研究项目等2项,发表相关论文数十篇。试行了学生学习质量实时监控和学生学习学业测评。

5.配合有关部门,做好中外合作办学学费审核

引入国外优质教育资源,采用国外先进教材,实行外语全部外教授课,三分之一专业核心课程由合作方派出教师面授。这必将导致教育支出的增大。通过执行中外合作办学项目的相关规定,经天津市物价局核准,完成了学校合作办学费用重新核定工作。核定后,学费有所提高,所收取的费用主要用于项目的教育教学活动、改善办学条件。学费核准如下表3.12所示:

表 3.12　学生学费

专业	2014 前(万)	2014 及以后(万)
计算机科学与技术(中日)	1.3	2.2
财务管理(中澳)	1.8	2.5
生物工程(中英)	未招生	2.4
国际经济与贸易(中美)	1.3	停止招生

第四章 科学研究

"十二五"以来,学校高度重视科学研究工作,积极落实国家创新驱动发展战略和京津冀协同发展战略,按照学校"十二五"教育事业发展规划和"顶层设计"目标的要求,紧密围绕制约区域经济社会发展的关键科学问题,强化目标导向,通过实施"强校计划",已逐步构建起"政策、项目、平台、成果"四位一体的科技工作创新体系,在大项目、大平台、大成果方面取得了显著成效,各类科研项目稳步增加,高水平研究成果持续涌现,科研平台整体实力持续增强,科技创新工作全面推进,京津冀合作机制不断深化,为天津市经济社会发展和科技进步做出了重要贡献。

第一节 自然科学研究

一、科研项目

国家级项目方面,"十二五"期间,国家自然科学基金累计获批立项资助 205 项,是"十一五"期间立项总数的 2.53 倍。同时实现了国家自然科学基金杰出青年科学基金、重点项目立项资助和优秀青年科学基金零的突破。在"十二五"期间,学校承担或参与国家科技部科技计划项目 106 项,是"十一五"期间立项总数的 2.02 倍。学校同时于 2012 年获批两项首席科学家领衔的科技计划项目,分别是曹小红教授作为首席科学家领衔的国家科技支撑项目——"功能食品设计及制造关键技术产品"和王硕教授作为首席科学家领衔的"863"计划项目——"食品生物危害物精准检测与控制技术研究"。这些项目有力地支持了学校科研平台和领军人才团队建设,取得了一批基础研究领域原创性成果。

国际合作项目方面,学校承担科技部国际科技合作项目 6 项、中欧中小企业节能减排合作资金 1 项。2014 年,学校首次获批国家自然科学基金委国际(地区)合作项目研究类基金。学校与法国国家药学院、巴黎第六大学共建了"中法食品营养与安全和药物化学联合实验室"。

天津市级项目方面,"十二五"期间,新增天津市科委科技计划项目 115 项,天津市教委科研计划项目 39 项,天津市农委农业科技成果转化与推广项目 4 项,天津市海洋局科技兴海项目 6 项,天津市其他区县科技计划项目 6 项。另外,在校青年创新基金(科研类理工组)项目中,完成了 138 项校青年创新基金(科研类理工组)立项工作。

"十二五"期间,学校科研总经费共计 43695.8 万元,其中,纵向到账经费 28989.3 万元, 横向到账经费 14706.5 万元, 同比分别提高了 172%、167% 和 183%。学校科研总经费于 2012 年首次突破一个亿。

二、科技成果

"十二五"期间,"国字头"品牌建设项目取得重大突破。2012—2014 年,连续三年获得国家科技奖 7 项,实现了国家奖"三连冠"的科研目标。其中,王硕教授等申报的"食品安全危害因子可视化快速检测技术"项目(天津科技大学为第一单位)获得 2012 年国家科技进步二等奖。

在 2015 年第十七届中国专利奖和 2014 年天津市专利奖评审中,王硕、王俊平和张燕教授所发明的"农药西维因人工抗原和抗体及其制备方法与应用"(专利号:ZL200410020332.2)专利分别荣获 2015 年第十七届中国专利优秀奖和 2014 年天津市专利金奖。

在省部级科技奖励中,"十二五"期间,获得天津市科技奖 22 项,中国轻工业联合会科技奖 27 项,中国商业联合会科技奖 10 项。此外,还获得 2013 年农业部全国农牧渔业丰收奖一等奖 1 项、2013 年福建省科技进步二等奖 1 项、2012 年环保部环境保护科学技术三等奖 1 项。以学校为第一单位发表核心期刊论文 2021 篇,三大检索论文 1743 篇;出版专著 45 部。

表 4.1 "十二五"期间获国家级重要科技奖励情况

序号	奖项	年度	项目名称	等级	主要完成人(我校)
1	国家科技进步奖	2012	食品安全危害因子可视化快速检测技术	二等奖	王硕、王俊平、张燕
2	国家技术发明奖		重大淀粉酶品的创制、绿色制造及其应用	二等奖	王正祥、路福平、刘逸寒
3	国家科技进步	2013	干酪制造与副产物综合利用技术集成创新与产业化应用	二等奖	王昌禄
4	国际科技合作奖		Arun S.Mujumdar 获中华人民共和国国际科学技术合作奖	成就奖	Arun S.Mujumdar

续表

序号	奖项	年度	项目名称	等级	主要完成人(我校)
5	国家科技进步		高耐性酵母关键技术研究与产业化	二等奖	肖冬光、张翠英、陈叶福
6	国家科技进步	2014	辣椒天然产物高值化提取分离关键技术与产业化	二等奖	张泽生
7	国家科技进步		非耕地工业油料植物高产新品种选育及高值化利用技术	二等奖	王昌禄

表 4.2 "十二五"期间获省部级重要科技奖励情况

类别	等级	特等奖	一等奖	二等奖	三等奖	优秀奖	合计
天津市科技奖	科技进步奖		1	8	12		21
	技术发明奖				1		1
中国轻工业联合会科技奖	技术发明奖		1	2	1		4
	技术进步奖		5	5	8	5	23
中国商业联合会科技奖		1	1	3	5		10

同时,学校高度重视知识产权和科技成果转化工作,"十二五"期间,共申请专利 1034 项,其中申请发明专利 791 项;获得授权专利 647 项,其中授权发明专利 370 项。相比"十一五"期间,各项指标数同比分别提高了 75%、62%、257% 和 270%。专利转让 22 项,转让经费共计 243.7 万元。在专利平台培育、建设方面,2011 年获批天津市专利示范企事业试点单位,同时为全国专利示范企事业试点单位(天津市仅天津大学和天津科技大学)。2013 年获批天津市专利示范试点单位,2015 年成为天津市知识产权运营服务联盟单位,并成功立项天津市专利运营项目——天津科技大学专利转移转化项目。2015 年学校与天津市三利专利商标代理有限公司签订《知识产权事务委托协议》,从"专利事务咨询"到"专利申请、授权"及"专利转化实施"等方面提供专业服务。在知识产权文化建设方面,学校成功承办了 2015 全国知识产权领军人才高校巡讲活动。

三、学术交流

"十二五"期间,开展高水平专家学术交流讲座(理工类)116场。先后承办了第十六届木材、纤维及制浆化学国际会议、"973"计划"我国陆架海生态环境演变过程、机制及未来变化趋势预测"项目2011年度学术交流会、第七届亚太国际干燥会议、第十九届国际工业结晶研讨会、第一届与第二届应用生物技术国际会议、"日晒盐场卤虫的生物调控作用和资源可持续利用"国际研讨会、国家自然科学基金委项目资助的"中韩生物识别技术双边研讨会"、2014年工业工程与信息技术国际学术会议、氨基酸有机酸产业高峰论坛等国内外学术交流会议30余次。2012年,学校启动由各基层学院轮流举办的校内青年教师学术交流活动,邀请国内外专家来校讲学200余场。

四、平台搭建

学校于2011年获批"食品安全与营养关键控制技术研究"教育部创新团队。该团队于2015年以优秀成绩通过结题验收,并获批教育部滚动支持。"十二五"期间,新增1个国家地方联合工程实验室、1个国家新农村发展研究院、1个示范型国家国际科技合作基地、2个天津市国际科技合作基地、1个工信部食品企业质量安全检测技术示范中心、1个天津市重点实验室、3个天津市工程中心、1个天津市工程实验室、2个天津市协同创新中心。

2013年10月,经天津市科委批准建设"天津科技大学科技成果转化中心"。学校累计投入400万元对中心进行软硬件建设,形成了一套较为完整的适用于学校的科技成果转化体系。在科技合作方面,先后与河北、青海、江西、海南、云南、内蒙古、福建、山西、山东、安徽等15个省、自治区建立了紧密的科技合作关系,并成为"石家庄京津冀产学研联盟"首批会员单位。除此之外,学校还重视与天津市各区县和高新区的紧密合作,先后与武清、津南、蓟县、宝坻、滨海新区等7个区县签署了科技全面合作战略协议。学校重视发挥科技特派员工作,帮扶企业科技创新,实现万企转型升级。两年来,在"大众创业,万众创新"的国家号召下,学校师生领军创办企业12家,现已全部完成科技型中小企业认定,其中1家完成国家高新技术企业认定;同时建设了天津科技大学科技成果转化中心津南分中心、江苏省淮安分中心、河北省涿州市农产品食品技术发展研究院、山东省德州市产学研合作平台等。

同时,为了充分发挥学校学科优势,更好地服务国家国防科技工作,学校于2014年1月14日顺利通过了由天津市国防科技工业办公室和天津市保密局共同组织的军工保密资格审查认证,取得了武器装备科研生产单位三级保密资格,成为具有承担秘密级科研生产任务的军工单位。

五、加强管理

"十二五"期间,制定出台了《天津科技大学科研项目经费预算调整管理办法》《天津科技大学关于国家科研项目经费间接费用使用管理办法》《天津科技大学科研项目间接经费绩效经费管理办法》并修改完善《天津科技大学科研经费管理办法》依规承担项目依托单位的主体监管责任,规范了项目经费支出、保障科研经费安全。修改完善《天津科技大学科技奖励办法》《天津科技大学知识产权管理办法》,引导优势互补,激发科研人员创造积极性,促进科技成果转化应用。制定了《天津科技大学协同创新中心培育与建设管理办法》《天津科技大学青年教师创新基金(科研类理工组)管理办法》鼓励创新创造、推动强强合作,提升学校科技创新能力。出台了《天津科技大学理工类科研档案管理办法》,健全项目全过程管理,实现科研活动"痕迹"追溯,确保科研活动有序开展。

第二节 人文社会科学研究

2013年4月8日,学校成立了社会科学处。

学校以重大理论和现实问题为导向,以体制机制创新为动力,以质量、效益和内涵建设为内容, 依据天津科技大学哲学社会科学繁荣发展计划(2011—2020年),坚持轻工特色,促进哲学社会科学与自然科学交叉融合,整合优势特色资源,培育重点研究新领域,着眼国家重大发展需求,实施重大项目培育计划;精心组织项目申报动员与培训,提高项目申报数量与质量;狠抓项目过程管理,提高项目研究成果质量;支持专家深入地方发展一线,积极发挥智库作用;积极组织学术活动,营造浓厚学术氛围;加大对外工作交流力度,优化整体发展外部环境,深入推进学校哲学社会科学的发展和繁荣。

一、科研项目和科研经费总量逐年增加

学校强化主持承担部省部级科研项目的优势,不断扩大与国内外研究单位的合作,联合攻关国家和国际科研项目;推进多学科交叉融合,加强对交叉学科的研究课题进行重点培植和扶持。五年来,学校人文社会科学研究项目和经费持续快速增长,共承担462项人文社会科学类项目,合同经费达到2000万元,实到经费1800余万元。其中纵向项目339项,项目经费1100余万元;国家社科基金6项,国家自然科学基金3项,国家发改委项目2项,科技部"973"项目1项,国际合作项目1项,省部级项目142项;设立校基金立项137项,其中思想政治专项34项,横向项目112项,合同经费900余万元;另承担了一批委局及

企事业单位委托项目。

表4.3 "十二五"期间国家社科基金项目

项目名称	项目类别	负责人	所属学院	年份
中国食品安全战略研究	一般项目	王殿华	经济与管理学院	2011年
金子光晴研究	一般项目	潮洛蒙	外国语学院	2014年
全球化语境下中国书法文本的英译研究	一般项目	顾毅	外国语学院	2014年
政府职能转变背景下社区共同体建设路径选择	一般项目	景朝亮	经济与管理学院	2015年
汉语重动句的起源与历时演变研究	一般项目	赵林晓	法政学院	2015年
中国古代仪礼服饰制度研究	艺术规划基金	纪向宏	艺术设计学院	2015年

二、科研成果产出稳步提升

学校社会科学工作者共出版专著、译著、编著及参编著作80余部,发表论文1600余篇,其中被SCI收录6篇,被CSSCI收录论文180余篇,《西方认识论的实践转向及其元研究意义》《中国影子银行体系的风险及其监管研究》等5篇论文被人大报刊复印资料转载;新增实用新型专利1项、外观设计专利18项;获各种奖励10余项,其中获天津市人文社科优秀成果奖6项(一等奖1项、二等奖2项、三等奖3项);2013年和2014年学校教师分获具有"国际工业设计的奥斯卡"之称的德国红点奖(RedDot)"概念设计奖"和"红点至尊奖"。

表4.4 天津市第十三届社会科学优秀成果获奖名单(2013年)

成果名称	成果形式	获奖人	成果方式	所属学院	奖励级别
互利共赢的中俄经贸合作关系	专著	王殿华	独立	经济与管理学院	一等奖
北方民间泥塑调查报告	研究报告	乔洁	合作	艺术设计学院	二等奖
大学生健康生活方式导论	专著	齐玉刚	合作	体育教学部	二等奖
物流企业集群服务创新行为演化模型及案例分析	论文	慕静	独立	经济与管理学院	三等奖
中国传统女红文化资源的保护与传承	研究报告	纪向宏	合作	艺术设计学院	三等奖
农村居民消费结构演进及营销策略研究	研究报告	郭鹏	合作	经济与管理学院	三等奖

三、科研人才与团队建设稳步推进

以重大理论和现实问题为目标,组织科研团队进行科研攻关,形成以重大问题为纽带冲击重大项目的科研团队,努力打造优势学术群体。加强对青年教师的培养,不断充实后备科研力量。继续实施青年教师基金计划,加强对青年教师的科研能力培养,协调吸收他们加入到相关科研平台和创新团队中,其中4人入选天津市宣传文化"五个一批"人才、1个创新团队入选天津市高等学校"创新团队培养计划",培育1个校级创新团队。

四、科研平台建设和运行管理成效显著

学校强化重点学科的带动和辐射作用,促进相关学科的交叉与融合,努力建设好已有的市级重点研究基地,争取更多的省部级研究机构,加强与政府部门的联系,谋求与政府部门共建研究机构。新增1个天津市食品安全科普基地,培育1个校级人文社科重点研究基地。现有省部级科研机构2个、校级科研机构1个。其中食品安全战略与管理研究中心面对新机遇、新挑战、新任务,不断加强制度创新,突出问题意识,推进基地建设全面发展,已初步形成工、管、法、农等学科交叉融合的特色研究平台。天津市食品安全科普基地发挥领域优势,从事食品安全知识科普活动及教育培训,开展了一系列以"食品安全"为主题的科普日、主体展览、科普讲座等活动,社会服务能力显著提升。

五、国内外学术交流不断深入

重点资助教师参加学术交流活动和访问学习,并邀请国内外知名专家学者来校讲学。举办各级各类学术会议37场,参与师生近万人,其中国际性、全国性学术会议4场,256人次受邀参加国际会议;邀请国内外知名专家学者进行学术讲座,2013年和2015年天津市社会科学科学界学术年会分会以及食品安全多元治理国际研讨会引起了广泛关注,对于扩大学校研究的影响产生了良好效果。各学术团队定期开展学术沙龙,加强学术交流与研讨。

六、社会服务成效明显

以国家、地方经济社会建设需求为导向,充分发挥学科优势,突出重点和特色,完善社会服务工作长效机制,打造具有学校特色的社会服务模式。"十二五"期间,10余篇学校教师撰写的咨政报告或提出的对策建议得到国家有关部门、天津市级以上领导批示或被有关部门及企业采纳;开展了各类人员培训10余场;整合优质科普资源,积极参加全国科普日等活动;充分发挥了高端科研人员的引领作用。

七、着力提升科研管理服务水平

2013年4月8日,学校成立社会科学处,进一步健全科研管理体制,完善科

研管理规章制度。新建社会科学处网站。新制定《天津科技大学人文社科科研成果奖励办法（试行）》《天津科技大学人文社科科研项目级别认定办法（试行）》《天津科技大学人文社会科学重点研究基地建设与实施办法(试行)》《天津科技大学人文社会科学创新团队管理办法(试行)》等科研管理工作文件,进一步提高科研管理工作的制度化、规范化水平。

第三节　平台建设

一、代谢控制发酵技术国家地方联合工程实验室暨天津市氨基酸高效绿色制造工程实验室

1.建设概况

2012 年,在天津市氨基酸高效绿色制造工程实验室的基础上组建了代谢控制发酵技术国家地方联合工程实验室,并于 2012 年 10 月获国家发展和改革委员会批准建设。

工程实验室主要研究方向包括发酵菌种定向改造、发酵过程检测与控制、高效分离纯化技术以及资源高效清洁利用,建有育种平台、分析测试平台及中试平台共计 3000 平方米,并与河南巨龙生物工程股份有限公司合作共建了"代谢控制发酵技术国家地方联合工程实验室产业化试验基地", 与江苏澳创生物科技有限公司合作共建了"代谢控制发酵技术国家地方联合工程实验室产业化推广基地"。

工程实验室在国家和天津市发改委及学校的双重指导下,实行理事会领导下的主任负责制。

2."十二五"发展情况

（1）人才培养

承担本科生认识实习、工艺实验和课题设计等实践教学课程以及毕业设计（论文）,为卓越人才实验班"Rotation"计划、开放实验、大学生创新创业训练计划及"挑战杯"提供实践平台,引导部分优秀学生参与教师的科研项目,承担一部分力所能及的科研课题,年均课时量超过 1000 人学时。培养博士和硕士研究生 500 余人,就业方向主要为发酵领域企业及科研机构。

（2）科学研究

工程实验室依托轻工发酵工程的传统优势,以国家及天津市需求为导向,搭建科研及工程化平台,科研水平逐步提高,取得了一批成果。全面具备了承担国家级重大科研项目的能力。

自建设以来,实验室人员主持或参与获得国家或省部级科技奖励10项。承担国家"973""863"、国家科技支撑计划、国家自然科学基金等国家级项目46项、省部级项目25项、横向项目54项。共获国家发明专利50余项,出版学术专著3部。共主持或参与制定国家或行业标准16项,目前已批准实施7项。

表 4.5 科技奖励列表

序号	获奖项目名称	完成人	获奖类型	等级	评奖单位及时间
1	高耐性酵母关键技术研究与产业化	肖冬光、张翠英、陈叶福	国家科技进步奖	二等奖	国务院(2014.12)
2	芳香族氨基酸及衍生物关键技术研究与产业化	陈宁、谢希贤	中国轻工业联合会科技进步奖	一等奖	中国轻工业联合会(2015.11)
3	谷氨酸(味精)清洁生产关键技术研发与应用	徐庆阳、张成林	中国商业联合会科学技术奖	一等奖	中国商业联合会(2015.12)
4	优良果醋饮料发酵菌种选育及发酵关键技术研究与应用	王敏、郑宇、申雁冰、骆健美	天津市科技进步奖	一等奖	天津市人民政府(2015.11)
5	柠檬酸高强度发酵及绿色制造关键技术及应用	王德培	中国轻工业联合会科技进步奖	一等奖	中国轻工业联合会(2014.10)
6	分支链氨基酸代谢调控技术及产业化	陈宁、谢希贤	天津市科技进步奖	二等奖	天津市人民政府(2014.01)
7	谷氨酸清洁生产和废水综合利用关键技术研究与应用	谢希贤、徐庆阳	中国轻工业联合会科技进步奖	二等奖	中国轻工业联合会(2015.11)
8	全膜法提取苏氨酸新技术研究与开发	陈宁	内蒙古科技进步奖	三等奖	内蒙古自治区人民政府(2015.11)
9	枯草芽孢杆菌B579制剂化及其控制设施蔬菜土传病害技术研究与示范	王敏	天津市科技进步奖	三等奖	天津市人民政府(2013.01)
10	以乳清生产燃料乙醇关键技术的研究与应用	肖冬光	中国轻工业联合会科技奖	优秀奖	中国轻工业联合会(2014.10)

表 4.6 主持或参与制定的国家或行业标准

序号	标准名称	我校参与人员	类别	编号
1	L–茶氨酸	陈宁	行业标准	QB/T 4263–2011
2	L–苯丙氨酸	陈宁	行业标准	QB/T 4264–2011
3	味精单位产品能源消耗限额	陈宁	行业标准	QB/T 4616–2013
4	节水型企业 味精行业	陈宁、张成林	国家标准	GB/T 32165–2015
5	氨基酸产品分类导则	陈宁、张成林	国家标准	GB/T 32687–2016
6	发酵法氨基酸良好生产规范	陈宁、张成林	国家标准	GB/T 32689–2016
7	发酵法有机酸良好生产规范	陈宁、张成林	国家标准	GB/T 32690–2016
8	食品添加剂 半乳甘露聚糖	陈宁、张成林	国家标准	spaq–2012–38（计划编号）
9	食品添加剂 L–半胱氨酸盐酸盐	陈宁、张成林	国家标准	spaq–2012–37（计划编号）
10	新型生物发酵名词术语	陈宁、张成林	国家标准	20131233–T–469（计划编号）
11	γ–聚谷氨酸	陈宁、张成林	企业标准	2013–1872T–QB（计划编号）
12	发酵液中衣康酸的测定 高效液相色谱法	陈宁、张成林	企业标准	2015–1744T–QB
13	食品中 L–谷氨酸的测定 酶电极法	陈宁、张成林	企业标准	2015–1745T–QB
14	食品中 L–赖氨酸的测定 酶电极法	陈宁、张成林	企业标准	2015–1746T–QB
15	食品中 L–乳酸的测定 酶电极法	陈宁、张成林	企业标准	2015–1747T–QB
16	食品中低聚木糖的测定 高效液相色谱法	陈宁、张成林	企业标准	2015–1748T–QB

（3）社会服务

工程实验室鼓励科研人员与企业交流合作，自建设以来与企业签订横向项目 54 项，转化经费近 2000 万元。

（4）队伍建设

工程实验室现有科研人员 51 人，其中教授 21 人，副教授 14 人，国家万人计划 2 人，国家千人计划 1 人（兼职），国务院政府特贴专家 3 人，教育部新世纪优秀人才 2 人,科技部中青年科技创新领军人才 1 人,天津市千人计划 5 人,天津市特聘教授 3 人,海河学者 6 人。重点造就和培养了一支知识结构、年龄结构、学历结构和学缘结构相对合理的科研学术队伍,并从国内外引进多名优秀中青年骨干。

此外,先后与菱花集团有限公司和莲花健康产业股份有限公司联合招收博士后研究人员 2 名。工程实验室召开国际国内学术会议并邀请国内外著名学者来实验室交流或合作,鼓励并支持中青年教师及科研人员参加各种学术会议和学术讲座。

表 4.7 承(协)办国际国内会议列表

序号	举办(承办)学术会议名称	层次	会议规模(人)	会议年月	备注
1	2013 年国际氨基酸产业发展高峰论坛	国际	200	2013.11	承办
2	2014 氨基酸、有机酸产业高峰论坛	专业领域	100	2014.8	承办
3	2014 年第二届应用生物技术国际会议	国际	200	2014.11	承办
4	2015 国际氨基酸产业高峰论坛	国际	400	2015.09	承办
5	2015 发酵行业产品创新、技术创新报告会	专业领域	400	2015.11	协办
6	2016 氨基酸产业技术应用与发展论坛	专业领域	400	2016.05	承办

二、天津科技大学新农村发展研究院

1.建设概况

天津科技大学新农村发展研究院于 2013 年 12 月 19 日由国家科技部、教育部联合下文(国科发农〔2013〕716 号)批准成立。研究院着眼天津及环渤海地区新农村建设的综合需求,发挥学校在农产品安全、加工、保鲜与物联网、畜产品加工、农业资源微生物发酵技术和人文社科战略研究等方面的优势,将新农村发展研究院建成全面服务于新农村发展的窗口。

目前,研究院分设 7 个研究机构,包括农产品安全研究推广中心、农产品加工技术研发推广中心、农产品保鲜与物联网研发推广中心、畜产品加工技术研发推广中心、农业资源微生物发酵技术研发推广中心、新农村发展人文社科研究中心、农村科技人才培训与信息服务中心。

坚持两个建设特色：一是坚持技术研究与战略研究并重——学校建有天津市重点人文社科研究基地"食品安全战略与管理研究中心"，在进行技术研究的同时，通过积极开展战略研究，从战略高度指导新农村发展研究院开展相关工作，二是积极深入基层农村开展帮扶工作——组织新农村帮扶组，深入基层围绕农村在新农村建设中涌现的新问题开展驻村帮扶工作。通过新农村帮扶组的沟通、协调，将对新农村发展研究院更好的服务新农村发展产生积极的作用。

2."十二五"发展情况

（1）科学研究

学校每年投入 50 万元专项经费支持新农村发展研究院运行和发展，并设立天津科技大学新农村发展研究院开放基金，支持教师开展针对新农村建设发展相关科研课题和战略研究。

2015 年，天津科技大学新农村发展研究院开放课题基金共收到天津市内高校申报 38 项，获准立项 16 项，其中科研类课题 11 项，战略类课题 5 项。

学校与县级以上地方政府签订合作协议 6 项，与企业签订各类合作协议 32 项。学校实施科技特派员计划，累计派出科技特派员 97 人，转化推广技术成果 150 余项。

2013 年 12 月至今，天津科技大学新农村发展研究院共获得授权专利 134 项，获得全国农牧渔业技术推广成果一等奖 1 项，获得天津市领导批示政策建议 1 项。

同时，生活污水一体化处理净化槽集成技术，获得了 2011—2013 年农业部农牧渔业技术推广成果一等奖，在单户型、多户型、楼宇、村庄集中处理以及企业生活污水处理的示范工程均取得成功，使农村生活污水处理积极推广的适用模式，目前已在天津市政府推动下，在农村推广应用。

2014 年 4 月，王殿华教授、王硕教授《关于加强我市食品安全检测能力建设的建议》获得时任天津市委书记孙春兰、副市长任学锋和曹小红的重要批示，以供市领导决策参考。

（2）社会服务

在天津武清科技园建设综合服务示范基地 1 个，为当地新农村建设、特色产业发展提供科技动力和智力支持。

在天津北辰区双街镇、山西晋中市张庆乡、山东发达面粉集团股份有限公司建设特色产业基地 3 个，规划面积 5000 亩，结合当地特色产业，服务农业发展。

在宝坻区口东镇鲁文庄、老庄子和西庄村建设 3 个分布式服务站，占地2000亩，通过深入农户走访调研，科学制定规划，积极打造"一村一品"，即：鲁文庄村以天津市潮瑞富民水稻种植专业合作社为依托,大力发展"白香糯米"以及优质稻米的生态立体种养模式,发展稻田养泥鳅、养蟹,集观光垂钓于一体,与生态旅游模式相得益彰;老庄子村以天津市潮圣富民合作社为依托,发展高附加值的设施农业并进一步扩大"三辣"种植规模,提高百姓收入。目前,"一村一品"经济发展方案已经获天津市批准,每村可获 200 万元项目支持。

基层服务基地累计培训养殖大户、农民等 200 余人次,培训基层农业技术人员 150 余人次。学校本科生、研究生赴基层实习、实践达 80 人次/年。

三、食品营养与安全和药物化学国际科技合作基地暨食品营养与安全和药物化学国际联合研究中心

1.建设概况

食品营养与安全和药物化学国际科技合作基地的前身为天津科技大学中法食品营养与安全和药物化学联合实验室。2011 年 6 月天津科技大学与法国国家药学科学院签订了筹建中法食品营养与安全和药物化学联合实验室的合作协议,并将该实验室定位为天津市正在建设的"中法健康联合研究中心"下属的一个科研机构。该联合实验室在中法双方的共同努力下于 2014 年 8 月正式挂牌成立。目前联合实验室坐落于天津科技大学,拥有超过 15000 平方米的科研空间和超过 1 亿元的仪器设备,具备的科研平台包括食品安全快速检测平台、食品功能与营养因子分析平台、食品功能与营养因子动物和细胞评价平台、药物合成平台、分子生物学平台、分析测试平台和药物活性筛选平台。

在联合实验室的基础上,2014 年申报了天津市国际联合研究中心,次年获批并被天津市推荐申报国家示范型国际科技合作基地。2015 年 11 月科技部批准成立食品营养与安全和药物化学国际科技合作基地。

2."十二五"发展情况

"十二五"期间,基地为学校相关专业的老师申请国际科技合作项目提供平台支持。作为国家级的平台,在学校食品科学与工程、轻工技术与工程和药学学科的学科建设中发挥了很好的作用。

(1)科研成果

承担了 5 项国家级国际合作项目,2 项国家科技计划项目,20 项国家自然科学基金项目和 2 项省部级国际合作项目。其中由郁彭教授主持的国家国际科技合作专项项目"抗心脑血管疾病内皮细胞靶向药物的合作研究"实现我校在新药开发方向获批 500 万以上项目上零的突破。由我校作为第一单位申报的"食品安全危害因子可视化快速检测技术"获得国家科技进步二等奖。发表 SCI 收录论文 40 余篇。

（2）开放与交流

"十二五"期间,邀请国内外知名专家学者 20 余人次来校进行学术访问及交流。召开了中法联合实验室报告会。基地成员受邀去法国国家科学研究中心、法国国家药学院和法国巴黎第六大学交流访问。

（3）服务社会

"十二五"期间,基地与天津红日药业股份有限公司和天津康希诺生物技术有限公司开展了全面的产学研合作。其中基地与天津康希诺生物技术有限公司长期保持合作关系,帮助该公司制备了几个肺结核杆菌的多糖抗原,这些抗原在动物上表现出良好的免疫效果,目前该项目准备申报临床试验。

（4）团队建设

"十二五"期间,基地新增天津市"外专千人计划"人选 2 人,天津市特聘(讲座)教授 1 人,天津市"131"创新型人才培养工程第二层次人选 1 人,天津市"131"创新型人才培养工程第三层次人选 2 人。

四、工业发酵微生物教育部重点实验室暨天津市工业微生物重点实验室

1.建设概况

工业发酵微生物教育部 / 天津市重点实验室是在原轻工业部、轻工总会和国家重点学科——发酵工程重点学科的基础上建立的。实验室始建于 2004 年,2010 年通过教育部验收正式更名为工业发酵微生物教育部重点实验室。

实验室紧密围绕工业微生物科学研究发展领域,设立四个研究方向:工业微生物代谢调控、工业微生物生理与过程工程、现代酿造技术和微生物工业催化技术。在科学研究领域,特别是在应用微生物技术、发酵机理研究与过程开发、氨基酸发酵和酒类酿造技术等方面处于国内先进行列。

重点实验室拥有固定人员 38 人,其中"国家千人计划"2 人、国家"万人计划"1 人、国家百千万人才工程入选者 1 人、科技部中青年科技创新领军人才 1人、"教育部新世纪优秀人才"2 人、天津市特聘教授 6 人。

2."十二五"发展情况

（1）科学研究

新增国家级项目 129 项,其中国家"863"计划项目 31 项、973 项目 1 项、国家自然科学基金项目 84 项、其他国家级项目 13 项;新增省部级项目 50 项、横向合作项目 115 项。实验室人员主持或参与获得国家级奖励 2 项、省部级奖励 11 项。在国内外学术刊物上发表学术论文近 750 篇,其中 SCI 收录论文 239 篇、EI 收录论文 169 篇、中文期刊论文 338 篇;出版学术专著 7 部;授权发明专利共计 99 项,其中授权 1 项国际专利(日本)。

建立和完善实验室基金制度：以资助实验室外科研人员的开放基金制度、以资助实验室内青年科研工作者的主任基金制度（自然科学类）、以资助实验室内人员的主任基金制度（管理类）。近五年，实验室基金共立项31项，其中开放基金16项，主任基金15项。

实验室通过召开国际国内学术会议以及邀请国内外著名学者来实验室交流或合作，鼓励并支持科研人员参加各种学术会议和开设各种学术讲座，增进与学术界同仁的交流，提高科研水平，提升重点实验室的影响力。五年来约400人次外出参加各种国际国内会议；同时，邀请国内外同行讲学100多人次。

表4.8 举办国际国内会议列表

序号	学术会议名称	层次	会议规模（人）	会议地点	会议年月	备注
1	2012年应用生物技术国际会议	国际	200	天津	2012年10月	承办
2	2014年第二届应用生物技术国际会议	国际	200	天津	2014年11月	承办
3	2011年国际氨基酸产业创新与联盟发展高峰论坛	国际	200	廊坊	2011年10月	承办
4	2013年国际氨基酸产业发展高峰论坛	国际	200	上海	2013年11月	承办
5	"意大利米兰大学—中国天津科技大学"双边学术研讨会	国际	50	天津	2013年4月	主办
6	"天津科技大学–南非科学家访问团"双边学术研讨会	国际	50	天津	2013年3月	主办
7	"南非德班理工大学——工业发酵微生物教育部重点实验室（天津科大）"学术研讨会	国际	50	天津	2015年6月	主办
8	功能性食品技术应用及产业化发展研讨会	全国	150	天津	2014年9月	主办
9	天津市"农产品加工安全发展战略"研讨会	专业领域	50	天津	2011年9月	主办

序号	学术会议名称	层次	会议规模(人)	会议地点	会议年月	备注
10	微生物代谢国家重点实验室(上海交大)——啤酒生物发酵工程国家重点实验室(青岛啤酒)——工业发酵微生物教育部重点实验室(天津科大)学术研讨会	专业领域	50	天津	2014 年 7 月	主办
11	天津科技大学生物工程(酿酒工艺)专业建设与人才培养高峰论坛	专业领域	50	天津	2013 年 10 月	主办
12	"天津科技大学–中科院天津工生所"青年科学家学术论坛	专业领域	100	天津	2015 年 5 月	主办
13	首届亚洲生物技术大会(ACB–2011)	国际	500	上海	2011 年 5 月	协办
14	第六届 IEEE 生物信息与生物医学工程国际学术会议(iCBBE 2012)	国际	500	武汉	2012 年 5 月	协办
15	2012 国际工程与技术大会(CET2012)	国际	200	北京	2012 年 10 月	协办

（2）队伍建设

实验室积极引进海内外高水平人才,建立并完善一支知识结构、年龄结构、学历结构和学缘结构相对合理的科研学术队伍。五年来,从国内外引进了一大批优秀中青年骨干。

表 4.9 引进的主要人才列表(部分)

序号	姓名	性别	学历	来源院校	备注
1	王正祥	男	博士	中国江南大学	天津市特聘教授
2	杨利军	女	博士	美国佛罗里达大学	天津市千人计划
3	马文建	男	博士	美国 NIH 环境健康研究所	窗体顶端 天津市特聘教授

续表

序号	姓名	性别	学历	来源院校	备注
4	李因传	男	博士	美国波士顿大学	
5	何红鹏	女	博士	新加坡国立大学	
6	马龙	男	博士	英国爱丁堡大学	天津市青年千人计划
7	秦慧民	男	博士	日本东京大学	天津市青年千人计划

实验室鼓励和要求中青年教师出国深造和在职攻读博士学位,提升青年教师科研水平、优化队伍的学历结构。

近五年来,经过努力,多名教师入选各级各类人才称号:1人入选国家"万人计划"高校教学名师、1人入选国家百千万人才工程计划、1人被评为科技部中青年科技创新领军人才、1人入选天津市高校"学科领军人才培养计划"、1人被评为天津市特聘教授、2人入选天津市"131"创新型人才培养工程第一层次等。

实验室鼓励工作人员外出进修,近五年共有7人次到新加坡、美国等一些高水平学校进行为期半年以上的科研学术进修。

实验室为加强科研成果转化以及工作人员的企业培训工作,五年来,共有近60人次到全国20多家企业进行生产指导、挂职、学习,直接参与企业的生产研发活动,为实验室的科技成果转化提供了一套可供借鉴的新思路。

近五年来实验室进站博士后14人,招收博士研究生67人、硕士研究生1093人。出站博士后5人,毕业博士41人,毕业硕士838人。目前在读博、硕士研究生近750名。

五、食品生物技术教育部工程研究中心

1.建设概况

该中心于2004年1月由天津市科学技术委员会批准立项组建,2006年获批组建教育部工程中心,经过几年的建设,在2008年获批天津市市级工程中心,2010年获批"以天津科技大学为技术依托单位"的教育部工程中心。

"十二五"期间该工程中心已建中试基地3200平方米、GMP车间300平方米、办公区域400平方米,加上同期的配套平台仪器与设备共实现总投资达到4350万元。规划建设了中试基地和研发平台两大功能区,形成了四个工程技术研究方向。

中心依托学校,旨在促进食品生物技术领域科技成果的推广与转化。为更好地开展产学研合作、技术推广、成果转化、企业孵化等工作,学校在天津经济技术开发区创新性地以"天津市食品加工工程中心"为名称注册了食品科技研发型企业。

2."十二五"发展情况

（1）人才培养

工程中心作为经济技术开发区博士后工作站完成了 4 名博士后人才培养，还完成了工程实践培训、开展企业技术服务及工程技术人员工程化培养等。

工程中心以技术孵化作为其功能定位，在完善中试孵化平台的基础上，优先发展优势学科、特色专业，以提升科研水平为主，以科研带动教学。着力培养中青年教师作为培训人才队伍的主力军，吸收和吸引了 20 多名具有专业技能的青年教师人才加入工程中心，打造教学课外教室，建成工程实践平台以及科普教育基地。

（2）科学研究

工程中心共承担企业委托技术开发项目 15 项，承担国家及省部级项目 14 项，项目经费总额达到 550 万元，实现了稳中有升；分别获得发明专利 14 项、实用新型 3 项，共获得省部奖励 3 项，天津市滨海新区奖励 2 项；完成技术成果鉴定 2 项。

（3）社会服务

中心始终坚持"以服务求支持，以贡献求发展"的理念，在产学研结合上下功夫，使一批科技成果直接服务于农业现代化，为地区经济的发展做出了巨大贡献。

在与众多企业合作的过程中，中心不断发展壮大，逐步形成了从实验设计、小试、中试到产业化，从工艺设计、设备选型到工厂设计的成套的工程化队伍，采用以企业为主体、市场为导向、产学研相结合的模式运作；在不断的产业化实施中，中心边学习、边总结、边应用，逐渐做到了将企业投资的风险降到最低，将企业的产品竞争力做到最大。

中心通过与企业合作，将技术成果进行了推广应用，锻炼了科研和工程化队伍，提升了行业的技术水平。企业通过与中心合作，在其产品标准的制定、生产工艺的改进、新产品的研发方面有了技术支撑；在同行中潜在的知名度得到提升，产品的投入风险也降到了最低。

"十二五"期间，中心共为 4 家企业传统食品加工产业进行了技术改造和产业升级；为 4 家企业进行了产品中试，使新产品顺利投入市场；培育了 3 家科技型食品加工企业；为企业培训专业技术人员百余名。

此外，中心以食品生物技术尤其是功能食品（保健品）技术服务平台为基础，开展了技术创新成果辐射，积极与企业开展技术研发合作，针对企业实际需求开展服务。

一是成立了功能食品(保健品)产业技术创新战略联盟。"天津市功能食品(保健品)产业技术创新战略联盟"是在天津市科委领导下,由天津市食品技术工程中心牵头成立的。二是构建了天津市食品生物技术创新公共服务平台。以服务科技中小企业为目的,中心新增投资200万元构建和完善了3000平方米的食品生物技术创新公共服务平台,在现有设备基础之上,建设了五大类、共8个服务平台和2个产业示范平台。三是与天津港集团共建科技创新基地。由天津港集团、天津科技大学、天津市食品加工工程中心共建的食品产学研科技创新基地——天津金港滨食品科技开发有限公司。

六、食品营养与安全教育部重点实验室暨天津市食品营养与安全重点实验室

1.建设概况

学校于2004年成立了"天津市食品营养与安全重点实验室",2007年批准建设"食品营养与安全省部共建教育部重点实验室",2009年通过验收后正式批准为"食品营养与安全教育部重点实验室"。

目前,实验室是中国唯一以食品营养因子与人体健康、食品安全与风险管理为核心研究方向的省部级重点实验室,紧紧围绕与人类健康息息相关的食品安全、营养健康两大方向开展研究,开拓了食品营养因子健康功能发生的营养组学和代谢组学机理,食品营养因子在人体内靶向定位与健康的量效研究,食品制造过程中物质转化与安全品质的形成机理,食品危害因子在人体内迁移转化与健康的关系,基于中国膳食特点和健康标准的食品安全风险评估等新的研究领域,在国内形成了具有先导优势的研究体系。

2."十二五"发展情况

(1)服务教学

凭借技术优势,协助食品学院相关学科根据国际标准,加强工程能力培养,深化质量工程建设,积极开展教育教学改革,曾两次获国家教学成果二等奖。协助学院三次通过工程教育认证,并通过了美国IFT国际认证。

(2)科研成果

承担科研项目197项,其中国家级项目61项、省部级项目59项、横向项目77项。其中由王硕教授主持的国家杰出青年基金项目、国家自然科学基金重点项目,由王书军教授主持的国家优秀青年基金项目,实现学校在此项目上零的突破。同时在500万以上项目的主持上也取得了许多成绩:包括杜欣军教授主持的科技支撑项目"中式菜肴与预制调理食品质量标准与安全生产技术研发",

王硕教授主持的科技部"十二五""863"计划"食品加工过程安全控制工程化技术研究及设备开发",王俊平教授主持的科技部"十二五""863"计划"加工食品中生物危害物多元识别与控制技术",方国臻教授主持的科技部"十二五"科技支撑项目"基于人工抗体的毒素富集与高灵敏检测技术研究"。其中王硕教授作为首席科学家,主持科技部"十二五""863"计划"食品生物危害物精准检测与控制技术研究",项目总经费7196万。

重点实验室在获奖方面也取得了重大突破:获得国家级奖励5项,其中,由学校作为第一单位申报的"食品安全危害因子可视化快速检测技术"获得国家科技进步二等奖,作为参与单位获得国家科技进步二等奖3项,由王硕、王俊平、张燕三位教授发明的"农药西维因人工抗原和抗体及其制备方法与应用"专利荣获第十七届中国专利优秀奖;获得省部级奖励26项,其中,天津市专利金奖1项,天津市科学技术进步二等奖4项、三等奖6项,山东省科学技术进步一等奖1项,福建省科学技术进步二等奖1项,中国轻工业联合会技术发明二等奖2项,科技进步二等奖2项、三等奖3项,中国商业联合会科学技术进步特等奖1项、一等奖1项、二等奖2项、三等奖1项,中国物流与采购联合会科学技术进步二等奖1项。授权发明专利65项,授权实用新型专利4项,首次获得国际授权专利。出版著作10部。发表学术论文500余篇,被SCI收录200余篇。

在学术交流方面,邀请国内外知名专家学者50余人次来校进行学术访问及交流,与国内外食品领域30余个研究团队建立了合作关系。重点实验室成员多次受邀在国内及国际会议上做大会特邀报告。此外,重点实验室的检测平台为30余家企业提供检测服务,为企业把控产品质量提供了有力的保障。

(3)服务社会

与顶新集团、天津春发生物科技集团有限公司、天津市利民调料有限公司、天津隆顺榕发展制药有限公司、狗不理集团有限公司、天津桂发祥十八街麻花食品股份有限公司等多家企业开展了全面的产学研合作。

同时重点实验室还积极与国家食药局、国家质检总局等部门建立联系,为政府部门对食品安全的管理献计献策。连续三年为天津市食药局撰写保健食品、化妆品安全风险监测报告。先后为天津、广西、甘肃等食药监局培训相关管理人员、技术人员300余人次。

(4)队伍建设

实验室新增国家"万人计划"人选1人,国家杰出青年科学基金获得者1人,国家优秀青年科学基金获得者1人,国务院特殊津贴专家1人,天津市"千人计划"人选 2 人,天津市特聘(讲座)教授 3 人,天津市高层次创新型科技领军人才 1 人,天津市创新人才推进计划人选 1 人,天津市"131"创新型人才培养工程第一层次人选 3 人,天津市"三年引进千人"高层次人才 2 人。

重点实验室"食品安全与营养关键控制技术研究团队"获批教育部创新团队并获教育部滚动支持,"食品安全危害物多元识别与溯源技术创新团队"获批天津市高层次创新创业团队,"食品安全检测与控制技术研究创新团队"获批天津市高等学校创新团队。食品营养与安全研究团队获得国家科技部"十二五"科技计划优秀执行团队称号,团队的研究成果多次参加科技部科技成果全国巡回展出。

七、天津市轻工与食品工程机械装备集成设计与在线监控重点实验室

1.建设概况

天津市轻工与食品工程机械装备集成设计与在线监控重点实验室于 2014年 7 月获天津市科委批准立项筹建,依托学校机械工程市重点学科。截至"十二五"末,实验室面积达到 1800 平方米,仪器设备共 320 台套,总值 2400 万元。根据国家中长期发展规划和天津市经济科技发展总体部署,通过整合与凝练,实验室确立了机械设计理论及制造、装备在线监测与控制、人体机能训练装备、食品工程装备四个主要研究方向。

实验室的建设目标是:紧密跟踪国际机械装备发展趋势,将机械装备设计与监测实验室建设成符合国家装备发展需要、服务于天津市经济社会发展的,以人体机能训练装备和食品工程装备为特色,进行技术理论与应用基础研究和高新技术开发的科学研究基地和高水平创新人才培养基地。

2."十二五"发展情况

(1)人才培养

实验室积极为研究生培养创造条件,围绕实验室研究方向,规划研究生的研究课题,利用实验室平台进行研究工作。实验室还吸引卓越人才实验班等优秀本科生做科研助手,提高了学生动手能力和学习研究兴趣,开阔了学生视野。

(2)科学研究

截至"十二五"末,实验室总科研活动经费累计 1563 万元(合同金额),其中国家级省部级项目经费 1063 万元,企业委托项目经费 500 万元,人均科研经费16.3 万元。承担国家级科研项目 21 项、省部级项目 10 项;获得省部级以上科技奖励 3 项(包括国家国际科学技术合作奖、轻工业联合会科学技术优秀奖、石油化工联合会科技进步三等奖)、发明专利 7 项,发表 EI 收录论文 87 篇,其中 21篇被 SCI 收录。

（3）社会服务

相继完成了食品及调料行业自动配料生产线自动控制及管理系统,浓缩菠萝汁生产线,丸类制品自动称计量及定数自动包装机,鱼豆腐制品生产线,速冻火锅料制品大定量自动包装机,基于机器视觉的残次品识别与剔除系统在油炸生产线上的应用等企业委托项目。实验室发挥在干燥、蒸发、发酵装备研发方向的优势,所研制的高黏度废液处理装置为企业创造了经济价值。实验室骨干教授担任中国机械工程学会等行业协会的副理事长等职务和国内外学术刊物《轻工机械》、Drying Technology 等杂志的编委。

重点实验室积极开展对外交流与合作, 累计邀请近 20 名国内外知名教授到实验室讲座或开展项目合作,实验室成员参加国际国内高水平学术会议累计30 余人次。

（4）队伍建设

重点实验室有固定研究人员 32 人,其中天津市高校学科领军人才 1 人、天津市政府授衔机械设计专家 1 人、天津市千人计划和青年千人计划各 1 名、天津市特聘教授 1 人。固定研究人员中有博士学位者占 88%, 副高以上职称占94%。实验室还聘请了 Arun S Mujumdar(新加坡国立大学)、Lucy Zhang(美国伦斯勒理工学院)、阮世捷(美国福特汽车公司)、张洪潮(美国德克萨斯理工大学)等 4 名国际知名教授为实验室流动专家。根据研究方向,整合了四支研究团队,团队实行 PI 制度。

八、天津市制浆造纸重点实验室

1.建设概况

天津市制浆造纸重点实验室成立于 2004 年 2 月, 是在原轻工业部重点学科及原轻工总会重点实验室基础上组建而成。重点实验室拥有固定人员 36 人,其中"国家千人计划"和"长江学者讲座教授"1 人,教育部高等学校教学指导委员会委员 1 人,"教育部新世纪优秀人才"1 人,天津市特聘教授 2 人,"天津市教学名师"1 人,天津市"131"人才工程第一层次 1 人、第二层次 1 人、第三层次 2人。经过凝练与整合,确立了清洁制浆技术与环境保护、造纸技术与纸基功能材料、制浆造纸化学品、木质资源转化与利用、植物资源精细化工与化学五个主要的研究方向。

2.“十二五”发展情况

（1）人才培养

重点实验室为全院四年级 120 名本科生及 100 多名研究生提供实验平台,并为校内相关专业、校外企业和院校提供开放实验平台。每年完成对校内、外人员培训近百余人,对外开放平均机时 200 时 / 学年。

2012 年"天津市制浆造纸工程实验教学示范中心"获得天津市批准建设。2011 至 2015 年,已有 5 项大学生创新创业实践训练计划获得国家级资助,1 项大学生创新创业计划获得天津市资助。获得全国大学生"挑战杯"铜奖 1 项、天津市大学生"挑战杯"金奖 1 项、银奖 1 项、铜奖 2 项。

"十二五"期间,培养博士 21 人、博士后 5 人、硕士 161 人。其中,获得天津市优秀博士论文 1 篇,天津市优秀硕士论文 2 篇。获留学基金委国家公派研究生 3 名。研究生发表科研论文计 223 篇,被 SCI、EI、ISTP、A&HCI、SSCI、CSCD、CSSCI 收录 137 篇,举办(参加)研究生学术活动 31 次,获省部级奖 5 项。4 人荣获博士研究生国家奖学金、18 人荣获硕士研究生国家奖学金;50 余人获亚马孙、红塔仁恒等企业奖学金资助。

(2)国际交流

积极邀请来自美国威斯康星大学、缅因大学、劳伦斯伯克利国家实验室和林产品研究所、澳大利亚莫纳什大学、日本东京大学等国外知名大学和企业的知名专家学者共计 32 人次来校讲学。此外,还邀请国内华南理工大学陈克复院士以及轻工业环境保护所、APP 金红叶集团、亚太森博等知名企业专家学者来校讲学。

承办第十六届"木材、纤维及制浆化学国际学术会议",来自美国、加拿大、瑞典、芬兰、奥地利、德国、法国、澳大利亚、西班牙等共计 22 个国家和地区的430 余位专家学者参加了会议,国际会议论文集 286 篇论文均被工程索引 EI 收录,这在中国制浆造纸工程领域尚属首次。

(3)科学研究

主持并完成"十二五"国家科技支撑项目 1 项、科技部国际合作项目 1 项,新增国家自然科学基金项目 18 项、国家教科文卫高端外国专家项目 2 项、教育部新世纪人才支持计划项目 1 项、教育部高等学校博士学科点专项科研基金 1 项、天津市应用基础与前沿技术研究计划重点项目 6 项、天津市科技计划项目 2 项、其他局级项目 18 项,新增纵向科研经费 1457 万元,新增横向科研项目 60 多项、到款横向经费 623 万元。

此外,获得授权国内发明专利 32 项,申请国际发明专利 3 项;获天津科技青年提名奖 1 项;获得 2012 年度天津市科技进步二等奖和中国轻工业联合会科技进步三等奖各 1 项,获 2011 年度中国轻工业联合会三等奖 1 项,获得 2011年度天津市科技进步三等奖 1 项;获天津市滨海新区人民政府技术发明三等奖1 项;出版专著 2 部;发表期刊论文 300 余篇,其中 SCI、EI 和 ISTP 三大检索收录 183 篇, SCI 顶级期刊收录论文 29 篇。

(4)社会服务

以"十二五"国家科技支撑计划课题"30000 m³/日造纸终端混合废水再生回用技术及示范(2011.1—2013.12)"为依托的"制浆造纸终端混合废水深度处理技术"在山东太阳纸业股份有限公司进行了产业化生产。"以氧化镁为碱源的 P-RC APMP 高得率浆制造技术"在宁夏美利纸业生产线上试验成功。"新型过氧化氢/荧光增白剂漂白技术"在湖南泰格林纸集团股份有限公司生产线上试验成功。倪永浩教授研究团队研制的纳米微晶纤维素(CNC)和纳米/微米纤维素纤维(NFC/MFC)在天津市浩加纳米纤维素有限公司进行了产业化生产。

2015 年 12 月 9 日,以保定生活用纸企业为基地,联合北京(中国造纸研究院)、天津(天津科技大学),搭建的京津冀协同创新平台正式签约。

(5)队伍建设

先后引进了博士 9 人,硕士 2 人。目前具有博士学位的固定人员比例为 72%,已基本形成了一支学历结构、学缘结构和年龄结构较为合理的科研教学队伍。

经过建设与发展,团队先后在 2012 年和 2013 年被评为天津市工人先锋号和天津市教育工会工人先锋号,2014 年被评为天津市级优秀教学团队;倪永浩及其专家团队入选了国家外专局"千人计划配套引智工程"首批项目;裴继诚教授荣获"天津市教学名师"称号;司传领教授荣获霍英东教育基金会第十二届青年教师奖三等奖,入选"天津市特聘教授"、天津市"131 创新型人才第一层次"人才和天津市高校"学科领军人才培养计划";刘洪斌副教授入选天津市高校"中青年创新人才培养计划";刘苇副教授获得 2015 年度天津市优秀博士学位论文奖励,入选"131"创新型人才第二层次人才和天津市高校"优秀青年教师资助计划";张文晖副教授和刘海棠老师入选天津市"131 创新型人才第三层次"人才;张文晖副教授和查瑞涛副教授入选天津市高校"优秀青年教师资助计划"。

(6)实验室运行与管理

通过"十二五"天津市重点学科综合投资,"中央与地方共建"项目科研经费投入到实验室仪器设备的购置,新增仪器设备 1700 多万元,大大夯实了实验室的科研基础,使平台承载重大科研项目的能力进一步得到提升。

建立了完善的规章制度,如《天津市制浆造纸重点实验室 SCI 和 EI 收录论文奖励办法》《天津市制浆造纸重点实验室开放基金管理办法》《大型仪器教授、博士顾问制》《精密仪器大型设备使用管理制度》《危险化学品管理办法》等制度汇编,目前仪器完好率达100%。

九、天津市海洋资源与化学重点实验室

1.建设概况

天津市海洋资源与化学重点实验室依托学校于2007年经天津市科委批准建立。实验室拥有盐科学与工程博士后科研流动站及博士授权点,拥有化学工程与技术一级学科硕士授权点、海洋化学以及盐科学与工程硕士学位授权点。现有科研研发人员34名,配有仪器装备403台(套),总值4406.4万元。

实验室主要从事海卤水化学资源综合利用和海洋生物资源保护及利用等领域研究。实验室立足天津、面向国际海洋科学前沿,围绕国家战略需求和海洋经济建设的学科前沿,开展中国海卤水化学资源和生物资源可持续利用的重大科学问题和关键技术研究,为中国海洋经济和社会可持续发展提供了科学的基础。

2."十二五"发展情况

(1)人才培养

"十二五"期间实验室共有12人取得博士学位,1人做博士后开展研究,129人取得硕士学位。实验室通过软硬件的不断提升服务学校教学事业,同时通过积极开展国内外交流与合作为学校本科生联合培养、研究生的深层次培养提供更广泛的平台。实验室围绕重点发展方向,累计投入经费约1500万元,拥有仪器设备403台(套),价值4406.4万元,其中5万元以上仪器59台(套),仪器设备总价值1405万元,全部仪器均开放服务于全体校内本科生及研究生。同时,实验室邀请了近40位专家学者开展学术讲座交流活动,并先后与美国、德国、俄罗斯、日本、韩国、比利时、芬兰、越南等国家高校研究机构建立长期合作关系,共同开展学科领域的深层次交流。

(2)科学研究

依据研究方向,构建合理的研究体系与平台。重点实验室以学校特色学科——盐科学技术为起点,主动结合中国广袤的盐湖资源、海岸带资源,形成了海卤水化学资源综合利用和海洋生物资源保护及利用两个主要研究与发展方向,基础研究能力与水平得到较大提高。承担国家级项目104项,天津市科技计划项目67项。承担的国家级、省部级项目数量及项目级别水平均大幅提高。2015年实验室承担项目经费总额5091.4万元,到账经费总额3249.7万元,其中纵向在研经费总额3126.5万元,到账1751.8万元。

表 4.10 "十二五"期间立项项目数

级别＼年份	2011 年	2012 年	2013 年	2014 年	2015 年	合 计
国家级	4 项	16 项	27 项	26 项	31 项	104 项
市级	8 项	13 项	16 项	18 项	12 项	67 项

开展前沿技术研究,提高国内外影响力。深入开展重点领域基础研究与前沿技术研究,共发表 SCI 论文 103 篇,出版专著 6 部,其中 JCR I 区 II 区论文 51篇,高水平论文发表的数量与创新性均逐年提高,实验室的整体研发能力与国内外影响力亦得到较大提高。

（3）社会服务

"十二五"期间,共获得发明专利 16 项、实用新型专利 16 项、软件著作权 2项,获得省部级科研奖励 7 项,转化科研成果 60 项应用于企业技术创新。技术成果的广泛应用使得整体行业技术得到明显提高, 提高了行业技术创新能力,改变了行业技术发展缓慢的现状。

（4）队伍建设

新增青年研究人才 12 名,均为国内外重点大学博士毕业生,实验室现有队伍合计 36 人,其中固定研究人员 32 人,流动研究人员 4 人。固定研究人员中,教育部"长江学者"计划 1 人、天津市特聘教授 2 人、天津科技大学"海河学者"特聘教授 2 人、教授(博导)14 人、副教授 8 人,26 位中青年研究人员拥有国内外博士学位。目前在站博士后 1 人,外籍博士后 1 人。同时,实验室注重加强人才队伍的培养, 先后 8 次委派青年研发人员深入国外高等研究机构学习与工作,培养教育部"长江学者"特聘教授 1 人。相关人才的引入与培养为实验室后续发展补充了新能量,同时优化了研究队伍人才结构,实现了老中青结合(45 岁以下技术开发人员占比 60%),同时积极开展人才培养制度建设,支持与鼓励青年人才勇攀科研高峰,鼓励青年人才深入企业一线,实现技术与生产实践的紧密结合。

十、天津市海洋化工技术工程中心

1.建设概况

天津市海洋化工技术工程中心成立于 2012 年 6 月, 经过 2 年的筹备建设,于 2014 年 5 月被正式批准挂牌,目前拥有 2 个技术开发平台即海卤水资源综合利用和海洋化工技术研发平台, 中心成立旨在促进海洋化工技术领域科技成果的应用和转化,增强相关技术的开发与创新能力,促进科研与生产的紧密结合,加快高新技术的产业化;通过现有科技成果的开发,提高其配套性和工程化水平,为相关企业提供先进适用的研究成果,为海洋化工及相关企业提供技术支撑,为海洋化工技术行业进步提供重要的共性技术和关键技术,促进产业发展。

2."十二五"发展情况

（1）人才培养

中心开放现有中试实验平台及分析检测平台,服务学校本科生见习实习及工程硕士人才培养,共完成工程硕士培养56人。同时,中心平台为大学生创新创业实践提供了训练基地及实践空间,并支持鼓励大学生创新创业实践性项目的开展,提供中试化设备及操作平台等22批（次）,为学校创新及实践性人才的过程培养提供了良好的平台。

（2）科学研究

着重完成了工程中心海卤水资源综合利用与海洋化工技术开发两大关键性技术开发平台的建设,围绕两大平台完成了中试技术开发平台的建设,并将配套检测技术分析平台对外开放。

主要技术开发成果。"十二五"期间,工程中心承担了企业委托技术开发项目258项,项目经费达到1964.9万元,获得发明专利10项,获得省部奖励5项,其中中国轻工业联合会科技进步一等奖2项。

表 4.11 承担技术开发项目以及发明专利情况

类别 \ 年份	2012 年	2013 年	2014 年	2015 年	合计
技术开发项目	26 项	44 项	77 项	111 项	258 项
发明专利数	2 项	2 项	1 项	5 项	10 项

典型创新性成果介绍。2012—2015年中心与江苏井神盐化股份有限公司联合攻关国内重大需求和行业技术难题,即重点科技攻关项目"盐碱钙联合循环生产及废液废渣资源化利用新技术",获得轻工联合会科技进步一等奖。

此外,工程中心联合企业历经4年,发明了氨碱废液回注采卤盐腔资源化利用技术,创立了盐碱废渣充填盐腔的采空区地质灾害治理和评估技术体系,首创了盐腔装置化利用的盐碱钙联合循环生产新技术。

（3）社会服务

完成了工程中心对外服务体系建设。完成了《天津市海洋化工技术工程中心管理办法》《天津市海洋化工技术工程中心科研项目管理办法（暂行）》等法规的建立,规范了工程中心的服务模式与服务体系,形成了规范化服务模式,促进了中心良性发展。

高效服务模式的探索与建立:一是承担中小企业委托或联合研发项目;二是开展行业关键性技术攻关,促进行业技术创新,研发了4项关键技术;三是中心科技成果在中小企业应用和转化;四是公共服务平台面向中小企业开放;五是为中小企业提供咨询与培训;六是派出科技特派员为中小企业服务;七是组建行业技术联盟。

(4)队伍建设

工程中心现有技术研究人员28人,其中高级职称人员12人、45岁及以下人员19人,20位中青年研究人员获国内外博士学位;全部研究人员中,天津市特聘教授2人、天津科技大学"海河学者"特聘教授2人。同时,工程中心积极推进科技特派员制度建设,鼓励青年人才深入企业一线,实现技术与生产实践的有机结合。

十一、天津市微生物代谢与发酵过程控制技术工程中心

1.单位介绍及建设思路

(1)单位介绍

天津市微生物代谢与发酵过程控制技术工程中心(以下简称中心)成立于2015年6月,隶属于天津科技大学,采取天津科技大学主建、合作单位共建的形式进行建设。合作单位主要包括天津实发中科百奥工业生物技术有限公司、天津康希诺生物技术有限公司、天津市诺奥科技发展有限公司。中心现有成员30人,其中博士25人,硕士5人,正高职称8人,副高职称3人。中心主任为生物工程学院的王敏,上海交通大学的邓子新院士担任中心技术委员会主任。

中心成立以来主要围绕发酵菌株定向改造、代谢控制发酵、发酵过程控制技术等方向展开研究工作,研究成果在生物防腐剂绿色制造、传统发酵制品的现代化酿造、氨基酸发酵等方面取得了较突出的成果,产生了显著的社会与经济效益。

(2)建设思路

中心主要依托学校"发酵工程"国家重点学科,依靠自身工程技术优势,以及"天津市发酵微生物重点实验室"等科研平台,针对发酵行业共性关键工程技术问题,以取得自主创新成果为目标,研究和开发行业急需的高新技术和产品并形成产业化,为企业提供理论和技术支持,为发酵行业培养优秀科技人才;将中心建设成为一个产业化示范基地和专业人才培训基地,逐步将中心建设发展为国际一流的微生物代谢与发酵过程控制技术研发中心。

2."十二五"期间发展情况

（1）建立健全管理与运行机制

中心成立以来建立健全了中心的管理与运行机制。中心在天津市及天津科技大学的指导下，施行理事会领导下的主任负责制。理事会分别由来自主建和共建单位的 11 人组成。理事会对学校和所有承担单位负责，负责工程中心主任的任免和选拔、认定和批准工程中心的阶段性工作计划和财务预算、监督工程中心的运转等。

建设过程中各单位分工明确，天津科技大学负责整合资源，主持中心的全面建设工作，共建单位利用自身优势协助中心的建设工作。

（2）中心主要科研成果

中心成立以来利用其在微生物代谢与发酵过程控制技术方面的技术优势，依托合作单位强大的产业能力、良好的综合配套试验能力，围绕发酵行业共性关键工程技术问题展开研究。共承担国家"863"计划、国家重点研发计划、国家自然科学基金等国家级科研项目 18 项，承担天津市科技支撑、天津市自然基金等省部级项目 15 项，承接横向合作项目 16 项。在国际权威期刊发表学术论文 20 篇，申请发明专利 35 项。相关研究成果获得国家专利优秀奖 1 项、省部级奖 4 项。

（3）成果转化与开放服务

中心成立以来充分发挥科研与产业之间的桥梁和纽带作用，先后与广东天地壹号饮料股份有限公司、天津德邦嘉鸿生物科技有限公司、德力美克（天津）生物科技有限公司、山西老陈壹号生物科技有限公司等企业签订了产学研合作协议。分别与天津金耀集团、安琪酵母股份有限公司、山东百盛生物科技有限公司、青岛啤酒股份有限公司、中粮生化能源（龙江）有限公司、天津市斯芬克司药物研发有限公司、天津滨江药物研发有限公司等多家公司达成合作意向并签订协议，对工程生物防腐剂绿色制造、传统发酵制品的现代化酿造、氨基酸发酵等方面进行合作开发。相关研究成果在中小企业应用或转化 4 项。

中心结合自身特色，开放现有实验平台及分析检测平台，服务本校学生工艺实验、课题设计、大学生创新创业训练计划、开放实验等，为学校培养创新及实践性人才提供了良好的平台，共计培养博士生 8 人，硕士生 45 人，毕业后进入国内外著名大学、科研机构和知名企业，为我国发酵行业培养了大量高级人才。此外中心还通过不定期举办培训班，提供技术和理论培训等服务 100 余人次，为发酵行业培养了技术人才。

十二、天津市食品加工过程控制与安全技术工程中心

1.建设概况

"天津市食品加工过程控制与安全技术工程中心"组建于 2015 年 6 月,目前处于建设期。中心定位是瞄准世界食品安全科技发展前沿,结合天津市食品安全保障和产业发展急需解决的关键问题,研发能够实现产业转化、推动产业升级的加工过程安全控制核心技术,切实提升天津市食品安全保障能力。工程中心主要开展加工过程有害物快速监测技术及产品、加工过程有害物精准检测技术、加工过程中危害物控制技术的研发;能够建设起完善食品加工过程有害物检测服务平台和加工过程控制技术示范平台,能够承担规模化对外检测任务,形成能够容纳百人以上规模的技术培训的设施。

2."十二五"发展情况

(1)服务教学

"十二五"期间,工程中心凭借科研和技术优势,协助食品学院加强学术工程能力培养,特别是强化质量安全专业的质量工程建设,全面提升教育教学水平,并协助学院通过美国 IFT 国际认证。

(2)科学研究

"十二五"期间,工程中心承担科研项目 6 项,其中国家级项目 5 项、省部级项目 1 项、横向项目 5 项。其中获批国家自然科学基金重点项目 1 项、国家优秀青年基金项目 1 项,实现我校在此项目上零的突破。杜欣军教授主持的科技支撑项目——中式菜肴与预制调理食品质量标准与安全生产技术研发、王硕教授主持的科技部"十二五"863 计划——食品加工过程安全控制工程化技术研究及设备开发、王俊平教授主持的科技部"十二五" 863 计划——加工食品中生物危害物多元识别与控制技术、方国臻教授主持的科技部 "十二五" 科技支撑项目——基于人工抗体的毒素富集与高灵敏检测技术研究。王硕教授作为首席科学家,主持科技部"十二五"863 计划——食品生物危害物精准检测与控制技术研究,在2015 年 7—2016 年经费到账 796 万。

发表学术论文 60 余篇,被 SCI 收录 30 余篇。授权发明专利 4 项,出版著作 3 部。

(3)开放与交流

"十二五"期间,工程中心邀请国内外知名专家学者 20 余人次来校进行学术访问及交流,与国内外食品领域近 10 个研究团队建立合作关系。成员多次受邀在国内及国际会议上做大会特邀报告。工程检测平台为 10 余家企业提供检测服务。

（4）服务社会

"十二五"期间,工程中心与顶新集团、天津隆顺榕发展制药有限公司、狗不理集团有限公司、天津普瑞公司、中海油配餐服务公司等多家企业开展了全面的产学研合作。

（5）团队建设

"十二五"期间,新增国家万人计划人选 1 人、天津市"千人计划"人选 2 人、天津市"131"创新型人才培养工程第一层次人选 1 人。

十三、天津食品安全低碳制造协同创新中心

1.基本概况

天津食品安全低碳制造协同创新中心 2013 年 3 月由天津科技大学联合北京工商大学、天津市农业科学院、国家食品安全风险评估中心等 22 家单位共同组建,2014 年 3 月获天津市教委批准成立。

天津食品安全低碳制造协同创新中心的发展目标是"保障安全,节能减排",围绕天津食品安全控制与低碳制造重大问题,以优势高校为核心建立。通过对中心管理运行、人员聘任与考核、研究生联合培养、科技资源与成果共享、国际交流与合作、文化传播与交流等方面的改革创新,实现组织管理、团队建设、人才培养、科学研究、资源共享与传播等五个方面的协同创新,建立科研院校牵头的协同创新模式,提升持续创新活力,实现主要食品安全控制与低碳制造关键技术与应用研究领域理论和技术的重大突破。建立一支在食品安全控制与低碳制造前沿领域具有国际竞争力的学术团队,使中心成为国际一流的食品安全控制与低碳加工研究的学术创新高地、高水平创新人才的培养基地。

2.单位"十二五"发展情况

（1）人才培养

学生在学业奖学金、创新创业奖学金、国家级市级荣誉等各方面均有收获,如 2014 年,8 位同学获得第八届"挑战杯"创新创业计划竞赛国家级铜奖;2 位同学荣获"创青春"全国大学生创业竞赛市级铜奖;1 位同学荣获 2014 年"中国大学生自强之星标兵"（全国十佳）、1 位同学获"天津青年五四奖章"等荣誉称号。教师培养方面,2014 年,王硕教授获批天津市人才特支计划"高层次创新型科技领军人才",张民教授入选天津市创新人才推进计划"中青年科技创新领军人才",邓启良教授入选天津市创新人才推进计划"中青年科技创新领军人才",杨巨成教授获得"天津市首届创新人才推进计划—青年科技优秀人才"称号;2015 年,王书军教授获批国家杰出青年科学基金资助,并入选天津市特聘教授。

（2）科学研究

中心主要研究四个方面，分别是食品安全高效检测与风险防控、食品现代加工及服务装备技术、发酵食品现代制造技术以及现代食品绿色制造技术。

2014年以来，中心共承担32项纵向项目、6项横向项目；新增1个"轻工与食品工程机械装备集成设计与在线监控实验室"——天津市重点实验室科研平台；主办了5次国际学术会议、6次国内学术会议，参办1次学术会议，承办2次学术会议，王硕、王艳萍等教授受邀出席相关会议并做报告；承担"食品添加剂及检测方法"方面的食品安全国家标准制定、修订、整合和转化等共计17项工作；建立具有国际水平的高档酱制品示范基地；启动教育部"卤水资源综合利用"创新团队培育计划。

2014年以来，获中国专利优秀奖1项、国家科技进步二等奖3项，获教育部科学技术进步奖二等奖1项、辽宁省科技进步一等奖，获天津市科技进步二等奖2项、天津科技进步三等奖1项、中国轻工业联合会优秀奖1项，获中国商业联合会一等奖1项、中国轻工业联合会一等奖1项。共发表论文29，其中SCI论文28篇、顶级会议（ICPR2014）1篇。共授权发明专利11项，完成天津市成果鉴定2项。

（3）社会服务

一是积极开展科学研究与创新，促进了行业技术进步与升级。中心开展生鲜农产品冷链物流研究，发明了适合我国农产品流通特点的微型冷库，在全国31个省示范推广7万余座，并出口到5个国家500余座，占同期我国产地冷库新增总量约70%。

二是依托食品学科优势，推动了京津冀及环渤海区域经济发展。为区域发展培养专业技术人才：近几年，为区域内单位培养博士30余名、硕士400余名、博士后10余名；先后为中海油配餐服务分公司、天津狗不理食品股份有限公司和天津市桂发祥麻花饮食集团有限公司等50余家企业开展技术培训500余人次；与我国最大的酶制剂生产和销售企业山东隆大生物工程有限公司及拥有"酶高效表达国家工程实验室"的福建福大百特科技发展有限公司等四家公司建立了产学研合作平台；先后遴选30余名教师担任企业科技特派员，为企业解决技术难题200余项；建立"天津市食品安全科普基地"，大力开展科普工作，80人次接受中央电视台、人民日报、中国食品报和地方媒体的采访，组织食品主题科普活动10余次，受众2000余人。

三是发挥人才智力优势，积极建言献策，助推了食品行业发展。与中国保健协会共同承担了国家发改委和国家工信部的"十三五我国营养与保健食品制造业发展战略研究"工作,提出了我国营养与保健食品"十三五"发展的目标、发展任务及保障措施等政策建议;协助科技部撰写"国家科技支撑计划农业领域食品加工与安全专题年度执行情况总结报告",为推动相关项目的开展提供了帮助;2014年4月,向天津市提交了《关于加强我市食品安全检测能力建设的建议》,获得时任天津市委书记孙春兰、副市长任学锋和曹小红的重要批示;2014年,为天津市农委撰写了《天津市食品工业领域情况分析报告》。大力开展食品标准制定工作:几年来,中心主持并完成了20项食品国家标准的制定(修订)任务,并针对食品专业名词不规范的问题,组织撰写《食品科学技术名词》,完成了800多个名词的选辑和释义。

四是发挥学科优势,助力食品安全保障。成立技术创新战略联盟,构建交流平台;加强培训教材建设,着力人才培养;开展政府职能部门技术培训,提升食品安全监管水平;加强国外人员培训,促进对外经济交往;加强社会宣传,改善食品安全舆论环境。

(4)队伍建设

——团队建设

2014年,"食品安全检测与控制技术研究创新团队"获批天津市高等学校创新团队,"食品安全危害物多元识别与溯源技术创新团队"获批天津市科委重点领域创新团队;2015年,"食品安全与营养关键控制技术研究"教育部创新团队获教育部滚动支持,"食品创新工坊"科技创新团队获批国家级大学生小平科技创新团队。

——支撑平台建设

2014年9月,天津市食品安全科普基地获批省级科普基地。2015年,"食品营养与安全和药物化学国际科技合作基地"获批年度示范型国家国际科技合作基地;同年5月,"天津市食品加工过程控制与安全技术工程中心"获批天津市技术工程中心;同年10月,"绿色食品加工国际联合研究中心"、"食品营养与安全和药物化学国际联合研究中心"获批天津市国际科技合作基地。

十四、轻工清洁技术与工程协同创新中心

1.建设情况

轻工清洁技术与工程协同创新中心(以下简称"中心")由天津科技大学联合华南理工大学和四川大学共同组建,2013年9月获天津市教委正式批准授牌。

中心旨在通过三所高校在轻工领域优势资源的整合,建立优质科研资源的共享机制,建立学科交叉型高层次专门人才培养的途径及实施办法,推动高校原创能力的提升和创新人才的培养。协同创新体的构建主要针对发酵、造纸、制糖和皮革等轻工领域传统产业转型升级过程所存在的清洁生产核心问题而形成,其中天津科技大学主要负责生物发酵产业技术提升,华南理工大学主要负责制糖业转型升级关键技术创新,四川大学主要负责皮革清洁生产技术,由天津科技大学和华南理工大学共同负责制浆造纸工程清洁生产技术提升和实施;三所高校通过资源整合,共同完成生物和化工等高新技术在发酵、造纸、皮革及制糖等产业中应用以实现推动传统轻工产业转型升级的协同创新。

三所高校通过协同,在传统轻工领域中的制浆造纸节能降耗、皮革生物工程、生物发酵产业以及新型功能糖产品开发和农副产物深加工等领域开展了深入合作,并取得了初步成效,为推动轻工产业转型升级奠定了坚实的基础。

2."十二五"发展情况

(1)科学研究

获国家技术发明奖二等奖 1 项、国家科技进步奖二等奖 1 项,获天津市科学技术进步一等奖 1 项、二等奖 1 项、三等奖 1 项,获中国轻工业联合会科技进步奖一等奖 2 项、三等奖 2 项,获天津市滨海新区人民政府技术发明三等奖 1 项。

(2)队伍建设

1 位教授入选国家百千万人才工程计划,1 人被评为科技部中青年科技创新领军人才,2 人入选天津市高校"学科领军人才培养计划",2 人被评为天津市特聘教授;2 人入选为天津市"131"创新型人才培养工程第一层次,1 人入选天津市高校 "中青年骨干创新人才培养计划",1 人被评为天津市创新人才推进计划"青年科技优秀人才";1 个团队入选国家外专局"千人计划配套引智工程"首批项目,并获得专项经费资助。2014 年,贾士儒教授被评为国家"万人计划"高校教学名师。

十五、绿色食品加工国际联合研究中心

1.单位介绍及建设思路

为促进天津和环渤海地区的食品工业特别是在绿色、节能和高效领域的高新技术研发,引进消化再吸收国外先进的研究成果和技术,天津科技大学、澳大利亚国立查尔斯特大学、西班牙国家技术创新联盟 AINIA 中心、法国贡比涅技术大学、澳大利亚联邦科学与工业研究组织动物、食品及健康中心等相关机构共同申请组建了"绿色食品加工国际联合研究中心",并于 2015 年 10 月获批并挂牌成立。中心为促进相关领域的国际合作研究而建立,其理念为"立足天津、引智纳技、示范行业、辐射全球"。中心通过汇聚现有优势科技资源和集中投入,建立国际一流科研条件和创新的平台;通过吸引相关高水平人才加入,逐步建设一支由高水平学术带头人牵头的、在高端绿色食品加工前沿领域有国际竞争力的学术团队;通过科技创新机制和人才培养机制改革,形成与世界接轨的科技文化和人才培养环境;通过5—10年的建设,使中心成为国际一流的高端绿色食品加工研究的学术创新高地、高水平创新人才培养基地及引领天津地区、环渤海地区、全国及国际范围内高端绿色食品加工的新技术研发阵地。

目前,中心共包含来自4个机构的专职人员25人,其中,天津科技大学10人、澳大利亚国立查尔斯特大学3人、西班牙国家技术创新联盟AINIA中心2人、澳大利亚联邦科学与工业研究组织(相当中科院)5人、法国贡比涅技术大学4人。组建了以天津市"千人计划"等高水平教授和相关国际技术推广人员为核心的人才队伍。中心在管理运营、人力资源管理、人才培养等方面进行了机制体制改革,建立了多方认同的协同组织管理模式;对中心平台基地、实验仪器设备、图书信息等资源等进行了有效的汇集与整合,建立并实施了资源汇聚与共享、协同研究等机制;中心各参与单位与平台已经取得了人才联合培养、共建实验室、共同承担课题、成果共享等各方面协同创新成效。

2."十二五"发展情况

(1)在人才交流方面的成果

近年来,中心各机构之间人员交流紧密。赴西班牙AINIA技术中心交流,达成多领域的技术合作意向;中心教师在2013—2014年在澳大利亚的合作方进行了技术培训与进修;中心成员还通过共同参加国际学术会议等形式,宣传介绍中心的合作机制和成功经验。

(2)在国际合作产出方面的成果

本中心充分发挥多年与国内高水平大学、研究机构和公司的合作关系,以提升学科国际合作水平和培养国际化人才为目标,充分将国内的特色与国外的技术优势相结合,承担了10余项高水平国际合作研究项目,发表了30余篇国际合作论文,获10余项发明专利;成功引进数十位国外高水平教授来华进行合作研究,其中4人次获得国家外专局和天津市外专局的特色外专项目资助,促成数十人次国内青年教师和研究生赴国外高水平大学和研究所进行合作研究,科研成果在我市多个企业获得应用。

(3)与国外签署的主要科技合作协议方面

近三年年来与国外研究单位签订了多个合作协议,与澳大利亚国家功能谷物研究中心、澳大利亚查尔斯特大学、悉尼大学、CSIRO等著名高等院校及研究机构,与西班牙国家技术创新联盟AINIA中心以及法国贡比涅大学、孟加拉国吉大港科技大学、法国国家药学科学院法国药学院和法国巴黎第六大学、美国堪萨斯州立大学碳水化合物研究中心等高校和研究机构签订建设了合作协议,目前有多个研究课题获双方政府资助正在顺利进行中。合作协议签订后,在国家外专局资助下,引进澳方谷物营养专家 Padraig Strappe 博士并获得国家高端外专人才证书,另外,在谷物加工和营养领域颇有建树的 CSIRO 的 Tony Bird 教授不仅获得特色外专项目资助,与我方合作申报的国家自然科学基金项目也成功获得批准,目前这些合作研究取得了诸多科研成果。此外,与西班牙国家技术创新联盟 AINIA 中心合作申报的绿色食品加工及节能减排领域的中欧国际合作项目也获得批准。

(4)在平台建设方面的成果

在食品加工过程中节能减排技术、非传统食品加工新技术、食品加工贮藏技术研究等领域建设了三个创新研究平台。其中与西班牙 AINIA 技术中心在食品加工节能减排技术领域展开了有效的合作,并与天津传统食品企业狗不理食品有限公司合作,共同申请并承担了 2013 年度中欧中小企业节能减排科研合作资金项目,累计获批国拨资金 300 万元,投入(含企业自筹)1200 万元以上。与法国贡比涅技术大学在非传统食品加工新技术领域展开了初步合作,在使用非传统的加工技术在植物天然产物提取领域取得了较好的研究成果,并有多篇论文发表。而与澳大利亚联邦科学与工业研究组织在谷物多糖等重要粮油产物的物理化学性质研究等领域一直有着紧密的合作,曾共同进行相关的合作研究。

(5)在队伍建设方面

中心围绕建立一支在高端绿色食品加工前沿领域具有国际竞争力的学术团队,使中心成为国际一流的食品加工研究的学术创新高地、高水平创新人才培养基地,在人才和资源等创新要素的提升、在高端创新人才共享、在设立拔尖创新人才培养基金和国际化人才培育计划等方面具有显著成果。

十六、工信部食品企业质量安全检测技术示范中心

1.建设概况

2012 年在工信部消费品司、天津市相关部门领导关心和支持下,示范中心稳步建设发展,并于 2012 年 11 月顺利通过了工信部组织的专家验收。

中心现拥有百万以上大型仪器 6 台,设备总价值 4000 余万元。中心用房面积 3200 平方米,中心总面积 4800 平方米,可同时容纳 50 人的技术培训实验室 3 间,快速检测技术研发实验室 200 平方米,液相色谱检测室 150 平方米,气相色谱检测室 100 平方米,独立气质、液质联机等大型仪器检测室 10 间,放置液质联机、气质联机实验室、核磁共振、MALDITOF 等仪器设备独立食品样品前处理室 4 间。现有仪器设备和场地完全可以满足先进检测技术开发、技术培训与示范对食品企业技术服务的需求。

2."十二五"发展情况

(1)科学研究

"十二五"期间,研发团队发表论文80余篇,SCI收录30余篇,获得授权发明专利10项。获得天津市专利金奖、第十七届中国专利优秀奖——这是我校首次获得国家级专利奖。中心目前已经具备先进快速检测技术研发能力和培训示范能力,同时也可以为企业提供快速检测技术和产品服务。

中心以长江学者创新团队为研发核心,教育部食品营养与安全重点实验室为依托,具备了强大的检测新技术研发实力。

中心具备检验(检验)服务能力。目前已经开发了100余种农兽药残留、生物毒素、微生物、理化指标等快速检测试剂盒和试纸条,在企业和检测部门都得到了广泛应用;开发了免疫亲和柱、量子点标记速测管等新型快速检测技术,相比较胶体金标记技术和酶联试剂盒灵敏度更高,使用方便,便于在企业推广应用,便携式读条仪,实现金标试纸条半定量检测;开发了食品安全快速检测箱,简易系列适合于产品线单一的小型企业自检,综合系列适合于产品线比较复杂的中小企业。中心在强大技术研发实力的支持下,开发了一系列的检测新技术,提高检测技术的灵敏度和稳定性:开发固相萃取与分析仪器联用方法、分子印迹传感器技术、毛细管整体柱制备与毛细管电泳检测方法等检测新技术;针对中小型企业技术需求,开发经济高效的新型前处理材料,开发高效的样品前处理技术。开发的检测技术基本涵盖食品安全检测的国标项目。

(2)开放与交流

检测中心与工信部的9家检测中心建立技术合作和交流机制,每年定期进行交流学习,同时也与国内检测机构如通标、华测、天津农产品检测中心等检测单位开展业务和技术验证工作,增强了中心的技术能力。

(3)服务社会

中心以"进基层、下企业"的形式,将服务社会作为己任,以产品研发、技术研究、人才培养、技术咨询等合作形式,为企业提供技术支持。同时,示范中心还充分发挥技术及硬件优势,积极为食品企业提供检测服务,为宜垦(天津)农业制品有限公司、金宝地庄园(天津)农业科技有限公司、康师傅、天津利民调料、天津春发食品配料有限公司等企业提供技术服务。

(4)队伍建设

"十二五"期间,示范中心新增国家杰出青年科学基金获得者1人、国家优秀青年科学基金获得者1人、天津市"千人计划"人选1人、天津市特聘(讲座)

教授 3 人、天津市高层次创新型科技领军人才 1 人、天津市创新人才推进计划人选 1 人、天津市"131"创新型人才培养工程第一层次人选 1 人。

十七、食品安全战略与管理研究中心

1.建设概况

食品安全战略与管理研究中心成立于 2008 年底,于 2010 年获批为天津市普通高等学校人文社科重点研究基地。"十二五"期间,中心依托传统优势学科,以管理学科为中心,综合食品科学与工程、经济学、法学、计算机科学与技术等学科领域,目前已初步形成工、管、法、农等学科交叉融合的特色研究平台。为国家食品安全问题的解决提供了关键性的决策咨询意见和厚实的研究成果支撑,培养了在食品安全领域国家亟需的管理部门、研究机构复合型人才;汇聚造就了一批研究基础扎实且在决策咨询等方面能力突出的食品安全问题研究专家;积极引导社会舆论,提升平台话语权,扩大影响力。中心拥有《食品工程与管理》电子期刊、中英文专业网站、食品安全案例库、中小食品企业 HACCP 体系设计与推广实践平台等,研究成果丰富,社会效益明显,逐步发展成聚焦食品行业的食品安全专业化高端智库。

2."十二五"发展情况

(1)人才培养

自 2013 年以来,依托学校经济与管理学院"管理科学与工程"一级硕士点,在中心设立"食品安全工程"硕士专业,面向全国招收硕士研究生,2013 年、2014 年分别招生 3 人;招以经济与管理学院轻工产业技术经济专业食品安全研究方向的毕业博士生 2 人,以企业管理和管理科学与工程专业从事食品安全方向研究毕业硕士生 6 人。

(2)科学研究

"十二五"期间,中心承担了各级各类项目 20 余项,其中国家级项目 2 项;发表论文 70 余篇,其中被 CSSCI 收录 10 余篇,《美国全球视频供应链管理的启示》等文章被《红旗文稿》转载;编著了《食品安全手册》《食品安全风险评估》《食品行业伦理与道德建设》《食品安全多元治理》(共 2 辑)等著作 13 部。

(3)队伍建设

中心研究人员采用校内外、专兼职相结合的聘用方式,全面激发团队和团队人员的创新活力,形成规模适度、结构合理、具有持续创新能力的研究队伍。以研究方向结合团队的形式,形成食品安全风险评估与标准、食品安全风险防控与管理、食品安全法规与伦理建设、食品安全发展战略与治理、青年学术研究团队、食品安全监测与数据分析实验室等 6 个科研团队。

（4）国际交流

中心积极开展国内外合作和学术交流,中心研究人员受邀出席首届"中国大学智库论坛"论坛并做"以法治方式推进我国食品安全多元治理"专题报告——报告收录于《中国大学智库论坛 2014 年年会咨询报告集》；与日本东京大学食品安全研究中心建立食品安全管理合作研究机制；举办各类学术研讨会议 27 次,成功举办"第一届食品安全多元治理国际研讨会",参加国内外学术会议 40 余人次。

（5）社会服务

中心积极开展建言献策服务经济社会发展,"十二五"期间,中心 13 份咨询报告或被教育部、国家食品药品监督管理局、天津市相关部门采纳或得到天津市领导批示,其中《推进我国食品安全多元治理的对策建议》被教育部简报《高校智库专刊》收录,《关于加强天津市食品安全检测能力建设的建议》被天津市食品药品监督管理局采纳。

十八、天津市食品安全科普基地

1.建设概况

天津市食品安全科普基地于 2014 年经天津市科委批准正式成立,是依托学校食品工程等相关优势学科群和天津市人文社科重点研究基地"食品安全战略与管理研究中心"成立的专门从事食品安全知识科普及教育培训的社会服务机构。科普基地实行开放运行制度,主要任务是在天津市开展丰富多彩的食品安全相关学术讲座、科普培训、科普展览、社区活动等,此外,出版食品安全系列科普读物,积极组织专家参与食品安全热点事件的讨论,进一步提升学校食品安全的社会服务功能。

2."十二五"发展情况

（1）加强媒体科普平台建设,拓宽科普宣传渠道

建立"舌尖上的安心"微信公众号,以新媒体方式向公众发布专业、权威、实用的食品安全信息。科普基地专家多次接受中央电视台新闻频道、天津电视台"都市报道 60 分"、天津经济广播电台的采访,与《今晚报》等纸媒合作撰写科普专栏,解答公众关注的食品安全的问题、传递食品安全信息。为食品安全科普网站提供如食品安全新闻信息公布、产品及科普功能推介、食品安全相关知识的搜索查询、活动开展、项目合作等社会服务。已初步完成网站设计和运作方案,实现网站架构及上线的试运作。

（2）积极开展科普活动和科普研究,夯实科普工作基础

科普基地承担了 1 项教育部人文社科后期资助项目——"舌尖上的安心"

研究、1项天津市科委科普项目和1项校青年创新基金重点项目。精心打造了图文并茂的科普读物《舌尖上的安心》。科普基地每年参加天津市"全国科普日"活动,组织策划"舌尖上的安全——食品安全主题展"及以"食品安全,百姓安康"为主题,邀请专家解答群众关心的食品安全热点问题等。科普基地撰写了《关于在天津市开展食育教育的政策建议》的提案,设计并印刷了500份《儿童食育科普宣传册》,定期向幼儿园、中小学发放。科普基地赴企业科普教育基地,学习科普工作经验。

（3）加强科普队伍建设

基地组建以食品、生物、食品安全管理等专家团队,初步建立了专家团队数据库,聘任食品学院教授作为科普基地专家,从食品技术和消费者行为引导等方面发布权威科普信息。筹备组建了学生科普实践社团,开展食品安全科普信息搜索、筛选等工作,以及科普活动策划实施、科普文章撰写等工作,拟定社团岗位分工及职责。组织学生参加各类科普比赛,其中1名学生作品获天津市科普公益海报大赛一等奖。

第四节 天津市教育发展研究中心

教育发展研究中心(以下简称中心)成立于2009年1月,由市教委与学校共同管理,日常工作由学校负责。目前,中心在职研究人员有4人,其中副研究员1人、助理研究员3人,博士在读1人。中心的主要职责是:承担全市性的教育发展战略课题研究,参与教育发展规划和专项计划的研究,提供比较性、数据性和前瞻性的教育参考信息,进行教育难点、热点问题的专项调研,做好市教委委托的各类文稿的起草工作。同时,也积极参与天津科技大学的战略研究及相关工作。

一、参与重要规划制定

参与制定天津市"十二五""十三五"教育事业发展规划等重要教育规划2部。参与制定编写《天津市学前教育条例》《学校安全条例》等地方性教育法规2部。参与制定5个年度的天津市教育工作要点并参与制定了天津市教育领域综合改革方案。

二、参与重要政策制定

参与制定天津市属本科院校、中职、高职院校生平均预算拨款标准、幼儿园生平均公用经费拨款标准,调整制定本科院校、民办高校、中外合作办学和研究生学费标准。参与制定义务教育后随迁子女在天津市参加中高考、天津职业教育改革示范区建设实施方案、天津市人民政府关于加快发展现代职业教育的意见、天津市高校智库建设实施方案和优秀决策咨询研究成果资助办法等 20 项重要政策。拟定了《天津市高校智库建设实施方案》,并于 2014 年 7 月下发。

三、参与各类文稿写作

中心共计完成 300 余篇 200 余万字各类稿件的数据整理、资料搜集和起草工作。主要包括五个年度的天津市年度教育工作会议讲话,高校科技创新工程推动会、学科建设推动会领导讲话;参与国内外教育改革发展趋势及天津教育发展任务、深化天津市教育领域综合改革、高校智库建设情况汇报等文稿的起草工作;整理北京、上海、江苏教育资源主要指标的数据比较和分析等。

四、撰写年度发展报告

坚持每年撰写一套天津教育发展系列研究报告,主要包括天津基础教育、职业教育、普通高等教育、教育经费和教育师资等五个发展报告。五年来,中心共完成 4 套天津教育发展年度系列研究报告,累计 21 本,字数达到 110 万字。

五、整理编写教育内参

追踪全国及全球教育发展动态,特别是北京、上海、江苏、浙江等教育发达地区的教育改革发展举措,以及各类国家级教育发展计划、项目和工程,整理编发各类教育内参 142 期,每年保持在 20—30 期之间。

六、开展科学研究

主持完成 3 项省部级课题、4 项厅局级课题、4 项校级课题。主持完成横向课题 1 项。重点参与 6 项省部级课题以及 6 项校级课题研究工作。独撰或作为第一作者在各类学术期刊上公开发表学术论文 19 篇,在核心期刊上发表学术论文 5 篇。

七、获得主要荣誉

1.领导批示

五年来,中心共获得市领导批示 35 次,其中 2011 年度《天津教育发展研究报告(2005—2010)》获副市长张俊芳批示 1 次,2014 年度《2013 天津教育发展系列报告》获市委常委、市委教育工委书记朱丽萍批示 1 次;整理编发的 26 期教育内参获得市领导批示共计 32 次,其中市委常委、市委教育工委书记朱丽萍批示 13 次,副市长张俊芳批示 4 次,副市长曹小红批示 15 次;其他如教育体制改革简报等,获市委常委、市委教育工委书记朱丽萍批示 1 次。

2.各类奖项

五年来,作为第一完成单位获天津市优秀调研成果三等奖 1 项、天津市教委优秀调研成果二等奖 3 项。作为重要参与完成单位,获天津市优秀调研成果二等奖 2 项、三等奖 1 项。

第五节 学术期刊

一、《天津科技大学学报》

《天津科技大学学报》(以下简称《学报》)是由天津市教育委员会主管、天津科技大学主办,以学校重点学科为支撑的综合性自然科学学术期刊。《学报》面向国内外公开发行,其国内统一刊号为 CN12-2355/N,国际标准刊号为 ISSN1672-6510。自 1986 年创刊以来,《学报》共出版发行刊物 30 卷,合计 108 期,较好地宣传了优秀的科技成果,起到了促进科技进步的作用。

1.期刊简介

(1)发展历程

《学报》的前身是内部学术交流资料《轻工科技》,1979—1985 年,以不定期形式共印制 11 期。

1986 年 4 月,《天津轻工业学院学报》创刊,刊期为半年刊;1988 年《天津轻工业学院学报》获得了国内统一刊号:CN12-1114/TS;1989 年《天津轻工业学院学报》获得了国际连续出版物号:ISSN1001-456X;1994 年《天津轻工业学院学报》获得了国际通用刊名识别代码:CODEN TQIXES;1999 年《天津轻工业学院学报》改为季刊;2001 年《天津轻工业学院学报》改为大开本;

由于主办单位更名,2003 年 5 月,《天津轻工业学院学报》更名为《天津科技大学学报》,国内统一刊号:CN12-1355/N,国际连续出版物号:ISSN1672-6510;2004 年《学报》改为国际标准开本;2006 年《学报》国内由天津市邮政局发行,国外由中国出版对外贸易总公司发行;2009 年《学报》由季刊改为双月刊,每期 80 页。

(2)主要栏目

《学报》主要刊登轻工技术与工程、食品工程与生物技术、材料科学与化学工程、机械及自动化、海洋科学与工程等学科的理论及应用的研究论文、研究报告;设置有相关栏目并设有特约综述栏目,邀请相关领域的知名专家撰写稿件。

2.重点工作

(1)完善工作制度

创刊以来,期刊在出版活动中始终遵守有关法律、行政法规的要求,按照《出版管理条例》《期刊出版管理规定》和《科学技术期刊质量要求》等法规进行期刊的出版及其他有关活动。在出版编校过程中,期刊始终严格执行"责任编辑制度""三级审稿责任制""三校一读"等制度,严格编校流程,保证编校质量。2012年起,《学报》刊印执行主编及英文审校,编辑责任制落实为篇责编。2015年重新制定了《学报》编辑委员会工作章程,明确了编辑委员会的组成及委员的产生办法、职责等。

（2）队伍建设

《学报》现有编辑工作人员共6人,其中高级职称2人、副高级职称1人、中级职称3人,常务副主编和责任编辑等专职采编人员均具备国家规定的任职条件和岗位资格。

根据办刊需要,《学报》编辑委员会于2013年换届,编辑委员会委员组成人数由19人增加为27人。最新一届编辑委员会委员中,有中国工程院院士1人、长江学者特聘教授1人、教育部"新世纪优秀人才计划"2人、天津市特聘教授4人、天津市"青年千人计划"1人,天津科技大学"海河学者"特聘教授6人。

（3）提升办刊质量

2012年,制定出台了"关于提高《天津科技大学学报》质量的措施",制定了"优稿优酬原则",奖励优秀稿件作者,增加对优秀稿件的吸引力。

2014年,期刊论文刊印DOI号,开始使用CNKI数字化优先出版平台。部分解决了印刷出版的周期长问题,进一步提升了期刊多对国际国内稿件的吸引力与核心竞争能力。

期刊为国内外公开发行,有海外读者,并被美国《化学文摘》(CA)、美国《剑桥科学文摘》(CSA)、俄罗斯《文摘杂志》(AJ)等数据库收录。为保证期刊英文部分内容的质量、提升期刊的可读性和影响力,特聘请了具有丰富翻译经验、专门从事英文审校研究的外国语学院教授担任英文审校,保证英文表达的准确性和规范性。

（4）办公自动化建设

编辑部于2011年正式启用了由CNKI开发的期刊协同采编系统,实现了作者在线投稿、专家在线评审、编辑在线办公的现代化编辑部工作方式。

为了有效预防期刊发表过程中的学术不端行为,期刊引入了科技期刊学术不端文献检测系统, 对所有收稿采用科技期刊学术不端文献检测系统检测,杜绝任何可能的学术不端行为。

2014年,开发了新网站,完善了论文在线浏览和下载等功能,同时提升了网站的安全性。

（5）促进学术交流、扩展宣传渠道

《学报》与中国知网(CNKI)、维普、万方等多家国内知名数据库合作,期刊论文通过其数字化出版平台可全文下载。此外,在教育部科技发展中心主办的中国科技论文在线网站、期刊网站均提供全文下载链接,读者可免费浏览和下载。

2015 年底,《学报》编辑部与北京世纪超星信息技术发展有限责任公司签署学术期刊"域出版"合作协议。自此,《学报》进入超星学术期刊移动数字出版平台。

3.主要成果和荣誉

(1)期刊质量逐年提高,得到社会认可

"十二五"期间,《学报》正常编辑出版 30 期,编稿量约 465 万字、150 印张,共计刊登论文 492 篇(表 4.12)。从基金论文比数据可以看出稿源质量在逐年提高,尤其是高水平基金资助数量有大幅提高。

表 4.12 载文量及基金资助情况

发表年	基金资助数量/篇			总载文量/篇	基金论文比
	国家级	省部级	局级		
2011	18	22	19	109	54.13%
2012	33	20	11	104	61.54%
2013	37	15	15	101	66.34%
2014	59	15	3	90	85.56%
2015	51	16	2	88	78.41 %

2011 年,《学报》被武汉大学中国科学评价研究中心评为"RCCSE 中国核心学术期刊(扩展版)";在天津市期刊出版质量综合评估中,被评为 2010—2012 年度天津市一级期刊;顺利通过国家新闻出版广电总局于 2014 年组织的第一批学术期刊认定工作。

2015 年,《学报》入编由北京大学出版社出版的《中文核心期刊要目总览》2014 年版(即第七版)之综合性科学技术类核心期刊,这是《学报》自 1986 年创刊以来首次入编《中文核心期刊要目总览》。

(2)部分荣誉

在中国高校科技期刊研究会组织的首届(2011 年)中国高校科技期刊优秀网站评比中,《学报》网站被评为优秀网站。

2015 年底,教育部科技发展中心授予《学报》2014 年度中国科技论文在线优秀期刊二等奖。

二、《中国轻工教育》

《中国轻工教育》是由中国轻工高校管理学会、中国轻工业职工教育研究会、全国轻工业中专教育研究会、轻工业技工教育学会联合筹办并由天津科技大学主管主办的刊物,面向国内外公开发行。国内统一刊号:CN12-1278/G4,国际标准刊号 ISSN1673-1352。

自 1998 年创刊至今,《中国轻工教育》已有 17 年历史,共出版发行刊物86 期。

1.期刊简介

(1)发展历程

期刊自 1998 年至 2009 年为季刊,每年出版正刊四期,每期 80 页。2010 年,经天津市新闻出版总局批准,由季刊改为双月刊,每年出版正刊 6 期,每期 96页,刊物用纸由 16 开变为大 16 开。

(2)开设栏目

结合各级、各类轻工教育的特点开展轻工高等教育、中专教育、技工教育和职工教育的研究与探索,期刊开辟了院校采风、学术论坛、社会科学研究、教育管理、教学改革与实践、职教与成教、思想教育、育人札记、科技与产业、招生与就业指导、信息窗等栏目。

2.重点工作

(1)坚持正确的舆论导向,为轻工教育事业发展服务

期刊在运营过程中始终坚持办刊宗旨不动摇,坚持为高等教育服务、为轻工教育事业发展服务、为广大读者作者服务的理念不动摇,坚持正确的舆论导向不动摇,弘扬主旋律,传递正能量。

(2)遵守法律法规,促进期刊健康发展

——严格执行期刊运营规范

期刊在运营过程中始终遵守宪法和有关法律、行政法规和规章的要求,并按照《期刊出版管理规定》《社会科学期刊质量标准》《科学技术期刊质量要求》等法规进行期刊的出版及其他有关活动。在期刊出版编校过程中,始终严格执行"责任编辑制度""三级审稿责任制""责任校对制度""三校一读"等制度,严格编校流程,保证编校质量。封面标识、稿件选用、版面内容、文字校对、印刷制作等均符合国家标准和行业标准。期刊出版质量也始终符合《网络出版服务管理规定》《期刊出版编辑出版规程》等有关文件规定的要求。

——坚决杜绝学术不端行为

期刊始终注重文稿学术不端的检测,坚决杜绝学术不端行为的发生,对学术不端行为实行零容忍和一票否决制。此外,期刊还对参考文献的标注规范进行了严格要求,进一步规范了参考文献的注释标准。

（3）不断完善期刊版式内容

在内文排版设计上，期刊增加了"英文摘要""作者简介""基金项目"三个部分，同时，扩大了刊物封面宣传的来源，提升了刊物的封面宣传质量。

（4）不断加强队伍建设

期刊现有人员共计 8 人，"十二五"期间，1 人晋升高级职称，4 人通过编辑出版职业资格考试晋升中级职称。

为更好地服务于全国各级各类、不同办学层次的轻工院校及相关单位，期刊编委会扩大了编委来源，积极开展与重点院校及其他轻工院校间的沟通交流，编委会成员由"十一五"期间的 23 人扩充至 30 人。

3.主要成果

（1）成为国家新闻出版广电总局认定的第一批学术期刊

国家新闻出版广电总局于 2014 年组织开展了学术期刊认定工作，经过各省、区、市新闻出版广电局和中央期刊主管单位初审上报，总局组织有关专家严格审定，《中国轻工教育》从全国近万种期刊中脱颖而出，成为国家新闻出版广电总局第一批正式认定的学术期刊之一。

（2）期刊影响因子逐年增加

自 2013 年，中国科学文献计量评价研究中心首次提出学术期刊影响力指数（AJCI）后，我期刊连续三年入选《中国学术期刊影响因子年报》统计源期刊。

（3）读者作者群不断扩大

"十二五"期间，期刊秉承以轻工为主、统筹兼顾的原则，与时俱进，在原有基础上开设了"社会科学研究"栏目，内容更加丰富多元，并将轻工与文化发展紧密结合起来，扩大了受众群体。目前，与本刊进行交流的院校和单位已由原先的 150 余个增至 200 余个。

第五章 学科建设

"十二五"时期,学科建设紧紧围绕学校的总体发展定位目标,坚持"有所为有所不为"的原则,深刻把握学科建设的内在规律,牢牢抓住内涵发展这一生命线,以提升重点学科为先导,保持和拓展轻工特色与优势;以学科队伍建设为关键,建设高水平创新团队,推动学科可持续发展;以提高创新能力为重点,构建学科发展创新平台;以学科交叉融合为突破口,大力发展特色鲜明的高水平学科群,积极培育能够引领和推动战略性新兴产业发展的新兴学科和交叉学科;以产学研结合为依托,全面整合校内外资源,促进学科建设与地方产业发展相融合;以制度创新为动力,建立健全学科建设管理运行机制。

"十二五"期间,学校在学位授权点建设、重点学科建设、学科导师队伍建设、学科水平评估、学位授权点合格评估、学科管理体制机制等方面取得了一系列新进展,具体如下。

第一节 学位授权点建设

与"十一五"末相比,学校"十二五"期间新增了食品科学与工程 1 个一级博士学位授权点、仪器科学与技术等 7 个一级硕士学位授权点(2010 年申报,2011 年 3 月正式获批的学位授权点按照"十二五"期间新增数量统计)。在2014 年新增专业学位授权点申报中,我校成功获批"会计硕士"和"农业硕士"2 个专业学位授权点以及"车辆工程"的工程硕士授权领域。截至"十二五"末期,学校已拥有 2 个一级学科博士学位授权点、17 个二级学科博士学位授权点、13 个一级学科硕士学位授权点、74 个二级学科硕士学位授权点及专业学位授权点 6 个,其中工程硕士涵盖 14 个工程领域。"十二五"期间共授予硕士学位 3882 人,博士学位 176 人。

表 5.1 "十二五"末学位授权点建设情况

类别	博士学位授权点		硕士学位授权点		专业学位授权点	
	一级	二级	一级	二级	授权点	授权领域
数量	2 个	17 个	13 个	74 个	6 个	14 个

第二节 重点学科建设

2011 年,学校新增"轻工技术与工程"等 7 个天津市重点学科;2011 年遴选了"化学"等 5 个校级重点支持学科,2014 年遴选出了"环境科学与工程""材料科学与工程"2 个校级重点学科及"药学"等 14 个校级重点支持学科,2015 年又将"药学"、"管理科学与工程"两个校级重点支持学科升格为校级重点学科。

表 5.2 重点学科建设情况

级别	国家级重点学科	天津市重点学科	校级重点学科	校级重点支持
数量	1 个	7 个	4 个	12 个

在重点学科建设经费投入方面,将天津市重点学科纳入到"十二五"综合投资和中央财政支持地方高校发展专项资金的资助对象,将校级重点学科和重点支持学科纳入到学校自身预算的资助对象。在广泛调研各层次重点学科的建设现状基础上,分年度分层次对各类重点学科进行学科平台建设投入和学科团队建设投入。对 7 个天津市重点学科由"十二五"综合投资规划资金资助各类学科平台和团队建设合计 7633 万元,由中央财政支持地方高校发展专项资金资助各类学科平台建设 5970 万元。2011—2013 年,对校级重点(含支持)学科,每年合计投入 60 万元加强建设。2014—2015 年,学校进一步加大了对校级重点(含支持)学科的资助力度,每年合计投入 227 万元加强建设。经过"十二五"期间的持续投入,学校各层次重点学科的教学科研条件得到了大大改善,基本满足了各类研究所需要的科研条件,为高水平科研成果的产出奠定了基础。

在学科青年人才培养和梯队建设方面,以"十二五"综合投资为契机,在校内遴选了四支青年学术团队,分别是由青年教师杨巨成、钟成和李建宇领衔的 3 支理工类青年学术团队和以青年教师毛文娟领衔的人文社科类青年学术团队。2013—2015 年,对每个理工类青年学术团队资助 100 万元,对人文社科类青年学术团队资助 45 万元。经过三年的建设,这些青年学术团队得以迅速成长,分别成为所在学科的带头人或学术骨干。

第三节 学科导师队伍建设

"十二五"期间,学校学科导师队伍数量稳步增长,2010年底,在编的硕士研究生导师为286人,博士研究生导师为61人;2015年底,在编的硕士研究生导师为362人,博士研究导师为83人,硕士研究生指导教师和博士研究生指导教师数量年均增长率分别为5.3%和7.2%。2015年1月,博士生导师王硕教授和贾士儒教授分别入选国务院学位委员会第七届学科评议组。

表5.3 导师队伍建设情况

时期 \ 类别	博士生导师	硕士生导师	合计
十一五末	61人	286人	347人
十二五末	83人	362人	445人

为了进一步提高导师的学术水平,于2013年修订了导师遴选办法,进一步提高了博士研究生指导教师和硕士研究生指导教师的遴选条件,出台了新的《天津科技大学选聘博士研究生指导教师实施细则》(津科大研〔2013〕11号)和《天津科技大学选聘硕士研究生指导教师实施细则》(津科大研〔2013〕10号)。对比原来的遴选标准,重点在研究生指导教师候选人的学位要求、学术论文发表质量、科研项目主持情况等方面提高了要求,确保研究生导师具备较高的学术水平,从而也提高了研究生培养质量。

在学科导师队伍管理与考核方面,为充分发挥硕士研究生指导教师在研究生培养中的主导作用、创造良好的科研环境、进一步营造浓厚的学术氛围、保证研究生培养质量,学校于2011年制定了《天津科技大学硕士研究生指导教师工作考核办法》(津科大研〔2011〕6号),明确了硕士研究生指导教师的考核标准和处理办法。导师考核主要与教学科研岗位教师的聘期考核相结合,以每位研究生导师的生均科研成果完成分值为考核内容。2013年,学校组织了对全部硕士研究生指导教师的考核工作,除个别导师外,都通过了考核。

第四节 学科评估

2011年12月底,教育部启动了第三轮学科评估工作。与2006—2008年开展的第二轮学科评估相比,轻工技术与工程学科由全国第5上升到全国第3,食品科学与工程位居全国第 10,海洋科学全国第 9;化学工程与技术、机械工程学科的排名百分位相对于第二轮评估分别前进了 19 个和 22 个百分点。首次参评的仪器科学与技术学科取得了全国第 26 名的成绩。

第五节　学位授权点合格评估

2014 年 8 月,国务院学位委员会发布了《关于开展学位授权点合格评估工作的通知》(学位〔2014〕16 号)和《关于开展 2014 年学位授权点专项评估工作的通知》(学位〔2014〕17 号)。根据通知,"工商管理硕士""工程管理硕士"和"艺术硕士"三个专业学位授权点参加了专项评估。最后,国务院学位办发布的专项评估结果是:"工商管理硕士"和"工程管理硕士"为"合格""艺术硕士"评估结果是"限期整改"、两年后复评。

2015 年 3 月,根据学位〔2014〕16 号的文件要求,我校制定了《天津科技大学学位授权点合格评估工作方案》,明确了合格评估的自评形式是同行专家评议,自评时间安排为 2016—2018 年分年度完成所有一级学科博士点、一级学科硕士点、二级学科硕士点和全部专业学位授权点的合格评估。根据 16 号文件给出的评估要素,研究生院联合相关学院制定了合格评估指标体系和评估简况表。

第六节　学科建设管理体制

为加强校级重点(含支持)学科的建设管理,2014 年出台了《天津科技大学校级重点(含支持)学科建设管理办法》(津科大发〔2014〕250 号),设置学科绩效考核指标体系,内设 99 项考核指标,适用于学校各类学科的年度考核和建设周期考核,实现了学科绩效的动态监测。出台了《天津科技大学学科带头人遴选与管理办法(试行)》(津科大发〔2015〕138 号),明确了学科带头人的遴选条件、遴选程序和责权利,从而理顺了学科管理体制机制。

第六章 师资队伍

"十二五"以来,学校坚持"人才强校"战略,努力抓好培养、引进、激励三个环节,教师队伍学缘学历结构、年龄结构、职称结构更加优化,基本形成了一支与学校规模相适应、结构合理、素质优良的师资队伍(见表6.1—表6.4)。校际交流不断加强,"十二五"期间,学校新聘请名誉教授5人,客座教授107人。

表 6.1 "十二五"末师资队伍学缘结构

专任教师总数	国外高校毕业		国内其他高校毕业		本校毕业	
	人数	比例	人数	比例	人数	比例
1248	85	6.8%	1065	85.3%	98	7.9%

表 6.2 "十二五"末师资队伍学历结构

专任教师总数	博士		硕士		学士		其他	
	人数	比例	人数	比例	人数	比例	人数	比例
1248	509	40.8%	526	42.1%	184	14.8%	29	2.3%

表 6.3 "十二五"末师资队伍年龄结构

专任教师总数	平均年龄	≤29 岁		30–34 岁		35–44 岁		45–54 岁		≥55 岁	
		人数	比例	人数	比例	人数	比例	人数	比例	人数	比例
1248	39.83	87	7%	290	23.2%	544	43.6%	258	20.7%	69	5.5%

表 6.4 "十二五"末师资队伍职称结构

专任教师总数	教授(含科研)		副教授(含科研)		讲师		助教	
	人数	比例	人数	比例	人数	比例	人数	比例
1248	235	18.8%	420	33.7%	448	39.1%	105	8.4%

截止至 2015 年 12 月,教职工总数由"十一五"末的 1623 人增至 1979 人,增长 22%。特别是专任教师增长 2 倍多。取得教师系列正教授评审权。专任教师中拥有博士学位的教师比例进一步提高,中青年教师已经成为教学科研的中坚力量。

"十二五"期间,学校共有 59 位教师获得硕士学位,35 位教师获得博士学位,6 名教师进行国内访问学者研修,102 名教师公派出国研修,46 位理工类专任教师进行工程训练。开发区职业技术学院并入后,学校在学历学位进修、国内访问学者派出、专业技术职务"以聘代评"等方面采取相应措施,确保师资队伍整体水平稳定。

第一节 队伍建设

一、高层次人才培养和引进

依据国家各部委及天津市的重大人才计划及人才市场的发展要求,加快人才工作体制机制改革和政策创新,实施人才国际化战略,引进、培养、使用好校内外人才资源,以高层次、高水平人才为重点统筹推进各类人才队伍建设,建设高水平教师队伍、职业化管理队伍、专业化服务和保障队伍,为实现学校建设发展目标提供坚强的人才保障和广泛的智力支持。两次修订全校的人才引进办法,构建了天津科技大学引进人才的 11 类层次,进一步加大了引进国家级高层次人才的资助力度,适度提高了高层次人才的引进待遇,进一步完善了校"海河学者"培育计划制度,重点引进青年拔尖人才和有潜力的优秀人才。

学校召开人才工作会议,出台了 11 个系列文件,涵盖了学校师资队伍建设规划、高层次人才管理办法等,为全校人才工作进一步发展提供了强有力的政策保障。(见表 6.5)

表 6.5 "十二五"期间关于人才工作的系列文件

序号	出台日期	文件名称
1	2012 年 11 月	《天津科技大学关于进一步加强人才工作的意见》
2	2012 年 11 月	《天津科技大学中长期人才发展规划(2012-2020 年)》
3	2012 年 11 月	《天津科技大学师资队伍建设规划(2013-2015 年)》
4	2012 年 11 月	《天津科技大学人才队伍建设工作奖励办法》
5	2012 年 11 月	《天津科技大学中青年教师能力培养与提升计划》
6	2012 年 11 月	《天津科技大学青年创新基金管理条例》
7	2012 年 11 月	《天津科技大学中青年骨干教师研修、培养计划》

续表

序号	出台日期	文件名称
8	2012 年 11 月	《天津科技大学实验技术人员能力提升计划》
9	2012 年 11 月	《天津科技大学实验技术人员培训管理暂行办法》
10	2012 年 11 月	《天津科技大学教师行为和学术道德规范》
11	2012 年 11 月	《天津科技大学高层次人才引进、培养、考核与管理办法》
12	2015 年 5 月	《天津科技大学教师等专业技术职务"以聘代评"工作实施办法》
13	2012 年 12 月	《天津科技大学人才引进暂行规定(2012 年修订版)》
14	2014 年 11 月	《天津科技大学人才引进暂行规定(2014 年修订版)》

积极实施"海河学者"特聘教授制度和"海河学者"培育计划、中青年骨干创新人才培养计划,引进和培养了包括国家"千人计划""万人计划"、教育部"长江学者"、国家重大科技计划项目首席科学家、中科院"百人计划"、国家杰出青年基金获得者、国家教学名师、全国优秀教师等在内的省部级以上高水平人才 50余名,2 支团队入选教育部科技创新团队。(见表 6.6)

表 6.6 "十二五"期间学校高层次人才引进和培养情况

高层次人才/团队/数量	姓名
国家万人计划入选者 2 人	王硕、贾士儒
国家百千万人才工程 1 人	路福平
"杰青"1 人	王硕
长江学者 1 人	孙军
"优青"1 人	王书军
国家中青年科技创新领军人才 2 人	王硕、王敏
国家级教学名师 1 人	贾士儒
天津市千人计划入选者 11 人	齐刚、杨利军、褚立强、周中凯、田玮、王书军、颜达现、LAURENT、GALONS、秦慧民、马龙
天津市特聘教授 8 人	孙军、王正祥、杨巨成、司传领、刘继锋、王书军、刘浩、马文建
天津市特聘讲座教授 6 人	陈金茹、LUCY、张勇民、颜达现、谢会祥、郑佐兴

高层次人才/团队/数量	姓名
海河学者9人	褚立强、周中凯、杨巨成、樊振川、赵亮、曲志刚、张翼英、刘亚青、马文建
海河培育6人	郝亮、马龙、秦慧民、郭志超、冯媛媛、韦会鸽
天津市"131"第一层次	孙军、王敏、张燕、司传领、张民、王楠
天津市教学名师8人	王建清、焦志勇、熊聪聪、齐玉刚、张大克、裴继诚、王艳萍、张峻霞
天津市创新人才推进计划5人	张民、邓启良、杨巨成、钟成、唐娜
天津市宣传文化"五个一批"人才3人	韩玲梅、华欣、毛文娟
新增教育部创新团队2个	路福平、邓天龙
天津市"131"创新型人才团队1个	王敏
天津市创新人才推进计划–重点领域创新团队1个	王俊平
天津市高层次创新创业团队1个	王俊平
天津市高层次创新型科技领军人才1人	王硕

二、中青年教师培养与提升

1.实施青年教师培养与提升工程

高度关注青年教师的发展。下大力量培育好青年后备人才和青年学科专业人才,制定《天津科技大学青年教师培养与提升工程的实施意见》,规范青年教师培养工作。坚持德才兼备、知行统一、公正透明、择优支持的原则,通过在职为主、加强实践、多种形式并举的培养方式培养青年教师。设立青年人才建设专项资金,大力推进中青年骨干教师出国研修计划和中青年教师国内访问学者计划,坚持新录用教师岗前培训和青年教师岗位培训,建立健全青年教师导师制、助教制以及教学名师培育制度,坚持选派青年教师参加行业短期培训进行学术交流,鼓励和支持青年教师积极参与教学改革项目。统筹规划,齐抓共管,将院(部)培养青年教师的成绩和效果作为院(部)工作评估的重要指标,分层次、有重点地稳步实施青年教师培养计划。

2.加强青年教师研修、培养工作

制定出台《天津科技大学中青年骨干教师研修、培养计划》,设立中青年骨干教师研修专项经费。加大与国外高校联合培养教师力度,支持重点课程和中青年骨干教师赴国外知名大学或学术机构进行访问研究,接触国际前沿、开拓学术视野、提升自身水平;实施中青年教师国内进修计划,选拔优秀青年教师到国内高水平大学做访问学者,接触国内科学发展前沿、学习研究方法、提高科研水平;选派教学、科研的专任教师、科研人员参加企业实践,培养既具备扎实的理论知识又能够解决前沿工程实践问题的优秀师资队伍。

3.实施中青年教师创新能力提升计划

设立青年教师创新基金,制定出台《天津科技大学青年创新基金管理条例》,资助青年教师开展跨学科、跨学校、跨地区的创新教学和科研活动,扶持青年教师在省部以上教学科技奖励、人才建设计划和国内外学术合作与交流等方面取得标志性成果。贯彻"依靠专家,发扬民主,择优支持,公正合理"的原则,采取课题资助方式培养青年后备人才,对中青年骨干学术交流、出版专著(教材)、发表高水平学术论文、考察学习等方面给予资助,全面提升中青年骨干人才教学水平、科研能力和管理能力。着力培育一批支撑学校长远发展的创新型青年学术人才。

2014年9月,学校获批天津市首批"天津市高校校级自主在线学习中心"试点建设单位。借助天津市师资培训中心教学资源,学校建立了"天津科技大学在线学习中心"(http://tust.enetedu.com/)。目前,该中心拥有注册学员1733名,共有5647人次参加课程培训学习。

第二节 人才工作体制机制改革与创新

一、创新人事管理机制

认真落实《天津科技大学聘用制工作实施意见》,深化校院两级管理体制改革,扩大和落实二级单位用人自主权,完善全员聘用考核机制,实施岗位编制分类管理,合理确定各类岗位结构比例,完善聘用期考核制度,进一步深化基于"按需设岗、依岗聘人、公开招聘、竞争上岗、合同管理"的人才引进和教师岗位聘任制改革。实现人事管理由身份管理向岗位管理的转变,由行政任用关系向平等协商的聘用关系转变,形成适应高等教育发展形势的人事管理机制。

二、创新人才培养开发机制

以提高人才的思想道德素质和创新能力为核心,注重在实践中发现、培养、造就人才,构建人人能够成才、人人得到发展的人才培养开发机制。统筹规划教工研修和系统培训,加强领军人才和创新团队建设,深化科研管理机制改革,健全有利于教师和科研队伍创新创业的评价、使用、激励措施。加强产学研结合，推动学校教师、科研人才与企业深层次合作。

三、建立科学的人才评价和使用机制

修订完善《天津科技大学教师职务评审条件》，制定出台团队考核的评价考核标准。建立以岗位职责为基础，以品德、能力和业绩为导向的科学化人才评价机制。根据教学科研、党政管理、教辅工勤等不同类型的岗位，完善职位职责，强化岗位管理，严格考核，加强聘后管理，建立以工作绩效为核心的考核评价标准，逐步建立人才综合考评机制，激发人才干事创业的积极性。

推进专业技术职务"以聘代评"工作。"十二五"期间，学校根据天津市人力资源和社会保障局、天津市教育委员会工作要求，依据全校专业技术职务工作实际，稳步推进专业技术职务人员"以聘代评"工作。经广泛听取专业技术人员意见，校学术委员会、教代会及聘任工作领导小组审议通过，并经天津市教育委员会、天津市人力资源和社会保障局审核批准，学校制定和出台了《天津科技大学教师等专业技术职务"以聘代评"工作实施办法》（津科大发〔2015〕97号），进一步深化了学校人事制度改革，加强了专业技术人员队伍建设，使学校专业技术职务聘任工作更具科学化、制度化、规范化。（见表6.7）

表 6.7 "十二五"期间专业技术人员晋升情况

总数	正高级	副高级	中级	初级
818	96	233	257	232

四、完善人才激励、保障措施

进一步深化人事分配制度改革，建立能充分体现绩效和贡献的分配方式。完善各类人才薪酬制度，推进校内津贴和绩效工资制度改革，加大对"特聘教授""海河学者"等关键岗位和有突出贡献人才的薪酬激励力度，逐步建立秩序规范、激发活力、注重公平、监管有力的校内津贴制度。修订完善《天津科技大学人才队伍建设工作奖励办法》，坚持物质激励与精神激励并重原则，加大表彰奖励与宣传力度。加强人才软环境建设，大力改善工作条件，创造良好发展环境。加强校内民主建设，营造宽松环境，活跃学术气氛，发挥各级学术组织和群众团体的作用。创新人才服务机制，根据人才发展的需要，调整管理和服务部门的职能和工作方式，推进学校人才管理职能向创造良好发展环境、提供优质服务转变。

五、创新人才引进、流动和退出机制

修订完善人才引进规定，利用校内外媒体定期发布人才需求公告。坚持环境引人、平台引人、服务引人，营造宽松而自由的学术环境和"尊重知识、尊重彼此"的和谐氛围,搭建高端的平台载体,在实验设备、科研经费、办公条件、过渡安置房等方面,为引进人才提供必要的资金保障与物质基础。优化人才资源配置,积极探索校内人才有序流动机制,完善全员聘用制考核制度、人事代理制度和非编岗位设置制度,形成能上能下、能进能出的人才使用模式。

六、博士后工作

"十二五"期间,学校完善了博士后流动站管理办法,加大对博士后工作的管理力度,博士后工作迈上新台阶。(表 6.8)

表 6.8 博士后工作情况汇总表

项目	数量(人)
博士后研究人员进站	56
博士后研究人员出站	42
博士后研究人员申请到国家博士后科学基金	23(特等资助 6 项)
天津市博士后国际化培养资助	17
新增联合招收博士后的企业工作站	12

在 2015 年综合评估中,轻工技术与工程、食品科学与工程两个博士后科研流动站均获得"良好"等级,"食品科学与工程"博士后科研流动站获得天津市人力资源和社会保障局通报表扬。

第七章 学生工作

第一节 学生德育工作

"十二五"期间,学校认真贯彻落实《中共中央国务院关于进一步加强和改进大学生思想政治教育的意见》和《教育部关于进一步加强和改进研究生思想政治教育的若干意见》要求,制定了《天津科技大学关于进一步加强思想政治教育工作队伍建设的实施办法》《天津科技大学关于进一步加强导师在研究生思想政治教育中作用的实施办法》等一系列重要文件,围绕工作体制机制建设、队伍建设、导师发挥作用、党团建设、学生组织建设、学风及学术道德建设、校园文化建设、网络思想阵地建设、心理健康教育、实践育人、安全稳定等11个方面,制定了《天津科技大学思想政治教育工作综合测评指标体系》等细化指标开展量化评估,进一步大力提高全校大学生思想政治教育工作的制度化、规范化和科学化建设水平。2015年12月,学校德育工作接受了天津市思想政治教育测评,获得肯定。

一、重点工作

1.社会主义核心价值观教育

——开展"形势政策"教育教学

成立了形势政策课课程组、形势与政策宣讲团,制定了《形势政策课程师资建设规划》和《形势政策课程建设规划(2012—2016)》,"形势政策"课程走上主课堂,由日常授课和讲座报告组成,形成了"课堂教学与实践育人"相结合的教育模式。

——扎实开展主题教育活动

开展"中国梦"主题学习实践活动,将社会主义核心价值观教育与各项主题教育相结合,连续五年开展文明修身和生命成长教育活动共计400余项,每年覆盖近 15000 名学生。结合重大节庆日开展社会主义核心价值观教育,开展首个烈士纪念日、首个宪法日、首个国家公祭日、抗战胜利 70 周年等纪念活动;组织国防生走访慰问抗战老英雄、赴太行山区开展毕业主题实践、举办抗战歌曲会演等。

——主动抢占网络阵地,传播社会主义核心价值观。

专兼职辅导员全部开通个人微博,在易博网开通班级博客 294 个,评选出十佳班级博客。开通学工部腾讯、新浪微博和科研会腾讯微博,制定微博管理办法。完成"学工之窗"网站和科研会网站改版并运行。2012 年,制作上线了研究生思想政治教育工作专题网——"研途网",累计访问量逾 100 万次,网络思想政治教育阵地作用日益凸显。

2.学风建设

一是在优良学风建设方面,开展学习型宿舍创建评选和优秀课堂笔记、课后作业、实验报告和学习方法征集评选并展览活动。二是在优良学风表彰方面,连续 5 年严格按照程序评定奖学金和荣誉称号,共有 81 人获市王克昌奖学金,24 人获市"创新奖学金",14 人获市"创业奖学金",获得 29 个市级先进集体,90 人获市级三好学生、优秀学生干部,浓厚了学风氛围。三是在优良学风引领上,连续五年组织开展"榜样行动"优秀学生事迹巡讲活动,共举行 217 场报告会,覆盖全部大一年级新生,参与学生近 5 万人次。连续五年开展班徽、班训、班歌评选,以优良班风带动学风。

3.文化育人

一是传承和弘扬优秀传统文化。承办天津市大学生中华传统文化知识团队赛,学生创作诗词作品超过 500 首、对联超过百幅、书法作品数十幅。活动得到了《人民日报》、天津电视台《天津新闻》等多家报纸、电视台和网站的报道。二是连续五年开展"感动科大十大学子"评选活动,引入社会资助,共评选出 50 名个人或集体。经管学院刘建东、食品学院朱杰等获得"中国大学生年度人物"全国 200 强,此外还有获得"天津市感动校园十大学子"称号的艺术学院的蔡雨洋等优秀学子。三是持续发挥文化品牌的育人功能。五年共举办 95 场讲座,内容涵盖经济、文化、艺术、军事等领域,现场听众超过 6 万余人次。讲座邀请到著名天体化学与地球化学家、中国科学院院士欧阳自远教授和央视《百家讲坛》主讲人阎崇年、孙立群、蒙曼教授以及全国劳动模范孔祥瑞、著名歌唱家关牧村、奥运冠军佟文等百余位社会各界精英做客"博学讲堂"。

4.实践育人

一是拓宽校内外勤工助学渠道,累计向各单位提供 2290 名助管学生。二是开展"三爱"教育,连续五年组织大学生义务打扫公厕公益劳动,培养学生吃苦耐劳、艰苦朴素的意识,参与学生达 2 万余人。活动被《中国青年报》《新华网》等数家媒体给予高度评价。三是连续五年开展情系滨海社会调研活动,提交各类调研报告近千份,累计近 1 万名学生参与。四是连续五年组织国防生与部队共同承担新生军训,共有约 400 名国防生履任训练教官,参训学生近 2.5 万余名。五是设立专项经费支持研究生参与社会实践及创新活动:自 2014 年开始组织广大研究生开展寒、暑假社会实践创新(调研)活动,累计完成 142 个创新实践项目的立项论证、结项验收等工作,1298 名研究生参与到社会实践创新调研活动中。先后与养乐多(中国)投资有限公司、春发集团、海顺集团等多家国内外知名企业签订了研究生共同培养创新基地合作协议。

5.资助育人

学校建立资助育人机制,实现对家庭经济困难生的精神培育和能力提升。一是完善"奖、贷、助、勤、补、减"六位一体综合资助体系,按照规定流程,五年共认定在册家庭经济困难生 21308 人,其中 210 人获国家奖学金,227 获天津市人民政府奖学金,19304 人获助学金,4010 人获国家励志奖学金,9206 人次通过贷款缴纳学费,经济资助 100%覆盖到全体在册家庭经济困难学生。二是注重思想引导,开展诚信感恩、理想信念系列主题教育活动 20 余场,受益学生近万人,学生杨硕作为天津市市属高校唯一代表,成功入选教育部全国资助中心主办的首届"国家资助助我飞翔"全国励志成长成才优秀学生典型宣传评选。三是搭建素质拓展平台,创建"筑梦家园",开展学业支持、就业指导、心理辅导讲座和活动近百场(次);连续五年实施"学长关怀"计划,组织高年级受助学生与低年级学生结对帮扶,受益学生 5000 余人。深入滨海新区企事业单位开展勤工助学活动,参与学生达四千余人。

6.心理健康教育

抓好《心理健康教育》第一课堂教学质量,实现全员覆盖,2015 年《心理健康教育》被列为必修课。为学生做好个体咨询,五年累计 1500 人次。积极开展各类学生团体咨询,五年来,积极开展的各类学生团体心理辅导——优秀学长团体心理辅导、贫困生团体心理辅导、研究生团体心理辅导十余次。完善学生心理危机预防和干预体系建设,建立健全心理危机日常排查与信息报告制度,连续对 2011—2015 年入学的全部本科新生和部分研究生新生做了心理健康筛查和约谈。每年开展"5.25"心理健康月主题教育实践活动,为新入学本科生及研究生举办专题讲座十余场。

2011 年,邀请原天津师范大学心理健康中心副主任余雯君教授、天津市教委大学生心理健康指导中心副主任刘援朝教授等为辅导员做专题培训,为班级心理委员开设了系列培训,建立起完善的心理委员培训机制,对2014级和2015级学生心理委员进行了培训。

完成天津市高校标准化心理健康教育中心建设工作。初步建成符合市教委要求的标准化心理咨询中心,包括接待室、个体咨询室、团体咨询室、沙盘治疗室、心理测评室、宣泄室、放松室。各功能室软硬件齐全,功能完备,将为全校师生提供更好的心理服务。基地现已全面对学生和教职工开放。

7.国防教育

一是开展军事课教学,探索实行校内教师教学主导、校外专家讲座拓展的军事理论课程教学模式。二是搞好国防后备力量建设工作,五年共应征入伍143人,考取军校16人。三是开展国防教育活动。作为天津高校唯一代表,组织了20名普通生参加天津市首届军事训练营,获得优异成绩;承办了首届天津市首届军事训练营军事课教师军事教学展示活动。此外,指导男子、女子国旗护卫队训练和执行任务,获天津市国旗护卫队比武竞赛优胜奖;指导学生社团国防协会开展教育活动。

8.研究生德育特色工作

(1)科学道德宣讲教育

"十二五"期间,连续5年组织我校全体硕、博研究生参加各种形式的科学道德与学风建设宣讲教育活动121场;遴选100余名校内宣讲专家走上宣讲台,累计为研究生开展宣讲教育活动19561人次。

(2)学术文化建设

自2012年开始,连续4年举办了"渤海风"研究生学术文化季活动。组织开展了"思而敏行之硕博学术创新论坛""敏思求真之研究生学术辩论赛""榜上有名之'十佳学术之星'评选""厚积薄发之研究生学术讲座""崇师论道之名师下午茶"等系列子活动,累计举办各级各类学术文化活动300余场,21200人次研究生走上这一学术交流、实践创新和展示自我的活动平台。

(3)研究生典型的挖掘和培育

"十二五"期间,研究生群体中不断涌现"中国大学生自强之星标兵""天津青年五四奖章""天津市优秀学生干部""天津市王克昌奖学金特等奖"等荣誉称号获得者,王汝华、范瑾、罗灵芝、杨钰昆等同学的模范先进事迹在全社会产生了重要影响。

二、主要成果

"十二五"期间,学校通过扎实深入的大学生思想政治工作实践,有效保证了学校教育教学育人工作的平稳有序,形成了一些行之有效工作机制,取得了较为显著的育人成果,详见下表。

表 7.1　天津科技大学"十二五"期间学生德育工作成果一览

时间	成果名称
2011 年 5 月	天津市教育系统 2006—2010 年普法依法治理先进单位
2011 年 7 月	天津市普法依法治理工作先进单位
2012 年 8 月	天津市爱国拥军模范单位
2013 年 6 月	教育部加强和改进大学生思想政治教育工作简报(2013 年第 35 期),以《走基层、求实效、互评价、促转变——天津科技大学深入开展学生工作现场见学活动》为题刊发学校德育工作措施和成果,朱丽萍书记批示:科技大学做好大学生思想政治工作的经验应予推广,成绩充分肯定,望再接再厉,取得新的成绩! 天津预备役高炮师"先进预备役连队" 全国首届军事训练营"优秀组织单位" 天津市教育系统"教工先锋号"先进集体
2014 年 2 月	天津市总工会"工人先锋号"
2014 年 8 月	《青春在劳动中绽放梦想在奉献中前行——天津科技大学新生义务劳动十四年成为践行社会主义核心价值观的校园先锋》案例,被天津市教委作为唯一案例推荐到教育部
2014 年	天津市大学生思想政治教育工作信息刊发《天津科技大学发挥国防生资源优势在推进国防教育工作中拓展实践育人途径》。 天津市教委以"在不断创新中实现学生军训与立德树人的内在统一"为题,在教育部会议上汇报我校军训工作经验。 《天津科技大学开展学生工作特色基地建设的实践与思考》在中国高等教育学会学生工作年会做大会交流。 天津市大学生思想政治教育工作信息以《做教师先当辅导员》为题,刊发我校实施青年教师首年任辅导员制度的经验。 天津市教育系统思想政治工作先进集体。
2015 年	2015 年 6 月,我校作为教育部指定的全国 25 所地方高校代表之一、也是天津市地方高校的唯一代表,参加了 2015 年高校研究生思想政治工作专题研讨会,同全国共 100 所高校的代表一起,交流研究生思想政治工作的经验做法。 "天津市教育系统优秀思想政治工作者" "天津市精神文明建设优秀活动项目" "第三届全国研究生思想政治教育工作研究论文"特等奖、一等奖等荣誉称号。

第二节 学生管理工作

五年来,学校积极健全和完善工作职责引领工作实践的机制、途径和方法,着重从辅导员队伍建设、目标管理、组织管理、项目管理及安全管理5个方面推动学生工作良性运行。

一、加强辅导员队伍建设,紧扣学生工作运行中的关键性、基础性环节。

学校始终把建设一支政治强、业务精、纪律严、作风正的辅导员队伍作为学生工作机制良性运行的基础性工作。

一是根据《天津科技大学辅导员队伍建设实施意见》,按照《天津科技大学辅导员岗位设置办法》和《天津科技大学辅导员选聘办法》,组织好专任辅导员招聘,严把"2+3"辅导员面试关,确保引进人才的质量。五年来,共配置35名专职专任辅导员(其中专职研究生辅导员11名)和52名"2+3"专职辅导员上岗,在部分不符合研究生专职辅导员配置条件的学院配置兼职辅导员,进一步改善师生配比。

二是学校将辅导员培养纳入学校师资培训计划和人才培养计划。根据《天津科技大学辅导员队伍培训培养实施办法》,依托岗前培训、日常培训、专题培训、素质拓展、职业化培训、高级研修六大板块开展培训工作,重点加强以课程为依托的职业化培训,开展以学访交流、海外研修、挂职锻炼为核心的高级研修。五年共开展学生工作论坛等专项培训46期,派出48批共计218人次辅导员参加由教育部、市教委组织的各类业务培训,先后组织100余人次赴上海交大、同济大学、厦门大学、武汉大学等十余所高校进行学访交流,13人赴港培训,3人赴香港大学挂职锻炼,8人赴英国、澳大利亚进行为期三个月的学访交流。

三是拓宽辅导员专业化职业化发展平台。根据《关于辅导员参评教师职务评审条件的补充规定》,五年中共有2人晋升副教授,47人晋升讲师,81人获得高校教师资格证,3人在职攻读博士学位;有5人获教育部人文社会科学研究专项任务项目(高校思想政治工作),5人获得市教委科研计划专项任务(大学生思想政治教育)项目;34人获校青年教师创新基金(思政工作专项)项目,3项获批天津市教委辅导员工作精品项目,37项获批校辅导员工作精品项目;获全国辅导员优秀论文评选二等奖1篇,获市级一等奖2篇、二等奖1篇、市级三等奖4篇。

四是定期考核,鼓励创先争优。制定《天津科技大学辅导员考核及评优办法》《天津科技大学思想政治工作岗位岗位职责、上岗条件及聘期考核办法》,按照《天津科技大学辅导员工作考核办法》具体实施考核。"十二五"期间,连续三年举办天津科技大学辅导员职业技能竞赛,10 人荣获天津市优秀辅导员,2 人荣获天津市十佳辅导员,1 人入围全国高校辅导员年度人物,1 人荣获第三届全国高校辅导员职业能力大赛赛区二等奖。

五是实施学校新入职青年教师首年担任辅导员工作制度。出台了《新入职教师首年担任大学生辅导员工作实施细则》和《天津科技大学青年教师从事辅导员工作实施办法》,编印了《天津科技大学青年教师从事辅导员工作指导手册》,加强辅导员和青年教师在思想政治教育工作上的协同配合。自 2014 年 5 月此项制度实施以来,2014 年有 50 名、2015 年有 35 名,共 85 名青年教师加入辅导员队伍,呈现出全员育人的德育工作格局。

六是加强团队建设,增强辅导员队伍活力。以辅导员联谊会为组织平台,通过定期开展趣味运动会、素质拓展、新春联欢会等活动,加强辅导员队伍间的沟通交流,增强职业认同。

表 7.2 辅导员国内学访交流情况一览

时间	学习地点	参加人员
2011 年 10 月	华东四所高校	16 人
2012 年 11 月	厦门大学等高校	18 人
2013 年 11 月 12–13 日	天津大学、天津工业大学	40 人

表 7.3 辅导员海外研修情况一览

时间	学习地点	参加人员
2012 年 3 月	英国赫瑞瓦特大学	朱萌、闫翠娟、刘爽
2012 年 9 月	英国里丁大学	李霞
2012 年 12 月	澳大利亚南十字星大学	林琳、李瑶、许涛、张璐
2013 年	美国库克大学	吴君、杨家栋、孔德莉

表 7.4 辅导员所获荣誉称号

	2011	2012	2013	2014	2015
全国高校辅导员年度人物入围奖	李 霞				杨家栋
天津市十佳辅导员	李 霞				宋思涛
天津市优秀辅导员	李 霞 王碧昱 张 一		张 炜 林 琳 杨家栋		杜颖华 宋思涛 王 瑞 王振华

续表

	2011	2012	2013	2014	2015
天津市普通高校辅导员职业能力大赛			林琳(市二等奖)		宋思涛(市二等奖)
第三届全国高校辅导员职业能力大赛				林琳(赛区二等奖)	
校优秀辅导员	王碧昱 李健强 李 霞 刘 爽 张 一 孔德莉 阎翠娟		张 炜 林 琳 杨家栋 李新艳 张娇林 王 瑞 曲明慧 王晓帅 张 一 任艳萍 聂慎德		宋思涛 王振华 阎翠娟 林 琳 杜颖华 王 瑞 韩 静 谢 群 莫继承 杨 凯
校优秀学生思想政治教育工作者	宋思涛 冯 婧 齐嘉琳 杨 硕 席一政		王晓旭 王 蕾 曹 慧 王 荔		冯 婧 胡 洪 王光大 杨静逸

二、以学生工作例会为抓手,阶段性推动学生工作目标计划管理。

五年来,学校在"十二五"规划中与学校事业发展规划中,就学生工作做出同步设计,在学校年度工作要点基础上制定《学生工作要点》,并要求以《任务分解表》的形式落实到人、责任到人。每月定期召开学生工作例会,阶段性促进计划落实,部署专题工作,并在年度学生工作会议上系统总结和计划下一年度工作,表彰在各级评比中获得荣誉的辅导员或集体;连续五年定期召开暑期研讨会,就某一主题展开深入探讨,结合学生工作实践,深化工作内容的专业内涵,提升工作目标和计划制定的科学化水平。同时,通过编撰《学生工作志(1978—2012)》,从学校学生工作历史的维度,指导学生工作目标计划制定的传承与创新。

表 7.5 历年暑期学生工作研讨会情况一览

时间	研讨主题
2011 年 7 月 16 日	大学生思想政治教育的发展趋势
2012 年 7 月 16 日	学术论文写作规范和赴英学访人员工作及感受汇报
2013 年 7 月 15 日	校园安全稳定及突发事件应急处置
2014 年 8 月 25 日	《高等学校辅导员职业能力标准(暂行)》研讨交流
2015 年 8 月 25 日	学生分类指导工作研讨

三、建章立制形成合力,强化学生工作组织协调管理。

一是坚持协同工作理念,学校学工部、团委、招生就业指导中心、心理健康教育中心、研究生院以及教务、后勤、保卫等部门密切沟通,整合资源,形成学生工作合力。二是从制度入手,每年编印《学生工作规程选编》,指导和规范学院学生工作,逐步将日常事务管理重心下沉,逐步形成相对固定的程式,提高学生工作效能。三是以学生工作现场见学活动为抓手,促进各学院学生工作间的组织协调。此项活动走出会议室,走进基层学院,走到学生身边,在互看、互比、互学中学经验、找差距、谋发展,促进各学院找到自身特色,突出特色工作,树立实事求是、求真务实的工作作风。

四、实施特色项目管理,结合特点找准特色推动学生工作内涵发展。

五年来,学校分两批共建立了 11 个学生工作特色基地(其中 6 项已通过验收正式挂牌),项目内容涵盖党建、学风、校园文化、创新创业等方面,有效推动了思想政治教育内涵式、科学化发展。一是深化了学生工作内容,突出了教育特色。各学生工作特色基地共建立工作制度 64 项,开展实践育人活动 131 项,搭建网络平台 26 个,形成固化成果 45 项,覆盖学生 20000 余名。二是搭建了辅导员队伍职业化、专业化的广阔平台。辅导员依托学生工作特色基地开展了大量的科学研究,共编写调查问卷 17 套,撰写调研报告 14 篇,公开发表论文 38 篇,申请国家级科研课题 3 项、省部级科研课题 12 项、校级科研课题 28 项。三是探索运行实践研究型大学生思想政治教育工作模式。通过特色项目管理,引导学院正确处理学生工作日常事务管理和思想政治教育的关系,突出"重点论"和"两点论"的统一,从制度层面引导学院进一步夯实工作基础,强化特色效能,实现示范引领。

五、强化安全稳定管控,确保学生工作平稳运行。

一是在寒暑假、节庆日假期等重要节点要抓安全教育,增强政治敏锐性,把握工作主动权。二是做好新生、毕业生两个群体的安全教育。通过编印《新生入学教育及军训工作手册》《军训工作操作手册》,将安全教育贯穿于入学教育全过程;面向全校研究生(自 2014 级开始)开展基础性、普及性的实验室安全教育并考试。加强毕业本科生、研究生就业安全教育、文明离校教育。三是统筹网上阵地和网下阵地做好安全预警。五年共发布学生安全预警案例 34 期,注重通过微博、微信等新媒体扩大教育覆盖面,增强学生接受度。加强学生网络素养教育,警示个人网络信息安全。四是根据《关于加强分类指导有针对性地做好学生教育管理工作的实施意见》,扎实开展分类指导工作,全校共建立重点关注学生档案 1506 份,占学生总数的 6.79%,基本实现重点关注学生全面覆盖,并结合谈心谈话教育,实现重点学生重点关注。五是制定《应急预案、突发事件处理办法》,要求及时上报信息。发布《关于春季环境卫生整治及预防流行疾病的工作通知》,制定《天津科技大学保险理赔须知》和《参保学生全额垫付医药费报销流程》,五年共为 26014 名学生办理城镇居民基本医疗保险(社会保险)参保手续,为 25432 名本科生办理商业保险参保手续,坚持每年为学校在册学生办理校方责任险及附加险,坚持做好学工系统信息维护和更新,以及时准确掌握学生基本信息。

第八章 办学条件

第一节 办学规模与办学空间

天津科技大学现建有河西、滨海、塘沽三个校区,总占地面积2299.86亩,校舍总面积达到82.98万平方米。学校固定资产总值达到16.6亿元,其中,教学科研仪器设备值达到4.3亿元,信息化设备资产值达到1亿元,图书馆馆藏图书245.05万册。体育场馆和专项训练设施齐全,建有较高水平的校园网;各项生活设施齐备。

天津科技大学设有机械工程学院、电子信息与自动化学院、化工与材料学院、食品工程与生物技术学院、生物工程学院、海洋与环境学院、包装与印刷工程学院、造纸学院、艺术设计学院、经济与管理学院、法政学院、马克思主义教育学院、计算机科学与信息工程学院、理学院、外国语学院、国际学院、应用文理学院、继续教育学院和体育教学部等19个学院(部),本科专业60个。全校本、硕、博全日制在校生26030人,其中本科生22783人,研究生3247人。

第二节 图书资源建设

一、图书概况

天津科技大学图书馆由河西校区图书馆和滨海中校区图书馆、滨海西校区图书馆三部分组成。图书馆馆舍面积3.6万平方米,74个阅览室,阅览座位5800余个。全馆目前藏书245.05万册,生均纸质图书馆藏83册,平均每年生均新增图书3册。每年订阅中外文现期期刊1388种,其中中文期刊1287种,外文期刊101种。

图书馆设有发酵和食品工程学科图书资料中心。食品科学与工程学科纸质中文图书2.6万余册,外文图书5800多册。食品科学与工程学科相关中文期刊

33 种、外文期刊 20 种,其中包括《Journal of Food Science》《Food Chemistry》《Journal of Nutrition》和《Food Additives and Contaminants Pack》等著名期刊。

二、资金支持

"十二五"期间,图书馆经费支持来源主要包括校拨经费、"十二五"综合投资专项资金、中央财政支持地方高校发展专项资金。近五年具体投资如下表所示:

表 8.1 "十二五"图书馆经费投入情况(单位:万元)

年度	校拨经费	"十二五"综投	中央财政资金	总计
2011	538.97	65	0	603.97
2012	482.58	170	300	952.58
2013	545.66	86	127.3	758.96
2014	279.4	345	0	624.4
2015	450.15	362	0	812.15
总计	2296.76	1028	427.3	3752.06

三、基础设施及环境建设

2011 年利用学校专项经费更新了滨海中校区图书馆电子阅览室计算机 90 台。2012 年利用中央财政支持地方高校——天津科技大学数字图书馆建设项目经费,完成两校区图书馆密集书库建设。2013 年完成 20 多万册图书搬迁密集库工作。2013 年完成两校区多媒体共享空间环境改造、设备安装、系统调试和家具配置。2014 年完成扩充数字资源存储服务器 60T,使服务器存储容量达到 100T。

四、资源建设

1.信息化水平明显提升

"十二五"期间,新增各类服务器 3 台、交换机 2 台,存储空间 100TB;更新补充电子阅览、信息检索、书目查询客户端电脑 114 台。2014 年数字资源加工中心已完成项目验收并投入使用。2015 年,已建立食品安全数据库 11 个子库。"食品安全与饮食健康"特色数据库项目已获教委文献中心立项审批。

2014 年利用科大微信平台发布图书馆信息,掌上科大添加图书借阅及查询功能。2015 年引进超星移动图书馆,通过此平台,读者可阅读 144 万种图书、400 多种报纸。

2.数字文献资源不断丰富

"十二五"期间,引进国内外著名数据库:EI、SCI、CPCI、ProQuest、SPRINGER、ELSEVIER(ScienceDirect)、OCLC、SciFinder(CA)、CNKI 中国知网、万方数字资源系统和维普期刊全文库等网络数据库 55 个,图书馆自建"制盐特色数据库"、

"食品安全与饮食健康"等特色数据库 4 个,引进超星移动图书馆等电子图书100
多万种。

3.拓宽资源共享渠道

作为天津高等教育文献信息中心(简称 TALIS)的成员之一,学校图书馆与
天津市其他加盟该中心的 19 个高校图书馆之间长期建立了资源共享的合作平
台,与天津市其他加盟该中心的 19 个高校图书馆以及河北工大图书馆、天津图
书馆、天津市科技信息研究所、天津市医学图书馆等建立了馆际互借关系。校图
书馆作为 CALIS 中心示范馆,承担了中心的 e 读、馆际互借、CCC 外文期刊和虚
拟参考咨询等四个项目,其所实现的功能居天津市各高校之首。

4.信息服务工作取得明显成效

自 2009 年起,图书馆与南开大学教育部科技查新工作站(简称南大查新站)
合作开展科技查新工作, 建立和完善了一整套严格的规章制度和查新工作规
范。"十二五"期间,图书馆提供信息服务情况如下:

表 8.2 "十二五"期间信息服务情况

年度	研究生论文查重(篇)	查收查引(篇)	科技查新(项)	文献传递(篇)	培训讲座(场)	职称论文检测(篇)
2011	98	2242	14	600	7	–
2012	107	1333	23	600	6	–
2013	381	2118	20	429	4	622
2014	1202	1341	33	426	4	595
2015	760	1391	40	495	9	207

第三节 教学、实验设备仪器建设

一、制度建设

"十二五"期间,先后制定了《天津科技大学实验室发展与建设"十二五"规
划》(津科大实设【2011】6 号)、《天津科技大学仪器设备管理办法》(津科大实设
【2012】7 号)、《天津科技大学实验教学示范中心建设管理办法及实施细则》(津
科大实设【2012】11 号)、《实验技术人员能力提升计划》和《优秀实验员评选办
法》(津科大实设【2012】16 号)等文件,出台了《关于加强实验室日常安全管理的
通知》(津科大实设【2012】3 号)、《实验室安全与环境卫生管理办法(修订)》(津
科大发【2015】172 号)、《天津科技大学实验室危险废弃物处置暂行规定》(津科

大发【2015】173 号)、《天津科技大学危险化学品管理实施细则》(津科大发【2015】193 号)等管理条例,修订并颁布了《天津科技大学实验技术岗位岗位设置、岗位职责、上岗资格及考核办法》(津科大发【2015】118 号),《实验室开放基金管理办法》(津科大实设【2012】17 号),制定《天津科技大学大型、精密、贵重仪器设备管理办法》(津科大发【2014】247 号)等管理规定。

二、实验教学平台建设

1.全力争取资金投入,改善实验教学环境

5 年来,学校为改善实验教学环境共投入约 3 亿元资金。其中天津市"十二五"综合投资投入 1.65 亿元,支持了学校 7 个市级重点学科、13 个品牌专业、5 个战略新兴产业相关专业和卓越工程师培养计划以及公共机房、多媒体教室等基础实验教学条件的建设;中央财政支持地方高校发展专项资金投入 1.24 亿元,支持了特色重点学科建设项目、省级重点学科建设项目、教学实验平台建设项目、科研平台和专业能力实践基地建设项目等 35 个基础、教学及科研实验平台项目的建设。

2.加强实验教学示范中心建设,发挥引领示范中心作用

当前,学校已建成国家级实验教学示范中心 2 个、国家级虚拟仿真实验教学中心 1 个、市级实验教学示范中心(含建设单位)14 个、市级虚拟仿真实验教学中心 1 个、校级实验教学示范中心 17 个。

2012 年,学校获批市级实验教学示范中心 1 个(食品科学实验教学中心)、市级实验教学示范中心建设单位 5 个(生物工程实验教学中心、包装工程实验教学中心、制浆造纸工程实验教学中心、机械基础实验教学中心、海洋化工实验教学中心);评出校级实验教学示范中心 12 个。

2013 年,学校国家级实验教学示范中心建设单位食品科学实验中心顺利通过教育部验收,获批市级实验教学示范中心建设单位 4 个(印刷工程实验教学中心、艺术与设计实验教学中心、化工基础实验教学中心、轻工装备实验教学中心),获批市级虚拟仿真实验教学中心 1 个(包装工程虚拟仿真实验教学中心);评出校级实验教学示范中心 4 个。

2014 年,学校生物工程实验教学中心获批国家级实验教学示范中心,电工电子实验教学中心获批市级实验教学示范中心建设单位;评出校级实验教学示范中心 1 个。

2015 年,学校包装工程虚拟仿真实验中心获批国家级虚拟仿真实验教学中心,获批市级实验教学示范中心建设单位 3 个(经济与管理实验教学中心、海洋环境保护技术实验教学中心、物理实验教学中心)。

三、实验技术队伍建设

制定了《天津科技大学实验技术人员能力提升计划》,改善队伍结构,提升整体素质。出台了《天津科技大学实验技术人员培训管理暂行办法》,实施了《天津科技大学优秀实验员评选办法》。修订了实验技术人员考核办法。

四、实验室安全管理

"十二五"期间,出台了《关于加强实验室日常安全管理的通知》(津科大实设【2012】3 号)、《天津科技大学实验室安全与环境卫生管理办法(修订)》(津科大发【2015】172 号)、《天津科技大学实验室危险废弃物处置暂行规定》(津科大发【2015】173 号)、《天津科技大学危险化学品管理实施细则》(津科大发【2015】193 号)等文件,为实验室安全做了制度保障。

五、数字化信息平台建设

2011 年 10 月,学校资产管理数字化平台正式上线启用。研发了实验室资源信息上报与发布系统,实现对实验室信息、设备信息、实验室成果等各项信息的统计及发布。建立了校级实验教学示范中心网站,整合了全校各级示范中心的内容。开发了大学生实验室创新基金管理平台,实现项目全生命周期的网络化管理。引入了试剂药品网上采购平台,实现网络化监管。

第四节 信息化建设

学校基本建成同时具备 IPv4 与 IPv6 接入能力、具有校际联盟无线漫游的安全稳定的校园网基础环境;完成信息化校园的基础支撑平台即统一身份认证、数据共享、信息编码等平台的不断升级完善;建设了协同信息门户、邮件系统、邮件归档系统、移动终端数字化校园平台("掌上科大")、个人信息中心、统一通信平台、校内即时通讯体系等公共基础服务平台;搭建了高校资源联盟共享服务平台,构建了科大微盘、FTP 资源中心、校内点播等各级各类教学资源共享服务体系,并完成学校教务管理系统、人事信息系统、科研信息系统、学生管理系统、研究生管理系统、办公自动化系统、资产管理系统、校友管理系统、网站群管理等系统的建设。

一、主要实践及成果

1.优化网络建设,夯实网络教学基础环境

校园网建设依据"基础先行,长远规划,应用至上,服务为先"的建设思路,"十二五"期间经过多次改造、升级,已建成了覆盖三个校区和部分家属区的,万兆以太网为主干、千兆为主、百兆为辅到桌面的校园基础网络。三个校区共拥有电信、联通、移动、长城宽带等多个网络出口,总带宽达 3.72G,校园网主干链路带宽常态保持 4.6Gb。校园网网络进行 IPv6 接入改造后,实现了校园网用户的 IPv4/IPv6 的双栈接入,实现了 IPv4/IPv6 教学科研资源的使用。

2.大力开展校园信息化应用与服务建设,丰富教学手段、促进教学改革

(1)信息化校园基础支撑平台提升

——优化信息标准:根据学校信息管理系统和信息编码,制定天津科技大学数据标准和信息建设标准体系。

——优化数据共享平台:在全校范围内部署了数据共享的基础环境、标准体系、共享数据交换平台。

——优化统一身份认证平台:统一身份认证管理平台解决了各应用系统用户名和口令不统一的问题,提供了统一的授权机制及一套方便、安全的口令认证方法。

——建设协同信息门户平台:协同信息门户实现了新闻、公告的聚合和发布,具有校内检索、个性化栏目、信息服务、页面定制等功能。同时,协同信息门户在原有信息门户功能基础上,进行了升级改造,为师生提供了一个突破时间、空间限制,以教学、科研活动为主体的网络协同服务平台。

(2)建设了各级各类管理信息系统,实现了学校管理业务的信息化,提高了校务管理的水平和效率。

从"十一五"中后期至"十二五",学校分别进行了大范围的适合学校需求的信息化应用系统的建设与升级,主要包括:数字迎新系统、办公自动化系统、人事信息管理系统、科研信息管理系统、学工管理系统、研究生管理系统、RTX 校信通协助办公系统、网站群管理平台、资产管理系统、校友信息管理系统、校情综合分析系统等。同时把原先针对各部门、各单位的部门级信息化应用集成到校级信息化基础平台上来,实现了真正的资源共享和数据实时交换,为提高学校的教育质量和效率提供了有力的手段,从而不断提高了学校的办学水平和整体竞争力。比较典型的信息系统有:

——"以人为本"的人事系统

人事系统主要包含行政机构、教职工信息、人才招聘、薪资、考核、专业技术职务聘任等管理功能,为教职工的管理与服务工作提供了集中、统一的平台。其中专业技术职务聘任模块,通过在线文档编辑和审核工作流的结合,并融入数据集成和共享的核心思想。实现申报工作的简化、审核流程和形式的无纸化。专业技术职务聘任模块于 2015 年首次试用,总计导入各类考核数据 36134 条、集成同步各类数据 55215 条,共生成 457 个报表,大大简化了填报工作,为专业技

术职务聘任工作的开展提供了高效的信息化平台。

——学工与研工系统全方位助力学生管理工作

学工系统自 2009 年上线后,在"十二五"期间根据实际工作进行了多次定制开发,系统功能已全面覆盖本科生管理工作,尤其是奖学金与荣誉称号评定功能,通过与教务系统集成获取成绩、学籍相关信息实现自动化摘选,并结合申请、三级审核的评定模式进行。学校每年使用系统开展近 30 项奖学金和荣誉称号评定工作,累计产生各类评定结果 45000 多条。

研究生系统满足了研究生在校全生命周期的服务需求。各学院每年通过系统制定培养方案并排课;学生根据培养方案进行选课,生成课表;任课教师通过系统打印名册并录入成绩;系统自动通过学生在校期间各类数据判断答辩资格以及论文上报等功能,大大提升了研究生管理工作的效率和水平。

——不断完善科研系统,支持科研管理,科学研究实时控制科研数据,提高科研能力

科研系统主要功能模块包含项目申请及过程管理、经费到账及拨款管理、各类成果管理、基地管理、人才队伍、学术团体、信息推送、科研业绩考核及统计等功能,全面规范了科研管理流程。其中考核管理提供了业绩考核机制,可自动根据项目、成果、获奖等基础数据核算出教职工及各科研单位在任意时间段的科研工作量,为开展年度考核和聘期考核奠定了数据基础,系统自 2010 年运行以来进行了 7 个批次的考核工作,累计生成考核结果 59107 条。另外,系统可灵活地定制各类统计报表,进行大量的常用信息统计,提升了科研管理效率。

(3)开展教学资源平台建设,丰富和整合各级各类教学资源

建设了高校资源联盟共享服务平台,实现了高校间各类数字资源的共建共享。目前已建设资源 65TB,其中教辅学习考试类 45000 余个、课程视频资源 11000 余个、教辅文档资源 12000 余个、影视资源 15000 余个、音乐资源 25000 余个、软件资源 7000 余个。

(4)不断推出特色应用建设,丰富信息化服务

"十二五"期间,继续开展建设了协同信息门户升级、移动终端数字化校园平台("掌上科大"),个人信息中心、统一通信平台、校内即时通讯体系、邮件归档系统等公共基础平台建设,实现了通过多样化的订制手段和服务模式为全校师生的教学、科研、管理提供便利的信息化管理与服务环境。其中两大亮点成果分别是"掌上科大"和统一通信平台:

——移动终端数字化校园平台—"掌上科大"

"掌上科大"平台在学校已经使用的各种业务系统、协同信息交流平台和信

息服务的基础上,摘选关键和应用广泛的功能模块,研发成移动终端应用。自2013年"掌上科大"投入运行以来,共计被下载安装3万余次,启动13万余次,平均每周用户访问近千余次。

——统一通信平台

统一通信平台集成了学校重要的信息化系统,接收提醒的手段设置有短信、RTX校信通和电子邮件。2013年底上线至今,累计发送短信条数为1173480,RTX消息数为1762490,邮件数为948062。

——微信企业号

微信服务平台于2015年12月21日在学校正式上线,校内师生通过微信即可享受校园新闻和公告的查询推送、校园电话查询、天气预报查询、本科生就业信息推送、本科生成绩查询、课表查询、电视直播观看等多项便捷服务。

——搭建网络舆情系统,制作舆情简报

建设了网络舆情系统,通过关键词设置多个监测方案,从多方面获取与学校和教育行业相关的热点舆情信息,结合系统中的舆情预警功能,将相关热点的、敏感的信息及时推送到相关负责人,从而迅速有效地做出响应决策、控制影响。根据各大网站、微博、微信公众平台上的教育新闻,利用舆情系统对热点信息进行相关分析并每周生成一份舆情简报。

3.不断完善信息化保障体系建设,保证信息化建设可持续性发展

建立了较为完整的信息化校园运维管理体系:配备了专业化的运维人员队伍;建设了IT综合管理服务平台;建立完善了信息系统安全管理体制,预警预测,做好各支撑平台、业务系统及校园网网站的备案与安全准入机制。成立了网络安全与信息化领导小组和应急小组,制定了网站与重要信息系统安全事件应急预案。

第五节　校园规划与建设

"十二五"期间,按照规划、建设、提升的工作基调,学校校园规划基本完成,基本建设稳步推进,河西校区校园改造提升工作进展顺利。目前,共有8个整建制学院坐落于滨海校区,一年级全体新生在滨海校区学习生活,学生总数约16000名,近2000名教职工为滨海校区教学、科研、管理服务;共有8辆校班车、3辆公交车每天在两校区间点对点运行。

一、滨海校区校园规划概述

校园规划自2011年启动以来,经过多次讨论、几轮修改、逐步完善,于2014

年 10 月获得滨海新区政府规划部门批复。中、西校区为规划调整批复,东校区为修建性详细规划批复,文件号分别为"津开建交发【2014】150 号"和"2014 开发规案申字 1004 号",新校区建设已基本具备开工条件。新校区建设通过河西校区土地置换自主实现资金平衡,整体战略东移项目采取"融资、建设、土地收储整理一体化"的合作模式进行。

滨海校区的建设经历了以下主要时间节点:2004 年,滨海校区一期建成并正式投入使用;2006 年,与新区开发开放密切相关的 6 个学院整建制迁入滨海校区;2008 年,市教委与滨海新区联合签署协议;2010 年,在滨海校区一期东侧新征 420 亩办学用地;2013 年,滨海校区一期西侧占地 595 亩的开发区职业技术学院正式并入我校;2014 年、2015 年《政府工作报告》中提出"推进科技大学向滨海新区整体迁移";2016 年,滨海校区二期建设被纳入市发改委本年度重点前期工作项目。

滨海校区规划用地 1888 亩,划分为东区、中区和西区,规划总建筑面积 100.5 万平方米,其中东校区 18.1 万㎡、中校区 51.3 万㎡、西校区 31.1 万㎡。

二、新建工程情况概述

"十二五"期间,学校完成多项新建工程任务,完成新建工程约 21 万平方米,包括滨海校区四期生活区工程、第十二学生公寓工程、逸夫楼工程和"尚德园"教师公寓工程。在建工程为滨海校区综合体育馆 24352 平方米。多项工程被评为"市级文明工地"和工程质量"海河杯"。

1.滨海校区四期学生生活区工程

滨海校区四期学生生活区工程包括研究生宿舍(26046 ㎡)和生活服务用房(2870 ㎡)两个单体,总建筑面积 28916 ㎡,以及内外檐装修工程 12 万余 ㎡、弱电综合布线总计 18 万余米、室外配套、道路、变电站、锅炉房和太阳能设备安装等。该工程于 2011 年 9 月 1 日投入使用,并通过了天津市建筑协会专家组建筑工程"海河杯"主体结构部分的评审。

2.第十二学生公寓建设

2011 年,学校决定建设第十二学生公寓,总建筑面积 12440 ㎡,总投资 3300 万元。学校在最短的时间内完成了该项目的校内立项、招标代理、设计、监理、施工招标及合同签订等工作,最终确定施工总承包单位为天一建设集团有限公司,2011 年 11 月开工建设,12 月底完成桩基施工,2012 年 4 月完成主体施工,8 月 20 日完成整体工程,9 月份新生入住。

3.逸夫楼工程建设

逸夫综合教学楼总建筑面积 21861 平方米,地上 6 层、局部 5 层,施工总承包单位为南通第五建筑工程有限公司。2011年完成了该项目立项,并协助完成了市财政资金争取和投资计划的申请,下达投资计划500万元;2012年8月总包施工单位进场施工;2013年6月完成主体结构封顶;2014年主要完成了消防验收、竣工验收、报告厅和会议室精装修(石膏板吊顶、墙面硬包装、安灯具、铺地板、安防火木门、砖砌舞台、卫生间装修、装窗帘、贴墙面壁纸等),12月完成与后勤集团移交工作。

4."尚德园"教师公寓工程建设

工程总建筑面积145732平方米(地上115191平方米,地下30541平方米),由十三栋高层、两栋公建、一栋幼儿园及地下车库组成。该项目已被列入2011年滨海新区保障性住房计划,成为区域和学校重点工程。2011年11月正式开工建设。2013年6月完成教师公寓基础验收,9月份完成教师公寓主体结构部分验收及两座公建的地基验收,并被评为市级观摩工地,10月份13栋住宅楼均通过了结构海河杯初验收。2015年1月,完成整个工程的消防验收和竣工验收,具备了入住条件;3月,完成了与尚德园因特物业的整个工程的交接工作;4月11日,教师顺利拿钥匙入住。

5.综合体育馆工程建设

总建筑面积24352平方米,建筑层数和建筑高度:主馆1层,高度27.45m;副馆以及风雨操场2层,高度22.8m。主场馆等级为甲级馆,为2017年全运会比赛场馆,建成后将具备举办国际单项体育赛事和国内综合体育赛事标准,并具备大型集会、会展、文艺演出、室内体育课等综合功能,由新区政府和学校共同出资建设,施工总承包单位是天一建设集团有限公司。

6."十二五"期间

学校先后制定完善了"天津科技大学基本建设项目管理规定""天津科技大学基建、维修项目监督管理办法""基建处工作职责""天津科技大学基建手续申报流程图""天津科技大学基建处管理规定及处务公开措施"等规章制度。

三、校园环境提升工程概述

"十二五"期间,天津市全面启动市属高校校园环境提升工程,天津科技大学成为首批启动院校之一。

校园提升工程总占地面积108.80万平方米,总建筑面积57.37万平方米,分为河西、泰达两个校区。围绕整修校园建筑物、改善校园公共设施、打造校园亮点等,坚持科学建设、人性化施工,按照自然、美观、生态化要求,扩大绿化面积,增加植被色彩层次,既保留原校区的文化特色及历史风格,又进行了创造性的提升,充分体现学校的历史文化资源,拓展了学校的空间布局,美化了校园环境。

2011 年为改善各校区的校园环境，移栽并新植花灌木总计 392 株，移栽并新植乔木总计 72 株，新植草坪总计 4900m²，新植花卉总计 5630 株，新植常绿灌木总计 2700 株，新建绿化浇灌给水井 8 座，新增景观灯总计 35 套。

在河西校区，通过 7600 多米的边道侧石铺装、14 栋教学建筑的外延粉刷、10000 平方米的体育场的改造及 11000 平方米的湖面扩建，清理湖水杂草、淤泥，增设喷泉，增加亭台、长廊等基础设施，对国交门前湖区、兴华宝鼎周围、图书馆前广场、学校主干道、八号楼前灯、16 号楼前植物带等区域进行了全面的环境提升改造，同时完成地下管网改造，改变了河西校区"有绿化、欠美化"的现状，形成校园环境"一轴、双环、三园、四景"的整体布局特色。

完成河西校区东西两个湖面水系的扩大、亲水平台和曲桥廊亭、叠水景石的建设和景观照明等内容的安装。新建东侧湖面防腐木桥和钢木结合廊架凉亭各一座。新植花灌木和常绿灌木 33518 株，铺种草坪 3886 平方米，栽植应季花卉 15600 盆。完成河西校区沿参观主干道两侧建筑外檐立面改造和屋面整修工程，完成河西校区主干路石材侧石和人行道铺装。完成河西校区运动场改造项目，完成 1935 平方米篮球场和 1333 平方米的排球场沥青混凝土地面的拆除及恢复工作。对 2009 平方米的网球场进行原面层打磨找平并完成涂刷和场地画线工作。重新铺装小足球场 3635 平方米的人造草坪。

在滨海校区重点打造了 4 部分景观：中轴线（一轴），中心水系（一水），东西两条石材路及两侧绿化（二带），主入口广场、雕塑广场、校训石广场、图书馆前广场（四节点），通过改造，校区整体环境亮点明显。2011 年，学校被评为"全国绿化模范单位"。

第九章 管理工作

第一节 办学体制机制改革

一、开发区职业技术学院并入

天津市开发区职业技术学院与我校毗邻,是天津市人民政府根据国务院授权于 2002 年 4 月批准成立、国家教育部备案的全日制普通高等学校,其前身是天津联合业余大学、天津市企业秘书学院、天津开发区涉外职专和天津开发区中专。学院由天津开发区管委会主管,实行董事会领导下的院长负责制。学院下设电子信息学院、应用技术学院、经贸学院和应用文科学院。学院占地 40 万平方米,校舍建筑面积 14.9 万平方米。

2013 年,原天津开发区职业技术学院并入我校,是天津市高等教育布局中的一件大事,是滨海新区高等教育资源优化整合、提升新区整体高等教育水平和实力的重要举措, 也是有利于两所学校的双赢之举。学校办学用地增加到1887.86 亩。

2011 年,我校党委书记李旭炎、校长曹小红与原开发区职业技术学院主要负责人见面,共同提出并校意向进行协商,并与市教委、开发区进行了充分沟通。市教委主任靳润成、开发区管委会主任何树山听取了我校的工作汇报,表示完全支持并提出具体工作指导意见。

2012 年 11 月 8 日,滨海新区区委副书记、区长宗国英在我校主持召开校园建设发展规划推动会,提出推进开发区职业技术学院并入我校事宜。2012 年 11月 9 日,学校领导班子召开会议,专题研究并入事宜和具体工作推进步骤,决定尽快拿出初步并入方案,与开发区文教局、市教委沟通。11 月 12 日,校党委书记李旭炎向市教委主任靳润成汇报并入工作情况,教委表示支持并同意向市领导汇报。同日,校长曹小红、副校长闫学元与开发区文教局副局长李洪波就并入事宜交换意见。

2012年11月16日，天津市委常委、教育工委书记朱丽萍在市委主持召开开发区职业技术学院并入科技大学工作会议，市教委主任靳润成、开发区管委会主任何树山及我校党委书记李旭炎、校长曹小红等人参加。会议决定成立由市教委、开发区管委会和科技大学组成的并入工作领导小组，具体负责推进并入的各项工作。

2013年1月21日，开发区职业技术学院管理权移交签约仪式在我校举行。市委常委、教育工委书记朱丽萍出席会议并讲话，市教委主任靳润成主持，开发区管委会主任、我校党委书记李旭炎发言。开发区管委会主任何树山、科大校长曹小红代表双方在《关于天津开发区职业技术学院并入天津科技大学的协议》上签字。

并入协议签署后，学校继续坚决贯彻市委市政府要求，站在大局的高度、全局的角度，以实现平稳过渡为目标，以"合作、共赢、发展"为原则，按照《协议》内容认真落实并入的各项具体工作，积极稳妥、逐步推进。学校起草了《并入工作实施方案》，为并入工作提出了统一的工作原则和指导意见。成立了并入工作小组，成员单位包括组织、人事、招生、学生、教务、资产、后勤、财务等部门。并入工作组主动积极开展工作，相继解决了职院接收中职学生3+2连读、梳理职院教职员工人事档案、制定师资培训方案、妥善解决职院师资安排等问题。学校主管人事和教学的校领导多次带队亲赴职院，与职院领导班子及相关部门座谈沟通，通报工作进展情况，听取意见建议反馈。学校人事、招生、学生、后勤、实验室管理处等部门多次走访职院，与职院相关部门密切接触，深入沟通，广泛听取意见，有针对性地推进并入工作。

2013年，党委党委会议决定，学校成立应用文理学院，为适应经济社会发展对应用型人才的需要，充分依托滨海新区的综合优势，设置7个应用型本科专业，作为我校的二级单位和职院平稳过渡的载体，其职责明确，包括负责处理好职院的教学与管理工作和确保职院现有在校高职学生顺利毕业。2013年9月，应用文理学院首批439名本科生入校。

人员分流作为并入后的一项重要工作稳步开展。2013年8月，首批40名基础课教师分流至外语、法政、理学院等学院；2013年底，第二批163名教师及管理干部到新的工作岗位；2015年7月，开发区职业技术学院最后一届高职学生毕业离校，第三批学生管理干部分流完成。至此，原天津开发区职业技术学院并入工作圆满完成。

二、成立研究生院

"十二五"以来，学校研究生招生和培养规模逐年扩大，学位授权点数量迅速增长。同时,在教育部关于提高研究生培养质量、学科建设与地方经济紧密结合以及学校特色建设发展的新形势下,经 2014 年 5 月 23 日第九次学校党委常委会议研究决定成立天津科技大学研究生院,撤销研究生处。2014 年 9 月 19 日召开天津科技大学第二次学位与研究生教育工作会议,正式挂牌成立天津科技大学研究生院。

研究生院内设四个副处级处室:综合办公室、学科建设与学位管理办公室、研究生招生及就业处、研究生培养处。综合办公室下设综合管理科,学科建设与学位管理办公室下设学科建设科,研究生招生及就业处下设招生科,研究生培养处下设教务科和学籍科。

三、专业学院调整

1.成立化工与材料学院、海洋与环境学院和造纸学院

为进一步加强和促进我校化学工程与技术学科的发展、突出传统学科特色、提高本科生和研究生的培养质量、适时冲击一级学科博士点,有必要对该学科的布局进行调整,将化学工程与技术一级学科所覆盖的二级学科点归到一个学院统一管理。

2014 年,启动了化学工程与技术学科调整工作的调研工作。经过一年多的校内外调研和多次组织专家论证,经 2014 年 12 月 30 日校学术委员会第一届第三次全体会议审议,再经 2015 年 4 月 10 日第六次校党委常委会研究决定:成立化工与材料学院、海洋与环境学院、造纸学院,撤销材料科学与化学工程学院、海洋科学与工程学院。2015 年 5 月 21 日,我校在滨海校区逸夫楼报告厅举行了化工与材料学院、海洋与环境学院、造纸学院成立大会。经过调整,化学工程与技术学科下属的所有二级学科均设在新成立的化工与材料学院。

2.成立马克思主义教育学院

马克思主义教育学院成立于 2013 年 5 月,前身可追溯到 1958 年建校初期的政治教研组,此后,先后更名为马列主义教研室、社会科学部。2003 年 5 月成立法政学院,2013 年 5 月成立马克思主义教育学院。

学院现阶段主要面向全校本科生、硕士研究生、博士研究生开设思想政治理论课,同时开设了一系列人文社会科学通识教育选修课程。在积极进行思想政治理论课教学改革、提高教学质量的同时,进行马克思主义理论学科建设并为学校的校园文化建设服务。

第二节 组织机构设置

表 9.1 天津科技大学组织机构及主要负责人情况
(2011.01—2015.12)

序号	机构名称	职务	主要负责人	
1	党委(校长)办公室	主任	2014.04—	王振声
			2009.05—2014.04	马 雷
2	党委组织部	部长	2015.04—	南忠良
			2006.12—2015.04	黄学锋
3	党委党校	校长	2008.05—	李旭炎
			2014.07—	王学魁(常务副校长)
		副校长	2014.07—	朱素萍
			2012.03—2014.07	暴士蕊
			2006.09—2012.03	傅青梅
4	党委宣传部	部长	2008.12—	郑运旺
5	党委统战部	部长	2007.07—	王志智
6	纪委(监察处)	副书记(处长)	2015.04—	黄学锋
			2011.12—2015.04	武立群
			2001.06—2011.12	于天爽
7	机关党委	书记	2014.07—	王学魁
			2011.12—2014.07	张金刚
			2007.04—2011.12	武立群
8	工会(教代会)	主席	2015.05—	张爱华
			2014.11—2015.05	吴天毅(常务副主席)
			2003.10—2014.11	吴天毅
9	团委	书记	2015.11—	席一政
			2009.09—2015.09	张春艳
10	服务滨海新区开发开放工作办公室	主任	2014.07—	杨树峰
			2011.12—2014.04	马 雷
			2009.09—2011.12	关章军
11	校友工作办公室	主任	2007.04—	武立群

续表

序号	机构名称	职务	主要负责人
12	审计处	处长	2015.04— 　赵利军 2009.09—2015.04 　王　旭
13	教务处	处长	2014.09— 　李占勇 2006.05—2014.09 　焦志勇
14	科技处	处长	2014.07— 　姜　涛 2009.09—2014.07 　路福平
15	社会科学处(2013.04成立)	处长	2014.07— 　乔　洁
16	人力资源处	处长	2015.04— 　陈泮成 2004.12—2015.04 　赵利军
17	党委学工部(学生处)、武装部	部(处)长	2011.09— 　芦爱疆 2003.06—2011.09 马　岩 (2009.11兼任武装部部长)
18	学生资助管理中心	主任	2011.03— 　张　波 2007.04—2011.03 　笪远平
19	大学生心理健康教育与咨询中心	主任	2004.09— 　张　莉
20	研究生院(2014.05撤销研究生处、成立研究生院)	院长	2014.07— 　张建国(院长) 2014.07— 　刘忠(常务副院长) 2009.09—2014.07 刘忠(处长)
	党委研究生工作部	部长	2009.09—2014.06 刘忠
21	招生就业指导中心	主任	2014.07— 　黄利强 2014.05—2014.07 黄利强(副主任(主持工作) 2008.12—2014.05 　张国顺
22	财务处	处长	2009.09— 　李福星
23	国际交流处(留学生院、港澳台事务办公室)	处长 (院长、主任)	2008.12— 　吴振军 (2009.11兼任留学生院院长、港澳台事务工作办公室主任)
24	实验室与设备管理处	处长	2009.09— 　李彦启

序号	机构名称	职务	主要负责人	
25	基建处	处长	2009.08—	岳耀清
26	党委保卫部(保卫处)	部(处)长	2009.09—	李忠德
27	离退处(2014.05撤销离退处党总支)	党总支书记	2011.12—2014.05	苏福起
		处长	2015.09—	陈诗滔
			2008.02—2015.09	苏福起
28	发展战略研究室	主任	2008.04—	范丽娟
29	信息化建设与管理办公室	主任	2008.12—	司占军
30	工程训练中心	主任	2014.09—	焦志勇
			2008.02—2014.09	李占勇
31	校办产业发展中心(2014.10撤销校办产业发展中心党总支)	党总支书记	2003.12—2012.11	梁龙江
		主任	2001.06—2012.11	梁龙江
32	继续教育学院(2014.05撤销继续教育学院直属党支部)	直属党支部书记	2007.04—2014.05	刘喜恒
		院长	2007.04—	李纪扣
33	生物工程学院	党委书记	2009.09—	文峰
		院长	2014.07—	王敏
			2009.09—2014.07	肖冬光
34	食品工程与生物技术学院	党委书记	2010.07—	刘雁红
		院长	2013.09—	张民
			2004.09—2013.09	刘安军
35	材料科学与化学工程学院(2015.05撤销)	党委书记	2009.09—2015.05	崔永岩
		院长	2006.09—2015.05	侯庆喜
36	化工与材料学院(2015.05成立)	党委书记	2015.05—	崔永岩(化工与材料学院党委书记)
		院长	2015.05—	唐娜
37	造纸学院(2015.05成立)	党委书记	2015.07—	李建中
		院长	2015.05—	刘忠
38	机械工程学院	党委书记	2015.09—	魏连江
			2009.09—2015.09	南忠良
		院长	2014.10—	张峻霞
			2008.03—2014.09	李占勇

续表

序号	机构名称	职务	主要负责人
39	海洋科学与工程学院 （2015.05 撤销）	党委书记	2014.02—2015.05　唐　娜 2009.09—2014.02　刘文岭
		院长	2014.05—2015.05　邓天龙 2009.09—2014.05　魏　皓
40	海洋与环境学院（2015.05 成立）	党委书记	2015.05—　　　　　张春艳
		院长	2015.05—　　　　　孙　军(聘任)
41	经济与管理学院	党委书记	2009.09—　　　　　杜海燕
		院长	2013.09—　　　　　华　欣 2012.03—2013.09　杜海燕 2010.12—2012.03　朱　磊
42	电子信息与自动化学院	党委书记	2011.09—　　　　　李文福 2009.09—2011.09　芦爱疆
		院长	2014.10—　　　　　王以忠 2002.12—2014.10　杨世凤
43	计算机科学与信息工程学院	党委书记	2014.05—　　　　　张国顺 2009.09—2014.05　苏凤祥
		院长	2015.09—　　　　　杨巨成 2007.04—2015.09　熊聪聪
44	艺术设计学院	党委书记	2015.11—　　　　　张　琲 2008.01—2015.09　李德胜
		院长	2008.03—　　　　　孟　超
45	包装与印刷工程学院	党委书记	2015.09—　　　　　苏福起 2009.09—2015.09　魏连江
		院长	2006.05—　　　　　陈蕴智
46	外国语学院	党委书记	2015.04—　　　　　武立群 2009.09—2015.04　陈泮成
		院长	2014.10—　　　　　潮洛蒙（副院长(主持工作)） 2009.09—2014.10　夏慧言

序号	机构名称	职务	主要负责人	
47	理学院	党委书记	2015.09—	李德胜
			2009.09—2015.09	陈诗滔
		院长	2010.04—	张大克
48	马克思主义教育学院(2013.04成立马克思主义教育学院,2014.05成立马克思主义教育学院法政学院党委)	党委书记	2014.06— 朱新华(马克思主义教育学院法政学院党委书记)	
		院长	2014.06—	朱新华
	法政学院(2014.05撤销法政学院党委)	党委书记	2011.09—2014.06 朱新华(法政学院党委书记)	
		院长	2009.09—	王吉林
49	国际学院	党委书记、院长	2014.01—	熊聪聪
			2009.09—2014.01	张建国
50	应用文理学院(2013.05成立)	党委书记	2014.10—	王 旭
			2013.05—2014.10	潘秀山
		院长	2014.10—	杨世凤
			2013.05—2014.10	王 旭
51	体育部(2014.05成立体育部党总支、撤销体育部直属党支部)	党总支书记	2014.06— 黄津虹(党总支书记)	
			2009.09—2014.06 黄津虹(直属党支部书记)	
		主任	2013.11—	孙玉金
			2010.04—2013.11	刘建军
52	图书馆	党总支书记	2005.05—	张爱丽
		馆长	2013.04—	王昌禄
			2006.05—2013.04	许增朴
53	后勤服务集团(2015.12成立后勤服务集团党委、撤销后勤服务集团党总支)	党委书记	2015.12— 苏凤祥(党委书记)	
			2014.05—2015.12 苏凤祥(党总支书记)	
			2006.05—2014.05 王振声(党总支书记)	
		总经理	2009.11—	李新涛

第三节 制定顶层设计

顶层设计编制工作由校党委直接领导,举全校之力完成。2010年,校党委成立天津科技大学顶层设计工作领导小组,起草《顶层设计编制工作方案》,明确各项规划(计划)的指导思想、编制原则、编制内容、组织领导、进度安排及工作要求,严格把控时间节点,规范组织流程,保证顶层设计编制科学、规范、有序进行。

经领导小组深入调查研究,广泛征求各方意见,多次进行论证讨论,几易其稿,最终完成顶层设计"四规划一计划"(天津科技大学"十二五"教育事业发展规划、天津科技大学中长期教育事业发展规划、天津科技大学学科建设发展规划、天津科技大学校园建设发展规划和天津科技大学强校计划)的编制。

一、指导思想

顶层设计高举中国特色社会主义伟大旗帜,以邓小平理论和"三个代表"重要思想为指导,深入贯彻落实科学发展观,全面贯彻党的教育方针,遵循高等教育发展规律,面向社会需求。坚持以人为本、育人为先,促进每一个学生的全面发展和优秀人才脱颖而出,让师生享受更优质的教育和服务;坚持办学特色、质量立校,提升学科、人才、科研和服务水平,为国家、天津经济社会发展和滨海新区开发开放做出贡献;坚持改革创新、开放办学,建设现代大学制度,拓展中外合作领域,提高学校国际化水平和社会影响力。努力把学校建设成为国内同类高校一流、国际知名的有特色高水平大学。

二、学校定位

总体目标定位:保持和拓展轻工特色与优势,坚持以工为主,工、理、文、经、管、法多学科协调发展。至2020年,把学校建成在国内有较大影响、特色学科领先的多科性教学研究型大学。至2058年,把学校建设成为国内同类高校一流、国际知名的有特色高水平大学。

规模定位:按照"稳本、增研、扩外"的战略,到2020年在校生本研一体达到25000人;到建校100周年本科生与研究生比例基本达到研究教学型大学水平。

类型定位:教学研究型大学。

学科发展定位:以工为主,依托优势学科,实现多学科协调发展。

办学层次定位:以本科教育为主,逐步发展到本科与研究生教育并重,积极发展留学生教育和国际合作教育。

培养目标定位:培养思想道德良好、专业基础扎实、国际视野开阔、具有较强创新创造能力和工程实践能力的行业卓越人才和大批高素质应用型人才。

服务面向定位:立足轻工,服务社会;立足天津,面向全国。

三、战略目标

实施三步走战略:

第一阶段,2011—2015 年(第一个 5 年):落实学校教育事业"十二五"发展规划和"强校计划"第一阶段目标任务,力争完成办学资源的扩展和布局调整,强特色、调结构、填空白、提质量、增实力,为建设在国内有较大影响、特色学科领先的多科性教学研究型大学奠定坚实基础。

第二阶段,2016—2020 年(第二个 5 年):落实"强校计划"第二阶段目标任务,显著提升特色学科专业优势,形成行业精英人才培养、科技创新研发、特色技术服务的品牌效应,把学校建设成为在国内有较大影响、特色学科领先的多科性教学研究型大学。

第三阶段,2021—2058 年(38 年):历经几代人持之以恒的努力,到建校 100 周年时,把学校建设成为国内同类高校一流、国际知名的有特色高水平大学。

四、主要内容

1.天津科技大学教育事业发展"十二五"规划

规划共分为 3 个部分。第一部分总结了学校在"十一五"期间在校区规模、教育教学、学科建设、队伍建设、科研实力、人才培养、体制机制、国际交流等方面的教育改革和发展成就。第二部分指出了"十二五"期间我校面临的形势、发展思路和主要目标。第三部分以图表文相结合的形式明确提出了"十二五"期间需要实现的目标任务及保障措施。

2.天津科技大学中长期教育事业发展规划

规划共分为 5 个部分。第一部分阐述了我校的百年使命、战略目标和战略部署。第二部分提出了学校在中长期发展中在人才培养、科学研究、学科建设、队伍建设、社会服务、合作交流、校园建设七大方面的主要任务。第三部分提出了学校将进行五项体制机制改革,包括建设现代大学制度、改革决策机制、创新运行机制、探索多元办学机制、优化校园建设管理机制的改革。第四部分明确了 9 个重大项目,包括人才培养模式改革工程、科技创新工程、学科建设工程、教师队伍建设工程、服务滨海能力提升工程、教育信息化建设工程、教育国际化建设工程、和谐校园建设工程、学生健康促进工程。第五部分提出了加强组织领导、推进依法治校、保障经费投入、加强学校党的建设、实施与评估五个领导与保障措施。

3.天津科技大学学科建设发展规划

规划共分为四个部分。第一部分回顾了我校 50 多年来的学科建设情况。第二部分指出了我校在学科建设中存在的问题及面临的形势。第三部分明确了未来 10 年学科建设的指导思想、建设目标、战略重点。第四部分提出了未来 10 年学科建设的主要任务及保障措施。

4.天津科技大学校园建设发展规划

规划共分为七个部分。第一部分阐述了规划背景。第二部分介绍了学校的概况和规划范围。第三部分明确了校园规划原则与定位。第四部分提出了规划的总体构思要点。最后三部分设定了学校的建设规模、周期,并对总体投资进行了估算。

5.天津科技大学强校计划

计划共分为 5 个部分。第一部分为总体目标,第二部分为实施步骤,第三部分为 2011—2020 年间的关键指标(10 个),第四部分为 2011—2020 年间的一般指标(20 个),第五部分为实施方案。

第四节　制定《天津科技大学章程》

《天津科技大学章程》(以下简称《章程》)于 2012 年启动制定程序,经学校党委会和天津市高等学校章程核准委员会审议通过后, 于 2015 年 1 月 16 日正式发布。

一、《章程》的主体结构

《章程》除序言部分共分 11 章 76 条。序言部分,阐述学校的历史沿革和主要办学理念;第一章总则,阐述学校的基本情况和根本制度;第二章学校职责、职能,阐述学校的办学活动和基本职能;第三章领导体制,阐述党委和校长的管理机制和主要职责;第四章组织机构,阐述职能处室和学院的基本职能;第五章学术管理,明确学术管理的原则、机构设置和运行机制;第六章民主管理,明确了民主管理的主要形式和职能;第七、八章规定了教职工和学生的权利与义务,第九章至十一章,分别是对学校资产、学校标识、附则这些内容做了明确界定。

二、《章程》的主要特色

多项依据确保章程合法合理、科学规范。按照建立现代大学制度要求,《章程》依据《中华人民共和国教育法》《中华人民共和国高等教育法》《中华人民共和国教师法》《高等学校章程制定暂行办法》《高等学校学术委员会规程》等法律法规,制定有关条款,保证了章程的合法性、合理性、科学性和规范性。

四大重点突出。《章程》重点解决 4 个方面的问题:一是体现学校的主要职能。章程要体现大学的四大职能,即人才培养、科学研究、社会服务和文化传承创新,明确规定学校在四个方面应开展的活动、履行的职能和发挥的作用。二是构建学校内部治理体系。从建立具有中国特色的现代大学制度入手,完善党委领导下的校长负责制,构建"党委领导、校长负责、教授治学、民主管理"的内部治理体系和治理结构。三是彰显学校的办学特色。深入挖掘和凝练学校在办学过程中积淀下来的特色,包括人才培养特色、学科特色以及文化特色,以章程的形式予以明确、固定和传承。四是坚持依法治校和依法治教。学校章程是学校的根本大法,是学校依法办学的依据,要从法律的角度推敲、完善、规范,做到合法、严谨和权威。

两项特色鲜明。在明确重点的基础上,《天津科技大学章程(核准稿)》主要具有两项特色:一是构建了学校内部管理体制机制,合理界定了党委权力、行政权力、学术权力和民主管理权力的权力范围,科学确立了"党委领导下的校长负责制"决策机制,完善了学术委员会的运行机制,明确了教职工参与学校管理的程序制度,形成各方共同参与学校治理的科学体系;二是突出了学校的"轻工"特色,明确了学校以"工学"为主,以"轻工"为优势的学科建设特色和人才培养特色。在服务面上,突出对接行业经济发展和区域经济建设,提出学校人才培养、科学研究服务行业的目标和任务。

第五节　积极探索现代大学的治理

一、党委领导,校长负责

中国共产党天津科技大学委员会(以下简称学校党委)是学校的领导核心,履行党章等规定的各项职责,把握学校发展方向,决定学校重大问题,监督重大决议执行,支持校长依法独立负责地行使职权,保证以人才培养为中心的各项任务完成。党委实行集体领导与个人分工负责相结合,坚持民主集中制,集体讨论决定学校重大问题和重要事项,领导班子成员按照分工履行职责。学校党委全委会在党员代表大会闭会期间领导学校工作,主要对事关学校改革发展稳定和师生员工切身利益及党的建设等全局性重大问题做出决策。党委常委会主持党委日常工作。校长是学校的法定代表人,主持学校日常行政工作。校长办公会议是学校行政议事决策机构。

2013 年,制定了《学校领导班子会议议事规则》,包括《党委全委会议事规则》《党委常委会议议事规则》《校长办公会议议事规则》《书记办公会议议事规则》《党政领导联席会议议事规则》等文件;2014 年制定《党委常委会执行"三重一大"决策制度的实施办法》。2011 年学校共召开党委常委会议 15 次,书记办公会议 11 次,校长办公会议 13 次;2012 年学校共召开党委常委会议 19 次,书记办公会议 10 次,校长办公会议 15 次;2013 年共召开党委常委会议 23 次,书记办公会议 15 次,校长办公会议 17 次;2014 年共召开党委常委会议 22 次,书记办公会议15次,校长办公会议14次;2015年共召开党委常委会议20次,书记办公会议20次,校长办公会议19次。

二、教授治学

"十二五"期间,学校充分发挥学术委员会的作用,积极推进教授治学。2013年9月,成立了天津科技大学第一届学术委员会,下设师资队伍建设、教学指导、学科建设、科学研究、学术道德规范5个专门委员会。在校学术委员会的指导下,各学院分别成立了学术委员会。2014年,校学术委员会根据《教育部高等学校学术委员会规程》的要求,修订了《天津科技大学学术委员会章程(试行)》。

"十二五"期间,校院两级学术委员会累计召开会议200余次,包括项目立项评审、学术资源分配、学术评价与职称晋升、各种学术奖励推荐与评审、学风及学术道德建设等方面内容,在教育教学、学科建设、科学研究、师资队伍建设方面发挥了积极的作用。

三、民主管理

"十二五"期间,学校坚持把学校民主管理工作作为学校民主政治建设的重要内容。

1.加强和深化教代会制度建设

"十二五"期间,坚持校院两级教代会并举,以二级教代会制度建设为重点,不断加强教代会制度建设,使教代会规范化、制度化建设取得了新进展。学习贯彻国家教育部32号令(《学校教职工代表大会规定》),制定《天津科技大学教职工代表大会规定》。每年召开教代会,审议学校年度工作要点、学校年度预算等学校重大事宜。闭会期间,坚持召开执委会,拓展代表发挥作用的领域和形式。与此同时,二级教代会制度建设有了新进展。

2.每年开展群众性提合理化建议活动

坚持把集中提合理化建议与经常性提合理化建议相结合,形成了建议收集、呈送、处理、反馈等一套规范化运作程序。"十二五"期间,教职工累计提出建议1000余条,近20条建议获评天津市教育工会"优秀建议"和"金点子"建议。每年开展一次优秀建议表彰,充分利用《天津科大教工》报对优秀建议和建议采纳情况进行宣传。

3.学生民主管理制度逐步完善

"十二五"期间,校团代会、学生会和研究生会工作持续创新,不断加强校院两级组织融合,建立与学校各职能部门"双向沟通"机制。召开了学校共青团七届二次、三次代表会议和九届二次学生代表会议。学生社团组织蓬勃发展,截至目前学校学生社团已发展至99个,年均开展活动逾千项。

第六节 其他管理工作

一、招生就业

"十二五"期间,紧密围绕学校顶层设计开展工作,坚持"以人为本、服务为先、解放思想、开拓创新"的工作理念和"高效、严谨、务实、创新"的工作作风,严格履行岗位职责,勇于承担社会责任,积极为广大学生服务。学校招生、就业工作水平一直居天津市同类高校前列。"十二五"期间,学校获得"天津市普通高校创新创业教育与就业工作示范校"荣誉称号,一人被评为"2012 年度天津市教育系统'教工先锋岗'先进个人"。

1.重点工作

(1)加强组织领导,严把招生政策

成立天津科技大学招生委员会,严格执行教育部、天津市教委招生政策和艺术类、高水平运动队等特殊类型招生工作要求,严格执行招生计划,并及时准确向社会公布。认真做到上级招生录取工作提出的 26 个"不得"工作要求。严格执行招生录取重大事项集体决策制度,把招生计划编制、招考办法、录取原则、预留计划使用原则、特殊类型考生入选名单、录取结果等重大事项纳入校招生委员会集体决策范围。

(2)完善工作制度,强化信息公开

制订了《天津科技大学艺术类专业考试管理规定》《天津科技大学招生录取工作规定》《天津科技大学招生录取工作程序》《天津科技大学本科特殊类型招生考试程序及考官遴选办法》等一系列文件和规定,确保招生工作有章可循、有据可依。深入落实高校招生阳光工程,向社会和考生公开学校招生政策、招生资格、招生章程、招生计划、考生资格、录取程序、录取结果、咨询及申诉渠道、录取新生复查结果等信息。

(3)做好招生服务和宣传

积极面向全国高中校寄发招生简章、专业介绍等招生宣传资料;加强招生网站建设,与新浪、腾讯等主流网站合作,拓宽网络宣传渠道;运用微博、微信等新媒体技术扩大宣传平台;建设招生宣传手机网站;充分利用报刊、广播等媒体加大宣传力度;组织招生咨询校园开放日活动;派出多组招生咨询小组前往生源较多的省市进行招生咨询,并深入到天津市中学为考生和家长提供现场咨询。

(4)突出规范管理,强化安全制度

学校高度重视考试和录取安全,建立完善了人防物防技防相结合的安全防范体系,及时堵塞管理和技术安全漏洞。改进艺术类报名系统,开发艺术类阅卷评分系统,做好考场监控和作弊防控,细化命题、试题印制和保管规程,完善应急处置工作预案。加强培训,提高工作人员的业务水平和能力。采取必要的安全技术,加强门户网站、网上录取等信息系统和运行网络的安全防护能力。强化信息安全,严防数据泄露和篡改。

(5)重视就业保障体系建设,全员参与

严格落实教育部关于就业创业工作保障要求,构建了"领导高度重视,工作机构健全,队伍结构合理,经费场地到位"的就业保障体系。确立了以"育人"为核心,以"就业率"和"就业质量"为重点,以"就业服务、就业指导和就业管理"为抓手,实现"社会、学校、家长和学生"四方满意的就业工作基本思路。制定并实施了《毕业生就业目标责任制暂行办法》和《研究生就业工作管理办法》的文件内容,建立了本科生、研究生专职就业工作队伍,将毕业生就业率与各学院的专业建设、就业经费等挂钩,帮助学生多渠道就业。

(6)推进就业市场服务的提升,一体多元

学校发挥各类资源优势,在巩固原有招聘平台的基础上,吸引优质企业进校园,加强与企业集团、就业基地、大型人才机构的合作,开展就业市场服务活动。同时,保持并拓展轻工特色与优势,将就业工作与学科专业对口的行业对接、与相关度较高的区域高新区和产业园对接,紧随市场需求变化,布局毕业生就业市场。

充分运用全国大学生就业信息服务一体化系统、学校就业网站、短信平台、信息查询室、远程面试室等构成的就业信息服务系统,并利用微博、微信、手机客户端等媒介实现就业信息传递,实现招聘活动联合联动,为用人单位招聘和毕业生就业提供信息服务。

在巩固传统就业基地的基础上,积极开发天津滨海新区、环渤海地区毕业生就业基地,不断发掘新的就业突破点。目前,已建立本科生就业实习实训基地47个。

(7)强化就业创业课程发展,注重服务

加强就业创业指导课程建设,将《创业基础》课程纳入本科必修课。探索专业教育与创新创业教育的有机融合途径,逐步建立健全创新创业教育课程体系。巩固以课程教育为主,以课外教育为辅,覆盖全校范围的"一重二推三辐射"的就业指导体系。打造"就业指导服务月"、"职业指导师计划"等品牌活动,以系列活动为载体,以学院教育为依托,在校园内营造浓厚的就业氛围,增强毕业生就业紧迫感,帮助广大学生了解就业形势、调整就业预期、掌握就业政策、提升就业能力。

（8）注重创新创业教育深化，多方联动

学校每年按照就业经费10%的比例拨发专项资金，支持各项创新创业活动的开展。占地面积1000余平方米的天津科技大学GENSBOX（玑瑛公社）创新创业服务实践基地，目前已经投入使用，被天津市教委认定为天津市首批众创空间。第一批已有26家创业团队入驻。

（9）实施就业困难帮扶计划，按需服务

深入推进"就业暖心工程"，针对就业困难毕业生进行谈心走访、求职推荐，帮助就业困难生答疑解惑，坚定求职信心。采用理论讲座与实战演练相结合的方式为就业困难毕业生进行体验式教学和就业素质拓展训练。

（10）加强就业创业政策引导，落实到位

学校利用政策解读报告会、年级大会、学生座谈会、就业网站、电子屏幕、海报栏、校园广播等渠道进行基层就业、预征入伍、服务西部等就业相关工作内容及政策的宣传。大力开展"大学生村官""三支一扶""西部计划""研究生支教团"等基层就业项目的宣传与实施。"十二五"期间，学校共有146人参与国家和地方项目就业。

（11）发布就业质量年报

根据教育部相关要求，向社会发布2014年、2015年天津科技大学大学就业质量年度报告，及时回应社会关切、接受社会监督。

2.招生工作成果

"十二五"期间，学校本科招生工作遵照教育部、天津市教委、天津市招生委员会的有关要求，进一步加强规范管理，深入实施高校招生阳光工程，做好招生宣传和服务工作，提高生源质量。

（1）招生计划执行情况

"十二五"期间，随着学校办学条件改善，学校本科招生规模在"十二五"初期有增长，"十二五"末期趋于稳定，年招生规模为6200多人。

表9.2 "十二五"期间招生计划统计表

项目 年份	招生计划	其中：			增长率
		理工类	文史类	艺术类	
2011 年	5255	4230	545	480	—
2012 年	5275	4213	500	562	0.38%
2013 年	6320	5047	684	589	19.81%
2014 年	6295	4935	750	610	−0.39%
2015 年	6245	4814	816	615	−0.79%

学校认真落实国家相关指令性计划,完成支援中西部地区专项招生计划和面向贫困地区专项计划,增加了山西、河南、广西、贵州、云南、甘肃、四川、西藏等省、市、自治区的协作计划和重庆、新疆的贫困专项计划。"十二五"期间,协作计划总量增加 520 人,增幅 62.65%;完成贫困地区专项定向计划,共招收 104 人;完成少数民族预科班、内地西藏班和内地新疆高中班招生,累计招收预科班学生 253 人、内地西藏班 32 人、内地新疆班 100 人。2014 年,学校首次面向西藏自治区招生,招生省份覆盖全国 32 个省、自治区、直辖市。

表 9.3 "十二五"期间国家指令性计划统计表

项目 年份	协作计划数	贫困地区 专项计划	预科班招生数	内地西藏班 招生数	内地新疆班 招生数
2011 年	930	—	45	—	17
2012 年	1000	8	45	2	18
2013 年	1400	26	56	6	21
2014 年	1400	30	48	12	21
2015 年	1450	40	59	12	23

(2)录取基本情况

"十二五"期间,学校新增 13 个本科专业、7 个专业方向和 1 个中外合作办学项目。学校在河北、内蒙古、福建、河南、重庆、海南、西藏、宁夏、新疆、天津 10 个省市省、市、自治区在本科一批录取,在其他省市为本科二批录取,在山东、安徽、山西、河南、陕西、黑龙江等大部分省份的录取最低分超过或接近当地一本线。

表 9.4 "十二五"期间录取一志愿率及生源情况统计表

志愿率 年份	录取一 志愿率	普通类录取一 志愿率	艺术类录取一 志愿率	各省理科录取 最低分超二本 线平均分值	各省文科录取 最低分超二本 线平均分值
2011 年	95.83%	96.07%	93.54%	55.23	52.32
2012 年	98.16%	98.65%	94.51%	60.27	53.39
2013 年	97.39%	97.75%	96.68%	55.33	44.33
2014 年	98.26%	98.79%	96.76%	63.29	52.27
2015 年	97.75%	98.64%	93.67%	67.52	61.55

"十二五"期间累计招收国防生 456 人,招收海南民族班学生 150 人,招收高水平运动员 171 人(其中乒乓球项目 53 人、健美操项目 39 人、龙舟项目 79 人)招收对口支援新疆和田地区定向生 25 人,招收港澳台学生 10 人。

近五年录取新生中,平均男女生比例为 1.13:1;城镇应届生平均占新生总数的 45.82%, 农村应届生占 36.61%, 城镇往届生占 6.43%, 农村往届生占 10.80%。

(3)生源质量

"十二五"期间,生源质量稳步提高。

表 9.5 "十二五"期间录取一志愿率及生源情况统计表

志愿率 / 年份	录取一志愿率	普通类录取一志愿率	艺术类录取一志愿率	各省理科录取最低分超二本线平均分值	各省文科录取最低分超二本线平均分值
2011 年	95.83%	96.07%	93.54%	55.23	52.32
2012 年	98.16%	98.65%	94.51%	60.27	53.39
2013 年	97.39%	97.75%	96.68%	55.33	44.33
2014 年	98.26%	98.79%	96.76%	63.29	52.27
2015 年	97.75%	98.64%	93.67%	67.52	61.55

"十二五"期间,学校在天津市保持了较好的生源质量,录取一志愿率100%。

表 9.6 "十二五"期间在津招生情况统计表

在津招生 / 年份	招生计划			本二 A 录取最低分超二本线分值	
	理工类	文史类	艺术类	理工类	文史类
2011 年	1459	199	40	56	2
2012 年	1402	186	60	69	32
2013 年	1833	258	47	33	46
2014 年	1665	283	56	39	33
2015 年	1703	322	29	49	35

3.就业创业工作成果

"十二五"期间,学校高度重视毕业生就业创业工作,贯彻落实党委书记和校长负总责的就业创业工作"一把手工程";同时,成立了校、院两级毕业生就业创业工作领导小组,积极推进学校就业创业工作开展。

(1)本科生就业工作

"十二五"期间,学校本科毕业生的数量从 2011 年 4114 人,增加到 2015 年 5057 人,增幅 22.9%。毕业生的就业工作连续五年就业率均保持在 90%以上,毕业生需求的供需比例在 1:4 左右。

表 9.7 "十二五"期间毕业生就业情况统计表

年份	毕业生人数(人)	就业率(%)
2011 届	4114	96%
2012 届	4375	96.09%
2013 届	4676	95.6%
2014 届	4942	94.98%
2015 届	5055	91.89%

（2）本科生创业工作

"十二五"期间，积极响应遵循"坚持协同推进，汇聚培养合力"的原则，大力推进创新创业教育。制定了《天津科技大学学生学术科技创新工作实施办法》《天津科技大学关于推进创新创业教育和大学生自主创业工作的实施意见》等制度文件，出台了实施方案（《天津科技大学深化创新创业教育改革的实施方案》）。坚持创新引领创业、创业带动就业，主动适应经济发展新常态，以推进素质教育为主题，以提高人才培养质量为核心，以创新人才培养机制为重点，以完善条件和政策保障为支撑，促进高等教育与科技、经济、社会紧密结合，加快培养富有创新精神、勇于投身实践的创新创业人才队伍。

（3）就业创业教研室建设

组建由专业教师、就业工作小组成员、企业家、创业人士、专家学者组成的教学团队，打造专业化、专家化的教师队伍，较好地完成了"创业基础""大学生就业指导"和"大学生职业生涯发展与规划"等课程的教学任务，实现了就业教育的全程化。

充分发挥校内外导师作用，开展"职场精英挑战赛""简历加油站"等多种形式的活动，提高就业指导的覆盖面和实效性。深入开展个性化的辅导与咨询，开放就业咨询室，帮助毕业生合理确定职业目标，解决毕业生在求职过程中的焦虑、等靠等问题。组织"我的就业之路"征文活动，分享毕业生的就业感受与经历，帮助在校生了解本专业就业方向，树立正确的职业价值观和生涯发展观，提高就业指导工作针对性。

二、财务运行

"十二五"期间学校资金收入、支出大幅增长。在 2011 至 2015 年短短的五年时间里，总收入增长了 70.51%、总支出增长了 63.01%，为学校"十二五"期间各项工作的顺利开展提供了资金保障。

1."十二五"期间学校整体财务运行概况

（1）"十二五"期间学校资金收入概况

"十二五"期间财政拨款总额增长了79.98%，事业收入总额增长了77%，科研事业收入总额增长了41.34%，其他收入总额增长了248%，合计收入总额增长了70.51%。

表9.10 2011年至2015年收入一览表（1）

单位：万元

项目 \ 年度	2011年	2012年	2013年	2014年	2015年
1.财政拨款	34,709	62,201	55,701	65,054	62,471
2.上级补助收入	3,331	1,436	220	628	0
3.事业收入	19,650	21,127	15,685	24,401	34,694
其中:科研事业收入	5,798	8,339	7,419	7,530	8,195
4.其他收入	675	326	1,543	4,273	2,354
合计	58,365	85,090	80,571	94,356	99,519

（2）"十二五"期间学校资金支出概况

"十二五"期间教育事业支出总额增长了75.17%，科研事业支出总额增长了159%，总支出金额增长了63.01%。

表9.11 2011年至2015年支出一览表（2）

单位：万元

项目 \ 年度	2011年	2012年	2013年	2014年	2015年
1.教育事业支出	45,446	48,295	60,646	57,991	55,921
2.科研事业支出	4,122	5,119	9,364	4,234	10,694
3.结转自筹基建	5,826	28,297	13,738	20,263	N/A
4.管理支出	N/A	N/A	N/A	N/A	2,985
5.后勤保障支出	N/A	N/A	N/A	N/A	15,152
6.离退休支出	N/A	N/A	N/A	N/A	5,550
合计	55,394	81,711	83,748	82,488	90,302

注:2015年会计科目改革，支出项目进行重新归类划分，"N/A"标注当年财务报表未统计项目。

2.校发展规划从外部着手积极筹措资金

(1)筹措财政专项资金,助力学校持续发展

"十二五"期间,学校共申请专项资金累计金额 7.7817 亿元。

2011 年申请专项资金累计 9,060 万元:其中中央财政支持地方高校发展专项资金 2,750 万元,家具购置基础设施改造 600 万元,大运会场馆建设专项800 万元,"十二五"综合投资 2,530 万元,校园环境提升专项 1,500 万元等;争取开发区对学校泰达校区前期建设贷款贴息 500 万元。

2012 年申请专项资金累计 10,578 万元:其中中央财政支持地方高校发展专项资金 2,200 万元,"十二五"综合投资 2,624 万元,"十二五"综合投资绩效经费 2,494 万元,教育信息化 900 万元,维修改造专项 1,300 万元等。

2013 年申请专项资金累计 11,897 万元:其中中央财政支持地方高校发展专项资金 2,500 万元,"十二五"综合投资 1,940 万元,"十二五"综合投资绩效经费 889 万元, 高校维修改造专项资金 4,000 万元, 滨海新区体育场馆建设费用 1,000 万元等。

2014 年申请专项资金累计 31,595 万元:其中中央财政支持地方高校发展专项资金 3,000 万元,"十二五"综合投资 1,940 万元,"十二五"综合投资绩效经费 1,019 万元,高校维修专项 3,500 万元,高校体育馆建设 10,000 万元,滨海财政支持体育馆建设专项资金 4,000 万元等。

2015 年申请专项资金累计 14,687 万元:其中中央财政支持地方高校发展专项资金 2,800 万元,"十二五"综合投资 3,535 万元,高校维修专项资金 4,000 万元,高层次人才激励资金 776 万元,科技成果转化奖励资金 674 万元等。

学校连续两年在市属高校中获得专项扶持资金总额第一的佳绩。

(2)核算办学成本提高学费收费标准,增加收入弥补资金不足

2013 年,校四个国际合作办学项目新修订的学费标准全部获得批准认可。中日合作办学由每生每学年 13000 元,提高到每生每学年 22000 元;中澳合作办学由每生每学年 18000 元,提高到每生每学年 25000 元;中美合作办学由每生每学年 18000 元,提高到每生每学年 24000 元;中英项目学费标准定为每生每学年 24000 元。按照当年学校招生计划,全部转为新标准收费后,学校每年增收 1208 万元。学校成为市属高校中唯一一次获批四个中外合作办学学费标准的高校。

2014 年,天津市发改委正式下发学费调整文件,2000 年制定的天津市普通高等院校本科生收费标准得以适度调整。调整后市属高校本科学费调整为:文科类专业(不含外语)每生每年 4400 元,理工外语类每生每年 5400 元,医学类

专业每生每年 5800 元,艺术类专业每生每年分三档分别是 10000 元、12000 元、15000 元。按当年学校招生计划, 全部转为新标准收费后学校每年增加收入约 1000 万余元。

制定硕士研究生、博士研究生、工程硕士等各类别研究生阶段教育的成本测算方案。2014 年起研究生培养收费标准为: 学术性博士研究生每人每年 10000 元, 学术性硕士研究生每人每年 8000 元, 其他类别硕士研究生学费在 10000 元至 13333 元之间。

3.制定学校招投标管理制度,规范学校招标采购行为

"十二五"期间, 设立招投标管理中心专门负责分类指导各职能部门与政采、教采、招标代理等采购机构的沟通和联系;审核各职能部门的采购需求,汇总上报采购计划;出台《天津科技大学招标采购管理暂行办法》。2015 年,学校招投标管理中心累计申报招标计划 668 项, 其中经批复并成功招标的有 546 项, 合同签订金额累计 8,981 万元, 节省资金 804.7 万元, 整体资金节约率达到 8.96%。

4.建立健全各项财务规章制度,为学校财务运行保驾护航

"十二五"期间,学校逐步建立健全财务各项规章制度,组织日常财务收支核算。严格执行各部门预算和各项经费开支标准,并实施会计监督。按照科研经费管理办法的规定对科研项目实行额度控制,严格按科研项目预算支出。

2012 年学校顺利通过国家发改委教育收费检查。"十二五"期间,学校接受税务检查、物价局检查、财政检查等各类检查近百次,没有发生一次重大违规、罚没等处罚。

5.推进财务信息化建设,为学校师生提供多种方式服务

(1)定制对私个人报销模式,实行投递式报账

自 2013 年 11 月 1 日起试行投递式报销。结合学校实际情况量身定制学校投递式报账实施计划,并分期分批,分步骤有计划地推进。

召开试行投递式报销工作布置会,聘请天大天才软件公司设计师介绍投递式报销及网上收费平台的软件功能,培训兼职报销预审员。2014 年,制单笔数达到 8 万张以上,平均每日制单量超 400 笔,人均制单全年过万张。新、旧报销方式过渡平稳。

(2)改变对公支付模式,实行网上银行直接支付

2013 年 12 月,学校与中国建设银行天津和平支行签订《合作开展校园财务系统信息化建设项目协议书》,与建行和平分行一起实施学校财务信息化工程,建行出资人民币叁拾万元用于信息化设备建设。学校经批准开立网银报账专

户,按照用款量随时调拨资金,满足用款需求,减少资金风险。

（3）采用科研管理模式,规范科研项目支出

"十二五"期间,科研事业收入增长了41.34%,科研事业支出增长了159%。收入、支出大幅增长的同时科研项目由过去的十几个、几十个到如今的上百个。2015年,学校推出科研到款网上登记认领制度。所有的科研来款,不分横项、纵项,全部在科研来款系统登记汇款人名称、汇款金额、到款日期、附言摘要等信息。教职工通过登陆校园网财务查询界面随时随地查询来款情况。

学校依托财务科研管理模块,于2016年逐步将财务信息与科研专项信息实现资源共享,届时,可实现基于科研管理部门根据科研到款信息开具分配单并录入相关课题经费可列支预算明细,财务管理部门对接可列支预算明细与具体会计科目的分类分项管理和分科目归集。到2015年底,所有基础性分类及会计科目定义工作已全部完成。

4.变革校园卡管理,加强用卡安全为师生服务

推进校园卡的安全管理建设,采取食堂消费时段限额控制和商店消费输入密码控制两种方式,降低师生丢卡后被盗刷的风险。同时,校外乘车账户实现资金可返还。

2013年,开发区职业技术学院正式并入学校。为节约资金,在不影响师生使用的前提下,采取两校区两卡并用的过渡措施。2015年,完成滨海校区西区（原开发区职业技术学院）校园卡网络布线、设备更新、服务器升级等建设工作,实现泰达西区用餐、图书借阅、计算机上机、商户终端等校园卡全面覆盖,彻底告别双卡并存的时代。

2015年,学校与新中新公司联手打造校园卡手机APP和电脑版的电子支付平台,电子平台第一期于2016年1月1日正式上线。

5.顺利完成开发区职业技术学院财务、资产的合并

2013年8月1日,财务实现实质性并入——财务人员、银行账户统一管理,资金统一调剂使用。急调130万元保证职工工资按时发放,解决并入后原开发区职业技术学院职工8月份工资发放发生困难的问题,保持财务运行平稳有序。

2015年12月7日市财政局批复市教委,同意学校固定资产转移备案,并抄送开发区财政局。2015年底,除土地房产换证外,固定资产转移已经完成（房产地产更名换证,需要履行报件审批手续）。转移后,学校增加固定资产29,376.158万元,其中专用设备1,757.858万元,图书143.732万元,房屋建筑27,474.568万元。

三、审计工作

学校审计工作围绕学校规划任务，遵循内审为学校发展服务的工作方针，解放思想，更新观念，拓宽审计领域，加强审计创新，不断提升审计工作质量和服务水平。

1."十二五"期间审计工作取得的成效

（1）推进专项资金审计工作

学校以考核预算管理与执行为基础，以追踪重点资金流向为主线，以评价资金使用效益为目标，做好专项资金及重大经济事项立项、增项的审批和大额经费支付审签工作。"十二五"期间，累计完成各类项目1394项。

2011年，结合党风廉政建设要求，积极推进审计信息化建设。成功研发了"专项资金管理信息系统"。该系统将专项资金在立项、招标、合同和支付4个环节的管理有机地结合在一起，优化了工作流程。

（2）突出建设项目工程审计

"十二五"期间，学校严把审计质量关，严格按照学校要求，依据相关规定办法，对具备条件的建设项目做到100%审计，对审计过程中发现的问题及时提出审计建议。结合建设项目特征试行"线状"的全过程跟踪审计和"点状"的重点环节跟踪审计模式，坚持审计到位不越位，积极开展审计工作。

2011年，制定了《天津科技大学建设工程项目过程跟踪审计实施办法》，历经近3年时间的不断修订完善，于2013年12月25日形成正式文件（津科大[2013]48号），并先后制定了《天津科技大学委托审计办法》《天津科技大学全过程跟踪审计单位工作职责》《天津科技大学跟踪审计流程图》《天津科技大学校园规划建设指挥部监督层工作职责》等配套文件，以满足学校校园规划建设需求。

2012年，制定《关于泰达校区小型维修工程实施程序及办法》，确定了入围泰达校区小型维修项目施工单位名录。

2012年，制定《建设工程项目过程跟踪审计暂行办法》，对新建、改建、扩建和房屋修缮等工程，包括建筑、装饰、给排水、园林景观灯专业项目进行全过程跟踪审计。"十二五"期间，完成建设工程项目审计251项，累计节约资金达2857万余元。其中，开展基建项目审计13项，节约资金2401万余元；开展修缮项目审计238项，节约资金456万余元。（表1：基建项目审减情况统计表；图1：修缮项目审减情况对比图）

"十二五"期间，累计开展各类预算项目审计63项，审计意见采用率达100%。

表 9.12 基建项目审减情况统计表单位:万元

序号	项目名称	送审金额	审减金额
1	泰达校区地下管网综合改造工程	684.4739	3.9883
2	河西校区运动场改造工程	226.2304	3.5750
3	河西校区 2011 年春植工程	91.8628	19.4073
4	河西校区建筑立面改造工程	212.2937	16.0973
5	河西校区人行便道铺装、更换侧石工程	216.0301	19.3931
6	河西校区轴线景观和湖面水系改造工程	645.3392	28.8035
7	河西校区 2011 年环境提升春植工程(二)	19.6474	3.8724
8	天津科技大学能耗平台设备采购及安装工程	433.3815	14.5129
9	河西校区路面翻修工程	222.7451	46.4326
10	泰达校区四期学生生活区总承包工程	8744.5816	1028.2234
11	泰达校区第十二学生公寓总承包工程	3497.4239	193.8335
12	泰达校区逸夫综合教学楼工程	7590.5632	300.9961
13	天津科技大学教师公寓项目施工总承包工程	41658.5680	721.9918
	合计	64243.1408	2401.1272

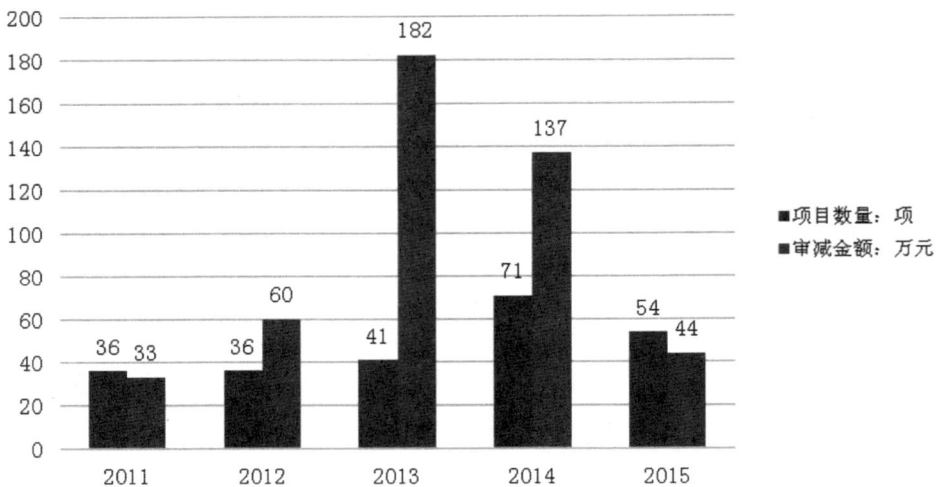

图 10 2011—2015 年修缮项目审减情况对比图

（3）积极开展预算执行审计工作

学校基于"强管理、防风险、促发展"的工作要求，以考核预算管理与执行为基础，以追踪重点资金流向为主线，以评价资金使用效益为目标，做好专项资金及重大经济事项立项、增项的审批和大额经费支付审签工作，确保严格执行预算。

积极推进审计信息化建设，将计算机辅助审计与审计业务相结合。借助"专项资金管理信息系统"，提高审计工作效率.促进设备管理部门对固定资产实施信息化管理，对资产领用、调拨、清理进行实时动态监管等。

"十二五"以来，共开展预算执行审计项目（包括专项资金立项、增项与大额经费支付审签工作）1394 项。2011—2013 年间，制定、修订了《物资采购审计暂行办法》和《天津科技大学固定资产审计实施办法》，并于 2013 正式发布。2014 年，根据校领导分管财务工作和报销业务审批权限的变化，修订了《专项资金及重大经济事项立项申请表》和《大额经费支付审批单》。

（4）完善财务收支审计工作

学校始终把内部控制作为重点进行评价，规范学校经济运行，加强资金和财产物资的管理，积极开展二级学院等单位财务收支审计工作，发挥内部审计职能作用。

审计过程中，审计组全面了解被审计单位内控制度建设、财务运行等情况。通过强化内部控制，堵塞管理漏洞，规范各部门的财务行为，保障各项财务制度在各部门严格执行。已完成财务收支审计项目 7 项，提出了相关审计建议。

2012 年，紧紧围绕学校中心工作和教职工关注的重点、热点问题开展工作。一是在办理学校临时用工与计划外用工补偿金的发放工作中，核实资料、确定补偿标准、计算补偿金额等，共分三次核实临时用工与计划外用工合计 156 人次，审定补偿金额 117.79 万元；二是在迎接 2012 年市级财政支出项目绩效评价工作中，做好"化解高校债务专项资金"、"高校（含高职）家庭经济困难学生资助政策体系"和"市属高校校园环境提升工程"3 个项目的检查；三是在迎接国家发改委对学校的教育收费检查工作中，做好会务准备工作；四是在学校教师公寓配租工作中，做好房屋定价、展板制定等工作。

（5）大力开展经济责任审计工作

修订完善《领导干部经济责任审计实施办法》，建立《天津科技大学经济责任审计联席会议制度》。"十二五"期间，完成经济责任审计 5 项。

工作中以风险为导向，围绕领导干部所在部门（单位）的实际任务和目标，合理确定经济责任审计范围和内容，通过审重点、审热点、审难点，及时揭示在管理发展过程中体制、流程、系统等层面存在的问题和风险，对审计发现的财务管理等方面存在的不规范问题提出审计建议。同时,不断探索经济责任审计与内部控制审计、风险管理审计等相结合的新型审计模式,通过内部控制审计促进各单位完善内部控制体系、形成动态管理,加强对各项业务工作流程监督与风险点控制,强化对领导干部的权力制约监督,通过风险管理审计深化领导干部对现代化管理理念和方式的认识,促进权力正确履行和资源合理利用,杜绝权力失控及滥用现象。

(6)适时开展审计专项调查

围绕学校重点工作和内部管理需求,配合党风廉政建设工作,适时开展专项审计调查工作。在工作中不断探索新方法,切实注重"五个强化"。"十二五"期间,共完成专项调查审计 6 项,提出审计建议 14 条。

(7)以科研促管理,拓展审计新形势

2011 年,共申报课题 5 项、参加论文研讨及征文 14 篇、公开发表 5 篇。首次成功获得国家一级学会中国教育审计学会重点资助课题 1 项——《高等学校内部审计职能研究》。此外,参与的《加强对权力运行的监督,推进高校反腐倡廉建设科学化》的课题获得天津市哲学社会科学研究规划一般项目资助。

2012 年,科研立项 1 项,撰写论文 10 篇,公开发表 9 篇。完成的中国教育审计学会重点研究课题获得学会第四届 2011—2012 年度科研成果一等奖。1 篇论文获得中国内部审计协会理论研究三等奖,1 篇研究报告获天津市优秀调研成果三等奖,3 篇论文分获市级论文评选一、二、三等奖。

2013 年,申报教育审计学会课题 1 项、结题 1 项,参加各级论文研讨 2 篇,撰写论文 3 篇,其中,有 2 篇被会计、审计类核心期刊收录。

2014 年,撰写论文 3 篇,在会计、审计类核心期刊发表 1 篇。1 名同志获得 2011—2013 年度天津市内部审计先进工作者荣誉称号。

2015 年,参加天津市教育审计协会课题申报 2 项,立项 1 项。

2.加强内部审计队伍建设,着力培养业务骨干

通过组织定期培训和业务学习,以及开展审计理论研究等形式,提高内部审计人员的专业素质和业务技能。五年来,先后开展了多渠道、多层次的专业培训和职业资格培训,参加内部审计培训 22 人次、会计后续教育培训 8 人次。

四、安全保卫

学校安全保卫工作积极贯彻落实上级部门、校党政工作部署,以"安全第一,预防为主"为原则,认真开展调查研究,结合学校实际,统筹兼顾,制定实施各项安全保卫工作制度、措施,为师生的工作、学习、生活提供安全有序的校园环境,为学校中心工作和事业发展保驾护航。

1.安全保卫工作基本情况

五年来,学校及时对安全稳定工作领导小组及其办公室予以充实和调整,加强学校安全稳定工作,保障校园的安全稳定,并依托办公室负责学校安稳工作的推动和召开领导小组会议。目前学校分别与"宏阳物业公司""天孚物业公司"签订了滨海校区西校区以及滨海校区中校区、河西校区的校园秩序维护合同,在学校保卫处(部)的指导、监督下,维护各校区治安秩序。目前滨海校区、河西校区共有保安人员171人。

学校高度重视人民防线建设,充分认识到人民防线建设的重要性,及时补充、调整学校国家安全小组成员,充分发挥国家安全小组的职能作用,认真做好国家安全法的宣传教育活动,及时了解师生关注的难点、热点问题等工作,切实维护好学校的政治稳定。

2.推动安全责任制层层落实到位

学校坚持推动落实安全责任制工作,做到"一岗双责,党政同责,守土有责",层层落实责任,层层传导压力,将学校的安全保卫工作做到横向到边,纵向到底。

一是坚持做好学校社会管理综合治理责任书签订工作。在完成学校与市教育工委签订社会管理综合治理责任书的基础上,学校与校内各学院党委、机关党委等部门(19个)签订《天津科技大学社会管理综合治理目标责任书》,签约率100%。同时,指导各学院党委与所属系、实验室等层层签订综合治理责任书,实现综治工作内容具体化、责任制度落实网格化。

二是继续强化安全责任意识,推动消防安全责任的逐级落实和消防安全工作的深入开展。每年初与天津市教育委员会签订《天津市教育委员会年度消防安全责任书》。每年3月前后,校内各中层单位与校长签订《天津科技大学年度消防安全责任书》。部分单位、部门与下属单位签订了消防安全责任书。制定《天津科技大学临时用工治安承包责任书》,与食堂、商铺、超市签订责任书,加强对外来务工人员和底商承租人员的安全监督和管理。

三是做好《关于印发〈天津科技大学治安保卫工作暂行规定〉通知》(津科大[2006]24号)文件的落实,严格明确学校各学院、各职能处室、直属单位的主要负责人为本单位、本部门治安保卫工作第一责任人,并把治安保卫工作纳入日常工作计划。

3.依法建立健全安全保卫工作制度,强化依法治校

制定《天津科技大学治安综合治理条例》《天津科技大学治安综合治理委员会关于实行社会治安综合治理一票否决权制的实施办法》《天津科技大学消防安全管理办法》《天津科技大学关于火灾隐患追究的规定》《天津科技大学治安

保卫工作暂行规定》等保证安全与稳定的规章制度。根据学校大稳定工作要求，于 2011 年制定了《天津科技大学网络舆情处置预案》《天津科技大学交通事故处置预案》等 12 个应急处置预案。自 2014 年 1 月以来，针对滨海校区中校区、西校区师生人数多及施工工程不断增加等实际情况，调整、完善校园各项安全制度 25 项。

4.在不断加强内部各项安全制度建设的同时，重视突发事件预案的建立完善工作

制定《天津科技大学消防应急预案》《天津科技大学突发性人员非正常死亡事件应急预案》《天津科技大学群体性突发事件处置预案》《天津科技大学交通事故处置预案》等预案，分别设立领导工作组和应急工作小组，明确各应急小组职责和处置流程。

5.及时搜集、上报各类校园内渗透破坏活动的情报信息及各类群体性事件和不安定因素苗头，并妥善处置

学校始终坚持"稳定压倒一切"的原则，把维护学校的政治稳定摆在各项工作的首位，及时掌握和上报各种境内外敌对势力、非法宗教势力、民族分裂势力和"法轮功"分子在校园内的渗透破坏活动情况，对可能引发学校不稳定的因素进行定期的排查，并采取多种措施进行防范。

一是加强门卫管理，把好学校第一道防线，做好对进出车辆的盘查。二是做好各校区的校园巡控工作，将检查张贴物、注意可疑人员作为重要工作内容之一列入工作职责。三是利用各校区技术防范监控室，加强对重点部位、要害部位的监控。四是高度重视网络有害信息的危害性、煽动性，加强安全保卫部门、网络监控部门、学校舆情部门的沟通协作。五是做好校园内舆论阵地、师生思想动态的了解掌握等方面的工作，保障学校意识形态领域的平稳和谐。

6.不断加强技防建设，充分发挥技防的优势和作用，增强校园安全防范

"十二五"期间共投入 457.5 万元，加强对各校区的技术防范建设，保证各校区学生公寓、档案室、财务部门等要害部位技术防范设施全覆盖，并结合红外报警等物防设施，构成了以人防为主，技防、物防相结合的校园安全防范体系。

制定《监控室值班管理制度》《监控室值班人员岗位职责》《技防设施日常检查维护制度》等规章制度，要求工作人员认真履行职责，加强对视频监控设备的管理。

7.做好各类安全检查和专项问题、隐患的整改

一是坚持实行岗位日查、周查、月查的安全检查制度。在重要、敏感时期和节假日前，由校领导带领学校治安综合治理小组开展校级安全大检查。对查出

的各类安全隐患(年均达到 100 多件)做好整改工作。特别是天津港"8·12"爆炸事故发生后,对校区开展细致、地毯式的安全检查、问题排查,及时发现、汇总、上报排查出的问题、隐患,开展整改工作。

二是及时发现、解决突出安全问题。学校拨出专款 47 万,用于消防自动报警系统的更新升级, 及时解决原开发区职业技术学院的消防设施设备不尽完善、消防报警存在严重故障等问题。

三是加强与属地执法部门的沟通联系, 加大对校园及校园周边环境的治理。比如,针对 2015 年滨海校区中校区与西校区之间洞庭路上商贩堵门摆摊现象回升的情况,学校联系开发综合执法局、大学城派出所、开发交警大队联合执法,彻底将所有商贩清理离开洞庭路。

8.做好安全保卫工作的宣传教育培训

一是建设学校安全保卫官方网站,在学校微信企业号建立"平安校园"版块和"警民共建和谐校园"微信群。二是利用讲座、海报、横幅等方式向广大师生宣传和传授安全知识。与河西区公安缉毒办等部门联合开展法制宣传进校园活动。每年受教育的师生人次达到 9 千人次。三是加强对保卫工作人员、保安人员、宿管人员、食堂操作人员等专门人员的教育培训,年均达到 1500 人次左右。四是开展消防演习、安全知识竞赛、安全趣味运动会、消防技能大比武等活动,增强师生的安全保卫工作主体意识,群防群治。

9.加强安全保卫工作队伍建设

配齐配强保卫工作队伍,确保安全保卫工作人员在年龄结构、文化层次等方面的均衡。加强政治理论学习,不断提高安全保卫工作人员整体的思想觉悟、服务意识和热情。注重对业务知识的学习、更新,强化安全保卫工作人员业务知识、法律知识的学习和补充。

五、离退休服务

"十二五"期间,学校离退休管理工作按照学校顶层设计"进一步加强关工委工作,完善离退休党组织建设,不断深化对老同志的服务"的要求,离退处认真履行职责,努力做好管理与服务工作。

1.离退休党建工作谱写了新的篇章

一是制定并落实离退休老领导阅读文件制度。二是组织学校领导参加的情况通报会。传达全国"两会"精神及学校"顶层设计"和年度重点工作。三是定期组织党总支委员和党支部书记参加的工作例会, 通报学校和离退处的工作情况。四是以学校评选表彰"五好"党支部活动为契机,加强离退休工作队伍建设。五是组织先进基层党组织、优秀共产党员的评选工作,杨淑蕙等优秀共产党员受到表彰。六是结合离退休老同志实际,开展主题教育活动。组织所属 10 个支部的离退休教工党员观看了《十八大报告》《光辉的历程》及《杨善洲》等。七是组织 130 多位离退休党员参加"学习十八大精神知识竞答"活动。

2.离退休管理与服务工作开创了新的局面

一是起草并完成《关于进一步加强和改进离退休工作的意见》,对近 900 名退休职工的信息进行完善。筹备召开学校离退休二级管理工作会议。完成与二级单位退休教职工接转工作。举办二级单位退休管理服务工作人员业务培训。二是对离退处工作人员的岗位职责进行调整,加强老干部工作部门自身建设。三是认真做好走访慰问、送温暖活动。四是热情接待离退休老同志,认真处理老同志来信来访。听取老同志的意见和建议,印制《离退处便民服务卡》。五是认真组织离退休老同志的健康体检工作。

3.离退休职工共享改革开放的成果

组织离退休教工党员参观北京国家博物馆《复兴之路》展览。组织 200 余名离退休老同志先后参观塘沽外滩公园及塘沽博物馆、天津中新生态城、中新药业集团、云杉镇、北京卢沟桥和抗战胜利纪念馆和《航空航天展》。

4.离退休活动阵地建设成绩斐然

"十二五"期间,重新配置了声乐室、书画室、棋牌室、台球室、乒乓球室,并添置了卡拉 OK 点唱机等设施。开办老年书画班,聘请书法、绘画的专业老师授课,免费向本校离退休老同志开放。在河西和塘沽两个校区分别组织了"老年趣味运动会"和钓鱼、台球、象棋等单项比赛。

2012 年,离退处与校宣传部、艺术学院楹联学会共同举办了大型书画作品展和"联墨飘香喜迎十八大"主题活动,天津电视台、《今晚报》《每日新报》《天津教育报》等多家媒体报道。11 月 7 日《人民日报》头版头条显著篇幅又对此次活动予以报道。

5.创建"五好"关工委,为学校发展做贡献

一是加强组织建设。二是发挥骨干作用。三是围绕"立德树人"根本任务,开展老同志与青年学生共谈中国梦活动。邀请天津市延安精神研究会常务理事、天津师范大学关工委副主任王辅成老师及天津财经大学刘晓武教授、学校关工委宣讲团成员何畏教授做专题讲座。四是深入开展"青蓝工程",组织开展老同志关爱困难学生、学生志愿者关爱空巢老人互助活动。

六、校友工作

"十二五"以来,学校校友工作在校党政领导下,紧密围绕学校中心工作,以强化全员校友工作意识、建立健全校友联络机制、积极发展壮大校友联谊组织

为重点,积极搭建校友联络平台,创新校友联络方式,深化校友与母校的感情,凝心聚智,发挥校友在学校办学中的作用。

1.以扩建校友会为基础,组织建立健全校友联络机制

在 2013 年建校 55 周年之际,学校筹备成立了天津科技大学校友总会,已有北京、山西、河北、福建、广西、上海、海南、广东、北美、湖南、湖北等地方校友会相继成立,云南、贵州、辽宁、陕西等地校友会也在积极筹备推进中。各地校友会在不断扩大校友联络、创新联谊方式的同时,加强与母校的联系与合作。

学校在各学院陆续建立校友工作机构,初步形成校友工作分级负责、全员动员参与的局面。创建毕业生联络员制度,在 2013 届毕业生中全面试行。在每个应届毕业班级中聘请一位联络员,每个学院聘请一位年级联系人,2013 年至 2015 年三年来共聘任联络员 667 人,建立网上联络群,始终保持联络员与学校的联系。

2.以多媒体为纽带,营造积极、向心的校友文化氛围

2011 年初,学校新版校友工作网站和校友信息系统投入使用,并在校报开辟专栏,宣传报道校友事迹和校友活动。2013 年,创建"校友电子报",已制作了 6 期。运用信息化手段做好日常校友联络工作。

3.以活动为载体,实现服务创新与合作共赢

通过校庆、校友值年聚会、"校友论坛"、校友座谈等活动,发挥优秀校友榜样力量的教育作用,激发师生爱校、感恩情怀。栾建章、梁曦、郭宝荣、张陈慧、贾伟等数十位优秀校友都应邀来校与师生座谈。

举办校友企业母校招聘会暨校友企业家联谊会,为校友招聘毕业生牵线搭桥。如山西校友会与学校开展全面校企合作等。

学校热情接待各地来访或毕业值年集体回到母校聚会的校友,在会议、参观、交通、食宿等方面提供方便和服务。近年来,校友回学校聚会的班级逐年增加。

第十章 社会服务

　　"十二五"期间,学校充分发挥学科优势、区位优势和资源优势,深化产学研合作,推动科技成果转化,以科研带动学科发展,以科研带动就业,发挥了教育服务社会的作用。学校积极探索服务模式,成立了服务滨海新区开发开放工作办公室。校办产业在科技成果转化与产业化、企业管理等多方位开展服务,以服务求支持, 协助提升了学校的育人水平和社会服务能力, 为地方经济建设增添了力量。学校自 2013 年 8 月开始,选派驻村工作组在帮助困难村经济发展方面有了一定的进展。志愿服务工作依托地校共建的区域优势,深入到企业、机关、学校、医院、社区,开展多种形式的志愿服务活动,将志愿服务打造成了科大新的名片。

第一节　服务创新工作

　　"十二五"期间,学校深化产学研结合,推动科技成果转化,密切与地方、企业的合作,为区域发展和产业创新提供了有力支持。发挥综合学科优势,积极开展前瞻性、战略性、政策性研究和技术咨询,解决了一批事关经济社会发展和国家安全的关键问题。

一、校地合作进一步深化

　　"十二五"期间,明确了学校在国家创新体系中的定位,通过多种方式进一步拓宽和深化产学研用合作,加强与企业界的合作与互动,推进科技成果与社会经济发展对接,探索重大科技成果产业化的途径。学校先后与河北、青海、江西、海南、云南、内蒙古、福建、山西等 15 个省、自治区建立了紧密的科技合作关系。除此之外,学校还重视与天津市各区县和高新区的紧密合作,先后与武清、津南、蓟县、宝坻、滨海新区等 7 个区县签署了科技全面合作战略协议。在服务社会发展和地域经济建设方面,学校食品安全、农产品储藏与加工技术等团队与农业部农产品加工局、"丰景网"紧密合作,通过"全国农产品加工科技创新与推广活动暨农产品加工技术成果交易会"服务山东、河南、新疆、河北等农产品产业发展。"食品安全快速检测技术"研究团队先后为甘肃省食品药品监督管理局、广西壮族自治区食品药品监督管理局开展技术培训;联合甘肃省甘南藏族自治州临潭县(甘肃陇华科技发展有限公司)、宁夏同心县(宁夏同心县和宁夏润德生物科技有限责任公司)开发当地野生燕麦、枸杞等地方资源,协助当地藏族回族等少数民族群众精准扶贫工作;盐田设计开发技术团队进军西藏,为西藏地区盐湖化学资源开发利用奠定了基础。面制品加工、有机酸产业、淀粉酶和酵母等关键技术在江苏、山东、河南、湖北等省份已经实现产业化,带来了显著的经济效益和社会影响。

二、科技成果转化成效明显

"十二五"期间,学校充分利用滨海新区开发开放的政策优势,以传统优势学科的科研成果为依托,通过"科研立足滨海,科技服务天津,项目辐射全国"的发展模式,结合京津冀一体化进程,开展了系列的科技成果转化工作。利用学校生物和食品工程技术领域学科优势和各类平台的设备优势,积极与全国相关行业企业进行联系,对全国几个产业集中区域进行了重点的技术投放和辐射。分别在河北省石家庄和衡水市、福建省漳州市、广东省佛山市、安徽省界首市、山东省济宁市和滨海新区分别进行了多场食品生物技术领域的项目和产品发布会,帮助企业解决实际生产问题,联合企业开发共性技术和产品线、策划新产品、培训人员、共建企业实验室。针对行业相关企业开展从产品策划、研发、技术升级和设备改造、产品销售到推广等系列服务。同时,针对学校水处理等环保领域技术邀请专家进行整理和整合,其中包括模块化农村污水处理技术、移动式污水处理车、海洋生态污染修复技术、工厂污水处理技术等进行整合,形成了一整套包括生活污水、工业废水、湖泊河流净化、海洋生态修复等在内的环保技术和一支专家团队,在美丽乡村建设和滨海"8.12"事故善后处理等多领域展开技术服务,取得了良好的经济效益和社会效益。

三、咨询服务进一步拓展

"十二五"期间,学校支持一批有影响的政策研究机构、专家以及有关项目,加强与政府部门及其他政策研究机构的合作,紧密结合天津发展战略中的重大需求,以项目为载体,开展有针对性的创新研究和决策咨询服务,积极发挥思想库和智囊团作用,为企业及政府相关部门提供政策建议、决策咨询50余人次,一批政策建议获得市领导批示被政府采纳,部分建议被企业采纳,取得了良好的社会效应;部分专家学者的研究成果获得天津市社科优秀成果奖励;发挥专家作用,开展社会科学知识普及和文化艺术成果传播活动,累计受众人员近万人,社会反响良好；累计向校内发布企业技术需求1000余项，对外发布校内成果400余条，在全国各地举办项目成果发布会、新产品发布会、技术对接会80余场，在校内举办成果发布会16场，吸引企业到校开展产学研对接活动300余人次，为企事业单位科学研究和技术提升发展提供了良好的技术支持。

四、社会服务基地建设成效显著

针对我国科技发展现状及国际发展趋势，充分利用天津的地缘优势及滨海新区开发开放的政策优势，以"食品""生物""海洋""化工""机械""包装""艺术"等传统特色专业为技术依托，重点建设科研平台、工程化平台、产学研合作平台、成果数据信息平台、科技资源共享平台、人才创新创业平台等服务平台。建设了天津科技大学科技转化淮安分中心、津南分中心、德州分中心及天津科技大学津南产业技术研究院、涿州农产品加工产业研究院、（武清）新农村发展研究院等一批社会公共服务机构，取得了良好的社会效益。同时，针对国家和区域经济社会发展的重大战略、重大政策、重大项目和重大工程，"十二五"期间，学校紧紧抓住京津冀协同发展的重大机遇，推动京津冀地区产学研合作，服务京津冀一体化发展，搭建产学研合作平台，加入"京津冀产学研联盟"，在校内建设了"天津市食品生物技术创新公共服务平台"和"滨海新区食品生物技术创新平台"。围绕学校的学科优势，通过平台及其内部设备的开放服务滨海新区乃至全市的食品生物企业，使平台成为学术创新高地、高水平创新人才培养基地，提升天津市食品产业持续创新活力，实现食品加工关键技术重大突破，推动技术成果转化，促进产业升级，增强核心竞争力。

五、科技帮扶工作成效突出

学校紧紧围绕"天津市高校科技创新工程实施意见"要求，构建"政策、项目、平台、人才"四位一体的科技创新体系，派驻了100余名特派员帮助企业转型升级，建设了多套乡村生活污水处理设施，从科技帮扶的角度更好地服务于天津市经济社会发展；协助近100家企业完成中小企业认定和高新技术企业认定，并为近50家天津市科技小巨人企业提供技术咨询和技术服务。

六、双创服务初见成效

学校通过促进高校科技创新和成果转化，培育高水平、高层次、高素质的创业团队和具有核心创新能力的高成长性战略性新兴产业源头，提出了"营造创新创业氛围、弘扬创新创业文化、提升创新创业水平、促进科技金融融合"的概念，引入创新创业一条龙的服务理念。通过一站式服务积极协助教师进行企业注册、场地选址、科技型中小企业认定、高企认定、投融资服务等延伸服务工作，取得了良好的效果：我校师生现已领军创办企业十余家，全部完成科技型中小企业认定。多方位拓宽学生创新创业渠道,结合产业转型升级,开发更多适合高校学生创业的项目,深挖学校目前现有的科技成果和知识产权,充分调动学生的创业激情,结合学校学科建设特点,着力发展研发设计、现代物流、融资租赁、检验检测等生产性服务业,同时加快发展各类生活性服务类项目的二次开发,拓展新领域,发展新业态,不断提升学生创新创业水平。采取"教师指导—学生开发—学校路演—创业大赛—推向市场"的运作模式,取得了初步效果。

第二节 服务滨海社区工作

"十二五"期间,学校实施整体融入滨海、服务滨海战略。成立了服务滨海新区开发开放工作办公室。进一步加强与滨海新区政府、各委办局、开发区管委会及新区企业的深度交流与合作,继续探索高层次人才培养、产学研合作创新模式,推进学校融入滨海、服务滨海进程。与滨海新区在学科链、产业链、人才链的有效对接提供良好的环境。

一、畅通渠道,打好服务滨海的基础

五年来,学校深入推进与滨海新区的融合。教师公寓"尚德园"门牌号申请批准为"天津开发区海云街9号"。在此基础上,学校经过与开发区公安分局多次沟通,在市公安局人口管理总队和开发区公安分局大力支持下解决了"尚德园"教职员工及子女落户问题,"尚德园"教职员工及子女最终按商品房一样的政策成功落户新区;协调解决了租住在教师公寓"尚德园"和校内两栋公寓的教职工子女2014至2015年在开发区国际小学入学事宜,解决了教工后顾之忧。创办工作简报,搭建校区沟通桥梁。编印"服务滨海工作简报",定期向滨海新区政府及开发区管委会相关企事业单位汇总学校服务滨海的各项成果、成绩等工作。

二、深度融合,突出服务滨海的诚意

五年来,学校积极探索整合学校优势资源,创新高等教育办在区域、依靠区域、服务区域的模式:一是推进学科对接。整合学校的优势重点学科,以食品、生物、化工、海洋等学科为重点,在学科链上与开发区和滨海新区进行对接。二是推进人才对接。了解开发区和滨海新区对人才需求的标准,探索人才培养模式,进行人才链与新区有效对接,充分发挥学校人力资源优势,为滨海新区开发开放提供人才需求服务。三是推进院企对接。学校电子信息与自动化学院、机械工程学院、生物工程学院、化工与材料学院、理学院、应用文理学院分别与泰达中小企业园等园区和企业进行校企合作对接,为食品学院与开发区招商局和开发区国有资产经营公司台湾办事处对接食品企业和科研机构。四是推进爱滨海游滨海工作。组织学校师生 400 余人参观滨海新区规划展览馆、中心商务区于家堡投资服务中心、"津京互联"科技创业主题活动中心、康师傅饮品印象馆、天津国际生物医药联合研究院、空港经济区、北大创业训练营天津基地、空港文化中心,考察海鸥手表厂、空客 A320 总装天津公司等。

三、积极参与,深化服务滨海的举措

一是加强志愿服务滨海新区工作。先后派出 374 名志愿者协助开发区管委会开展建区 30 周年系列活动,志愿服务岗位包括饮水、医疗、裁判、起点、终点、沿途、礼仪。组织学生 1837 人次协助开发区管委会建交局处理天津港"8.12"瑞海公司危险品仓库特别重大火灾爆炸事故善后工作。二是积极参加"泰达杯"创意设计大赛。学校组织师生近 500 人积极参加开发区"泰达杯"创意设计大赛,并最终获得优秀组织奖,同时获产品设计类、视觉设计类、数字动漫类金奖 1 项、银奖 3 项、铜奖 4 项及台湾国际学生创意设计大赛和澳门设计双年展入围奖 7 项。此次大赛获奖作品还将有机会被选送参加金点概念设计奖,大赛与世界创意最知名奖项"红点奖"直通。三是协助开发区做好结对帮扶困难村对接工作。组织学校相关教师与开发区结对帮扶蓟县困难村工作组进行对接,帮助开发区帮扶工作组对蓟县孟各庄、东小李庄和中峪的白灵菇项目的深加工及下脚料和废料的回收再利用提出合理化的意见和建议,同时提供了技术和人才资源支持。

第三节　校办产业发展工作

学校始终把校办产业作为学校工作的重要组成部分和学校服务社会的重要窗口、培养人才的重要场所、科技成果转化的主要阵地。

"十二五"期间,校办产业遵循国家和上级关于发展校办产业的有关政策,坚持服务教育、服务社会的宗旨,通过生产经营、教学实习、科技服务、科技成果转化与产业化、企业管理等多种方式、多方位开展服务,以服务求支持,协助提升了学校的育人水平和社会服务能力,为地方经济建设增添了力量。截至"十二五"末,学校共有 3 个独立投资的国有企业和两个职能部门,分别是天津科技大学塑料厂、天津科技大学机工厂、天津科技大学印刷厂及天津科技大学科技开发部和校办产业发展中心;有固定资产近两千万元,在职事业编人员 17 人(不含职能处室人员)。

一、拓展生产经营渠道服务社会

校办企业作为学校对外生产和经营的窗口，直接面向国民经济主战场，积极参与国民经济建设。截至"十二五"末，校办企业累计完成经营收入5223万元，为国家纳税900万元，为社会提供40多个劳动就业岗位，校办企业总体保持平稳运行。

表10.1　企业经营收入和人员数量情况表

时期	累计经营收入(万元)	企业总人数(在职事业编)
"十一五"末	9450.38	36
"十二五"末	5223.21	17

二、发挥实习基地功能，服务教学实习

学校重视发挥校办企业教学实习基地功能，做好教学、科研、实践的有机结合和相互配合。学校机工厂除开展正常的生产经营活动外，主要为教育教学提供实习服务。在学校的支持下，金工实习走向正规。

"十二五"期间，金工实习规模由2010年均接纳校内学生实习人数1500人，累计171840人、次、时的教学任务发展到2015年均接纳2205人次，累计206520人、时、数的金工教学实习任务，增加了47%，促进了学校整体发展，支持了教育教学工作。天津科技大学机工厂被评为"2013年天津科技大学'五比双创'工人先锋号先进集体"。

三、利用科技优势服务社会

学校科技开发部作为学校对外技术服务的窗口，从服务区域经济社会发展需求出发，通过积极承揽多项科技项目，主动服务国家和行业区域社会经济建设，为促进行业区域经济发展做出了积极贡献，社会服务能力日益增强。

到"十二五"末，科技开发部共签订横向项目21项，合同金额1503万元，项目完成率100%。经科技开发部签订的各类技术合同没有发生一起纠纷，为地方经济建设提供了有力的科技支撑。

四、推进服务平台建设，服务科研

学校校办产业牢记服务宗旨，积极主动为教学科研提供服务平台。以科技开发部科技成果转化平台为载体，为教师的科研活动提供咨询服务、查询服务和办理到款科研经费的后勤服务平台，提升服务能力。

2011年、2012年，为相关学院教师19项科研项目的实施提供服务。制定《校办产业发展中心横向科研项目管理条例》和《科技开发部横向科研项目经费管理及使用办法》等管理制度，明确了相关规定和操作程序。2013年，为学校科技处与天津绿博特环保设备制造股份公司共建科技创新中心牵线搭桥,签署"建立天津绿博特环保设备制造股份公司技术中心"产学研合作协议书,为校企之间开展科研互动创造条件搭建产学研合作平台。

五、规范管理校办企业,促校办产业健康发展

进一步规范管理企业用工行为。2011 年,为规避企业用工风险,从法律和企业用工不同层面督促企业指定专人外出学习,理顺和规范企业各类就业人员的劳动关系,保持了企业的和谐稳定。

加强企业目标管理。2012 年 4 月,针对印刷厂 2 名教工薪资待遇发放变更的情况,规范管理校办企业,做了如下工作:一是对印刷厂实行目标管理,签定目标管理书,明确企业人员责任和义务,并由相关部门负责考核目标任务完成情况。二是加强对企业财务管理。对企业各项经营性资产做好登记建账,掌握使用情况,并完善相关审批程序。三是制定了《印刷厂负责人岗位职责》《天津科技大学印刷厂年度生产经营管理任务书》《天津科技大学印刷厂资金、物资管理与使用办法》相关管理制度,确保国有资产的保值增值。

规范管理投资企业及股权。"十二五"期间,向学校参股的天津峰景光电科技有限公司委派股东代表参加董事会、监事会,了解、掌握、监督国有资产运行情况,确保国有资产的保值增值。2014 年,参与了协调解决天津峰景光电科技有限公司经理张宝龙退股撤资辞职等变更问题,监督天津峰景光电科技有限公司办理完成股权变更的相关手续,协助张宝龙做好清算工作,维护了学校的最大利益,避免了经济和法律风险。

重视企业管理人员队伍建设。2014 年,经过两次有组织、有程序的企业负责人换届调整,完成了塑料厂和机工厂负责人换届工作,积极稳妥地推进企业法人换届工作,保证了两企业新旧交替的平稳过渡和运行。

注销两家久不经营和不盈利的企业。2014 年依法完成天津市方润生物技术有限公司和天津市天轻食品发酵开发公司两企业注销。

六、落实安全生产责任,维护学校安全稳定

"十二五"期间,校办产业未发生重大安全生产事故,保证了生产教学工作的正常开展,维护了学校的安全稳定。

第四节　驻村帮扶工作

按照天津市委、市政府关于结对帮扶困难村工作的部署,学校自 2013 年 8 月开始,选派驻村工作组赴宝坻区口东街道老庄子村、鲁文庄村和西庄村开展帮扶工作。两年来,学校制定、完善本单位帮扶工作规划和年度计划,积极指导、督促、支持驻村工作组开展帮扶工作,不断推动"六项"帮扶任务的落实。在实现困难村经济发展、促进农民增收致富等方面实施了一系列帮扶举措。

一、落实工作责任,充分发挥"后盾"作用

1.校党委对帮扶工作高度重视

全市结对帮扶困难村、联系社区工作会议召开后,按照市委要求,成立了由校党委书记李旭炎任组长、纪委书记张爱华任副组长的领导小组,领导小组办公室设在校党委组织部并不断建立健全协调协作机制。

经校党委研究,选派了6位党性强、素质高、能力强、作风正的干部组成帮扶工作组。按照市委要求,6位同志分为2个工作组,组长分别由食品学院副院长、后勤服务集团副总经理担任。校党委认真贯彻《天津市结对帮扶困难村驻村干部管理办法(试行)》(津党组发[2013]16号)和《关于认真做好驻村帮扶有关工作的通知》(津党组通[2013]40号)精神,研究制定了驻村干部派驻期间的工作和生活待遇等相关措施。

2.学校关心、支持帮扶工作

自2013年8月份布置结对帮扶工作伊始,学校就将帮扶工作作为一项重要工作来抓。指导帮扶组准确、合理地制定四年帮扶规划以及年度帮扶计划,积极制定各项帮扶政策。党委书记李旭炎、副校长闫学元、纪委书记张爱华等校领导先后多次来到困难村——口东街道进行调研、走访、慰问,了解帮扶进展,听取驻村干部的工作汇报。校领导多次要求学校相关的学院、部门要全面给予帮扶组以支持,切实发挥好学校的"后盾"作用。

二、加强农村基层组织建设

1.学校领导在听取工作组工作汇报时,多次专门听取困难村的基层组织建设情况,指导帮扶组要协助口东街道党政健全三个村的"两委"班子

同时要求帮扶组注重对村级后备干部的发现、培养和使用,按照"双高双强"的标准,在适宜的时机积极推荐农村优秀带头人。校领导在调研、走访困难村时,多次与村"两委"班子就基层组织建设交流意见。2014年暑假,学校派出学生暑期社会实践团赴老庄子村、鲁文庄村进行暑期社会实践,内容之一就是农村基层组织建设与学生党团组织建设探讨。

2.指导帮助村党组织严格落实各项组织制度

两年来,所帮扶的三个村在学校的指导下,在帮扶组的带领下,积极加强党风廉政建设,强化村干部的教育管理和监督,对照《农村基层干部廉洁履行职责若干规定(试行)》进一步规范村干部权力运行,没有发生过因为发展党员程序不规范

而造成党员群众信访的事件,没有任何一名党员干部因违纪违法而受到处理。

三、推进强村富民的工作

1.打造"一村一品""一村一社"

学校多次派遣专家教授团入村考察、调研,与帮扶组一起献智献力,积极帮助和引导困难村"两委"班子理清村庄发展思路,制定村庄发展规划,因地制宜地调整种植结构,不断促进村集体经济发展壮大。

在学校的指导下,鲁文庄村以天津市潮瑞富民水稻种植专业合作社为依托,凭借潮白河天然水力资源的优势,大力发展"白香糯米""黑香糯米"农业示范项目以及稻田养泥鳅、稻田养蟹的生态立体种养项目,逐步发展集观光、旅游、垂钓于一体的休闲农业,与天津市 2015 年美丽村庄建设规划相得益彰。值得一提的是,"白香糯米""黑香糯米"是学校食品专家华泽田教授最新研制的稻米新品种,属于糖尿病人可食的功能性稻米,经济附加值较高,较传统的大田作物种植可以提高 50% 的亩产收入,对于农民的增产增收可谓是不可多得的好品种。学校无偿地为困难村提供米种、技术支持并积极地联系销路。

学校根据老庄子村、西庄村传统"三辣"种植规模较强的实际情况,在充分征求口东街道、市级技术帮扶专家组意见的基础上,决定在两村进一步扩大"三辣"种植规模并引进冬枣和苗圃种植产业,逐步在两村打造经济附加值较高的设施农业,从而不断提高百姓收入。争取到 2017 年,将三个困难村的人均年收入水平提高到全市平均的 2.2 万元。

2.学校根据三个村发展实际,积极争取资金、政策、信息、技术等方面的支持,培育农民收入新增长点

2014 年 8 月,帮扶组带领鲁文庄村班子成员展开了美丽乡村创建活动,鲁文庄村被列入天津市 2014 年美丽村庄建设计划,争取到了天津市政府 417 万元专项资金。2014 年 11 月,学校指导帮扶组与村"两委"班子成员协同技术帮扶专家一道,进一步研究落实村经济发展方案,着手在三个村打造"都市型农业",进一步提高村民的人均收入,提升村民的生活质量。2015 年 4 月,在驻村帮扶组的申请下,学校派遣天津科技大学食品学院华泽田教授去鲁文庄村进行水稻育苗技术培训,并为村里提供了最新研制的"白香糯米""黑香糯米"等优质稻种,助力"一村一策"顺利实施;2015 年 6 月,邀请北京林业大学农林设计专家来到鲁文庄村实地勘察,打造旅游设计方案以及效果策划,旨在高起点打造鲁文庄村生态旅游品牌。

四、改善农村人居环境和农民生产生活条件

1.每村投入一个基础设施建设项目

2014 年 5 月,学校一次性拨款 43 万元用于老庄子村的水泥道路建设和鲁文

庄村的地下管道暗渠的铺设以及西庄村排水沟建设项目。目前,学校帮扶的三个村,主干道路现已全部为水泥路、柏油路,胡同均实现硬化,街道路灯齐全;两村绿化美化面积达到 5000 平方米,在潮白河堤下以及村街道两旁、村四周均种植各种树木;在清洁能源方面,三村内没有污染企业,没有工业废水、废弃的排放问题,村民没有焚烧秸秆、放荒等现象,村民主要依靠电力、天然气、无烟煤等较为清洁的能源生产生活。三村均有党员活动室、文化广场、卫生所、便民超市等基础设施,这成为村民健康生活的物质基础。

2.开展"清洁家园"和"美丽潮白河"行动

在清洁家园活动中,三村新建垃圾池 20 个。建立村庄环境卫生长效管护机制,加强对村民进行环境维护教育,增加环卫车 9 辆,配备专门的清洁人员,村里的环境面貌大为改善,同时依法清理了残余网箱,还潮白河一片美丽的生态。

3.帮扶组参与"万名党员联万户"活动,协调街道做好联系服务活动

切实保障村内每户困难家庭都有驻村干部或者街道党员干部联系帮扶,并建有专门的联系台账,确保三个村困难群体生产生活得到有效保障。在得知部分困难户还存在看电视困难、孩子学习买不起电脑时,校领导亲自来村慰问,于 2013 年 10 月、2014 年 10 月先后分两批向老庄子、鲁文庄、西庄村困难户捐赠电脑 80 台、电视机 24 台,切实解决了困难户的实际困难。此项活动得到《天津日报》《天津教育报》等多家媒体报道。

2015 年 5 月,按照学校的帮扶要求,帮扶组与武警天津总队医院达成了联合义诊合作协议。义诊专家为村民量血压、做心电图以及各种病症检查,无偿为群众发放药品,对村民咨询的问题进行耐心细致的讲解并给予饮食、用药、日常保健等方面的指导,让大伙不出家门不花一分钱就能得到市里专家的诊断和治疗。

五、提供有效智力支撑

帮扶工作伊始,学校便确定了"发挥学校专业学科特色,结合当地农村实际,在科技帮扶、教育帮扶、文化帮扶上求实效"的帮扶方针。多次选派学校在科研领域与农村发展结合紧密、工程实践能力突出的专家、教授到困难村调研对接,积极探索依托学校资源联手企业助推帮扶工作的新思路。

1.2013 年 10 月 15 日,学校与口东镇街道召开了"口东街道功能育种及功能食品'研、种、产、销'对接洽谈会"。宝坻区科委、口东街道、学校食品学院教授团、多家天津市食品企业及困难村负责同志参加了对接会,为"校、企、村"搭建了交流合作平台。

2.学校与宝坻区工业园管委会合作成立"天津科技大学宝坻新材料研发中心"。研发中心是由学校与宝坻区塑料制品管委会合作共建的,旨在以"产业引

领,科技先导,协同创新,开放共赢"为指导思想,为企业和学校搭建"产、学、研、用"合作交流平台。

3.帮扶组走访多家驻区企业,达成多方合作共识。在组长的联系下,工作组陪同农业部乳品质量监督检验测试中心主任、宝坻区科委负责同志、口东街道相关领导及学校科技处、食品学院、包印学院和化工学院的相关专家先后走访了天津津河乳业有限公司、宝坻飞天速冻食品有限公司、天津市旭辉恒远塑料包装有限公司等区属企业,就驻区企业所关注的新产品研发、品牌价值提升、食品安全检测、包装工艺提升、新原料利用等方面进行了交流指导,与企业达成了共建研发中心、产学研基地、学生实习就业基地等方面的初步合作意向。

六、完善基层治理机制

学校积极会同困难村落实《关于进一步加强村级组织规范化运行机制建设的意见》,严格落实"四议两公开""六步决策法"等村级民主议事决策制度,完善村规章制度。保证村里的重大事情必须按照程序、在充分保证民主的前提下进行。切实保证了村民的合法利益以及民主决策权。帮助村"两委"健全了点题公开制度、协商民主议事会制度、村务公开制度、卫生保洁制度等7项规章制度,完善了村"两委"议事、办事程序。结合帮扶组的各项工作,帮助村党员干部转变观念、拓宽思路,克服等、靠、要思想,引导党员干部办实事、办好事,增强基层党组织带领群众发展致富的能力。

天津科技大学宝坻区签约项目

1.校方与企业签约

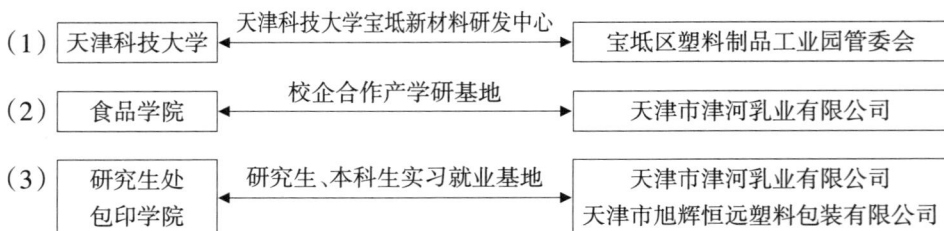

（1）天津科技大学 ——天津科技大学宝坻新材料研发中心→ 宝坻区塑料制品工业园管委会

（2）食品学院 ——校企合作产学研基地→ 天津市津河乳业有限公司

（3）研究生处 包印学院 ——研究生、本科生实习就业基地→ 天津市津河乳业有限公司 天津市旭辉恒远塑料包装有限公司

2.教授与企业签约

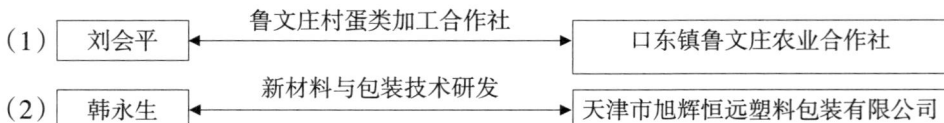

（1）刘会平 ——鲁文庄村蛋类加工合作社→ 口东镇鲁文庄农业合作社

（2）韩永生 ——新材料与包装技术研发→ 天津市旭辉恒远塑料包装有限公司

七、维护农村安定稳定

学校要求帮扶组及时与村"两委"班子开展群众走访和矛盾排查工作,及时关注村民的思想动态。两年来,帮扶组与村班子多次通过村民大会、党员大会的形式向村民宣传法制安全教育,三个村安全稳定形势良好。

第五节 志愿服务工作

在天津开发开放的大背景下,为增强广大团员青年加快天津发展的信心,引领广大团员青年融入天津的发展建设中,共青团天津科技大学委员会以大型赛会服务为切入点,依托地校共建的区域优势,扎实开展社会实践、助残扶弱等传统志愿服务项目,深入到企业、机关、学校、医院、社区,开展多种形式的志愿服务活动,将志愿服务打造成科大新的名片。

一、党委高度重视 机制保障严抓落实

天津科技大学志愿者活动坚持深入基层、深入公益,展现出特有的工作风貌。首先是起步早,科大的志愿服务活动最早可以追溯到 1992 年,在全市高校率先成立青年志愿者协会。第二是"粉丝"多,近年来,在校注册志愿者 19000 余名,累计提供了 49000 余人次,总计 330000 余小时的志愿服务行动。第三是范围广,校青年志愿者协会下设 16 个学院分会,将志愿服务与第二课堂学分挂钩,在社区、街道、乡镇、学校累计建立 126 个志愿服务基地、项目 117 个。

形成上述鲜明特色,源于与天津科技大学志愿服务活动一脉相承的工作思路。一是充分认识志愿服务的育人作用,发挥天津科技大学"尚德 尚学 尚行,爱国 爱校 爱人"的素质教育的传统;二是着力搭建组织体系,制定并下发了文件《关于进一步加强和改进我校志愿者工作的意见》,认真建立宣传动员、招募注册、教育培训、管理使用、考核评价、激励表彰、志愿者管理系统等一整套工作模式,使各项工作有章可循。

二、服务大型赛会 青春激荡爱国情怀

天津科技大学的志愿者多年来承担了天津市及国内外大型赛会的志愿服务工作,打造了具有科大特色的志愿服务品牌。2010 年以来,科大的学生志愿者先后参与了 2010 年上海世博会、夏季达沃斯论坛、中国(天津滨海)·国际生态城市论坛、全国大学生运动会、东亚运动会等志愿者服务工作。

在多种大型服务活动中,志愿者们用真诚与热情诠释着"奉献、友爱、互助、进步"的志愿服务精神,得到了赛会主办方及上级领导的充分肯定,获得了 2010 年度天津青年志愿服务工作突出贡献奖、2014—2015 年度天津市青年志愿者工

作优秀组织奖等荣誉。

三、知识对接农村 肩头勇担时代使命

为了积极响应党中央对大学生三下乡、为新农村建设做贡献的号召,"十二五"期间,天津科技大学共有 29 名毕业生踊跃报名志愿服务西部计划,共有 6 名支教团成员前往西部支教。近年来,我校在全校青年学生中广泛开展无偿捐献造血干细胞宣传活动,自 2003 年 10 月至今,学校先后进行了 10 余次集中捐献造血干细胞采血入库活动,共有 6348 名同学的血样被载入中华骨髓库,入库人数位列全市高校首位;截至目前,共有 16 名志愿者成功捐献造血干细胞。

我校还利用学校的专业优势、服务优势与区县建立新农村建设共建基地,把基层团组织与村支部对接,强化锻炼学生的实践能力,提升青年学子回报社会、服务经济社会发展的意识。

"地校共建"活动采取"走出去、请进来"的方式。学校团委与相关区县团委签订共建协议。各学院团委、团支部结合各自特点分别与各乡镇、企业、街道、社区达成协议,实现对接。这个模式进一步推进了地校共建活动的覆盖面和参与度。"十二五"期间,参与共建的团支部达到 1008 个,提供就业见习岗位 400多个。

研究生志愿者团队带头走进农村,有的用喜闻乐见的形式举办农村青年就业创业讲座和科技知识培训,帮助农村青年自主创业、勤劳致富;有的深入田间地头向农民普及农药使用、科学化管理农作物的常识;有的帮助开辟农村青年文化活动场所,自发捐书捐款帮助农村青年建立书屋打造文化生活。在这种"比学赶超"的良好风气的带动下,本科生实践队也不甘示弱:生物学院实践队多次去到汉沽区茶淀镇西李自沽村, 向果农们介绍葡萄虫害和疾病的防治措施;海洋学院实践队调研发现大田镇芦前、大田两村两地养殖业存在品种单一、销路不畅等问题,同学们急人所急,通过查阅资料、请教专家,提出了科学性的改进措施;食品学院实践队多次深入区县社区,采取展板与讲解结合的方式并开展现场答疑和咨询,引导居民走出食品营养搭配的误区;包印学院实践队将亲手制作的瓦楞纸家具和室内多变空间设计模型带入区县社区, 以自身专业作品为例宣传低碳节能环保的生活理念;海洋学院环保协会成功组织"绿色滨海全国高校环保领袖夏令营"活动,还作为中央处理中心组织了全国 239所高校参与的全国水果贺卡活动,处理绿色祝福订单 11 万份,在百万大学生中引领了践行环保的风尚。志愿者利用志愿服务期间,充分参与社会调研,调研课题涉及滨海新区的方方面面,如:滨海新区的创业环境、滨海新区旅游会展业的发展等内容。

　　"地校共建"活动解决了大学生迫切希望接触社会及社会实践机会较少之间的矛盾，使每名参与的学生亲身体验社会主义新农村建设中的点滴变化，把大学生爱国主义教育和社会主义教育结合起来，把民族精神和时代精神结合起来，把大学生的个人成长和社会责任结合起来，提高了大学的就业、创业和实践能力，全面拓展了青年学生的综合素质，受到了青年学子的普遍欢迎。

　　四、传承奉献精神 志愿服务成效显著

　　天津科技大学一系列有特色、有影响、有成效的志愿服务活动，成为彰显学校特色、把握青年特点、引领学生思考、服务学生成长的校园文化建设的精品活动。

　　科大志愿者的各类先进事迹先后在天津电视台、《今晚报》《每日新报》《天津教育报》、北方网等多家媒体报道。2011 年 5 月 4 日的《人民日报》第 14 版，以《天津科技大学微博记录志愿者成长》为题，报道了我校志愿服务最新动态。5 月 12 日，《人民日报》内参以《天津科大以志愿服务加强学生思想教育》为题，对我校近年志愿者工作的成果及最新动态做了专门报道。时任天津市委书记张高丽、市教委工委书记荀利军做出重要批示，科大的志愿服务取得了显著的成效，走出了具有科大特色的志愿服务之路。

第十一章 党的建设

　　"十二五"以来,在校党委的坚强领导下,学校各级党组织紧紧围绕中心,服务大局,坚决贯彻党要管党、从严治党的方针,以改革创新精神扎实推进新常态下党建工作,为学校的发展提供了有力保障。学校工会、共青团等群团组织在中央党的群团工作会议精神指引下,全面推进学校群团工作取得新发展。

第一节　党的专题教育

一、深入开展创先争优活动

　　按照中央和市委的部署和要求,学校自 2010 年 5 月至 2012 年,在全校基层党组织和广大党员中深入开展了创先争优活动。一是强化组织领导,完善工作机制。成立了由校党委书记李旭炎同志任组长的学校创先争优活动领导小组,制定下发了实施方案。二是紧扣中心工作,明确活动主题。学校确立了"特色战略求发展、滨海新区做尖兵"的活动主题,牢牢把握迎接建党 90 周年和迎接党的十八大胜利召开这两个重要节点,引领活动方向。2010 年突出推动科学发展、促进学校和谐;2011 年突出服务广大师生,深入开展为民服务创先争优;2012 年突出加强基层组织,以"强组织、增活力、创先争优迎十八大"为主题,深入开展基层组织建设年活动。三是坚持分类指导,强化指导监督。学校 329 个基层党组织全部开展了创先争优活动,累计 7489 名党员参加了创先争优活动,实现了全覆盖。四是精心设计载体,丰富争创内涵。根据基层党组织和教工、学生党员特点,进一步明确了"五个好"、"五带头"的内涵。引导基层党委争创"党建工作示范点"、基层党支部争创"五好党支部"、党员争做"优秀共产党员、教工先锋岗、工人先锋号、管理干部先锋岗、机关文明岗、师德标兵",在广大学生党员中开展争做"感动科大学子"、"学习标兵"等活动。五是强化舆论引导,发挥典型示范。建立了创先争优活动专题网站,编发《创先争优活动简报》,开办庆祝建党

90 周年专题网站,以"党旗飘扬在心中,创先争优我先行"为主题,集中宣传先进党组织和优秀共产党员的典型事迹。

二、深入开展党的群众路线教育实践活动

学校按照中央和市委的部署和要求,在市委督导组的指导下,自 2013 年 7 月至 2014 年 2 月,在全校各基层党组织和广大党员、干部中,全面深入开展了党的群众路线教育实践活动。学校领导班子、20 个处级领导班子、7 名校级党员领导干部、127 名处级党员领导干部、313 个基层党支部、4861 名党员参加了教育实践活动。一是党委高度重视,切实加强组织领导。成立了由学校党委书记任组长的领导小组以及领导小组办公室,研究制订学校教育实践活动总体工作方案,组织了 3 个校级督导组。二是深入开展学习教育,广泛听取师生意见。召开征求群众意见座谈会 22 场,向基层单位发放调查问卷 600 份,征求到群众原始意见建议 642 条,经原汁原味梳理汇总分类为 177 条。三是认真查摆问题,深刻开展批评和自我批评。学校开展了以"十查摆、十整改"为主要内容的正风肃纪专项工作,校、处两级领导班子和班子成员认真撰写了领导班子和领导干部对照检查材料。按照"五必谈"的要求,普遍开展谈心谈话活动。以整风精神高质量开好班子专题民主生活会。四是坚持从严要求,扎实抓好整改落实建章立制。认真制定整改方案和制度建设计划,提出了 31 个整改项目、62 个具体整改任务;制定了开展"四风"突出问题专项整治方案,明确了 7 个专项整治重点任务。深入贯彻中央八项规定精神和落实我市加强作风建设的一系列制度规定,出台 38 项规章制度,形成有利于科学发展的制度保障和政策支持,健全和完善了贯彻群众路线的长效机制。

三、深入开展"三严三实"专题教育

按照中央和市委的部署和要求,学校自 2015 年 5 月至 2016 年 1 月,在全校处级以上领导干部中开展"三严三实"专题教育。一是加强统一协调。制定《天津科技大学关于在处级以上领导干部中开展"三严三实"专题教育的实施方案》等文件,规范和保障了校院两级"三严三实"专题教育的有序开展。二是认真开展专题研讨。党委书记带头讲"三严三实"专题党课;围绕"严以修身,坚定理想信念""严于律己,严守政治纪律""严以用权,始终勤政廉政"三个专题开展专题研讨。三是深入查摆问题。召开学校"三严三实"专题教育党课暨动员会,实现校院两级书记和领导班子讲党课全覆盖。组织推动校院两级领导班子和领导干部深入查摆"不严不实"问题 120 余个、问题表现 200 余个,提出针对性整改措施达 120 余项。组织召开查摆"不严不实"问题专题分析会,聚焦查摆出学校存在的"不严不实"问题 9 条,制定整治措施 19 项;聚焦查摆出领导班子存在的"不严不实"问题 4 条,制定整治措施 9 项。四是强化监督指导。建立 4 个督察小组,实现对全校 20 个二级党委(党总支)的督查全覆盖。协调推动校院两级中心组开展各专题学习研讨。五是组织开展"三严三实"专题民主生活会和专题组织生活会。按照深化学习研讨成果、广泛征求意见建议、深入开展谈心谈话、进行深入的党性分析、严肃认真开展批评与自我批评等步骤,认真组织,严格督促指导和把关。

第二节　党务综合协调工作

党务综合协调工作的主要内容包括协助学校领导决策,执行学校决定,连接上下,沟通左右,协调各方等,是学校工作运转、沟通内外的重要环节。党务综合协调工作主要由学校党委办公室承担。

"十二五"期间,党务综合协调工作紧紧围绕学校"顶层设计"和第二次党代会确立的目标任务,按照学校年度工作要点和任务分解,在学校各单位、部门的通力配合下,积极履行和发挥"综合、协调、参谋、助手"的职能作用;紧密围绕学校中心工作,不断提高办文、办会、办事的水平,服务基层、服务部门、服务领导。

按照校党委和行政的要求,切实做好中央、市委、市委教育工委、市教委各项决策部署在学校的贯彻落实工作。认真做好上级重要会议精神及有关文件的学习、传达和落实工作,确保上级决策部署按照校领导的要求第一时间在学校的贯彻落实。认真学习贯彻党的"十八大"精神和习近平总书记系列讲话精神,扎实深入开展党的群众路线教育实践活动。深刻领会并贯彻落实校党委、行政的决策部署,通过常委会、全体中层干部会议、教代会、党委中心组(扩大)学习等多种渠道,传达、学习、领会党的"十八大"及十八届一中、二中、三中全会精神、习近平总书记系列讲话精神和全国组织工作会议、宣传思想工作会议等重要会议精神,通过会议纪要、网络新闻等多种形式使广大师生把思想认识行动高度统一到中央、市委和学校党政的部署要求上来,结合学校顶层设计工作,进一步统一思想和凝聚力量,推动事业发展,创建和谐氛围。

围绕中心,服务大局,切实发挥综合协调职能,做足"联勤"工作,承办好有关联络、活动和会议的组织服务工作。圆满完成中央社会主义学院党组书记、第一副院长叶小文,市委常委、市委教育工委书记朱丽萍,副市长曹小红,中国工程院院士、市科协主席王静康等领导同志和陈君石、陈克复、孙宝国等院士的接待服务工作。顺利完成了建设部、教育部、科技部、海南省教育代表团、滨海新区、太原工业大学、澳大利亚南十字星大学、俄罗斯国立食品生产大学、俄罗斯伊尔库茨克国立交通大学等中外单位来访的接待工作,完成了新学期全体中层干部会议、校庆纪念活动、教代会、开学典礼、毕业典礼、亚洲荷球锦标赛、天津市公安局第六十次服务项目暨留学生艺术作品巡展揭幕仪式、教育部食品营养与安全重点实验室、逸夫楼封顶仪式等校级重要会议和活动的组织协调工作。在上级领导视察和格鲁吉亚代表团访问、"8·12"事故处理等承办事项和教学、科研、管理、党建等重点工作中,积极做好组织、协调、服务工作。

围绕学校现代大学制度建设,修订和制订完善学校有关规章制度,推进管理工作的制度化、科学化。出台了《天津科技大学校领导班子会议议事规则》《天津科技大学公文处理办法》《关于规范校级会议的办法》《天津科技大学校园网校长信箱管理办法》,拟定了《天津科技大学党政领导班子落实"三重一大"制度的实施办法》《天津科技大学二级学院党政领导班子落实"三重一大"制度的实施办法》《天津科技大学督查督办工作暂行办法》。撰写了《天津科技大学章程》,广泛征求了意见。起草年度工作总结、要点和学校教育事业发展"十三五"规划。五年印发文件2000余件,每年草拟领导讲话、汇报材料、重要稿件等百余件、50余万字。编印《天津科技大学校务公报》40期,完成了教育部2010—2015全国教育事业统计及天津市有关专项统计、教育年鉴、区县年鉴上报工作。以制定和发布《天津科技大学章程》为契机,对学校更名以来的规章制度进行全面梳理,推进管理工作的制度化、科学化。积极做好信息公开工作。

第三节 组织工作

"十二五"期间,学校组织工作始终坚持"围绕中心抓党建、抓好党建促发展"的总体要求,认真贯彻落实《高校基层组织工作条例》《干部选拔任用工作条例》,以改革创新精神不断提高学校党建工作科学化水平,有力推动学校各项事业又好又快发展。

一、严格把关,选好人用好人

一是坚持德才兼备、以德为先,认真做好干部选拔任用工作。严格执行《党政领导干部选拔任用工作条例》,坚持民主选拔、民主推荐、民主测评,畅通优秀年轻干部选拔渠道,坚持干部选拔、培养工作的科学化、规范化、制度化,为学校科学发展选干部、配班子、建队伍、聚人才。严把制度执行关,注重发挥党委在干部选拔任用工作中的领导和把关作用。全面实行干部档案"凡提必审"、个人有关事项报告"凡提必核"、纪检监察机关的意见"凡提必听"、反映考察对象线索具体的信访举报"凡提必查"。严格执行试用期制度,所有新提任干部实行一年试用期。强化干部选拔任用监督,主动听取纪委意见,纪委书记及时对新提任干部进行廉政谈话,选拔任用全过程均有纪委同志参与。2011年至2015年,共提拔任用处级领导干部64人,其中正处级干部19人,副处级干部45人。

二是不断优化班子结构、提高干部整体素质。经过近五年领导班子和干部队伍调整和充实,截至2015年底,学校有处级干部149人,其中正处级干部62人,副处级干部87人;中共党员139人,平均年龄45.3岁;具有副高级以上职称的共119人,占79.87%;具有正高级职称的共47人,占31.54%;具有博士学位的共33人,占22.15%。对一些与教学、科研关系密切的处级领导岗位,要求必须具备副高级以上专业技术职称。如教务处、科技处、研究生处等重要职能处室负责人及各学院院长、各重点实验室主任,均由高学历、高职称优秀人才担任。

三是进一步加强中层领导班子建设,科学调整校内部门机构。根据学校学科建设和学校发展需要,对校内部分机构进行调整。印发《天津科技大学校内部分机构调整方案》,决定分设纪委(监察处)审计处,成立研究生院,调整国际学院和国际交流处工作职能,调整机关党委组织设置,成立马克思主义教育学院法政学院党委,加强马克思主义教育学院建设,成立体育部党总支,撤销继续教育学院直属党支部和离退处党总支,成立化工与材料学院、海洋与环境学院、造纸学院党委。制定并落实《专业学院党政联席会议议事规则》,加强二级学院领导班子建设。组织开展每年度的校院两级民主生活会和基层党支部组织生活会工作。

四是进一步加强处级后备干部队伍建设,为事业发展提供源源不断的人才保障。制定出台《天津科技大学中层后备干部队伍建设实施意见》,按照一职一配的比例,年龄结构、知识结构、专业结构形成梯次、分布合理的原则,建立一支政治坚定、素质优良、结构合理、数量充足、年轻优秀、充满活力的中层后备干部队伍。开展处级后备干部民主推荐和组织考察工作,经校党委常委会研究通过,共确定123名中层后备干部,其中正处级后备干部52人,副处级后备干部71人。加强对后备干部的培养和动态管理,制定后备干部培养方案,举办后备干部培训班,加强岗位交流和挂职锻炼,不断提高后备干部队伍整体素质和工作水平。

二、从严管理,努力建设一支高素质干部队伍

一是认真做好每年度的处级以上领导干部个人有关事项报告工作。组织做好报告表的填写、受理、转交和保管工作,严格遵守工作纪律,做到"五专"管理。集中开展个人有关事项报告随机抽查核实工作,按照10%的比例,2014年度、2015年度共随机抽查核实16人,对11名拟提拔考察对象进行重点抽查核实。

二是加强年度考核工作,推进领导班子综合分析研判。制定出台《天津科技大学处级党政领导班子和领导干部考核办法》,2012 年至 2015 年连续 4 年对中层领导班子和领导干部进行年度考核,结合考核推进领导班子综合分析研判。年度考核严格按照有关程序进行,每年形成《考核测评情况简要分析》,并对结果进行反馈。引用考评系统,提高考核效率和准确度。把年度考核情况作为加强领导班子建设和领导干部选拔任用、培养教育、管理监督、激励约束的重要依据,加强对考核结果的综合运用。

三是全面开展领导干部档案专项审核工作。成立档案专项审核工作组,经过初审、复审、调查核实、问题认定、本人签字认定、材料归档等阶段,对 148 名处级干部的干部人事档案进行审核,突出对"三龄二历一身份"的审核,对存在的问题进行处理。

四是认真做好干部选人用人工作检查和超职数配备干部自查工作。按照市委组织部要求,对学校 2012 年 1 月 1 日以来的选人用人情况进行自查,形成并上报"自查报告"。根据市委组织部要求和《教育系统贯彻落实〈关于严禁超职数配备干部的通知〉工作实施方案》,按照时间进度安排,对照市人事局核准的事业单位岗位设置数和《天津科技大学岗位设置方案》,组织开展全面自查。

五是认真开展集中清理领导干部违规兼职取酬问题和配偶已移居国(境)外的国家工作人员情况统计工作。按照市委组织部要求,在 2013 年规范党政领导干部在企业兼职(任职)工作基础上,对领导干部违反规定兼职(任职)或者兼职取酬问题,进行全面清理并予以纠正。全校现职处级以上领导干部(不含聘任)及辞去公职或者退(离)休不满三年的领导干部,均填写了《领导干部兼职(任职)情况个人登记表》。

六是加大干部教育培训工作力度,不断提高干部队伍整体素质。依托党校开设干部核心课程体系,充分利用干部网络教育平台,不断创新干部教育培训形式。选派干部参加上级及天津市干部选学。积极拓展境外高校干部培训渠道,选派干部教师赴香港大学挂职锻炼,选派近百名干部教师赴地方和上级单位挂职锻炼,进一步搭建干部成长和省校合作的平台。依托党校,加强干部的日常培训。举办新提任、岗位新交流处级干部培训班,利用暑假组织中层干部赴井冈山、延安等地接受革命传统教育。

七是坚持党管人才原则,进一步提升人才工作服务科学发展的水平。学校党委高度重视人才工作,2012 年召开学校首次人才工作会议,制定出台《天津科技大学关于进一步加强人才工作的意见》《天津科技大学中长期人才发展规划》等 8 项政策文件。坚持党管人才原则,认真履行组织部门牵头抓总职责。选派 5

名博士服务团成员分赴新疆、甘肃、青海等地挂职,加强对高层次人才的联谊服务工作。

三、建立健全工作机制,夯实基层党建工作基础

一是加强制度化、规范化建设,为基层党建发展提供保障。学校先后制定出台了《关于进一步加强和改进新形势下党建工作的意见》《关于加强在"双高"人员中发展党员工作的意见》《进一步加强学生党建工作的意见》等一系列重要指导性文件。2011年召开学校党建工作会议,为进一步提高学校党建工作科学化水平产生了重要影响。

二是夯实党建基础,健全基层党组织设置和工作机制

以"五好党支部"创建活动为载体,加强基层党组织规范化建设。从2010年开始,学校坚持每年在全校教工党支部、学生党支部中开展以支部班子好、党员队伍好、工作机制好、发展工作好、发挥作用好为主要内容的"五好党支部"创建活动。针对学生、教工党支部的建设特点制定了评分指标体系,按照支部申报、基层推荐、学校评审的步骤,每年评选出"五好党支部"20个,其中学生党支部10个,教工党支部10个,并予以每个支部1000元奖励基金。

以"三进"活动为依托,进一步优化党组织设置。根据校院两级管理体制改革和现代大学制度建立的需要,针对当前多元化的教学、科研、管理模式的新特点,开展基层党组织进公寓、进社团、进实验室活动,率天津高校之先建立学生公寓党支部,学生第七公寓中建立的电子信息与自动化学院党员之家,成为我市高校首个建在学生公寓的基层党组织。

以"创最佳党日"活动为抓手,不断创新基层党支部活动内容与形式。坚持每年在全校基层党支部中深入开展"创最佳党日"活动,"十二五"期间累计评选100个校级"创最佳党日活动"。每年初,基层党组织结合本单位实际和党员的岗位特点,设计开展富于思想性、教育性、吸引性和创造性的党员教育活动。校党委每年对各支部的党员教育活动方案进行评选。

深入开展基层党建创新立项活动。2013年开始,在全校范围内开展了"党建创新立项"活动,截至2015年底累计立项47项。学校对党建立项给予重点课题1000元、一般课题600元的资助,鼓励广大基层支部积极探索高校党的基层组织建设的新途径、新机制,着力推进培育一批时代特征鲜明、示范作用明显的基层党建活动。

坚持选、育、培、管四环节,加强基层党支部书记队伍建设。建立和完善基层党支部书记选拔机制,把党性强、作风正、肯奉献、有能力的干部、教师、学生党员选拔到党支部书记岗位上来。制定基层党支部书记轮训工作方案,每年举办

"三"个班,即"基层党委书记主题研讨班""教工党支部书记培训班""新任学生党支部书记培训班"。抓好教工党支部书记出口关。将教工党支部书记与后备干部选拔结合起来,明确培养和管理措施,将教工党支部书记培养成为促进学校建设与发展的中坚力量。

在此基础上,坚持高标准严要求,圆满完成学校党代会和基层党组织换届等工作。坚持从严从实,全面完成基层党建述职考核工作。

四、进一步加强党员队伍建设,为推动科学发展提供强大动力

一是加强思想教育,用科学理论武装人。充分发挥学校党校的阵地熔炉作用,每年定期举办正式党员、预备党员和入党积极分子培训班,开展了富有特色的系列专题报告会、辅导讲座、党课,组织了多种形式的座谈、研讨学习活动。

二是按照"坚持标准、保证质量、改善结构、慎重发展"的方针,认真做好党员发展工作。认真学习贯彻《中国共产党发展党员细则》,制定出台《天津科技大学发展学生党员工作实施细则》,严格遵守"四榜公示""三次投票""二级预审""一次测评"的党员发展程序,进一步提高发展党员工作的质量,规范发展党员工作档案。通过校院二级党校培训考察的方式,扎实做好入党积极分子的教育培养和考察。"十二五"期间,累计发展党员 6117 人,其中教工党员 59 人,学生党员 6058 人。认真落实《天津科技大学关于加强在"双高"人员中发展党员工作的意见》,"双高"人员入党工作取得新突破。

三是加强专兼职组织员队伍建设,充分发挥组织员队伍的作用。制定出台《天津科技大学关于加强和改进组织员工作的意见》等文件,规范了组织员工作的基本要求,明确了专兼职组织员的职责任务,建立一支结构合理、作风优良、精干高效的组织员队伍。在兼职组织员的基础上,结合新形势、新任务,率天津市高校之先,采取公开竞聘的方式在全部基层党委(党总支)中配备科级专职组织员。举办专职组织员培训班,充分发挥组织员队伍在发展党员和党员教育管理工作中的作用。

四是健全和完善"三联系"机制,构建党员服务群众的平台。坚持每年开展"副处级以上党员领导干部联系基层党支部""副处级以上领导干部联系学生宿舍""百个支部联系百名困难学生"的"三联系"活动,使之成为基层党组织联系群众的有效桥梁和平台。

五是组织开展在职党员到社区报到开展志愿服务工作。按照市委组织部要求,结合教育实践活动,组织学校在职党员到社区报到开展志愿服务,下发在职党员进社区报到单。全校在职党员全部到居住地社区党组织报到开展志愿服务工作。

第四节 宣传思想工作

"十二五"期间,学校宣传思想工作在校党委的领导下,牢牢把握意识形态领域的领导权、管理权、话语权,以培育和践行社会主义核心价值观为引领,积极弘扬"尚德尚学尚行 爱国爱校爱人"的校训精神,着力推进校园文化建设,为建设有特色高水平科技大学提供了强有力的思想引领、舆论推动、精神激励和文化支撑。

一、深入推动理论学习和研究

1.推动校院两级党委理论中心组学习

修订并印发《天津科技大学党委理论学习中心组学习制度》。每年制定并落实年度校院两级中心组学习计划,5 年来,校党委中心组进行集体学习、研讨 29 次。通过定期统计学习宣讲情况、下发学习资料和宣讲提纲、征集学习心得体会等措施,加强了对二级党委中心组学习和基层宣讲的指导、督促。校党委中心组和校领导先后在《天津日报》理论版发表理论文章 4 篇、在《人民日报》理论版发表理论文章 1 篇、在《中华魂》杂志发表理论文章 1 篇。校党委书记李旭炎出版专著《立德树人实践论》。

2.深化各专题教育中的理论学习与阐释

校党委中心组理论文章《扎实推进党的纯洁性教育,不断提高高校党建科学化水平》被收入《天津市教育系统保持党的纯洁性教育理论成果汇编》;《用好群众路线"传家宝",强化内涵建设"生命线"》被评为天津市党的群众路线理论研讨会优秀论文;"三严三实"专题教育中,校院两级党委围绕"严以修身""严于律己""严以用权"三个专题分别开展中心组学习和交流研讨,联系反面典型开展"严守党的政治纪律和政治规矩"专题学习研讨,累计开展专题学习 63 次,专题研讨 84 次,撰写学习心得体会 600 余篇。

3.开展丰富的理论学习宣传活动

进行 "纪念建党 90 周年""学习贯彻党的十八大精神""雷锋精神及其时代内涵"和"学习贯彻习近平同志系列重要讲话精神"等 4 次理论征文活动,先后主办了纪念建党 90 周年、学习贯彻党的十八大精神等 2 次理论研讨会,承办了滨海新区延安精神研究会纪念毛泽东同志诞辰 120 周年理论研讨会,编辑出版了《探索的足迹》《奋进的足迹》等理论文集。积极组织师生参与各级各类理论征文评选:其中 1 名同志获教育部高校文化传承创新研究成果二等奖,1 名同志获华北地区高校德育研讨会论文评比二等奖,4 名同志分别获得天津市高校优秀思想政治工作研究成果评选一、二、三等奖。

4.拓展理论学习和宣传新渠道

成立天津科技大学中国特色社会主义理论中心,加强理论研究平台建设。在校报开辟了"学思行悟"理论专栏,策划了"社会主义核心价值观""三严三实"等理论专题;先后建设了"保持党的纯洁性教育""纪念建党90周年""党的群众路线教育实践活动"和"喜迎党代会,奔向新征程"等专题网站;组织开展了党的十八大精神知识竞赛、学校第二次党代会精神知识竞赛和《百年潮·中国梦》电视政论片微感言征集等理论学习宣传活动。

二、舆论引导能力和水平进一步提高

1.对内宣传高举旗帜,突出鲜明主题

以贯彻落实学校第二次党代会精神为主线,围绕培育和践行社会主义核心价值观、弘扬校训精神,广泛宣传教学科研、思想政治教育、管理和服务一线的先进典型和经验做法。先后以【喜迎党代会】【七一献礼专题】【科大春早】【战略东移】【大学生创新创业谈】【青年教师辅导员经历谈】【师者楷模】等多个专栏先后发表专题新闻300余篇。新闻网科大新闻、科大头条、媒体科大、学院广角、部门动态、科大印象等17个栏目共刊发新闻20626条。更新两校区橱窗2500余块次,河西校区报栏每日更新报纸,充分利用电子显示屏、宣传栏、横幅等宣传阵地把握正确舆论导向,营造生动活泼的良好舆论氛围。出版《天津科技大学报》48期。

2.网络宣传有声有色,强化舆论引导

制定《关于进一步加强网络思想政治教育工作的实施意见》,经学校党委常委会讨论并通过。学校成立了学校网络安全与信息化领导小组,明确了网络信息管理工作、网络文化建设工作的职责范围。加强新媒体在网络文化建设和网络思政教育中的应用,建设了学校官方微博、微信和校园媒体微博、微信等新媒体平台,累计关注用户(粉丝)达23万,累计阅读量达8000万次,学校官方微博和官方微信综合影响力、粉丝总数、信息发布和阅读等多项指标长期位居华北高校前五位,天津市属高校之首。学校官方微博2015年入选"京津冀地区十佳最具影响力高校官方微博"。

3.强化外宣力度,提升学校影响力和美誉度

五年来,媒体共刊播各类涉及学校的新闻稿件3万余篇,其中广播、纸媒约2560篇,电视台200余条,网络28500余篇。被国字号媒体刊发的有《人民日报》29篇,《人民日报》内参1篇,《新华内参》2篇,中央人民广播电台11条,中国国际广播电台12条,中央电视台27条,《光明日报》刊发25篇,《中国教育报》21

篇,《中国青年报》23 篇;被本地媒体刊发的有《天津日报》共 325 篇,其中头版 46 篇,专版 12 篇;《天津教育报》360 余篇,头版 58 篇;人民网 2235 篇,新华网 2285 篇,中广网 215 篇,北方网 1736 篇,天津网 2545 篇,今晚网 476 篇,中新网 245 篇,中国网 357 篇。

三、进一步丰富和加强校园文化建设

1.积极推进校园文化建设基础性工作

制定出台校园文化建设纲领性文件——《天津科技大学"十二五"校园文化建设规划》;每年年初召开宣传思想政治工作领导小组(扩大)会议,召开文化工作和师德建设工作研讨会;在河西校区设立了校史石,不断完善和丰富校史展;谱写完成《天津科技大学校歌》,广泛开展校歌传唱活动;制作了校园形象识别系统,编印了新版学校宣传册;2012 年、2015 年先后推出两部校园形象宣传片。

2.深入开展精神文明创建做好校园文化总结

2011 年学校被评为"全国文明单位";多项文化活动和多个文化案例获奖:《倡导"三尚三爱"培育责任文化》获 2013 年全国高校校园文化建设优秀成果二等奖,《"科大故事"传承轻工之魂》获 2013 年全国轻工行业企业文化建设优秀案例,《拓展轻工特色 服务国计民生 打造富有科大特色的校园文化》获 2013 年度全国轻工行业企业文化建设优秀成果,《构筑文化高地 唱响"文化之韵"——依托高水平系列展览推进文化传承》被评为 2014 年全国高校"礼敬中华优秀传统文化"特色展示项目,《激活传统文化基因 推进立德树人实践》被评为 2014 年天津市高校校园文化育人项目展示交流活动优秀项目。

3.打造"文化之韵"品牌,提炼轻工特色文化

先后推出延安精神展、周恩来青年时代展、雷锋精神展、葡萄酒文化展、食品安全展、学校更名十年成就展、学校培育和践行社会主义核心价值观主题展、抗日名将展等 10 余次"文化之韵"系列展览,建设了网上展厅,编辑了《"文化之韵"系列展览图册》;开展食品安全展览进社区活动,获市委常委、市委教育工委书记朱丽萍肯定;"文化之韵"大型系列展览被评为 2012 年天津市精神文明建设创新项目。先后编辑出版《科大故事》(第一、二辑)《联墨飘香》《雷锋精神耀科大》《科大魂——校训精神读本》等"文化之韵"系列丛书,编辑了《七七、七八级毕业校友纪念册》和《奋飞十年——更名十周年成就巡礼画册》。

4.积极培育和践行社会主义核心价值观

制定《天津科技大学关于培育和践行社会主义核心价值观的安排意见》《天津科技大学关于推进培育和践行社会主义核心价值观长效机制建设的安排意见》等文件。围绕培育和践行社会主义核心价值观,牵头举办"善满校园,和谐科

大"主题教育实践活动和"把楹联写在党旗上"天津科大杯大学生格言联征集大赛。做好校园先进典型的评选竖立榜样工作,推荐"见义勇为救人英雄王汝华"参选"向上向善进行时——全国大学生道德实践优秀事迹征集活动",王汝华被授予"天津好人"荣誉称号。推荐学校 5 位优秀女大学生就业创业典型参加"2014 年寻找女大学生就业创业榜样"活动。

5.建设蓬勃向上的网络文化

积极推动学校网站名站名栏建设,改版和建设了科大新闻网、常春藤网站、易博网,三个网站先后荣获全国高校百佳网站荣誉称号。建设了"文明中国""美丽天津·美丽校园""顶层设计""庆祝建党 90 周年""学习贯彻党的十八大""保纯教育""科大更名十周年""党的群众路线教育""第二次党代会"等 10 余个专题网站。"天津科技大学网上展览"上线。

6.推动开展丰富多彩的校园文化活动

先后策划"纪念建党 90 周年"系列活动、"喜迎党的十八大"系列活动、"纪念抗战胜利暨世界反法西斯战争胜利 70 周年系列活动",在建党 93 周年之际,牵头举办以"诗词飞扬党旗飘"为主题的"颂歌献给党七一诗会"。在全国首个烈士纪念日之际,举办"缅怀烈士 继承遗志 发愤图强 成才报国"——天津科技大学深切缅怀校友朱颖烈士纪念活动,相关活动受《人民日报》、中国教育电视台、天津电视台、《天津日报》等媒体报道。与天津北方电影集团举办天津科技大学"佳片之约"露天电影观影活动;联合学生处、团委、研工部、机械学院发起天津科技大学首届大学生微电影节活动;组织记者团和常春藤网站参加"我的中国梦·最美中国"全国大学生摄影大赛和微电影大赛,推荐学生记者参加大学生在线暑期摄影和微电影特训营,党委宣传部获"最美中国"大学生摄影大赛优秀组织奖。面向全校师生、校友、离退休职工开展了首届"感动科大人物"评选活动,联合学工部、校团委开展"中国梦·我的梦"系列宣讲活动,承办"全国大学生公益广告大赛"校园(天津站)巡讲活动,承办 2014 年中国大学生在线共建团队夏令营、2015 年第二届"校园好声音"大赛天津赛区决赛。

7.打造百花齐放的社团文化

推动建立天津科技大学楹联学会,面向全国连续举办三届"天津科大杯大学生格言联大赛",学校获得"全国楹联教育示范基地"称号;联合团委、艺术学院成功举办"学生社团助推文化建设高端论坛";建立了天津科技大学大学生宣讲团;指导 ITUST 学媒中心开展了师生摄影展、读书节、风筝节、书迷影迷会、理论征文、宿舍文化评比以及义务为毕业生拍写真等各类文化活动,举办多期春藤讲堂;加强对大学生延安精神研究会的指导,进一步扩大研究会在滨海新区和天津市的影响力。

8.强化校园文化建设管理

制定并发布《天津科技大学校内出版物和讲座活动管理暂行条例》,加强对各类哲学社科讲座活动的登记和审批力度。进一步梳理和统计了校内学生自办刊物的情况。利用微信先后开通了校内条幅展板的登记备案平台和校园文化活动座位预约登记平台,进一步加强了泰达校区校园内条幅、展板,河西校区电子显示屏等审批制度和审批后的监管与清理力度。面向全校各单位开展了机构微博和微信公众号的登记备案工作,完成全校70余个基层组织的微博微信公共账号备案登记工作。

五、宣传思想文化工作队伍建设进一步完善

1.进一步规范专兼职宣传队伍

按照分层次、分目标、分要求的原则,积极建设具有较高理论功底、德才兼备、朝气蓬勃的专兼职相结合的思想文化工作宣传队伍,出台《关于进一步加强宣传思想文化工作队伍建设的意见》和《天津科技大学兼职网络信息管理员暂行条例》,修订《天津科技大学网络信息管理暂行条例》。建立校党委宣传部和各基层党委的沟通协调机制,形成密切配合、相互支持、齐抓共管的工作格局。建立思想文化工作宣传队伍信息库,组织召开经验交流会和业务培训,加强指导协调工作。

2.打造高素质的学媒队伍

将党委宣传部下属的记者团、常春藤、薪火网、网通站、网络电视台、食文化、官微运营中心、校报学生编辑部等8支校园媒体团队合并组建itust学媒中心,成员总数年均300余人。各媒体年均为校园网、校报、常春藤网站、中国大学生在线采写、发布新闻稿件3200余篇,安排学校各类会议、活动的新闻采访、摄影、摄像任务年均约600余次;每年面向各学院、学生社团开展"春藤课堂"等信息员培训讲座10余次,年均受益人数约2000余人。依托学媒中心,积极打造校园媒体的全媒体矩阵。建设了常春藤网站、薪火网、食文化频道、学媒网、科大123导航网等五个不同定位的网站,网站总阅读量达300多万。建设教育部中国大学生在线官方微信、记者团官方微信、薪火力量微信等3个微信公众平台,建设常春藤微博、记者团微博、网通站微博、电视台微博等4个微博平台,累计关注用户(粉丝)达2.5万。学媒中心全媒体宣传平台覆盖了报纸、网站、微信、微博、网络电视台、电台、电子杂志、电子显示屏各种传播类型。面向全校各学院、校院两级学生媒体组织成立全校记者站(团)联盟,依托薪火网与大学生科研会、延安精神研究会等20余个理论社团组成红色社团联盟。

3.建立网络评论员、网络舆情工作队伍

建立校级、市级、国家级三级备案的骨干网络评论员队伍,培养了网络名编若干名,发表网络评论文章数十篇。组建了师生兼职的网络舆情工作室,密切关注师生网上动态,做好舆情收集整理、分析研判和应对工作。累计制作并及时报送网络舆情工作简报、专报百余期,及时处置网络突发事件 20 余起。面向全校 70 余个基层组织的微博微信公共账号开展了备案登记工作,并组建了学校微信联盟和微博联盟,积极开展优秀网络平台、网络文化作品的评选和表彰,不断提升网络思想政治教育引导能力。

第五节 纪检监察工作

"十二五"期间,学校党风廉政建设和反腐败工作深入贯彻落实中央、市委的各项决策部署,认真学习贯彻习近平总书记系列重要讲话精神,按照学校教育事业发展"十二五"规划和"顶层设计"目标要求,积极营造风清气正的教育政治生态和育人环境。

一、全面落实中央和市委的决策部署,加强反腐败体制创新和制度保障

1.落实党风廉政建设责任制

(1)定期召开党风廉政建设和反腐败工作会议。及时总结并研究部署新时期党风廉政建设和反腐败工作任务,传达上级有关会议及文件精神。

(2)切实担负起全面从严治党"两个责任"。学校党委通过定期召开党委常委会、书记办公会、党政联席会等,传达学习上级有关反腐倡廉重要精神,明确党风廉政建设的形势和任务。坚持落实党风廉政建设主体责任督查约谈机制,对全校 19 个单位党委(党总支)和 22 个重点职能部处主要负责人落实主体责任情况进行专项督查和约谈,明确要求认真进行廉政风险排查,堵塞漏洞,规范行为,坚持抓早、抓小,防患未然。各单位主要负责人切实履行主体责任,把领班子、带队伍体现在日常管理监督中,及时咬耳扯袖、红脸出汗,做到真管真严、敢管敢严、长管长严。领导班子其他成员在管辖范围内履行"一岗双责"责任,并与各分管的业务工作紧密结合,包括明确分管责任、加强督促检查、防范廉政风险和自觉接受监督等。学校纪委认真履行监督责任,在全面从严治党中找准职责定位,强化监督执纪问责,坚持有责必问、问责必严。深化细化制度建设,研究起草了《天津科技大学关于落实党风廉政建设主体责任和监督责任的实施细则》,把"两个责任"一步步向纵深推进。

2.强化责任追究

(1)建立和完善党风廉政建设情况检查考核制度。年初校领导和全体中层领导干部签订党风廉政建设承诺书,按照个人的工作分工和职责,坚持"本职业务工作延伸到哪里,党风廉政建设工作就延伸到哪里",把各项党风廉政建设任务和责任落到实处。年底党委书记亲自审阅校领导班子其他成员和全体中层正职人员的党风廉政建设情况自查报告,其他校领导负责审阅分管部门中层副职人员的党风廉政建设情况自查报告,了解、检查、指导和督促各级领导干部执行好党风廉政建设责任制。坚持对党风廉政建设责任制落实情况有部署有考核,结合民主生活会和年终考核,中层以上领导干部开展述德述职述廉,对落实廉洁自律各项规定和党风廉政建设责任制的情况进行自查和考核,压实管党治党责任。

（2）制定实施切实可行的责任追究制度。对履行党风廉政建设责任不力的干部,对敷衍塞责、不抓不管进而造成不良后果和恶劣影响的干部,严肃追究责任。在纪律审查工作中实行"一案双查",对 1 名履行主体责任不到位的基层党委书记进行责任追究,实施了诫勉谈话。研究起草了《天津科技大学违反党风廉政建设责任制责任追究暂行办法》。

二、深入落实中央八项规定精神,强化组织纪律和作风建设

1.坚持把纪律和规矩挺在前面

（1）严明党的纪律,特别是政治纪律。认真落实全面从严治党要求,挺纪在前,小错提醒,动辄则咎,严格执行党的"六大纪律",不折不扣地贯彻中央大政方针和决策部署,坚决守住党的纪律这条"底线"。把党的纪律融入立德树人根本任务和学校改革发展各项措施中,牢牢把握意识形态工作领导权、管理权、话语权。领导干部严格执行请示报告制度,严格按照党章和廉洁自律准则办事决策。

（2）组织开展"依规守纪、立规执纪"专项工作。坚持挺纪在前,引导党员干部真正把党章党规党纪刻印在心上,切实增强党员干部的纪律意识、规矩意识和红线意识。

2.驰而不息纠正"四风"

（1）坚持经常抓、抓经常。坚持重要节点不放松,元旦、春节、五一、国庆等关键节点前及时下发贯彻落实中央八项规定精神,坚决防止"四风"问题反弹的相关通知,并及时做好检查落实,在坚持和深化中巩固扩大成果。坚持全覆盖、全知晓,组织全体教职工自觉对照"十二个严禁"要求进行自省自查。全体教职工郑重做出拒绝收受礼品礼金承诺,全校党员教师签订廉洁自律承诺书。坚持动态监管不放松,定期完成违反中央八项规定精神问题情况月报工作。

（2）坚持制度规范与警示教育相结合。制定落实《天津科技大学关于进一步改进工作作风、密切联系群众的若干规定》和《天津科技大学关于认真查摆解决问题开展正风肃纪专项工作实施意见》中的要求,聚焦"四风",广泛征求意见、认真查摆和解决问题。定期召开专题会议传达部署上级精神,认真贯彻落实中办"八个严禁"和市教委"十二个严禁"的纪律要求,落实高校教师师德"红七条"、教育部"六条禁令",坚决防范各种违规违纪问题发生。加强了违反中央八项规定及典型"四风"问题的警示教育,及时传达中纪委、市纪委等部门发布的违反中央八项规定问题的通报精神,要求全体领导干部自警自律,引以为戒。

(3)坚决查处违反中央八项规定精神的问题。加大纪律审查工作力度,查处违反中央八项规定精神问题1件,给予党纪处分1人,组织处理1人。聚焦"四风"问题,驰而不息正风肃纪,坚决整治和查处侵害师生切身利益的不正之风和腐败问题。创新监督方式,发挥网络新媒体监督平台作用,畅通群众监督渠道。

3.组织开展"专项整治"工作

为贯彻落实全面从严治党方针,大力抓好党的纪律建设,驰而不息纠正"四风",学校认真开展清理办公用房超标、治理小金库、控制"三公"经费使用、清退会员卡和违规公务用车、整治政府采购工程项目、规范教育收费、整治"会所中的歪风"等20余项专项整治工作。

4.坚决从严管理干部

完善干部监督机制,落实领导干部述德述职述廉、提醒谈话、诫勉谈话、函询、约谈等制度,落实群众来信来访问题线索的核实、调查、反馈制度,落实干部经济责任审计制度。坚持新提任处级领导干部廉政谈话制度,对46名新提任干部进行了任前廉政谈话。

三、加强监督检查,建立健全权力制约和监督体系

1.突出执纪监督重点,确保权力运行规范

(1)抓住重点领域和关键环节,开展专门监督。加强对招生考试、人事招聘、物资设备招标采购、基建(修缮)工程、科研经费管理使用、评奖评优等重点领域的监督检查。加强对党务公开、校务公开和信息公开的监督检查,做好党内监督。

(2)抓住关键少数,加强对党员领导干部的教育管理监督。做好干部选拔任用各环节的监督,把握任职资格条件,严格选拔任用程序。

(3)抓住重要源头,加强对纪律执行情况的监督检查。强化对党的路线方针政策和校党政重大决策部署执行情况的监督检查,特别是对学校"顶层设计"、"十二五"规划任务目标贯彻落实情况的监督检查。强化对民主集中制、"三重一大"决策制度贯彻落实情况的监督检查,始终把纪律挺在前面,切实把纪律立起来、严起来,执行到位。

2.整合监督力量,确保监督有力有效

发挥好纪检监察的监督作用,针对苗头性倾向性问题和薄弱环节,及时提出整改建议,推动建章立制,防止权力失控乃至腐败发生。发挥好工会、教代会等群众组织和党风廉政监督员在民主监督方面的作用,重视网络舆论监督,不断提高监督检查水平。

四、坚持以零容忍态度惩治腐败,发挥查办案件治本功能

1.坚持有案必查、有腐必惩

严肃查处党员干部违反党纪政纪的行为,严肃查办贪污贿赂、买官卖官、徇私枉法、腐化堕落、失职渎职案件,严肃查办发生在重点领域、关键环节和群众身边的腐败案件,严肃查处在各项专项整治活动中发现的违规违纪问题。

2.开展问题线索大起底、大排查工作

按照教育两委纪检组要求,对2007年至2015年发生的48件问题线索进行起底排查。经研判,属纪委受理的问题线索32件。工作中坚持查清核实问题,完善处置流程,规范处置程序。

3.实践"四种形态"+"两步走"工作模式

坚持抓早抓小,动辄则咎,及时准确掌握党员干部的思想、工作、生活情况,对个别党员干部的苗头性问题及时谈话提醒、诫勉、函询、教育,责令做出检查,让咬耳扯袖、红脸出汗第一种形态成为常态。"十二五"期间,运用第一种形态批评教育党员干部31人,运用第二种形态组织处理干部1人。

五、深化反腐倡廉建设,完善惩治和预防腐败体系

1.着力抓好惩治和预防腐败体系规划落实

学校深入贯彻落实《建立健全惩治和预防腐败体系2007—2012年;2013—2017年工作规划》精神,明确惩防体系建设目标任务、方法步骤和具体措施,并认真组织实施。各部门各单位切实把《规划》的相关要求融入具体工作,纪检监察部门加强督促和指导,保证惩治和预防腐败体系各项任务有效落实。

2.着力完善党风廉政建设制度体系

在原有制度基础上,按照市委关于"教育 + 制度 + 科技"的要求,建立健全重点领域和关键环节的制度体系。重点做好对决策过程的规范和监督等9个方面的制度健全工作,修订制度18项,新建制度19项,涉及校领导议事规则、三重一大、财务、基建、校办企业、招投标、采购审计、党务公开、校务公开等多方面工作,初步形成强化管理监督的制度体系。

3.着力推进廉政风险防控机制建设

以大学章程为统领,采用自查与集体排查相结合的方式,组织机关职能部门和学院针对权力运行的关键环节开展廉政风险排查,督促各单位建立健全教学、科研、财务、学生德育、人事、基建、对外合作等方面工作的管理制度。学校41个部门承担了招生、科研经费管理、财务管理、基建维修、设备采购等34项廉政风险防控体系建设工作。各单位根据所承担的工作事项绘制工作流程图、深入查找廉政风险点、进一步加强以程序性制度建设为核心的廉政风险防控工作,建立健全科学规范的管理监督机制,切实提高了预防腐败的科学化、制度化和规范化水平。

4.着力加强廉政文化建设

(1)依托校院两级中心组学习平台,教育引导党员干部廉洁从政。通过中心组理论学习、专题辅导讲座、参观调研、观看影视资料等多种形式,将廉洁从政意识贯穿于党员干部选拔、培养、管理和使用的全过程。通过校院两级领导班子民主生活会,开展批评与自我批评、触及灵魂、接受教育。

(2)依托教师素质提升工程培养平台,教育引导广大教职工廉洁从教。深入开展师德师风教育,把反腐倡廉教育和要求融入日常教育教学、职称评聘、评比表彰等各项工作之中,严格执行"十二个严禁"规定精神。深入开展岗位廉政风险教育,尤其是对机关、后勤、校产等重点部位和关键环节工作人员的岗位廉政教育,把廉洁从教价值理念贯穿于教书育人全过程。

(3)依托课内外教育教学与实践活动平台,不断增强大学生廉洁自律意识。组织开展三届廉政文化作品大赛,报送参赛作品340件,其中8件作品获市级奖项,3件作品获国家级奖项。推动廉政文化融入思想政治理论课、党团课等课程建设之中,真正实现入脑入心。推动廉政文化融入社会主义核心价值观教育实践活动中,引导学生不断强化廉政意识、强化行为规范,把开展廉洁教育贯穿于学生培养成才全过程。

(4)依托网络新媒体平台,拓宽廉政教育渠道,提升廉政教育实效。完成学校纪委网站改版工作,开辟"学思践悟""反腐要闻"等专栏,创建学校纪委"清廉风苑"微信平台,利用网络新媒体加大正反两方面教育引导工作力度。

六、转职能、转方式、转作风,加强纪检监察干部队伍建设

1.重新架构纪检监察组织运行模式

通过第二届党代会基层党组织换届,进一步配齐基层党委纪检委员。聘请15名兼职党风廉政建设监督员,研究制定《党风廉政监督员工作办法》,定期组织座谈培训,建立信息反馈机制,形成了一支植根基层、专兼职结合的廉政建设骨干队伍。

2.明确职能定位,持续深化"三转"

纪检监察部门主动转职能、转方式、转作风,聚焦主责主业,夯实基础工作,坚决落实监督责任,协助党委抓好党风廉政建设和反腐败工作。专兼职纪检监察干部不断加强党性锻炼,带头纠正"四风",自觉接受组织和群众监督,以更高的标准、更严的纪律,努力建设一支忠诚干净有担当的纪检监察队伍。

3.切实提升纪检监察队伍业务素质

严格内部学习制度,定期组织学习党史,学习中央、市委相关会议和文件精神,总结反腐倡廉历史经验,深化对新形势下反腐倡廉工作特点和规律的认识。着力加强理论研究和实践调研,承担并完成各类研究课题 5 项,涉及高校后勤管理廉政风险内控机制、执行文化与作风建设等方面内容;撰写相关论文 10 余篇,并多次获奖,为学校党风廉政建设和反腐败工作提供了坚实的理论支撑。主动锤炼纪检监察队伍,采用以案代训方式,先后选派 2 名纪检干部到市纪委和教育两委纪检组挂职锻炼;组织开展"做党的忠诚卫士,当群众的贴心人"主题实践活动。及时总结工作经验,累计向教育两委纪检组报送纪检工作信息 30 余条,其中多条被收录到《天津市教育系统纪检监察工作信息》中。

4.建立健全纪检监察工作流程和工作规范

2015 年以问题线索大起底、大排查工作为契机,提炼出一套规范的纪律审查工作业务流程和文书档案模板,尤其是对处置程序不规范、案卷管理不完善、调查结果不明确的问题线索进行认真复核,不断完善问题线索初核、立案以及提醒、函询、诫勉等工作流程和工作规范。

"十二五"期间,学校党风廉政建设和反腐败工作在教育两委和校党委的坚强领导下,遵循党章规定,聚焦中心任务。2011 年以制度建设、网络教育和廉政风险防控为重点,不断提高反腐倡廉建设的科学化水平;2012 年以纯洁性教育为契机,着力加强党风廉政教育和廉洁校园教育,深化惩防体系建设;2013 年聚焦"四风"问题,开展正风肃纪专项工作,深化作风建设;2014 年以学校第二次党代会为契机,全面梳理总结学校纪委 12 年工作;2015 年全面贯彻落实从严治党的要求,以问题线索大排查工作为契机,对学校纪律审查工作进行全面自查。

第六节　统战工作

"十二五"期间,学校党委高度重视统战工作,深入学习贯彻中央统战工作会议和《中国共产党统一战线工作条例(试行)》精神,认真落实中央、市委、市委教育工委关于统一战线工作的决策部署,牢牢把握大团结大联合的主题,以加强政治引导、增进政治共识为核心,以加强党外代表人士队伍建设为重点,以围绕中心、服务大局为目标,协调推进民主党派、无党派、党外知识分子、民族宗教、留学归国人员、归侨侨眷等工作,统战工作机制不断完善,各项工作扎实有序推进。

一、高度重视,不断加强党对统战工作的领导

校党委于 2011 年修订下发《中共天津科技大学委员会关于进一步加强统一战线工作的意见》(津科大党〔2011〕26 号),2013 年制定了《中共天津科技大学委员会关于加强新形势下党外代表人士队伍建设的实施意见》(津科大党〔2013〕36 号),2014 年在已有《关于进一步落实党员领导干部与党外人士交友联谊制度的意见》文件的基础上,又下发《关于做好校领导联系高层次人才、党外代表人士有关工作的通知》(津科大党发〔2014〕50 号),进一步提升了统战工作科学化、规范化、制度化水平。举办统战工作培训,不断提高各级领导干部的统战意识和工作水平。党委主要领导坚持带头学习宣传和贯彻落实党的统一战线理论、方针、政策,带头参加统战重要活动,带头与党外人士交朋友,多形式、多渠道与民主党派、无党派人士、留学归国人员进行零距离沟通,了解情况,沟通思想,解决问题。学校统战工作取得显著成效,统战工作经验先后于 2011 年在全国高校统战工作经验交流会和 2012 年天津市"加强新形势下党外代表人士队伍建设工作会议"上作交流发言,得到了上级领导的充分肯定。2015 年 11月校党委书记李旭炎作为天津市唯一一所市属高校代表参加第二次全国高校统战工作会议。

二、强化思想引领,夯实共同的思想政治基础

坚持将对党外人士思想引领作为首要任务,贯穿统战工作全过程。以"坚持和发展中国特色社会主义"为主轴,以"同心思想"教育为主线,先后举办民主党派基层组织负责人培训班、党外代表人士暨民主党派青年骨干培训班、党外代表人士后备人才培训班等。2013 年以来,按照上级要求,集中开展了民主党派、无党派人士坚持和发展中国特色社会主义学习实践活动。按照理论学习和实践活动相结合、重点培训和一般培训相结合、请进来和走出去相结合的原则,有针对性地开展党外人士教育引导。邀请市委党校、市社会主义学院、南开大学教授和市委统战部、教育工委统战处领导围绕学习贯彻十八大,十八届三中、四中、五中全会精神和习近平总书记系列重要讲话精神、多党合作理论等内容做专题辅导报告;组织赴革命圣地延安、北京卢沟桥、中国人民抗日战争纪念馆、台儿庄纪念馆、焦庄户地道战遗址、蓟县烈士陵园、白洋淀及冉庄红色教育基地、蓟县郭家沟及北京平谷挂甲峪新农村建设示范点等地开展教育实践活动;组织观看"复兴之路"展览,赴海河教育园、天津市文化中心参观考察等等。

推荐党外人士参加上级统战部门、民主党派上级组织的各类培训,组织党派基层组织负责人和党外代表人士后备人才参加组织部(党校)组织的中层干部和后备干部的相关培训,在统战部网页开辟学习园地等等。

三、把握关键环节,扎实推进党外代表人士队伍建设

学校高度重视党外代表人士队伍建设,从发现、培养、使用各个环节采取有效措施,为党外人士成长成才筑基铺路。2013年,党委书记李旭炎牵头完成市委教育工委重点调研课题"关于加强党外代表人士队伍建设的研究",调研报告获天津市统战理论研究优秀成果一等奖,并被市委研究室采纳,以参阅件形式报送市委领导审阅。

采取有效措施,广泛物色、发现,做好党外代表人士后备人才队伍建设。2013年,10名党外骨干充实到学校中层后备干部队伍。2014年按照党委要求,对学校党外人才进行调查摸底、分类梳理、建档立册,建立了48人的统一战线代表人士人才库和29人的党外代表人士后备人才库,并实施动态管理,根据情况变化适时进行了调整充实。

明确培养方向,做好有针对性的培养。在开展各种培训的基础上,注重党外代表人士实践能力的培养,先后推荐3名党外人才赴重庆科委、北辰区商务委、南开区城市建设投资有限公司挂职锻炼。同时,认真做好党员领导干部与党外人士交友联谊工作,充分发挥交友联谊在党外人才培养中的积极作用,校院两级领导经常与党外代表人士沟通思想、交换意见,思想上加强引导,工作上支持帮助,生活上关心照顾,努力创造有利于党外代表人士发挥作用的工作条件、良好氛围,确保党外代表人士"有位有为"。

"十二五"期间,学校党外代表人士队伍建设成效显著:1名党外人士走上市级领导岗位,1名党外人士从副局级提拔为正局级领导干部,新提任党外处级干部5人。2011年河西区人大、政协换届中,新当选人大、政协常委各1人;2012年天津市政协换届中,新当选委员3人;2013年滨海新区人大、政协换届中,新当选人大代表1人、政协委员3人(常委1人);2015年1名党外人士当选全国青联委员。

截至2015年末,学校党外代表人士中有市政协委员5人(常委2人)、区政协委员5人(常委3人)、区人大代表2人(常委1人);有民主党派市委委员3人(常委1人)、区委委员5人(副主委1人)、高校直属工委委员1人;有市教委特约教育督导员1人、区特约监察员1人;有党外处级以上干部18人,占学校干部总数的 10.7%,其中正局 1 人、正处 7 人、副处 10 人;报备无党派人士 16 人。

四、大力支持、协助民主党派基层组织加强自身建设

"十二五"期间,学校民主党派基层组织建设不断加强。2011 年学校与民航大学联合成立致公党科航支部,2012 年九三学社科大支社改建为九三学社科大委员会,2015 年民盟、民进、民建基层组织完成换届任务,2016 年 1 月致公党科航支部完成换届,成立致公党科大支部。至此,学校有民主党派基层组织 5 个,其中委员会 2 个、支部 3 个;有民主党派成员 204 人,其中民盟 98 人、九三学社 49 人、民进 28 人、民建 10 人、致公党 11 人、民革 6 人、农工 2 人。20 名党派成员分别在各党派市委会专门委员会、工作委员会任职。

协助、支持民主党派加强思想、组织、制度以及领导班子建设。2012 年召开学校民主党派基层组织组织发展工作座谈会,形成《天津科技大学关于进一步做好民主党派组织发展工作座谈会纪要》,进一步规范了组织发展秩序,五年来各党派共发展新成员 39 人。统战部定期召开各党派负责人联席会议,沟通交流工作,各党派基层组织充分发挥自身优势,紧紧围绕学校和天津市的中心工作开展考察调研、建言献策、捐资助学、结对共建、联谊交流等活动。"十二五"期间,学校民主党派基层组织共获得党派中央、市委、区委授予的各类荣誉称号 9 项:民盟科大委员会被盟中央授予先进基层组织荣誉称号,获民盟天津市组织工作先进集体称号;九三科大支社获九三学社天津市优秀基层组织称号,九三学社科大委员会获九三学社天津市委员会先进基层组织荣誉称号;民进科大支部获民进天津市宣传思想工作先进集体、民进天津市组织建设先进基层组织和民进天津市先进基层组织荣誉称号;民建科大支部获民建直属工委活动组织奖;民盟科大泰达支部获民盟滨海新区先进支部称号。

五、积极搭建平台,发挥党外人才优势作用

搭建民主管理平台,促进科学民主决策。认真落实情况通报制度、征求意见制度,就学校重大发展规划和重要工作听取党外人士意见建议。"十二五"期间,就年度工作要点、党的群众路线教育实践活动、人才工作文件、《天津科技大学章程》、党代会报告、"十三五"规划等召开民主党派、无党派人士座谈会 10 余次,通报情况,听取意见;邀请党外代表人士参加学校年度工作会议、领导干部选拔任用推荐、试用期满测评、领导班子和领导干部年度考核测评、领导干部民主生活会等 20 余次,充分发挥党外人才在学校事业发展中的民主管理、民主监督作用。

搭建建言献策平台,广泛凝聚智慧力量。大力支持民主党派基层组织、党派成员围绕社会热点、难点问题开展调查研究,各民主党派完成调研课题、报告 30

余项,其中《关于提高违法成本,保障食品安全的建议》的提案在天津市政协双周协商座谈上发言;《关于全面拓展东疆保税港区融资租赁业务的研究》的调研报告作为滨海新区政协二届三次会议大会发言,获滨海新区政协优秀成果二等奖;《滨海新区战略性新兴产业融资模式研究》的调研报告在政协大会做书面发言,获优秀成果三等奖等等。积极支持党外人大代表和政协委员参政议政、履职尽责,坚持每年"两会"前在全校开展提案及线索征集活动,广泛汇集民智民意,为代表、委员做好提案、建议提供参考。五年间,学校代表、委员共提交提案、建议近百项,其中多项涉及学校周边环境、道路建设等内容的提案被政府采纳,两项提案获天津市优秀提案,1人获政协天津市第十二届委员会履行职责表现突出委员。党外人士关于《关于加强我市食品安全检测能力的建议》的提案得到时任市委书记孙春兰等领导的批示。

搭建服务社会平台,实现互惠共赢。2013年校党委与河西区委签署统战工作合作共建协议、与滨海新区统战部达成合作共识,就加强统一战线组织和团体建设、党外代表人士培养、推动产学研合作等方面开展合作共建活动,促进了互惠共赢。学校统战成员先后为河西区20余家企业开展管理咨询服务;民建科大支部与民建滨海新区区委结对共建,取得显著成效。

搭建交流联谊平台,助力学校事业发展。连续四年组织中秋国庆联谊活动,请基层党委书记、相关职能处室领导与党外人士一起迎中秋国庆,联谊交流,开茶话座谈,参观考察等。校领导以午餐会形式与党外代表人士进行零距离沟通,倾听党外人士心声。做好日常关心慰问、交友联谊工作,努力为党外人士解决工作、生活中的实际困难。

六、促进和谐,认真做好民族宗教工作

认真贯彻落实中央、天津市民族工作会议精神,积极开展民族团结进步创建活动。举办民族宗教工作形势报告会,邀请市公安国保局专家为学校党群干部和学生工作者做辅导报告,提升党务工作者做好民族工作的能力和水平;开展党员师生同少数民族学生结对帮扶工作,工作覆盖到16个学院的259名少数民族学生,在思想、学习、生活各方面实行"一对一"或"一对多"帮扶;协助相关部门开展少数民族节日庆祝活动等;做好天津市第七次民族团结进步模范个人评选申报工作,1人获评为天津市民族团结进步模范个人。

认真落实党的宗教工作方针,制定实施《天津科技大学抵御境外利用宗教对高校进行渗透和防范校园传教工作实施意见》。

七、热情服务,做好留学归国人员、归侨侨眷的工作

将留学归国人员作为统战工作新的着力点进行有益探索。2013年在充分调研基础上,建立了留学归国人员信息库,通过自愿报名,成立了天津科技大学留学归国人员联谊会,现有会员 89 人。两年多来,留联会充分发挥平台、纽带作用,组织开展了一系列活动:召开"回国这些年⋯⋯"留学人员交流座谈会,为在校大学生开展学术讲座,与河西侨联、滨海新区"三联"开展共建活动,倡议发起学校志愿者服务老归侨活动,为河西区中小企业做管理咨询服务,与滨海"三联"共同组织会员开展爱国主义教育活动等等。建立留学归国人员微信群,搭建日常交流沟通和信息资源共享平台,为新引进的留学归国人员解疑释惑、提供指导帮助。

认真落实党的侨务政策,做好关心关爱老归侨工作。学校现有老归侨 6 人,统战部不仅坚持每年重要节日走访慰问,还坚持对生病困难归侨日常的走访慰问,力所能及地帮助他们解决生活困难。适应侨情变化,探索新侨工作方法,完成侨界代表人士调研、推荐工作;推荐 3 人为天津市第九次归侨侨眷代表大会代表,1 人为市侨代会委员。

积极开展党对台方针政策的宣传。邀请市台办领导来校做台湾形势辅导报告,开展"爱我中华,心系统一"涉台知识网络有奖竞答,活动覆盖千余名学生。

八、勤学多思,大力加强统战干部队伍建设

学校组织统战干部学习党的统战工作方针、政策及对中央、市委下发的各种文件、召开的各类会议的精神。积极参加上级组织的各类统战、侨务、民族等方面的工作培训,提升工作能力和水平。围绕高校统战工作的前沿、热点和难点问题开展调查研究,由统战干部撰写的调研报告获天津市统战理论研究优秀成果一等奖两项、三等奖一项、优秀奖一项。

第七节 党校工作

"十二五"期间,党委党校认真贯彻落实中央《关于加强党员经常性教育的意见》《2014—2018 年全国党员教育培训工作规划》《干部教育培训工作条例》等文件精神,落实市委、市委教育工委关于党员教育培训的有关要求,坚持"围绕中心抓党建、抓好党建促发展",以学习贯彻中国特色社会主义理论体系和党章为重点,以党建创新活动为载体,在全校党员队伍中大规模开展党员教育培训工作,共组织开展党员教育活动 1000 余次。

一、坚持组织领导,建立党校教育培训长效机制

学校党委和各基层党组织以党校为党员教育培训主阵地,坚持从严从实紧抓党员教育。校党委将党员教育培训工作,列入书记办公会、党委常委会重要议事日程,制定实施学校党员教育年度计划,对全校党员教育培训工作进行总体部署。建立健全了由校党委领导、组织部主抓和学校、基层党委两级党校分层管理及纪委、宣传部、学生工作部、研究生工作部等部门分工负责并协调配合的学校党员教育培训工作管理体系,及时解决学校党员教育培训中的困难和问题。同时,建立并加强了党员教育培训保障机制。在学校财务预算中,设立党员教育培训专项经费,将留存的党费全部用于党员教育培训,对基层党委党校开展教育培训给予专项的资金支持,并为各基层党组织订阅了《人民日报》《天津日报》《中国教育报》《半月谈》《党课》《支部生活》等党报党刊。

五年来,党校紧密结合国家、天津市党员教育的新形势、新特点,更新教育理念,完善培训机制,加强分类指导,使校院两级党校教育培训体系日趋完善。结合学校党员发展的实际,对学生党员教育培训体系实施了改革,进行了重新的梳理和架构,进一步完善了院党校和校党校两级培训工作体系,明确了院、校党校的培训任务,并对院、校两级的培训内容做了统一的规范和指导。制定并出台了《天津科技大学关于加强学生党员教育培训管理的指导意见》,明确了学生党员分类培训的教育体系。提出由院党校开展入党积极分子以及正式党员的教育培训、校党校开展发展对象以及预备党员培训的分层培训结构。在制度规范的同时,注重对二级党校培训的指导,学校十六个基层党委都建立了院党校,院党校在入党启蒙教育、入党积极分子教育、正式党员教育等培训中,发挥了主体作用。

二、拓展教育形式,抓好党员经常性教育,不断提高党员培训质量

一是规范日常管理,拓展活动形式。5年来,党校坚持规范、有效和创新的工作理念,将工作着力于党员入党前教育,提升党员素质能力水平。开展了入党积极分子、发展对象、预备党员等几个层级的培训教育。共举办了8期入党积极分子培训班,培训学员7521名,其中学生7467名、教工54名,评选产生了440名优秀学员。举办了10期预备党员培训班,共培训预备党员6090名,评选优秀学员63名。2015年,为深入贯彻《中国共产党发展党员工作细则》精神,调整了党校培训班次,举办2期发展对象培训班,培训学员1040名,其中学生1035名、教工5名,评选优秀学员78名。针对学生培训的特点,党校秉承理论与实践双轮驱动的教学模式,在培训班理论授课基础上,开展小组讨论、观影、网络论坛互动、实践活动等多种教育形式,深入推进实践教育,提高教育效果。

二是坚持求真务实、开拓创新,做好基层党组织书记培训工作。将支部书记队伍的教育作为党员教育的一个关键环节来夯实。校党委专题研究,党校制订了《天津科技大学开展基层党支部书记轮训工作方案》,进一步加强对基层党支部书记的教育培训,提高基层党支部书记的素质与履职能力。按照"轮训方案",

党校有计划、分阶段、分层次地开展了基层党支部书记培训班,围绕党的理论、党支部工作实务、党支部建设等问题开展培训,同时,努力丰富培训活动形式,增强党务教育的吸引力,提升培训实效,采取集中学习、专题报告、观影活动、经验展示、分组研讨等多种方式开展培训,从内容和形式上充分结合学生、教工党建工作的特点,5年间,参加基层党支部书记培训达1077人次,基层党支部书记覆盖率达100%。

三是创新党员教育培训形式和内容,激发党员学习内在动力。党校在抓好党员经常性教育的同时,把党员教育培训与学生党员的学习需求、教工党员的岗位需求结合起来,在党课教学中,不断创新教学方式与内容,做到"两个突出、三个结合",一是突出社会实践大课堂的教育作用,深化党校第二课堂教育,在入党积极分子培训、发展对象培训中充分地开展了实践活动评比,引导入党积极分子走进社会服务第一线,认识自身使命,坚定政治信仰,提升思想认识;二是突出开展党员思想交流的教育作用,开展了学生预备党员以教室为课堂、以讲台为阵地的预备党员讲党课的学习交流活动;三是突出体现"三个结合",理论专题讲座与自学相结合、集中培训与考核考察相结合、开展有特色的教育活动与鲜明的时代背景相结合。充分利用现代信息技术,开办了"网上党校""党校论坛"等学习平台宣传党的思想理论政策,学员在平台上开展了积极的活动,每年发帖量达万余次。同时,积极探索运用论坛、微博等手段开展党员远程教育,号召党员运用信息化平台开展学习以及各类评比活动,进一步拓宽了教育培训渠道,成为集中学习的有益补充。

三、结合干部教育特点,加强干部分类教育,多层次开展干部培训工作

一是精心筹划课程体系,推动处级干部培训工作创新。根据中央和天津市干部教育安排,结合学校中层干部培养规划与需求实际,每年有重点地开展中层干部培训专题学习。中层干部培训紧密结合国家大政导向与重要形势,以专题与系列学习的形式,开展中层干部的学习教育。2012—2013年间,举办了处级领导干部学习贯彻党的十八大精神专题研讨班。在活动中,保证处级以上领导干部参加一次5—7天的集中轮训,采用集中学习与自主讨论等形式有效开展学习研讨。活动坚持统分结合,利用形式多样的方式举办了基层党委书记研讨班、学院院长研讨班、学生管理干部研讨班、机关和直属单位管理干部研讨班四期分类培训。根据不同层次、类型学员的需求,结合干部岗位特点,分期开展具有针对性的教学研讨交流:2014年,举办了处级领导干部学习贯彻习近平总书记系列讲话精神研讨班,保证处级干部每人参加5天的集中学习培训,分别举办了机关处级干部研讨班、河西校区学院处级干部研讨班与泰达校区学院处级干部研讨班;2015年,按照国家《干部教育培训工作条例》的精神,拓展中层干部培训内容视野,邀请全国以及天津市知名专家学者,在理想信念教育、历史人文、领导心理学、国家安全观等领域开坛授课,五年来,处级干部培训形式多样、内容丰富,实现了每年的处级干部培训全覆盖。同时,从2012年开始,每年派出干部参加天津市干部选学培训,做好组织服务相关工作,共选派69名处级干部参加选学培训学习。

二是统筹协作,推动学校后备干部队伍建设。建立核心课程体系,推进处级后备干部培训。根据后备干部培养规划和需求,结合学校实际,以模块教学或专题教学的形式,围绕马克思主义基本原理、毛泽东思想和中国特色社会主义理论体系、法律法规、管理学、社会经济、领导能力、高校建设等方面开设了17门核心理论课程,邀请校领导、法政学院、经管学院专家教授授课,对后备干部开展系统的理论培训,统一发放学习辅导教材,并辅以座谈、交流、自学等活动。

三是周密部署,做好新提任处级干部培训工作。按照校党委关于进一步加强和改进处级领导干部教育培训、提高干部素质和能力的要求,校党校结合学校近三年干部队伍建设和处级干部调整的实际情况,举办了新提任处级干部培训班,对新提任的处级干部进行集中培训。研讨班采用辅导报告、观影教学、研讨交流、参观考察等方式开展教学,同时根据不同层次、类型学员的具体需求,结合干部岗位特点,分别开展有针对性的研讨和交流。

四是积极谋划,开辟途径,推进党建工作交流。为了在新形势下聚焦党建工作重点、拓宽工作视野、加强工作创新,从而提升了党建工作的科学化水平,积极谋划、加大校外学习交流力度。与天津工业大学开展校际工作交流研讨,搭建校际党建经验交流平台,举办了基层党委书记研讨班。各基层党委(党总支)书记赴天津工业大学进行基层党建工作研讨、参观。组织基层党委书记赴北京参观"科学发展 成就辉煌"大型图片展并听取高水平现场报告。

五是规范日常管理,提高专职组织员队伍素质。举办了七期专职组织员培训班,邀请党务工作经验丰富的专家从党员发展工作、教育管理工作和基层党组织建设等方面对全体学员进行了专业辅导。

六是积极协作,加强党外代表人士及后备人才队伍建设。为进一步提升党外代表人士后备人才的理论水平和政治责任感、深化政治共识,配合统战部举办了党外代表人士后备人才培训班,组织了系列专题讲座与实践活动,提升了党外代表人士后备干部的素质能力。

四、科学统筹,加强党员教育制度建设与队伍建设

为加强和改进学校干部教育培训工作,制定并出台了《2013—2017年天津科技大学干部教育培训规划》，明确了处级及处级后备干部、科级及以下管理干部、专业技术人才、党外人才等不同类型人员的培训学时、培训方式、培训任务等方面要求，充分做到干部培训工作有计划、有目标、有规范、有实施。为进一步加强党员教育培训分类指导和分类管理，规范相关管理制度，制定了《2014—2018年天津科技大学党员教育培训工作实施办法》，明确了学校党员教育的指导思想、目标原则、主要任务、重点工作、方法途径以及组织保障。

加强学院二级党校的管理，做到学期初有计划、学期末有总结，并组织学院党校开展座谈研讨，交流党校工作经验，发挥二级党校在学生中开展党性教育的重要作用。健全党员领导干部讲党课制度，坚持学院党员领导干部为本学院二级党校入党积极分子培训班、正式党员培训班学员讲党课活动。五年来，学院党政领导、组织员以及辅导员老师在校院两级党校累计讲党课近千余次。加大党课教师的学习交流，组织党课教师赴河北阜平晋察冀军区纪念馆、山东枣庄及台儿庄旧址等进行学习考察。在充分发掘稳定校内优秀师资的基础上，广泛拓展路径，与天津市委党校、天津师范大学教育科学院、心理与行为研究院，天津市教科院高教研究所等单位联系，邀约多名专家、教授开展培训，丰富了教育培训专家库，增强了培训的统筹性、针对性和实效性，满足多样化学习的需求。

第八节　党的群团工作

学校党委将群团事业作为党的事业的重要组成部分。通过群团组织开展群众工作，组织动员广大师生凝聚共识、激发干劲，为实现学校顶层设计奋斗目标而不懈努力，是学校党委重要的工作基础和努力方向。

一、工会(教代会)工作

学校各级工会组织以创建学习型、服务型、创新型工会为奋斗目标和工作主线，为落实学校顶层设计服务、为教职工成长发展服务、为维护和发展教职工民主权益服务、为提高教职工幸福指数服务和为教职工身心健康服务。

1.融入中心，在服务学校改革发展大局上有新进展

(1)启动和实施"聚力工程"。以"科大腾飞，辉煌有我"为主题，重点开展了四项活动：一是开展"谋蓝图、促发展、尽职责、创佳绩"的爱岗敬业活动；二是"赶先进，创一流"的创先争优活动；三是大力弘扬劳模先进精神，充分发挥劳模先进的示范引领作用；四是开展"我为科大献一计"活动。

(2)启动和实施"五比双创"岗位竞赛活动。作为天津市教育工会试点单位，2011年学校在天津市教育系统率先启动和实施了以"比职业道德、比履职能力、

比岗位成果、比团结协作、比服务效能"为主要内容的争创"教工先锋岗"和"工人先锋号"的"五比双创"岗位竞赛活动。

（3）弘扬"劳模精神，劳动精神"，为学校改革发展汇集强大正能量。"十二五"期间，学校坚持把弘扬劳模先进精神、充分发挥劳模先进的引领示范作用作为促进学校事业发展的经常性工作。五年来，按照"评选表彰、管理服务、发挥作用"的工作思路，2012—2015年，共推荐评选出"全国五一劳动奖章"获得者1名，"天津市劳动模范"3名，"天津市五一劳动奖章"获得者15名，"天津市五一劳动奖状"获得的先进单位1个，"天津市三八红旗手"2名，并注重劳模先进群体管理服务工作，关心关爱和帮助解决他们的实际困难，鼓励他们珍惜荣誉、再立新功。生物学院肖冬光劳模创新工作室获评"天津市十大劳模创新工作室"，化工学院王正祥劳模创新工作室获评天津市教育系统首批劳模创新工作室。

2.以青年教职工为重点，在促进学校队伍建设上有新进展

"十二五"期间，学校在提升青年教职工队伍素质上，主要做了三项工作：

（1）2011年启动和实施"青年教工年"活动，结合实际，开展了"十项活动"。2011年继续加强和深化青年工作，重点是召开青年工作会议，成立青年工作委员会，明确指导思想，按照"积极、进取、创新、发展"的工作思路，开展革命传统教育、青年登山、交友联谊、"健康节"等系列活动，受到青年教职工的欢迎和好评。

（2）2013年启动实施"青年教职工素质提升工程"。活动以"促进青年教职工成长进步，托起科大灿烂明天"为主题，以提升青年教职工政治素质、师德素质、业务素质、人文素质、身心素质为工作主线，重点开展了师德征文、基本功竞赛、优秀青年主讲教师教学研讨、搭建校企合作平台、青年管理干部素质拓展、建设"青年教工之家""关爱青年教工"等八项活动。

（3）2014—2015年，重点开展了在青年教职工中选树"师德楷模""育人典范""教学能手""科研新星""奋进标兵"五个"十佳"活动。

2015年下半年，学校以"实施'青苗行动'，助力青年教职工成长成才"为题申报了天津市教育系统创新项目。重点开展"青苗行动"计划，结合青年教职工的实际需求，发挥工会优势，以服务为先导，以解决青年教职工实际问题为落脚点，构建了政治引导、师德建设、基本功竞赛、学术论坛、素质拓展、创先争优、阅读赏析、心理疏导、健康活动、生活服务等"十大发展平台"。

3.立足服务，在满足广大教职工需求上有新进展

面对广大教职工日益增长的多元的物质和精神文化需求，"十二五"期间，学校重点做了三项工作，不断强化服务意识，提升服务能力和水平。

（1）坚持和不断深化每年为教职工"办十件好事"制度。在党委高度重视、行

政大力支持和有关部门协助配合下,各级工会组织把实事办实、好事办好,使这项活动形成制度,不断加强和改进。

（2）2012 年,启动和实施了"教职工幸福工程"。活动坚持"三个一"——即一个主题:提升幸福指数,激发工作潜能,促进事业发展;一条主线:促进教职工精神满足、事业发展、生活美满、身体健康、家庭幸福;一个目标:工作在科大体面、生活在科大幸福、做科大人自豪。筹划开展了深入开展"幸福观"大讨论、"讴歌科大辉煌历程,传承科大精神"主题征文活动、创建"优秀办公室文化"十佳单位、"和睦家庭"创建活动和加强"教工之家"建设、建立大病帮扶制度、展开心理健康咨询、巩固发展社团活动、开展送温暖献爱心活动、为青年教职工分忧解难等"十项活动"。学校工会"教职工幸福工程"的开展获 2012 年度天津市教育系统工会工作"十大创新成果奖"。

（3）坚持大众性与小众性相结合,为满足教职工精神文化需求服务。"十二五"期间,结合实际开展丰富多彩的校园文化活动,形成了富有学校特色的文化体育活动品牌项目。如教职工文艺会演、成立合唱团、乒乓球赛、羽毛球赛、瑜伽协会、广播操会演、教职工趣味运动会、争创校园吉尼斯等。目前,工会社团已发展到 16 个。各社团有组织、有计划、有活动,最大限度地满足了教职工差异化需求,为有兴趣、有爱好、有特长的"小众"群体提供了展示才华的平台,促进了群众性精神文化的深入发展。2014 年,以教职工强健身心为中心,以促进"树立健康理念、养成健康习惯、搭建健康平台、倡导健康生活"为主要内容,搭建八大健康平台,包括"教工之家"、教工健身、心理健康咨询、健康协会网上交流、校园吉尼斯、文化体育等八大平台。

4.面向困难生,在师生结对子助学活动上有新进展

遵照市教育工会工作部署,自 2007 年起,在市教育工会和全校的支持下,学校开展了面向生活困难生开展了校园金秋助学活动。后因上级工会资金原因,全市高校基本停止了这项工作,而学校在认真总结材料学院工会等单位经验的基础上,2009 至 2015 年,持续开展了师生"一帮一"结对子助学活动,实现了从生活助学到生活、学业、思想全方位的助学,并建立了每年一次的助学先进个人和先进单位的表彰制度。

二、共青团、学生会、研究生会工作

1.五年来共青团的工作

"十二五"期间,在学校党委和团市委的正确领导下,学校各级团组织围绕中心、服务大局,切实履行组织青年、引导青年、服务青年、维护青少年合法权益的职能,推动团的各项工作和建设实现新的发展,坚持在传承中创新,在创新中

前行,全面推进学校共青团事业取得新发展。

(1)坚持立德树人、化虚为实,思想引领工作取得新实效。坚持用马克思主义中国化创新成果教育广大青年,依托各种主题教育活动,深入践行和弘扬社会主义核心价值观。举办"我的中国梦"主题系列科技、公益、调研、班团博客建设、征文活动。举行社会主义核心价值体系学习教育活动,举办"百团创优"系列活动、"四进四信"系列教育活动和主题知识竞赛活动。通过有针对性的分类引导、深入浅出的生动形式,充分运用各种媒体,以建党90周年、中华人民共和国成立65周年、五四运动95周年等重大纪念日为契机。五年来各级团组织开展形势政策宣讲、主题演讲征文、社团文化展示等校园文化活动600余项。2013年,学校共青团干部主持完成团中央2013年"与信仰对话——理论研究和传播"课题1项。与时俱进,加强网络新媒体建设,拓宽宣传思想工作渠道。实施百团网站建设年、百团网站评建年和新媒体内涵发展年系列工作,成立网络文明促进会,建设清朗网络空间,从制度、队伍和平台三个方面推进科大团属网络新媒体工作。全校各级团组织新媒体平台实现全覆盖,建设团属微博、微信、青梅和校园手机报,校团委腾讯微博、新浪微博连续多次在全国高校共青团排名百强。五年来,学校共青团干部主持完成团中央和团市委专项调研课题115项,2013年、2014年连续被团市委评为"天津共青团调研信息工作先进单位"。大力实施青年马克思主义者培养工程,逐步丰富和完善"青年马克思主义者培养工程"各项规章制度,深化"青年马克思主义者培养工程",强化学校、学院两级培训的教育职能,组织开展系统培训,共举办大学生骨干培训班九期,五年来培养大学生骨干600余人。大力开展"与信仰对话"主题教育活动。举办"科大青春讲堂"14期,邀请团中央"我的中国梦——奋斗的青春最美丽"巡回分享团走进学校,依托学校学生理论社团开展"与信仰对话——我的信仰我来说"理论研读季系列活动,以主旨讲座、自主学习讨论和演讲比赛等方式,向学生呈现丰富的理论知识和热点时事,活动场次突破160场,惠及学生听众3万余人次。充分发挥先进青年个体和集体的示范作用。每年五四期间和一二五期间举办表彰活动,让广大团员青年参与评典型、树典型、学典型活动,充分发挥身边人、身边事的亲和力、影响力和感染力。五年来,共评选校级"优秀共青团员"1198名、"优秀团干部"1197名、"五四红旗团支部"559个、"五四红旗团支部标兵"30个。并在此基础上评选出天津市五四奖章获得者1名、天津市优秀团干部2名、天津市优秀共青团员2名、天津市"五四"红旗团支部(团委)5个、天津市学校系统团支部标兵4个、天津市学校系统团支部25个、天津市新长征突击队4支、新长征突击手14名。选树了"全国大学生志强之星标兵"王汝华、"中国大学生创业英雄"

百强人物申川、晁岩等一批典型人物。

（2）坚持团建创新，党建带团建，团的组织建设工作取得新突破。坚持党建带团建，实现党团共建。五年来，围绕学校党建工作主要任务，切实加强和改进团建工作，健全学校团学工作机制，严格团的组织生活，规范各项规章制度。全校各级团组织严把推优入党关，五年来共推荐6048名优秀团员加入中国共产党。创新基层团组织建设，扩大组织的覆盖面。实施"基层组织质量建设年"和"基层组织创新发展年"系列工作，建立教工团委，适应共青团组织发展的需要，将18个基层团总支更名为基层团委，试行在公寓、学生社团和网络中建立团组织，全校100%的校级社团均建立了团支部，落实《关于开展宿舍团建工作的实施意见》等文件精神。2015年，学校在各学院实施"天津科技大学共青团重点工作创新"试点工作13项。

（3）坚持文化育人，深入推进素质教育，校园文化建设取得新成果。以"挑战杯"为龙头，营造良好的科技创新文化氛围。5年以来，参加学校"挑战杯"大学生学术科技竞赛和创新创业计划竞赛的学生累计达6000余人次，辅导教师达660余人次。83件作品被推荐到天津市比赛并获得各种荣誉，8件作品代表天津市参加全国大学生"挑战杯"大学生学术科技作品竞赛及创新创业计划竞赛，其中6件作品获得全国铜奖（三等奖）。此外，已有十余家国际知名企业在学校设立科技创新奖，鼓励学生提交学术论文、制作创新产品、策划营销方案，培养学生的创新能力。五年来，学校参加"精英杯"基础学科知识竞赛的学生累计达到28000余人次。坚持以学生为本，完善修订《天津科技大学本科生第二课堂学分实施细则》，鼓励本科生参与校园文化及相关学术科技活动。形成了"高雅艺术进校园""我最喜爱的老师评选""金秋辩论赛""校园文化艺术节""社团高峰论坛"、迎新晚会、毕业晚会、新年音乐会等一批覆盖面广泛、艺术品位高雅、文化内涵丰富、教育功能全面的精品活动项目。五年来，共组织"高雅艺术进校园"系列活动54场，累计参与师生4.5余万人。艺术展演和文艺竞赛活动硕果累累。五年来，组织学生参加全国和天津市文艺展演，2件作品获得全国一等奖，3件作品获得全国二等奖，4件作品获全国三等奖。在2015年度天津市学校文艺展演比赛中，2项获一等奖，2项获二等奖，2项获三等奖。2012年在三年一届的全国文艺展演中，学校原创话剧作品《青春起跑线》获表演类一等奖；原创舞蹈作品《如火的青春》获表演类二等奖。2015年，在全国第四届大学生艺术展演活动中，由学校28名国防生参演的舞蹈《成长的脚步》一举夺得表演类一等奖，并登上中央电视台舞台。

（4）坚持实践育人，搭建服务社会的平台，实践教育实现新跨越。广泛开展志愿服务活动。将志愿服务作为落实实践育人的重要抓手,制定《关于进一步加强志愿者服务工作的意见》,就志愿服务活动的指导思想、基本原则、主要任务、重要作用等做出明确阐述,成为学校依托志愿服务工作强化实践育人的纲领性文件。五年来,建立健全考核、激励机制,注重专业化的业务指导和培训。一是深入开展情满滨海和地校共建工作,累计建立志愿服务基地和社会实践基地 136个,平均每年开展 7000 余人次、近 10 万小时的志愿服务工作,在校注册志愿者累计达到 19000 余人。二是积极开展志愿服务品牌提升活动。编撰完成 20 万字的志愿服务工作通用教材,运行志愿服务的网络管理系统。"我是小小科学家"志愿服务项目获得由共青团中央、中央文明办等共同主办的第二届中国青年志愿服务项目大赛银奖。五年来学校获评中国青年志愿者优秀个人奖 2 名、天津市优秀志愿者 109 名、天津市优秀青年志愿服务集体 11 个、"天津市青年志愿者工作优秀组织单位"3 次。三是圆满完成开展大型赛事的志愿服务工作。五年来,有 2694 名志愿者参加了达沃斯论坛、大运会等各类大型活动的志愿服务工作,在国内外大型赛会上展现了科大志愿者的风采。学校围绕"受教育、长才干、做贡献"的宗旨,组织学生开展寒暑假实践服务活动。五年来,学校共组建校级以上重点团队 78 个,参与学生近 50000 人次,连续制作职业人物访谈 3 期。学校荣获评"2015 年全国大中专学生'三下乡'社会实践活动优秀单位",学校 4 个暑期社会实践队、6 名师生分别获团中央表彰,得到了社会各界充分肯定。积极推进大学生志愿服务西部计划。五年来,全校共招募 25 名西部计划志愿者赴西藏、新疆、云南、甘肃等地开展支教等志愿服务活动。2013 年,学校被团中央批准为研究生支教团招募高校,累计招募 9 名同学为研究生支教团成员赴新疆生产建设兵团。2013—2015 年学校连续三年获全国"大学生志愿服务西部计划优秀等次项目办"荣誉称号。

(5)坚持统筹协调,完善创新创业教育体系,双创工作取得新提升。贯彻执行《天津科技大学关于推进创新创业教育和大学生自主创业工作的实施意见》《天津科技大学深化创新创业教育改革的实施方案》等文件,适应大众创业、万众创新的趋势,坚持创新引领创业、创业带动就业,主动适应经济发展新常态。以推进素质教育为主题,以提高人才培养质量为核心,以创新人才培养机制为重点,以完善条件和政策保障为支撑,促进高等教育与科技、经济、社会紧密结合,加快培养富有创新精神、勇于投身实践的创新创业人才队伍。一是遵循"低成本、便利化、全要素、开放式"的原则,在全校建成众创空间 2000 平方米。其中,2014 年 12 月学校与天津明大华中企业孵化器合作,建成了天津市高校首批众创空间,是天津市最早引入专业孵化器作为运营主体的众创空间之一。天津市委常委、滨海新区区委书记宗国英为基地揭牌,基地被团市委授予"天津青年创业基地",被滨海新区授予"天津市滨海新区众创空间"。二是开展创新创业相关活动,营造良好的创新创业氛围。承办"共创未来"——2015 年中美青年创客大赛, 新华社以通稿形式刊发图片新闻,《人民日报》《光明日报》《中国青年报》《天津日报》《今晚报》均在头版发表相关报道。在校园内营造了浓厚的"创客"文化氛围。举办三届"创青春"创新创业大赛,累计参赛达 2000 余人次。学校创新创业工作形成了 "挑战杯""大学生创新创业训练计划""学生科技节""创新杯"应用能力竞赛、"海河杯"生物科技创新竞赛、耐特食品创新大赛等 20 多个品牌的学生创新创业活动。三是注重培养学生的创新创业典型,涌现出了申川、晁岩、靳慧慧、杨维巧等创业典型。2015 年 9 月在大连举行的达沃斯论坛上,国务院总理李克强与科大学子、绅士科技 CEO 申川亲切握手,传达对大学生创业的最高鼓励和强烈期待。在寻访 2015 年大学生创业英雄活动中,计算机学院 2014届毕业生晁岩、海洋学院 2012 级学生申川,双双入围 2015 年大学生创业英雄百强。四是加强创新创业内涵化建设,主动服务创业团队。截至目前,已支持在校生中成熟创业项目 88 个,其中 36 个项目已完成工商注册。其中,科技型创业项目 34 项,文化传播型创业项目 16 项,服务型创业项目 38 项。

2.五年来学生会的工作

学生会第九届委员会始终坚持"自我教育、自我服务、自我管理"的理念,秉承 "尚德尚学尚行,爱国爱校爱人"的校训,贯彻落实学生会"全心全意为同学服务"的宗旨,以服务学校中心工作、全面提高大学生综合素质为目标,创新性开展丰富多彩的活动,不断加强自身组织建设。

(1)紧随时代步伐,争做思想上的领军者

五年来,校学生会以党的十八大、建党 90 周年、中华人民共和国成立 65 周年、纪念抗日战争胜利 70 周年等重大节日、纪念日为契机,开展了"我的中国梦"、"我对祖国有话说"等系列主题教育实践活动。将社会主义核心价值观培育和践行融入基层建设工作中去,在低年级中开展"我为社会主义核心价值观代言"主题团日活动,组织新生"写、咏、绘、讲"社会主义核心价值观,开展主题楹联撰写、主题朗诵、主题海报展;在高年级开展"明辨社会正能量,弘扬核心价值观"主题活动。每年的五四青年节,学生会都会组织纪念活动并开展团学工作先进评选等,累计评选团学先进集体 125 个,团学先进个人 815 人。

建立了天津科技大学学生会微信公众平台及"官方微博",用同学们喜闻乐见的方式传递校园学习生活服务信息。五年来,校会官方微信累计发表图文信息 576 篇,内容涵盖校园文化活动、时事政治、热点新闻和学生动态等。校会官方微信总用户量达到 9819 人,平均每天微信图文消息阅读人数为 446.58 人,平均阅读次数 801.09 次。在全国高校学生会和研究生会微信平台影响力排行榜中,曾经名列全国第 25 名、天津市第一名。

(2)优化育人环境,争做校园文化的建设者

五年来,学生会以加强校园文化品牌活动为载体,开展各类健康文明的校园文化活动。其中,累计 22005 人次参加"精英杯"基础学科竞赛。校学生会还开展金秋辩论赛,开展"感动科大十大学子"评选、优秀毕业生访谈、"图书漂流"等一系列贴近同学们学习、生活的校园文化活动。

为弘扬中华民族传统文化,使广大同学了解国学、热爱国学、学习国学,校学生会开展了汉字听写大赛、国学知识竞赛等一系列活动。2015 年校学生会承办了天津市大学生中华传统文化知识团队赛,接受多家媒体采访报道。

学生会不断改革创新,积极探索新的活动模式,除了校园十大歌手比赛、元旦晚会、宿舍文化节等多年来备受同学关注的活动外,推陈出新开展了各类达人秀、好声音选拔赛等活动,为广大学生搭建了绽放青春、放飞梦想的舞台。

在团中央、全国学联号召开展的"走下网络、走出宿舍、走向操场"活动中,学生会组织了丰富多彩的群众健身活动,全校共有 462 个团支部(其中社团团支部 98 个)报名参与了该活动,平均每周参加人次超过 4 万。广播体操、足球赛、篮球赛、迷你马拉松等不同强度的体育运动适应各个年龄层的老师、同学们参加,真正做到了全民参加,全民运动,全民健身。在"酷青春·万步行"公益挑战赛中,学校参与注册人数突破 4400 人,在天津市高校校园入住率排名第二。

经过五年的发展,学校模拟联合国社团已经初具规模,成为活跃校园文化、浓厚学风的特色载体。2014 年学校成功举办第四届天津市模拟联合国区域培训会议,共有来自 11 所高校的 177 名代表参加了会议。2015 年学校在天津市第七届大学生模拟联合国大会中,荣获杰出代表奖。在华东理工大学举办的中国模拟联合国大会中,天津科技大学代表获得"最佳代表"奖,实现了学校在全国模拟联合国大会上的突破。

(3)全心全意服务,争做学校与学生的纽带

五年来,学生会建立了线上线下学生维权投诉平台。线上投诉平台基于校学生会公众微信平台与官方微博,广泛收集整理、同学们的意见建议,及时反映至相关处室,并对问题解决进度进行反馈;线下平台通过安放展板和设立信箱等方式收集涉及广大师生利益的事项,进行集中处理,并反映给相关部门。在此平台上,学生会帮助同学们解决了西区路灯照明等 30 余项问题,为同学们的学习和生活提供了便利。

五年来,校学生会坚持开展每两周一次的食堂检查活动,对食堂卫生、环境等进行评比打分,对结果进行公示。举办"最美宿管","最受欢迎食堂"等评比活动,引入竞争机制,使学生亲身参与学校建设工作。通过召开座谈会,调研在校学生思想动态,反映学习生活中的意见建议,编写舆情快报7期并报送学校党政领导批阅。每年制作《新生手册》,帮助大一新生尽快适应大学生活。

五年来,校学生会共举办三届"我最喜爱的老师"评选活动,经过学生推荐、班级提名、学院审核、现场投票、网络投票五个环节,在全校学生的积极参与下,"明星老师"走上学生心中最高领奖台。累计评选出25名"我最喜爱的辅导员"、30名"我最喜爱的班导师"和90名"我最喜爱的教师"。

（4）加强自身建设,争做组织上的示范兵

五年来,校学生会以《天津科技大学学生会章程》为依据,针对新的发展形势和管理中出现的新问题,完善了《学生会例会制度》《办公室值班制度》《档案管理制度》及《活动室、会议室的使用和管理制度》。

校学生会以"青年马克思主义者培养工程"大学生骨干培训班为重要载体,形成初级班、高级班和精英班三层培训体系。五年来,先后遴选25名优秀学生干部参加天津市大学生骨干培训班,多人获得优秀学员称号。2015年,学校大学生骨干培训班赴井冈山暑期社会实践团队,进行的调研课题《利用红色资源培育大学生志愿精神的研究》从全国180多支团队中脱颖而出,荣获"2015年'井冈情.中国梦'"全国大学生暑期实践季专项行动优秀课题成果奖。

校学生会注重与各兄弟院校间的交流,相继走访了南开大学、天津外国语大学等高校,与兄弟院校学生组织进行了深入并富有成效的交流学习。校学生会也注重与学院学生会间的交流沟通,在原则上统领各学院学生会的工作,在实施过程中帮助和协调院级学生会工作,促进各级学生会间的交流协作,使各级学生会工作呈体系式整体发展。

3.五年来研究生会的工作

"十二五"期间,学校高度重视校研究生会的组织建设,推动成立了校研究生会临时党支部,推动成立了6个院级研究生会组织,指导校研究生会紧扣学校创新人才培养中心任务,立足于广大同学的基本需求,着力培养研究生的高尚情怀、责任担当、开拓精神和自主意识,开创了校研究生会工作新的局面。

（1）强化校研究生会的组织建设。坚持"自我服务、自我管理、自我教育",建立和完善财务制度、例会制度、请假制度、值班制度等规章制度,开展好校研究生会的日常工作,推进研究生组织的民主高效管理。

（2）加强研究生的精神文明建设。增强研究生的社会主义理想信念,提高研究生的思想觉悟、理论水平和道德修养,引导校园文化向健康、高雅方向发展;围绕十八大、十八届三中全会、四中全会、五中全会、中国梦、践行社会主义核心价值观等主题开展各种学习、座谈、专题研讨等活动 50 余场。

(3)举办系列学术活动。以营造"创新进取、求真务实"的研究生学术氛围为目标,"十二五"期间,通过举办"渤海风"研究生学术文化节等一系列学术活动,为广大研究生提供了学术交流的平台,激发了研究生的创新欲望,提升了研究生的科研热情。

(4)维护研究生的正当权益。积极参与与校领导的座谈交流、定期开展研究生意见征集和满意度调查等活动,及时做好与有关职能部门的沟通对接,认真反映研究生学习、工作和生活上的合理意见和要求,充分发挥好桥梁和纽带作用。

(5)加强与兄弟院校和校外企事业单位的交流。走访了天津大学、天津工业大学等高校的研究生组织,参观考察了天津康师傅集团、养乐多(中国)投资有限公司、春发集团等,在开拓视野、增长见识的同时,进一步扩大了学校的影响和声誉。

(6)其他工作。在做好自身工作的同时,校研究生会还积极承担学校多项学生活动的组织工作,协助或主办了"良师益友—我心目中的最好导师"评选等一系列重要活动。

第九节　机关党建工作

学校机关党建工作始终围绕学校中心工作和发展大局,紧紧依靠各处室、各党支部和机关党员干部,致力于基于加强党的建设创建学习型、服务型机关。

加强党员队伍建设,夯实党建工作基础。严格落实《中国共产党发展党员工作细则》要求,控制总量、优化结构、提高质量、发挥作用。5 年来,共发展和转正机关教工党员 30 余名。同时,认真做好在职 285 名党员及退休的 146 名党员的党费收缴工作。始终坚持反"四风"高压态势,强化正风肃纪,坚持"三会一课"制度,定期开展民主评议,切实巩固提高党内生活质量。持续深化和拓展党员干部"三联系"工作,机关 64 名处级领导干部联系学生宿舍、学生党支部,22 个在职党支部联系困难学生,覆盖面达到百分之百。在机关开展学习贯彻《中国共产党廉洁自律准则》和《中国共产党纪律处分条例》精神。倡导文明接待来电、来访,强化办事效率,整肃个人形象,提升机关工作服务满意度。

作风建设以点带面,不断拓展党建工作新维度。一是坚持"以人为本、服务师生",努力创建服务型机关。学校高度重视机关作风建设,先后制定出台了《天津科技大学机关工作规范》《天津科技大学机关处室工作职责》《关于进一步加强和改进机关作风建设的意见》,规范办事程序。设有作风建设领导小组、作风建设办公室、作风建设监督电话。设置岗位"微笑牌",发放倡议书。二是坚持走群众路线,深入开展调查研究,为领导决策提供参考。以转变作风、优化服务、抓好落实、办事公开、提高效能为主要任务,加强服务型、创新型机关党组织建设。2013 年开展以"服务教学、科研一线,提升机关工作效能"为主要内容的走基层、转作风、促改进的工作调研系列活动,2014 年开展以"服务发展、服务基层、服务师生"为主要内容的"机关服务年"活动,2015 年开展机关服务型党组织建设问题调研活动。三是强化岗位责任,不断提高机关管理效能。学校不断强化机关责任意识与服务意识,在落实党组织关系接转、职工子女入学入党、职工出国(境)政审等岗位职责的基础上,参与多项学校重要工作、重大活动。2014 年 6 月,根据校党委工作安排,机关接收退休教职工 247 人,成立了机关退休教职工党支部。先后组织退休教职工召开与机关党支部书记座谈会、传达校二次党代会精神座谈会、新年座谈会三次。2015 年,制定了《机关党委退休教职工活动经费提取及使用说明》,组织机关各部门对本部门退休教职工进行重阳节走访慰问,重点关心关注八十岁以上、孤寡空巢老人,范围覆盖机关全体退休教职工。同时做好每年度教职工退休人数统计、退休教职工党费收缴及系统维护工作。四是大力培养青年干部,进一步加强机关管理干部队伍建设。始终关心帮助机关青年管理干部的成长与发展,开展青年管理干部的教育学习培训,建立"TUST 机关青年汇"微信平台,开办机关青年管理干部素质拓展培训班,搭建青年机关干部学习交流的平台。几年来,共评选出 89 名机关先锋岗、38 个机关先锋号。开展了"机关文明岗""机关文明科室"的投票评选活动,几年来,共评选出"机关文明岗"21 名、"机关文明科室"5 个。

以制度建设为引领,力促党建工作走在前列。机关党建工作坚持以服务为导向,不断建立健全党委服务党支部、党支部服务党员、党员服务师生的制度体系,在现有各项制度基础上,创新管理制度 6 项,已形成成熟的管理制度 9 项:覆盖全体党员的机关理论中心组、党支部理论学习制度,体现集体领导民主决策的机关党委会制度,服务支部建设的党委委员联系党支部制度,明确目标与责任的党支部书记责任制度,强化党员身份意识和自我监督的党员承诺践诺制度,规范支部工作的支部工作台账和档案管理制度,机关党建带动工会组织建设制度,党内监督制度,鼓励支部创新和激发支部活力的党支部奖惩激励制度。

创业绩、见成效,多方位创新党员服务载体。一是创新机关党建理论载体,提升党建工作科学化水平。鼓励机关党支部围绕党建工作中出现的新情况、新问题进行思考,积极探索提升党组织服务效能的突破口,并以此为契机在党组织活动内容、活动方式、工作载体、工作机制等方面进行创新,将行政工作与党建工作服务职能有机结合,不断开拓基层党建工作新局面。2015 年,机关共有六个项目获批党建创新立项课题,其中重点课题两项。二是创新机关文化载体。通过开展系列文体活动,推进机关软环境建设。举办六届主题为"运动、快乐、健康、和谐"的"天津科技大学机关趣味运动会";举办三届机关羽毛球大赛活动;参加学校庆三八妇女节服装秀活动;组织机关干部每天十分钟的工间广播体操;举办"放歌十八大、幸福在科大"机关新年联欢会;开展青年管理干部素质拓展训练;组织机关百人合唱团参加学校新年联欢会文艺演出,放声齐唱科大校歌等丰富多彩的文体活动;组织承办学校男性健康趣味运动会。2015 年,机关代表团在四项校级赛事中均取得了团体第一名的优异成绩。建立了机关"职工之家"。三是创新机关队伍建设载体。坚持以党建带工建、带团建,形成了党支部书记、工会机关分会小组、机关团总支三个平台。四是创新党员线上线下服务载体。一是建立党员活动中心。推广党员先锋岗、划分党员责任区,为党支部及党员交流工作、发挥服务效能提供场所。二是建成机关网络服务平台。2015 年建设并启用了新版机关党建工作网站,发布公告、更新机关动态、增设理论学习、作风建设、制度规范、群团之家模块,开设链接机关各职能部门网站的服务专区。三是建立微信服务平台。利用快捷便利的共产党员微信群服务党员,实现党组织对党员服务的全覆盖。

附　录

附录一：专业学院事业发展情况

　　截至"十二五"末,学校共设有机械工程学院、电子信息与自动化学院、化工与材料学院、生物工程学院、海洋与环境学院、包装与印刷工程学院、艺术设计学院、经济与管理学院、法政学院、计算机科学与信息工程学院、理学院、外国语学院、食品工程与生物技术学院、造纸学院、国际学院、应用文理学院、马克思主义教育学院等 17 个专业学院。其中,造纸学院、应用文理学院和马克思主义教育学院为"十二五"期间新设。

　　"十二五"期间,各学院贯彻学校第二次党代会精神,紧密围绕顶层设计目标任务,结合学院实际,夯实内涵,凸显特色,在教育教学、科学研究、学科平台、师资队伍、学生工作和党的建设等方面真抓实干、开拓进取、锐意创新,各项工作取得突破性成果,有力推动了有特色高水平科技大学建设进程。

一、机械工程学院

　　"十二五"期间,在校党委、行政的正确领导下,学院坚决贯彻党的教育方针,认真落实学校"十二五"规划和"顶层设计",坚持"注重内涵、强化特色"的发展思路,充分调动教职员工的积极性,扎实工作,分解目标,明确职责,在各方面求真务实、攻坚克难,开展了卓有成效的工作。

　　1.教学工作

　　"十二五"期间学院培养本科毕业生 3349 人,其中国防生 216 人、毕业研究生 305 人。教职工承担教学工作量 5 万余学时/年。

　　专业建设方面,先后建设并获批"过程装备与控制工程专业"(天津市品牌专业)、"机械设计制造及其自动化(新能源汽车)"(天津市战略新兴产业相关专业);新建成并获批"机械电子工程"和"车辆工程"两个本科专业;规划了天津市机电工程实践教育中心平台建设,学院被列为学校首批卓越人才实验班试点单位。机械设计制造及其自动化、工业设计、工业工程三个专业完成综合评价前期工作。机械设计制造及其自动化专业团队成为市级教学团队。

课程建设方面,《人机工程学》和《机械制造技术基础》获批为校级精品课程;制订了学院课程组实施方案,建成了《微机原理》《测控技术》《气液传动》《数控技术》等8个课程组群,基本完成了学院大类课程平台建设。

教改方面,实施机电实验班培养计划,2015年首届机械电子工程实验班学生顺利毕业,完成天津市教委教改课题15项、天津市教科院教育科学重点规划项目5项、青年项目5项、一般项目5项、天津市高等教育学会重点项目5项、一般项目5项。获得天津市市级教学成果一等奖2项。开放实验室,承担"大学生创新创业训练计划"48项,其中国家级27项。

教学管理方面,成立机械工程学院教学指导委员会和机械工程学院教育教学督导组。聘请校内外专家举办了系列"工程设计实践"讲座;开设"卓越工程师成长之路"系列讲座,制定实验班导师制实施方案。出台了《机械工程学院助验机制管理办法》《机械工程学院教学工作奖励办法》《机械工程学院本科教学质量奖评选办法(试行)》和《机械工程学院毕业设计(论文)准入制实施细则》等文件。

2.科研工作

科研工作方面,2013年建立"干燥与脱水技术研究""机械参数测量与控制"等9个科研团队。2015年组建了"流固耦合高性能有限元分析及其在生物力学中的应用"研究团队。五年来,获得国际科学技术合作奖1项、中国轻工业联合会科技进步奖三等奖1项和优秀奖1项,石油与化工联合会科技进步奖三等奖1项、天津市技术发明三等奖1项。获批国家自然科学基金项目20项、国家高技术研究发展计划(863计划)1项、国家科技支撑计划项目1项、天津市各类纵向项目10余项、各类横向项目107项。学院到校科研经费总额达到2500余万元。发表各类学术论文500余篇,其中SCI/EI检索高水平学术论文100余篇,授权发明及实用新型专利35项。

在研究生培养方面,研究生招生规模达到110人/年。硕士生导师增加至60人,博士研究生导师增加至13人;开展与西班牙巴斯克大学机械工程双硕士合作培养项目;积极探索专业型研究生培养模式,每年坚持举办研究生论文发表会,建立了包括中国汽车技术研究中心等科研院所、企业在内的一批研究生实习基地;组织研究生参加高水平竞赛和创业创新实践项目。

学术交流方面,2011年举办第七届亚太国际干燥会议。先后邀请俄罗斯、加拿大、日本等国知名学者做学术报告。2014年,学院齐刚教授发起了首届数据科学与工程国际研讨会,学院举办了 2014 工业工程与信息技术国际学术会议等高水平国际会议。

科研管理方面,学院先后出台《机械工程学院教师成果鉴定及申报科技进步奖励资助办法》《机械工程学院青年教师科研资助计划》和《机械工程学院科技奖励条例(试行)》等文件。与全国各大城市和单位、与天津各区县建立稳定的合作关系,加入农业装备产业技术创新战略联盟。

3.学科与平台建设

机械工程一级学科在 2013 年学科评估中,整体水平位列全国 102 所参评高校第 65 位。

平台建设方面,2014 年成功获批"轻工与食品工程机械装备集成设计与在线监控"天津市重点实验室。

学科建设方面,2011 年机械工程学科获批天津市高校"十二五"综合投资特色优势学科,与艺术学院合办的设计学科获批天津市高校"十二五"综合投资战略发展学科。新增"车辆工程"专业硕士学位点、自主设置"能源工程"与"工业工程"硕士点,二级学科硕士点增加至 13 个。

4.队伍建设

人才引进方面,海内外高水平人才引进力度不断加大。聘用中国第一重型机械集团公司能源装备材料科学研究所所长、国家"千人计划"入选者殷福星博士为兼职教授(海河学者);引进天津市千人计划 1 人、天津市青年千人计划 1 人、海河学者培育计划 1 人、国家外专局高端外国专家 1 人、天津市特聘讲座教授 2 人、海内外青年博士教师 20 人,引进实验系列、管理系列、思政系列教师 12 人。

师资培养方面,先后派遣 5 名优秀中青年教师以访问学者身份赴美国各大学从事访问研修工作。派遣 2 名优秀青年博士后分别赴奥地利和美国进行国际化培训学习,多名青年教师赴美国、欧洲等地参加国际学术会议。加强辅导员队伍建设,开展了辅导员读书季活动,保证学院辅导员每年参加外出学习培训至少一次。建设"教学团队"和"课程组"。机械设计制造及其自动化专业教学团队被评为市级教学团队。焦志勇、张峻霞被评为市级教学名师,1 名教师(李占勇)获得天津市高校学科领军人才称号,2 名教师(张峻霞、毕德学)获得天津市高校学科骨干创新人才称号,5 名教师(李建宇、赵倩、朱曰莹、张琰、程颖)入选天津市"131 创新型人才工程",4 人(王新亭、白仁飞、何丽娟、朱应利)入选优秀青年教师,6 名教师(胡军、毕德学、李亚、崔世海、李海岩、李建宇)入选天津市中青年骨干教师出国研修计划,白仁飞获得国际工业设计"红点奖"。

5.学生工作

学院学生工作以"严谨求实 活泼向上"院训精神为指引,注重培养学生综合素质和创新精神;以学生的成才、发展和就业为工作的出发点和落脚点,以学风建设为中心,加强学生思想道德和科学文化素质培养;以"机械十佳"为载体,促进学生综合素质的全面提高,取得了可喜的成绩。

思想政治教育方面,以立德树人为根本,积极引导学生践行社会主义核心价值观。先后策划、组织"红歌会演""滨海新区文艺会演"及"创先争优立学风,我为党旗添风采""党在我心中"暨学习贯彻胡锦涛总书记"七一"讲话精神演讲比赛等大型党日活动等。

学风建设方面,形成了以"十佳学习标兵""十佳大学生""十佳党员"等有特色的机械"十佳"系列评选为核心,采用以奖带学、以奖促进的激励模式。"以学风建设指引班级建设,以班级建设推动学风建设"为原则,组织"骨干训练营""百团创优""学习互助""集体自习"等活动,以实验室建设、科研项目建设为重点,组织学生参加百余项课外学术竞赛。

实践育人方面,每年3—6月举办"志愿服务季"系列活动,先后组建志愿队伍150支约4500人。组织参加"挑战杯"等校内外科技类创新创业大赛。建立天津华禹汽配有限公司等6个"青年就业创业见习基地"。"碧海蓝天"赛车队获第九届Honda中国节能车竞技大赛全国第九名,学院团总支学生会暑期社会实践服务团、蓟县信息化应用实践队获评天津市暑期社会实践优秀团队,110152班获天津市五四红旗团支部称号。学生个人获得市级以上党团荣誉类奖项5人、市级以上志愿服务及社会实践类10人、市级以上学术科技类465人、市级以上奖学金和荣誉称号类85人。在全国挑战杯创业计划大赛中,付王浩等同学的项目"支点科技公司"获天津市金奖、一等奖2项,获"创青春"天津市大学生创业大赛银奖1项。

就业工作方面,成立"职业生涯指导中心",选聘优秀校友担任学生生涯导师,定期举办校友专题讲座等活动,每年举办一次学院专场招聘会,毕业生签约率、就业率始终位居学校前列。

日常教育管理方面,设立了校友奖学金,发挥学生会和学生社团的作用,开展心理健康和感恩、安全主题教育,举办"建设美丽天津·关注生命安全"主题团日活动,组织趣味消防运动会、安全知识竞赛和书画比赛等教育活动。

6.党建工作

学院党委始终坚持贯彻落实党的路线方针政策,坚持"围绕中心抓党建,抓好党建促发展"的工作思路。学院党委荣获天津市教卫工委创先争优先进党组织及天津市教育系统先进基层党组织荣誉称号,学院荣获天津市教卫工委"思想政治工作先进集体"称号。

加强自身建设。始终坚持党政联席会议制度和中心组学习制度。邀请民主党派人士参加学院各项活动。成立机械学院关心下一代工作委员会。面向广大师生开展院徽、学院精神表述语和解释辞的征集工作。成立青年教工之家,开设青年博士论坛;建立"班子主要领导共进午餐制""班子成员联系基层系室、民主党派教师"等一系列常态化工作新机制;建立领导干部自主学习课表制度。

加强师德建设。出台了《关于在学院开展"提升服务意识,加强师德师风建设,促进教育教学质量提高"工作的通知》(机党发〔2014〕3号文件)和《关于开展青年教师师德师风建设系列活动的实施方案》等重要文件,切实加强和改进青年教师思想政治工作。2015年学院获评天津市教卫工委师德建设先进单位。

发挥党员先锋模范和党组织的战斗堡垒作用。在建党90周年之际,隆重表彰了机械学院五好党支部、优秀共产党员、优秀党务工作者、十佳学生党员等一系列学院级先进集体和个人。先后组织党员教师先后赴北京国家展览馆参观"复兴之路"大型展览、到山东周村感悟民族工商业发展历史、赴山东革命老区开展保持党的纯洁性实践学习,强化革命传统教育。

成立学院二级党校,完善"机械工程学院党建先锋网";在基层党支部设置上,8个研究生党支部按照二级学科纵向设置,将党支部真正设立在实验室;本科生党支部14个,其中以汽车服务工程、汽车工程两个党支部为试点,进行了纵向设置,致力于探索"教工——研究生——本科生"党支部相互促进、密切配合的体制机制。积极推进"五好党支部"建设。

7.工会(教代会)工作

学院工会(教代会)积极参与学院的民主管理,在调动广大教职工积极性、丰富学院文化生活、推动院务公开、促进党风廉政建设、构建和谐校园等方面发挥了重要的作用。

始终加强民主管理和民主监督制度的落实。每年按时召开学院教代会,院长做年度学院工作和财务工作报告。加强工会(教代会)自身建设。积极开展提合理化建议工作。开展以"奉献爱心、激励成才"为主题的"校园金秋助学""一帮一"结对子活动,共结对子22对。

唱响主旋律,开展劳动竞赛和形式多样的文体活动。在全院范围内深入开展"五比双创"活动。每年组织青年教师开展教学基本功竞赛活动,教师参加天津市教学基本功竞赛获得天津市三等奖1项(李建宇)。举办"女博士论坛",发挥女教工作用。五年来,全院获得市级"教师先锋岗"2 人(张峻霞、李建宇)。张峻霞获天津市三八红旗手,陈建平荣获天津市"五一劳动奖章",工会主席孟延红荣获天津市劳动竞赛示范岗。精心组织教职工参加全校歌咏大赛、庆"三八"时装才艺展演等文艺活动和校羽毛球赛、乒乓球赛等体育活动。

二、电子信息与自动化学院

"十二五"期间,在学校党委、行政的正确领导下,电子信息与自动化学院紧密围绕学校顶层设计,求真务实,开拓进取,全面建设有特色高水平电信学院。学院目前有一级学科硕士点 2 个:仪器科学与技术(天津市重点学科)和控制科学与工程,有二级学科硕士点 9 个。设有本科专业 5 个、基础教学单位 1 个。学院教职工 87 名。在校生规模 2268 人,其中本科生 2012 人、研究生 256 人。

1.本科教学工作

在利用好"电路""数字电子技术"两门市级精品课的基础上,2014 年组建"自控原理"校级优秀教学团队,2015 年新增 2 个校外实践基地。为每名新教师安排一名导师。学院卓越人才实验班自 2011 年招收第一届学生。获批天津市电工电子实验教学示范中心, 完成天津市电气自动化虚拟仿真示范中心申报工作。电子工艺实习基地从滨海校区中区搬迁到西区,新增 PCB 制版设备,拓展电子工艺实习。

表 1

时间	基础实验室	专业实验室	创新实验室
"十一五"投资额(万元)	107	233	8
"十二五"投资额(万元)	374	785	57

"十二五"期间,学院毕业学生总数 2114 人,被授予学位人数 2059 人,总毕业率 96.7%,总授学位率 94.2%。在全国大学生电子设计竞赛中获国家二等奖 3 项,获天津市一等奖 4 项、二等奖 3 项、三等奖 8 项、优秀组织奖 1 项。在天津市大学生电子设计竞赛中获天津市二等奖 2 项、三等奖 10 项、优秀组织奖 1 项。在天津市大学生单片机应用设计竞赛中获天津市二等奖 2 项、三等奖 11 项、优秀组织奖 3 项。在华北五省(市)大学生机器人大赛中获一等奖 6 项、二等奖 13 项、三等奖 25 项、"优秀指导教师"1 项。在全国大学生机器人竞赛中获一等奖 5 项、二等奖 8 项、三等奖 4 项。在天津市大学生机器人大赛中获二等奖 4 项、三等奖 8 项、优秀奖 2 项。在全国虚拟仪器竞赛中获三等奖 1 项。在第一届两岸高校自动化设计大赛中获二等奖 1 项。

2.科研工作

"十二五"期间,学院在科研方面取得历史性突破,在管道安全监测、超声导波应用型研究、微环境智能感知技术、高精度可控震源研制、微型投影机光引擎、光伏供电智能增氧技术及工业过程智能监控系统开发等方面取得显著成果。

(1)科研实力大幅提升。"十二五"期间,学院共承担 60 项纵向课题,其中国家自然科学基金、科技支撑等国家级项目 9 项,天津市科委、天津市教委、天津市农委等省部级项目 21 项,局级项目 10 项,校级基金 20 项,合同总额 487.6 万元,到账总额 463.7 万元。戴凤智教授"仿生动力式助行器"项目获中国轻工业联合会颁发的国轻工业联合会科学技术奖优秀奖。

(2)积极推进科技服务和产学研合作。学院广泛联系企事业单位,结合企业实际生产技术需求,开展产学研合作,签订横向项目 65 项,到账总金额为930.96 万元。科研经费达 1500 万元。

(3)高水平论文和学术研究成果取得突破。SCI 及 EI 检索论文数 101 篇,ISTP检索论文 50 篇左右。薛薇教授论文实现高水平 SCI 一区零的突破。出版专著 8部、编写教材 3 部,获批发明专利 11 项、实用新型专利 29 项及软件著作权 5项。其中,杨世凤教授出版《Aquaculture Environment Control Based on WSN》外文学术专著 1 部,实现历史性的突破。

3.学科建设

五年来,学科平台建设取得重大突破,学科层次和水平再上新台阶。"仪器科学与技术"一级学科获批天津市重点一级学科,控制科学与工程获得学校重点支持建设学科,积极组织完成了"仪器科学与技术"学科参加教育部第三轮一级学科评估工作。

"仪器科学与技术"一级学科突出轻工特色,重点发展信息处理与通信技术、现代通信技术和新型计算机技术的研究、图像处理与机器视觉等领域。通过大力整合学科梯队,凝缩学科方向,进一步拓展学科内涵(见表 2),学科获专利授权 16 项(其中发明专利授权 4 项),签订技术合同 23 个。控制科学与工程学科重点发展鲁棒控制、时滞系统控制、智能控制、先进控制理论及其应用、智能化自动化系统与装置、先进制造技术、轻工装备、超混沌系统、智能检测技术及系统等领域。(见表 3)

表2

项目	基本数据			
学科平台	专业学位点	1个	一级学科硕士点	1个
			二级学科硕士点	5个
学术队伍	专职教师及研究人员共计36人			
	其中具有博士学位	10人	教授(或相当专业技术职务)	7人
	副教授(或相当专业技术职务)	13人	高校中青年骨干教师出国研修	1人
科学研究	出版学术专著	3部	发表论文共计	106篇
	SCI、EI、CPCI收录论文	49篇	CSCD或CSSCI收录论文	17篇
	省部级纵向科研项目	3项	承接科研项目共计	48项
			国家级纵向科研项目共计	2项
	理、工、农、医类学科科学研究按项目来源统计:			
	国家自然科学基金	2项	主管部门科技项目	4项
	企事业单位委托科技项目	24项	省、市、自治区科技项目	3项
			其他课题	17项
	科研经费	422万	国家级纵向科研项目经费	49万
	省部级纵向科研经费	42万	国际合作科研项目经费	万
研究生培养	授予博士学位	人	授予硕士学位	41人
	授予专业学位	15人	天津市硕士论文抽查合格率	100%
	研究生发表论文	70篇	研究生论文被SCI、EI、CPCI、A&HCI、SSCI、CSCD、CSSCI收录	48篇
	举办(参加)研究生学术活动	21次	研究生获奖情况(市级及以上学术奖励)	7项
社会服务	横向科研经费	311万	获专利授权	17项
	获发明专利授权	4项	实验室开放基金	3.3万
	技术转让(服务)合同金额	443万	技术转让(服务)到账金额	311万
	技术入股企业	1个		

表 3

项目	统计时间		基本数据	
学科平台	所在一级学科全国排名	26 名	一级学科硕士点	1 个
	一级学科排名百分位	78.8%	二级学科硕士点	3 个
学术队伍	专职教师及研究人员共计		36 人	
	其中具有博士学位	20 人	教授(或相当专业技术职务)	10 人
	副教授(或相当专业技术职务)	15 人	天津市特聘(讲座)教授	1 人
	天津市千人计划	1 人	高校中青年骨干教师出国研修	1 人
	其他学术人才称号	4 个		
科学研究	出版学术专著	5 部	发表论文共计	115 篇
	SCI、EI、CPCI 收录论文	52 篇	JCR 一、二区论文	1 篇
	CSCD 或 CSSCI 收录论文	23 篇	国家级纵向科研项目共计	8 项
	承接科研项目共计	97 项	省部级纵向科研项目	14 项
	理、工、农、医类学科科学研究按项目来源统计:			
	国家自然科学基金	2 项	主管部门科技项目	4 项
	"863"计划项目	1 项	省、市、自治区科技项目	10 项
	国家科技攻关计划	1 项	其他课题	23 项
	国家部委其他科技项目	1 项	企事业单位委托科技项目	46 项
	科研经费	939 万	国家级纵向科研项目经费	147 万
	省部级纵向科研经费	180 万	国际合作科研项目经费	万
研究生培养	研究生发表论文	24 篇	授予硕士学位	25 人
	举办(参加)研究生学术活动	21 次	天津市硕士论文抽查合格率	100%
	研究生获奖情况 (市级及以上学术奖励)	1	研究生论文被 SCI、EI、CPCI、 A&HCI、SSCI、CSCD、CSSCI 收录	16 篇
社会服务	横向科研经费	538 万	获专利授权	30 项
	获发明专利授权	5 项	签订技术转让(服务)合同	46 项
	技术转让(服务)合同金额	777 万	技术转让(服务)到帐金额	538 万
	实验室开放基金	8 万	举办(承办)学术会议	3 次

4.人才队伍

共有教职工 87 名,其中专任教师 66 人;具有博士学位 34 人,占专任教师 51.52%;教授 18 人,副教授 34 人;具有硕士生导师资格的 27 人、博士生导师 3 名。"十二五"期间共引进博士 15 人,具有副高职称 2 人。引进天津市第十批"千人计划"(创新短期人选)1 名,海河学者 2 名,天津市特聘讲座教授 1 名,天津市海河培育 1 名。

5.学生工作

(1)研究生培养实现以 2.5 年为基础的学制向学术型硕士 3 年、专业型硕士 2 年的转变。组织制订 2015 级研究生培养方案 9 个,学术型硕士研究生培养方案 8 个,专业学位硕士研究生培养方案 1 个。组织专业学位领域制订专业实践教学大纲。研究生获校级优秀硕士学位论文 6 篇,获得国家奖学金的 12 人,研究生就业签约率保持在 90% 以上。

(2)以培育和践行社会主义核心价值观为主线,通过专题报告、专题座谈、理论征文、新媒体阵地、志愿服务等多种活动形式,着力提升大学生思想政治素养和道德品质。建成校级学风建设特色基地一个,制定《电信学院学风建设管理规定选编》。编撰印制 3 本成果册《电信学院大学四年规划指导手册》《优秀学生学习经验分享录》等。形成以全国数学建模大赛等学科知识竞赛为基础,以"实验室开放基金项目"等学生科研训练项目为平台,以学院创新电子社团等科技创新社团建设为纽带,以全国大学生智能车竞赛等学生科技创新竞赛为动力的创新实践教育体系。五年来在全国大学生电子设计竞赛、"飞思卡尔杯"智能车竞赛、全国机器人大赛、挑战杯等科技竞赛中获市级以上奖项 582 人次,30 人获得市级荣誉称号,2 人获天津市王克昌奖学金特等奖。

"十二五"期间,学院毕业生考研率分别为 8.6%,11.3%,12.9%,8.7%,6.7%。毕业生初次就业率分别为 94.85%,93.67%,98.22%,99.11%,96.01%。学院 105 个团支部、班集体获得校级"五四红旗团支部"、校级"优良学风集体"和校级"先进集体"等荣誉称号、2 个团支部获得校级"五四红旗团支部标兵"称号,6 个集体获得市级先进集体、校级先进集体标兵以及天津市暑期社会实践优秀团队称号。

6.党建工作

(1)形成了规范化、常态化、长效化的工作制度。建立"党政联动机制",一是实行教工党员担任学生入党培养联系人、入党介绍人的制度,二是实行教工党支部书记兼任教研室副主任制度。创建"三个好"示范和"三个一"制度,提升支部建设的活力和生命力。

（2）积极推动公寓党支部特色工作。2012 年率先在天津高校中成立公寓党支部，并摸索建立了一套运行机制，包括组织领导制度、学习培育制度、作用发挥制度、主体本位制度、载体助推制度等。

（3）组织发展严密有序，严把党员质量关。一是恪守党员标准，严把发展程序，五年来平均每年发展学生党员 115 人；二是严格环节，周密细致，做好发展材料准备工作；三是开阔视野，凸显特色，拓展具有电信学院特色的党员成长平台；四是加大教育，强化监督，加强对积极分子和预备党员的培养考察。

五年来，学院 1 个支部获评为天津市教育工委创先争优先进基层党组织，1个支部获得校级先进党支部，7 个支部获得校级五好党支部称号，学院党委获评校级思想政治工作先进集体，学院荣获天津市教育工委创最佳党日活动二等奖 2 项、优秀奖 1 项、校级一等奖 5 项、校级三等奖 1 项。2015 年有 2 个党建研究项目获得校立项，1 个重点项目获得结题验收。

7.党群团组织建设

五年来，20 位同志获评校级教工先锋岗。2012 年，电气工程与自动化专业教研室获得天津市教育系统"教工先锋号"先进集体称号。2014 年，薛薇获得天津市五一劳动奖章先进个人、天津市教育系统"教工先锋岗"。

三、化工与材料学院

"十二五"期间，化工和材料两个学科分别分布在材料科学与化学工程学院、海洋科学与工程学院、理学院、生物工程学院等四个不同院系。"十二五"末，学校对两个学科进行战略性优化调整，将原材料科学与化学工程学院的"化学工程系""高分子材料与工程系""化工原理教学部"、原海洋科学与工程学院的"海洋化工系"，原理学院的"应用化学"和"材料化学"专业以及生物工程学院的"生物化工"专业进行整合，于 2015 年 5 月 21 日成立化工与材料学院。

成立后的学院拥有化学工程与工艺（含海洋化工、精细化工与环境化工 2个方向）、高分子材料与工程、材料化学、应用化学专业等 4 个本科专业，拥有在校生 2125 人，其中本科生 1845 人，博士研究生 10 人，硕士研究生 272 人。

1.教学工作

（1）扎实做好"行业卓越人才实验班"建设工作

2011 年，学院承担学校首届"行业卓越人才实验班计划"中的材料科学与化学工程实验班建设工作，学院院长、党委书记亲自担任两个实验班班导师，完成《材料科学与化学工程卓越人才实验班培养方案》的制定工作，强化实验班的"辅导员——班导师——班级"三重管理机制，实验班的各项工作得以稳步推进。

（2）加强品牌专业建设

学院现有"化学工程与工艺"专业、"高分子材料与工程"专业为天津市品牌专业。在"十二五"综合投资品牌专业和战略新兴产业相关专业建设的基础上，化学工程与工艺专业和高分子材料与工程专业完成了"特色专业建设计划"申报工作，材料化学与应用化学专业完成了"基础经费投资计划"申报工作。

（3）进一步加大教改研究力度

"十二五"期间，学院教师承担教改项目5项。其中，苏建福老师《地方高校工程教育模式与机制研究》的课题获批天津市高等教育学会"十二五"教改课题；卢秀萍教授的课题《"三动"教学模式创新与精英教学团队建设的研究与实践》获批天津市普通高等学校本科教学质量和教学改革重点项目课题；赵梓年副教授承担的课题《高分子材料与工程专业课程体系优化和教学内容改革的研究与实践》获天津市普通高等学校本科教学质量与教学改革研究计划项目。

（4）积极培育教学名师

学院积极组织开展"优秀青年主讲教师研修活动"和"青年教师教学基本功"系列培训等活动。

（5）实践教学硕果累累

"十二五"期间，学院获批国家级大学生创新创业实践项目8项，获批大学生创新创业训练计划项目40余项；1项学生科研成果入选第七届全国大学生创新创业年会，3个学生科研项目分获"挑战杯"全国铜奖、中国青年创新创业大赛全国三等奖和全国大学生节能减排竞赛全国三等奖。

2012年，建成天津市海洋化工实验教学示范中心。2013年，建成天津市化工基础实验教学示范中心。截至"十二五"末，学院已有实习实践基地25个，其中专业级校外实践教学基地4个。

2.科研工作

"十二五"期间，共承担科研项目315项，科研到账经费5974万元，其中国家级项目41项、省部级项目43项、横向项目206项；发表学术论文753篇（含教改论文），其中被SCI、EI、ISTP收录的期刊论文321篇，其中Ⅰ-Ⅱ区高水平论文46篇；获授权国家发明专利29项、实用新型专利19项；获科研奖励13项，其中省部级奖励8项；新增部省级重点实验室（现与海洋学院共建）和工程技术研究中心各1个。

科研项目："十二五"期间，学院到款科研经费为5974万元，人均到款52.40万元，其中纵向项目到款2919万元、横向到款3055万元；承担科研项目315项，其中承担国家级、省部级、横向项目分别为：41项、43项、206项。

科研成果:"十二五"期间,学院教师共发表论文 753 篇,其中 SCI、EI、ISTP 收录 321 篇,I–II 区高水平论文 46 篇,占 6.11%;参与编著并出版的学术著作 6 部;获授权的专利 48 项,其中发明专利 29 项、实用新型专利 19 项。

3.学科及人才队伍建设

(1)学科建设

2014 年,材料科学与工程一级学科被确定为校级重点学科。2015 年,材料科学与工程学科申报的轻化工材料工程二级博士点获国务院学位办批准。2015 年,完成天津市科委第四期"化学工程与技术"重点学科验收工作,召开天津市海洋化工技术工程中心第二届技术委员会第一次会议、天津市海洋资源与化学重点实验室第三届学术委员会第二次会议,顺利完成年度验收工作。

新学院成立以来,确定了"学院学科负责人及秘书名单",完成学院"团队化"建设,形成 17 个科研团队。组织学院专家制定学位授权点合格评估指标体系;成立了学院学位授权点合格评估领导小组和工作组,确定了各参评学位授权点负责人及联系人;按照学科门类不同,分别组织制定了化学工程与技术一级学科学位授权点、化学工程领域环境科学与工程一级学科学位授权点、环境工程领域海洋科学一级学科学位授权点的学位授权点合格评估指标体系。制定了学院化学工程与技术、材料科学与工程两个一级学科"十三五"学科建设整体规划。

截至"十二五"末,学院拥有"轻工技术与工程"一级学科博士学位授权点,下设"皮革化学与工程""轻化工材料工程"和"盐科学与工程"二级博士学位授权点 3 个;拥有"化学工程与技术"一级硕士学位授权点,下设"化学工程""化学工艺""应用化学""生物化工""应用化学"和"工业催化"二级硕士学位授权点 5 个;拥有"材料科学与工程"一级硕士学位授权点,下设"材料物理与化学""材料学""材料加工工程"和"新材料与技术"二级硕士学位授权点 4 个;拥有"轻工技术与工程"一级硕士学位授权点,下设"皮革化学工程"和"盐科学与工程"二级硕士学位授权点 2 个;拥有"材料工程"和"化学工程"专业型硕士学位授权领域 2 个。其中,"化学工程与技术"一级学科与"轻工技术与工程"一级学科为天津市重点学科。

拥有天津市海洋技术工程技术中心、天津市海洋资源与环境监测中心、天津市海洋资源与化学重点实验室、天津市海洋化工行业技术中心、全国盐业培训中心等平台。其中,天津市海洋资源与环境监测中心具有国家 CMA 检测资质。

(2)人才队伍建设

加大人才引进力度。2011 年,从美国加州大学戴维斯分校引进褚立强老师,褚老师作为"海河学者"特聘教授,填补了材料科学与工程领域高端领军人物的空白。从日本理化研究所引进博士后陈延辉老师,有力地加强了工业催化方向的师资力量。2014年,从天津临港投资控股有限公司引进郭志超老师作为海河学者培育计划的学者。2015年,从美国拉莫尔大学引进韦会鸽博士作为海河学者培育计划的学者。

做好人才培养工作。2012年,褚立强老师获批进入天津市青年千人计划。2013年,姜涛教授入选天津市高校"中青年骨干创新人才培养计划"名单,王彪入选天津市高校"优秀青年教师资助计划"。2015年,李征征老师受科技部支持的"2015年中韩青年科学家交流计划"赴韩国国立忠南大学开展访问交流1年,郭敏杰、高天成获得天津市科委科技特派员资助,中组部选派高天成博士至新疆乌鲁木齐天山区挂职任副区长。唐娜教授荣获2015年"天津市中青年科技创新领军人才"称号。

截至"十二五"末,学院拥有教职工114人,其中正高级职称30人、副高级职称35人;拥有博士研究生导师15人、硕士研究生导师49人;拥有教育部"新世纪优秀人才计划"2人、中科院"百人计划"1人、天津市特聘教授2人、天津市"青年千人计划"1人、天津科技大学"海河学者"特聘教授4人、天津市学科领军人才1人、天津市中青年科技创新领军人才2人;拥有"教育部创新团队"1个、"天津市创新团队"1个。

4.学生工作

学生工作始终坚持"以党建带团建、加强学生思想政治教育"的基本思路,加强学生思想政治教育。

(1)加强制度建设,完善培养机制

学院先后制定了《研究生国家奖学金评奖细则》《研究生学业奖学金评奖细则》等相关管理文件。组织完成《化工与材料学院2015年研究生招生录取工作方案》《化工与材料学院本科生各类评奖评优工作实施细则》等文件,逐步完善了学生管理培养的制度化。

(2)狠抓学风建设,优化育人环境

制定了《化工与材料学院"1+3"帮扶制度》《一年级学生晚自习制度》《一年级学生英语早读班制度》《班导师助理聘任制度》《辅导员联系任课教师制度》《辅导员走访宿舍制度》等8项学风建设相关制度。

组织开展丰富多彩的校园文化活动。开展化工与材料学院第一届班歌、班徽、班训、班级故事评比大赛活动,筹划以"化工全产业链"为轴线的分类指导活动等,建立了天津药明康德新药开发有限公司、开发区环卫工人之家等5个社会实践基地,组织多项活动的志愿服务。

（3）建立学生服务中心,探索自我服务

2015年成立学生服务中心。这是学校首个集合综合咨询、信息维护、奖助手续、就业帮扶、教学服务、党团组织管理等功能的院级学生服务平台和机构。

5.党建工作

（1）加强制度建设

学院成立以来,陆续出台了《化工与材料学院党委贯彻"三重一大"制度的实施细则》《化工与材料学院党委会议事规则》《化工与材料学院党委中心组理论学习制度》《化工与材料学院党政联席会议议事规则》《化工与材料学院党支部建设制度汇编》等相关管理文件。

（2）认真开展专题教育

在党员中先后开展了保持党的纯洁性教育、党的群众路线教育、贯彻落实中央八项规定专项整治、"三严三实"等专题教育,认真开展习近平总书记系列讲话精神、社会主义核心价值观以及党纪法规等方面的专题学习。

（3）优化支部设置

学院对支部设置进行了优化调整,教师党支部按照学院（系）内设的教学、科研机构设置,本科生党支部按照专业纵向设置,研究生党支部按照学科、专业纵向设置,离退休教工党支部单独组建。

（4）强化基层民主

在诸如教工先锋岗评比、优秀党员评比等重要事项和敏感问题的决策上,学院党委严格按照"各系部民主推荐—教代会及其执委会审议通过——党政联席会议酝酿决定"的程序,积极征求教职工的意见和建议,确保广大教职员工的知情权、参与权、表述权和监督权,畅通联系群众的渠道,密切干群关系。

"十二五"期间,王正祥"劳模创新工作室"2015年被命名为天津市教育系统首批"劳模创新工作室"。杨宗政老师被评为2014年"市级教工先锋岗"、获得2015年度天津市五一劳动奖章,王正祥老师被推选为2015年度天津市有突出贡献专家建议人选。

四、生物工程学院

"十二五"期间,生物工程学院致力于加强内部治理结构改革,先后制定《生物工程学院学术委员会章程》《生物工程学院党政联席会议议事规则》《生物学院教学指导委员会章程》等管理文件,并着力加强教代会制度建设。通过一系列以建立现代大学制度为导向的学院内部治理机制体制改革,明确行政权力边界,建立了以学术委员会为核心的学术权力体系,提高了学院管理的制度化、规范化、科学化水平,为学院稳定快速发展提供了坚实的制度保障。

目前,学院已发展成为我国生物工程类高级人才的重要培养基地,为发酵、生物医药等行业输送了大量多层次高水平人才。学校在"生物工程类高校2016—2017专业大类排名"中跻身全国前三。在淀粉酶品、氨基酸、活性干酵母、生物防腐剂、传统酿造食品、甾体药物生物转化等领域的科学研究与技术开发居国内领先水平。发酵工程国家重点学科获评A++类学科,作为轻工技术与工程一级学科的重要支撑学科,在学科评估中连续多年位居全国高校前三甲。

1.教育教学质量稳步提高

"十二五"期间,"生物工程实验教学中心"获批国家级实验教学示范中心,与中法合营王朝葡萄酿酒有限公司共建的工程实践教育中心入选第一批国家级工程实践教育中心,国家级教学名师贾士儒教授入选"国家高层次人才特殊支持计划"(万人计划——教学名师)。在持续建设国家级教学团队(生物反应工程教学团队)的基础上,新获批天津市教学创新团队1支(生物反应工程教学团队)、天津市级教学团队1支(发酵工程教学团队)。"生物反应工程"国家精品课程入选"第三批国家级精品资源共享课立项项目","奥妙的微生物世界"入选"第六批精品视频公开课"。生物工程国家特色专业入选"教育部卓越工程师培养计划"及天津市品牌专业;制药工程专业入选天津市战略性新兴产业相关专业。2013年设置了新的本科专业(方向)——生物工程(酿酒工艺),并在同年成功获批中英合作办学项目——与英国赫瑞瓦特联合开设生物工程(酿造与蒸馏)专业。卓越人才实验班于2011年开始招生,先后实施以"卓越人才实验班"为参与主体的Rotation计划(实验室轮转制度)、卓越人才实验班导师团队建设计划和核心课程建设计划。《全面强化工程教育,培养行业卓越人才的改革与实践》论文荣获天津市级教学成果一等奖,《深化教学改革,推动生物工程特色专业建设》论文荣获天津市级教学成果二等奖;获批天津市普通高等学校本科教学质量与教学改革研究计划主持项目2项、参与项目1项。出版教材9部,其中主编3部;发表教改论文44篇。获批39项以学生为项目负责人的"大学生创新创业训练计划"。学生获得全国大学生数学建模大赛一等奖1项、二等奖2项及天津市数学竞赛二等奖2项,获得天津市大学生物理竞赛二等奖2项和全国大学生英语竞赛一等奖2项、二等奖7项、三等奖11项。

"十二五"期间,学院招收硕士研究生1062人、博士研究生67人;授予硕士学位838人,其中授予专业学位研究生314人;授予博士学位41人。获得天津市优秀博士论文 2 篇、天津市优秀硕士学位论文 7 篇。加大与科研院所及企业联合培养力度,建立专业学位研究生培养基地 6 个。近五年研究生参与国家自然基金、973 计划、863 计划和教育部、天津市的 300 余项国家及省部级项目;发表论文 700 多篇,其中高水平论文 47 篇;获得天津市技术发明三等奖 2 项。

　　2.科研创新能力逐步提升

　　"十二五"期间,学院科研经费总额超过 8700 万元,其中国家级纵向科研经费 5208 万元,省部级纵向科研经费 1212 万元;国际合作科研项目经费规划 220 万元。主持国家重大项目的能力持续提升,包括"973"项目 1 项、"863"计划项目 22 项;国家自然科学基金项目研究能力稳步提升,共主持国家自然科学基金 74 项。重大科技成果的产出能力实现新的重大突破,获得国家级二等奖 2 项、天津市科技进步一等奖等三大奖 7 项及中国食品工业协会科学技术一等奖和中国轻工业联合会等其他省部级科研成果奖合计 13 项;出版学术专著 6 部、国际会议论文集 2 部,发表论文 927 篇,其中 SCI、EI、ISTP 收录论文 596 篇、JCR 一区和二区论文 56 篇。学院科研实力迅速增强,科研水平大幅提高。

表 4　国家级等科技进步奖励列表

序号	获奖项目名称	评奖单位	获奖类型	等级	获奖年度	完成人
1	重大淀粉酶品的创制、绿色制造及其应用	国务院	国家技术发明奖	二等奖	2013	王正祥
2	高耐性酵母关键技术研究与产业化	国务院	国家科技进步奖	二等奖	2014	肖冬光(排名第4)
3	发菜细胞培养及其应用	天津市人民政府	天津市技术发明奖	三等奖	2011	贾士儒
4	枯草芽孢杆菌 B579 制剂化及其控制设施蔬菜土传病害技术研究与示范	天津市人民政府	天津市科技进步奖	三等奖	2012	王敏
5	分支链氨基酸代谢调控技术及产业化	天津市人民政府	天津市科技进步奖	二等奖	2013	陈宁

续表

序号	获奖项目名称	评奖单位	获奖类型	等级	获奖年度	完成人
6	甾体 16α,17α-环氧黄体酮 11α-羟基化关键技术应用研究	天津市人民政府	天津市科技进步奖	二等奖	2014	路福平
7	优良果醋饮料发酵菌种选育及发酵关键技术研究与应用	天津市人民政府	天津市科技进步奖	一等奖	2015	王敏
8	微生物液态发酵生产速溶茶粉的研究与应用	天津市人民政府	天津市科技进步奖	三等奖	2015	杜丽平
9	全膜法提取苏氨酸新技术研究与开发	内蒙古自治区人民政府	内蒙古自治区科技进步奖	三等奖	2015	陈宁

3.学科与平台建设取得新进展

(1)学院学科平台与实验条件持续完善。2011 年,获天津市发展和改革委员会批准组建了"天津市氨基酸高效绿色制造工程实验室";2012 年 10 月,获国家发展和改革委员会批准组建了"代谢控制发酵技术国家地方联合工程实验室";2014 年 8 月,中法"食品营养与安全和药物化学联合实验室"完成了实验室物理空间建设与搬迁工作并揭幕;2015 年 1 月,"生物工程实验教学中心"获批国家级实验教学示范中心;2015 年 3 月,获天津市科委批准组建"天津市微生物代谢与发酵过程控制技术工程中心";筹措 820 余万元重点用于校内发酵中试实验平台建设,优化了实验仪器设备配置,改善了实验教学环境,提升了实验教学信息化水平。

(2)学术交流与学科影响力持续提升。"十二五"期间,学院承办或协办各级各类会议 16 次,其中承办 5 次国际学术会议、4 次全国性专业领域学术会议、3 次教学会议。

(3)一级学科建设取得显著成效。2012 年教育部学科评估中,轻工技术与工程一级学科排名由全国第五名上升到全国第三名。2011 年成功获批"药学一级学科硕士点",经过五年建设,药学一级学科建设水平有了新的提升,获批校级重点支持建设学科。

表 5 承办或协办主要国际会议列表

序号	学术会议名称	层次③	会议规模(人)	会议地点	会议年月	备注
1	2012 年应用生物技术国际会议	国际	200	天津	2012 年 10 月	承办
2	2014 年第二届应用生物技术国际会议	国际	200	天津	2014 年 11 月	承办
3	2011 年国际氨基酸产业创新与联盟发展高峰论坛	国际	200	廊坊	2011 年 10 月	承办
4	2013 年国际氨基酸产业发展高峰论坛	国际	200	上海	2013 年 11 月	承办
5	2015 年国际氨基酸产业高峰论坛	国际	200	上海	2015 年 9 月	承办
6	"意大利米兰大学—中国天津科技大学"双边学术研讨会	国际	50	天津	2013 年 4 月	主办
7	"天津科技大学—南非科学家访问团"双边学术研讨会	国际	50	天津	2013 年 3 月	主办
8	"南非德班理工大学—工业发酵微生物教育部重点实验室(天津科大)"学术研讨会	国际	50	天津	2015 年 6 月	主办
9	首届亚洲生物技术大会(ACB-2011)	国际	500	上海	2011 年 5 月	协办
10	第六届 IEEE 生物信息与生物医学工程国际学术会议(iCBBE 2012)	国际	500	武汉	2012 年 5 月	协办
11	2012 国际工程与技术大会(CET 2012)	国际	200	北京	2012 年 10 月	协办

4.人才队伍建设实现新突破

"十二五"期间,贾士儒教授被评为国家"万人计划"高校教学名师;路福平教授入选国家百千万人才工程计划、天津市高校"学科领军人才培养计划";王敏教授被评为科技部中青年科技创新领军人才,入选天津市"131"创新型人才培养工程第一层次,获批天津市"131 领军人才创新团队";王正祥、刘浩、马文建 3 位教授获评天津市特聘教授;马龙、秦慧民 2 位老师入选"天津市青年千人计划";外国专家1名入选"外专千人计划",3名入选"外专千人计划"短期项目。王楠教授入选为天津市"131"创新型人才培养工程第一层次,钟成教授被评为天津市创新人才推进计划"青年科技优秀人才",王楠、王洪彬、申雁冰3位老师被列入天津市优秀青年教师资助计划。

引进天津市特聘教授:天津市"千人计划"等高水平人才5人、青年教师5人,全院教师总人数达75人;省部级人才增加5人。新增天津市教学创新团队(生物反应工程教学团队)1支、教学团队(发酵工程教学团队)1支、天津市"131"创新人才团队(传统发酵食品)1支。积极落实市科委和学校共同推进的科技特派员制度,选拔40余名优秀青年技术骨干赴企业参与科技帮扶和技术指导工作,提升青年教师工程能力和社会服务能力。

表6 引进的主要人才列表(部分)

序号	姓名	性别	学历	来源院校	备注
1	王正祥	男	博士	中国江南大学	天津市特聘教授
2	杨利军	女	博士	美国佛罗里达大学	天津市千人计划
3	马文建	男	博士	窗体顶端 美国NIH环境健康研究所	天津市特聘教授
4	李因传	男	博士	美国波士顿大学	
5	何红鹏	女	博士	新加坡国立大学	
6	马龙	男	博士	英国爱丁堡大学	天津市青年千人计划
7	秦慧民	男	博士	日本东京大学	天津市青年千人计划

5.学生德育工作扎实推进

(1)加强思想政治教育,坚定理想信念。把握纪念建党90周年、党的十八大召开等关键节点和新生入学、毕业生离校等重要时段,依托党校团校阵地,发挥新媒体和社团作用,不断深化和拓展思想政治教育的深度与广度,坚定大学生理想信念。

(2)坚持教育管理并重,建设优良学风。组织班训、班徽、班歌设计活动,实施毕业生橡树计划、榜样行动等,举办毕业季主题活动,开设知行讲堂、至善讲堂、人文生物博士论坛,做好宿舍文化节、科学道德与学风建设月等活动。广泛开展读书分享会、学长帮扶计划、国学知识学习会等学风建设工程。315名本科生、51名研究生考入香港中文大学等著名高校深造。2012届本科毕业生涌现出一个宿舍6人全部保送学校研究生的优秀案例,11名本科生、69名研究生获评国家奖学金,12名本科生获评天津市人民政府奖学金。

（3）深入开展文化建设,努力发挥文化育人功能。以国学教育为第二课堂教育核心内容,确立"知行合一、至善求是"院训,全国首创"尚德修身日信——飞信传国学"活动,被《人民日报内参》《新闻联播》等媒体重点报道。"校园文化建设"特色基地成为学校首批学生工作特色基地。以特色基地为依托,主持、参与相关科研项目 8 项(含省部级项目 1 项)、调研课题 7 项,发表相关科研论文 7 篇、调研文章 2 篇,撰写相关调研报告 8 篇,获得省部级奖励 6 项。

（4）搭建实践创新平台,提升学生综合素质。以"勤实践,求真知"为主题组织学生参加假期实践活动,共建大学生社会实践基地,开启"醴泉计划"。2011年,学院赴新疆社会实践团队作为天津市三所高校实践团队之一,成功入选团中央 2011 年全国大中专学生暑期"三下乡"社会实践重点团队。获"挑战杯"大学生创新创业计划国家级奖项 1 项、市级奖项 6 项,获得"挑战杯"大学生课外学术科技作品竞赛国家级奖项 1 项、市级奖项 17 项。联合南开大学生命科学学院、天津大学化工学院主办诺维信"酶好明天"三校联合创新大赛。

（5）全力做好就业工作。"十二五"期间,学院本科生就业率每年均保持在95%以上,平均就业率为 98.25%;研究生就业率每年均保持在 90%以上,平均就业率为 95.8%。2013 届本科毕业生石国龙创立叶慈咖啡饮品品牌,在全市发展了多家直营门店和加盟门店。

（6）与育人相结合,做好资助工作。在做好经济资助的同时加强教育引导,做到资助与育人并举。"十二五"期间,共有 228 人次获得国家励志奖学金,1072人次获得国家助学金。

6.党建工作不断深化

（1）加强学习教育,密切师生联系。先后开展保持党的纯洁性教育活动,开展党的群众路线教育活动,开展贯彻落实中央八项规定和正风肃纪专项整治工作,开展"三严三实"专题教育活动。

（2）教工党建与教学科研、师德师风建设相结合,推动学院科学发展。以加强师德师风建设为契机,引入考核奖惩机制完善班导师工作制度,促进班导师参与学生培养全过程,提高人才培养质量。完善"一帮一"金秋助学等工作制度并贯彻落实。

（3）党建融入学风建设,发挥学生党支部先锋模范作用。开展学长帮扶计划和班级读书分享会活动。指导学生党支部弘扬中华优秀传统文化,构建文化育人软环境。成立党员发展对象和预备党员动员组,开展上课出勤、课堂手机收纳情况检查,切实改进学院学风建设。

（4）加强党员发展与教育管理。"十二五"期间共发展 440 名学生党员、1 名教师双高党员。学院党校五年内共开设 10 期入党积极分子培训班,755 名入党积极分子顺利结业。严格选送 533 名入党积极分子和 468 名预备党员进入校党校学习。

(5)加强基层党组织建设。改革研究生党支部建设模式,将原有的以班级为单位建立的横向支部改建为 10 个以学科方向为单位建立的纵向支部。推进党委委员参与基层支部建设工作,完善"党委委员带头上党课、联系学生党支部"制度。

"十二五"期间,学院党委先后荣获"天津市高校党建工作示范单位""天津市教育系统先进基层党组织",学院先后荣获"天津市文明单位""天津市教育系统先进集体""天津市师德先进单位",生物反应工程教学团队获批"全国工人先锋号"称号,应用微生物支部等 6 个支部先后荣获天津科技大学五好党支部荣誉称号。陈宁获 2011 年度市委教育工委创先争优优秀共产党员荣誉称号;杜岩刚荣获 2014 年度天津市五一劳动奖章;刘浩于 2012 年 6 月被吸收入党,成为学校发展的第一位具有"海河学者"称号的党员。

五、海洋与环境学院

海洋与环境学院前身为海洋科学与工程学院。2015 年 5 月,由于学校学科调整,化学工程与工艺专业整体调出,保留海洋科学、环境科学与工程 2 个一级学科,学院更名为海洋与环境学院。目前,学院是天津市高校中唯一具有完整海洋学科体系的科研教学单位,也是在天津滨海新区公益事业领域最为活跃的代表性组织。

学院现有在校本科生 959 人、研究生 310 人、教职工 62 人,特聘中国科学院院士冯士筰和中国工程院院士郑绵平为客座教授,设有天津市海洋资源与化学重点实验室和天津市海洋化工技术工程中心(与化工学院共建),学院先后承担和完成国家 973 项目、863 项目、国家自然科学基金重点项目、科技支撑项目以及省部级各类科技项目、重点国际科技合作项目等 160 余项,与企业合作研究开发项目 250 余项。

1.教育教学质量稳步提高

(1)本科生教育

教学建设方面,"海洋环境保护技术实验教学示范中心"和"海洋化工实验教学示范中心"获评天津市级实验教学示范中心建设单位;"环境科学与工程专业教学团队"获批天津市教学团队,环境科学专业评为天津市品牌专业。2013 年出版"化学工程与工艺"品牌专业教材《水盐体系相平衡》。刘宪斌教授入选教育部环境科学与工程类专业教学指导委员会委员,魏皓教授入选教育部海洋科学专业教学指导委员会委员。

教学成果方面,完成教学改革研究项目结题 16 项,其中市级 5 项、校级 3 项、中国高教学会 1 项、中国高教学会学生分会 4 项、天津市高教学会 2 项、天津市教委重点调研课题 1 项、在研 2 项;发表教改论文 46 篇。

刘宪斌教授获第七届高等教育天津市级教学成果二等奖 1 项, 学院获天津市教委 2011 届本科生优秀毕业设计 1 项、大学生创新创业训练 29 项(其中国家级 13 项、市级 6 项、校级 10 项)。本科生发表论文 39 篇,其中 SCI 7 篇,EI 4 篇。

学生在全国大学生节能减排比赛、全国海洋知识竞赛、全国大学生英语竞赛、数学竞赛、数学建模大赛等各项赛事中,均斩获佳绩。五年来,学生累计获奖 109 人次。

制度建设方面,制定了学院文件《本科教学质量工程项目资助办法》,组建了学院第一届教学指导委员会和第一届教育教学质量专家督导组,加强了教学质量的监督和监控,促进了本科教学质量的稳步提升。

(2)研究生教育

"十二五"期间,学院新增物理海洋学、盐科学与工程 2 个学术型硕士研究生招生专业,建设化学工程研究生专业实践基地 1 个。五年来共招收硕士研究生 316 人,其中博士 8 人、硕士 308 人。授予博士学位 12 人、硕士学位 245 人、专业硕士学位 60 人,毕业率 100%,学位授予率 98.75%,研究生签约率达80%以上(不含硕士研究生攻读博士学位和出国)。

学生获奖方面,获评天津市优秀硕士学位论文 2 篇,获留学基金委国家公派研究生 1 人。2 人荣获博士研究生国家奖学金,18 人荣获硕士研究生国家奖学金;1 人获天津市三好学生;3 人获第十一届"华为杯"全国研究生数学建模竞赛三等奖。

制度建设方面,学院制定了《硕士研究生参加本科助教工作及参加学术交流活动的管理办法》《研究生国家奖学金管理实施细则》《研究生学业奖学金管理实施细则、评审内容和标准》《研究生学习优秀奖学金评选办法》等规章制度,并根据实际情况每年修订研究生国家奖学金、学业奖学金、学习优秀奖学金等评奖评优的实施细则或评选办法。

2.科研创新能力逐步提升

(1)科研项目

"十二五"期间学院共承担纵向科研项目 162 项("十一五"54 项,环比增长 200%),累计到款 3958 万元("十一五"1701.3 万元,环比增长 132.7%);承担横向项目 256 项("十一五"101 项,环比增长 153.5%),累计到款 3766 万元("十一五"1509.35 万元,环比增长 149.5%)。其中国家级项目 42 项,到款 1566 万元;

省部级项目 45 项,到款 779 万元。获得国家科技合作专项 1 项、973 项目 5 项、国家科技支撑计划 2 项、国家自然科学基金 43 项、中国科学院战略先导科技专项专题项目 1 项。

表 7 "十二五"与"十一五"学院获得项目经费对比表

| | 纵向项目★ | | | | | | 横向项目★ | |
| | 合计 | | 国家级 | | 省部级 | | 项目数 | 经费 |
	项目数	经费	项目数	经费	项目数	经费		
十一五	54	1701.3	19	844.4	35	856.9	101	1509.35
十二五	162	3958.2	42	1565.7	45	778.5	256	3766.27
十二五/十一五	300%	232.7%	221.1%	185.4%	128.6%	90.9%	253.5%	249.5%

(2)学术成果

"十二五"期间,发表刊物论文 563 篇、会议论文 134 篇。其中发表于 SCI 检索论文 122 篇、JCR 一区和二区论文 62 篇、EI 检索 92 篇、ISTP 检索 4 篇。出版专著、教材 5 部。获得授权发明专利 23 项、实用新型专利 16 项、软件著作权 2 项。

表 8 "十二五"与"十一五"发表论文和专利授权对比表

| | 发表论文及出版专著情况 | | | | 获得专利情况 | | |
	论文总数	SCI	EI	专著(不含译著)	发明	实用新型或软件著作权	软件著作权
十一五	618	31	35	4	22	4	0
十二五	697	122	92	5	23	16	2
十二五/十一五	112.8%	393.5%	262.8%	125%	1.05%	400%	

(3)科技奖励

"十二五"期间,获得国家级奖项 1 项,获得省部级一等奖 2 项、二等奖 3 项、三等奖 1 项。2015 年,王昶教授"苯甲酸连续生产工艺机器装置"发明获天津市专利奖金奖,王昶教授"甲苯连续催化氧化、连续精馏生产苯甲酸创新工艺产业"获得中国产学研合作创新成果优秀奖,孙军教授获得中国产学研合作创新奖。2014 年,孙军教授作为第二完成人获得上海海洋科学技术奖(海洋科技进步奖)二等奖,王昶教授科研成果获得农业部全国农牧渔业丰收奖(农业技术推广成果奖)一等奖,唐娜教授科研成果获得轻工业联合会科技进步一等奖,刘宪斌教授科研成果获得天津市科技进步二等奖,崔青曼和袁春营教授科研成果分别获得天津市科技进步二等奖和轻工业联合会科技进步三等奖。

表 9　"十二五"与"十一五"科研获奖对比表

	科研获奖情况 ★			
	国家级	省部级		
		一等	二等	三等
十一五	0	1	3	2
十二五	1	2	3	1

3.学科平台建设取得新进展

（1）学科建设水平不断提升

学院现有海洋科学、环境科学与工程 2 个一级学科硕士点，环境工程领域硕士授权点，海洋科学、海洋技术、环境科学和环境工程 4 个本科专业。"十二五"期间，海洋科学一级学科被列为天津市重点学科，环境科学专业被评为天津市品牌专业。

（2）科研平台和实验条件持续完善

"十二五"期间，学院先后建设了天津市海洋资源与化学重点实验室、天津市海洋化工技术工程中心、海洋资源与环境监测中心（具有国家计量认证资质）。天津市"海洋化工工程技术中心"于 2012 年 6 月建成。目前队伍总人数为 25 人，其中研究生及博士毕业占总人数的 68%，技术人员 20 人。学科调整后，"海洋资源与化学重点实验室"和"天津市海洋化工技术工程中心"由学院与化工学院共建，海洋资源与环境监测中心划归学校实验室设备与管理处管理。

（3）学术交流与学科影响力持续提升

"十二五"期间，学院共举办各类学术交流和讲座活动 55 次。举办和承办了"第 12 届国际盐湖会议""日晒盐场卤虫的生物调控作用和资源可持续利用""海洋动力与环境的过程、机制和预测""第 19 届国际工业结晶研讨会"等大型会议。学院首次加入"国际 SOLAS 计划""中国科协中国未来海洋联盟"。与比利时根特大学、越南芹苴大学、加拿大 Bedford 海洋研究所、加拿大魁北克大学、美国南加州大学、美国马里兰大学等国际科研单位保持长期合作伙伴关系。

4.人才队伍建设实现新突破

截至 2015 年 5 月，学院拥有教职工 83 人、教师与科研人员 73 人。其中长江学者 1 人、天津市特聘（讲座）教授 4 人、海河学者 4 人、教授 24 人、副教授 18 人；博士生指导教师 9 人，硕士生指导教师 33 人，其中具有博士学位的 43 人，占教师与科研人员的 60%。经学科调整后，学院现有教职工 62 人，其中教师与科研人员51人。长江学者1人、天津市特聘(讲座)教授2人、海河学者2人、教授13人、副教授17人,具有博士学位的33人,占教师与科研人员的63.5%。

五年来,学院引进和培养多名高层次人才,其中引进天津市特聘教授2名(孙军、邓天龙),引进天津市特聘讲座教授1名(谢会祥);培养长江学者特聘教授1名(孙军)、教育部新世纪人才2名(孙军、赵亮)、天津市"131"人才第一层次入选1名(孙军)、学科领军人才1名(魏皓)、中青年骨干创新人才2名(孙军、赵亮)。"十二五"期间共有9名青年教师出国研修,3人入选优秀青年教师资助计划(李家星、李伟、张武)。

学院形成了两支科研能力突出、创新能力强的科研团队。2014年,孙军教授带领的"海洋生物资源与环境"团队和邓天龙教授带领的"制盐与盐化工"团队入选"十二五"期间天津市高等学校"创新团队培养计划",邓天龙教授带领的"卤水资源与综合利用"创新团队入选教育部创新团队发展计划,刘宪斌教授带领的"环境科学与工程"教学团队被评为天津市级教学团队。

5.学生德育工作扎实推进

学院着重加强大学生思想政治教育,形成了"严肃活泼,务实创新,勤学明辨,修身笃行"的学生第二课堂特色文化体系,并通过与天津开发区政府、企业、社区、中小学以及泰达环保协会、志愿者协会、香港环保协会等众多社会公益团体的深入合作,在环境保护、志愿服务等领域建起了一套完善的实践育人体系。

结合学院专业特色,搭建学生科研实践育人平台。制定学院《关于本科生第二课堂学分管理的补充规定》的文件。积极探索将二、三年级为主的本科生带入科研实践的教育模式。举办"海洋知识竞赛"和"海洋学术科学竞赛"赛事。

"十二五"期间,学生在"挑战杯"系列竞赛中获全国级奖项1项、市级奖项2项、校级奖项5项。在创业类竞赛中,2012级学生谷明成获2015年中国大学生服务外包创新创业大赛一等奖,2013级学生申川的"津梦圆绿色食品"项目、"淘客吧"项目在中国创新创业大赛、天津泰达创业大赛、"创青春"创业竞赛中屡次获奖;申川创办"绅士科技",其创业经历在达沃斯夏季论坛上得到李克强总理的亲切鼓励,2010级李文平的"稻草人快餐创业"项目荣获2013年市级创业奖学金。

五年来,学生累计获得国家奖学金的10人、人民政府奖学金的14人,获得市级三好、优干、王克昌奖学金的9人,获得校级三好、优干、社会活动先进个人、优秀团员、优秀团干515人次,有82个集体获校级优良学风班和先进团支部。学院100532班获得天津市学生先进集体标兵称号,110531班获市级先进集体称号;2011级学生张涛荣获市级王克昌奖学金特等奖第一名。

学院学生工作者发表相关研究论文19篇,参与省部级项目3项,参与局级项目5项。

6.党建工作不断深化

学院党委坚持加强基层党组织建设、优化党支部设置方式,教工按系、本科生按专业、研究生按学科进行支部设置,实现了学生支部书记均由教工担任、教工支部均由院领导联系的支部建设格局。

五年来,学院党委荣获市级"创先争优先进基层党组织"称号1次,先后有3个学生党支部、1个教工党支部荣获校级"五好党支部"称号,2个党支部在"创最佳党日"活动评比中获奖,多名预备党员在讲党课活动中获奖。在2014年度"创最佳党日"活动评比中,14级海科化工研究生党支部获得学生组第一名。天津港"8·12"爆炸事故发生后,副院长刘宪斌、党员李桂菊、宋贵生等协助政府做好危险品处理工作,支部书记赵瑞华更是深入到一线处理污水,充分展示和发挥了党员的典型模范作用。

六、包装与印刷工程学院

"十二五"期间,包装与印刷工程学院工作围绕学校"顶层设计"制定的目标任务,秉承"依法治院,质量立院,科研兴院,特色荣院,文化强院"的办学方针,坚持教学与科研并重、管理与育人并重、素质与知识并重的原则,坚持发展依靠师生、发展成果由师生共享的理念,充分调动全院师生的积极性,凝聚师生的智慧和力量,在教学、科研、人才培养、专业建设、师资队伍建设等方面取得了显著成绩。

1.教育教学质量稳步提高

"十二五"末,学院在校生达1456名,比"十一五"末增加20%,其中本科生1351名、研究生105名(包括博士8名、工程硕士40名)。新增本科专业1个(数字出版),本科专业数达到五个,有三个硕士点和一个博士点。

(1)专业建设

学院包装工程专业先后获批天津市品牌专业(2011)、教育部第二批卓越工程师教育培养计划(2012)、天津市级专业综合改革试点(2012)、国家级专业综合改革试点(2013)等,与赛闻公司共建的工程实践教育中心也列入国家级大学生校外实践教学基地(2013);印刷工程专业获批天津市品牌专业(2011);物流工程专业获批"天津市战略性新兴产业专业"(2011)。在中国科学评价研究中心、中国科教评价网和中国教育质量评价中心公布的专业竞争力排行榜中学院包装工程专业和印刷工程专业名列前茅,其中包装工程专业更是在"十二五"期间一直位居全国第一。

（2）教学团队建设

包装工程教学团队被评为天津市教学创新团队，负责人王建清教授被评为市级教学名师（2011）。印刷工程专业获批天津市优秀教学团队，负责人陈蕴智院长荣获我国印刷界最高奖励——第十三届毕昇印刷优秀新人奖（2015）。通过全院教师的共同努力，包装与印刷工程学院荣获 2014 年年度全国教育系统"先进集体"称号。

（3）实验室建设

"十二五"期间，学院在实验课程资源及实验教学平台建设方面取得长足进展。五年间，学院获得天津市高校"十二五"综投及中央支持地方高校建设经费共计 1546 万元，用于本科教学实验室建设。包装工程实验教学中心被评为天津市实验教学示范中心（2012），申报并获批天津市虚拟仿真实验教学中心（2013），后获批成为国家级虚拟仿真实验教学中心（2016）；印刷工程实验教学中心被评为天津市实验教学示范中心（2015）。

（4）课程建设及教材研究

学院承担的课程《包装材料学》被评为国家级精品资源共享课（2013）；天津市精品视频公开课《印出精彩》成为全校通识教育选修课（2014）；《包装材料学》获批天津科技大学首批慕课课程建设（2015）。学院教师主编国家级"十二五"规划教材 3 部（《包装材料学》《包装结构设计》（2013），《印刷材料学》（2014）。

（5）教学改革项目

主持完成市级教改项目 8 项，其中"深化专业综合改革，提高包装工程专业人才培养质量"项目获天津市教学成果二等奖（2013），该项目团队骨干参加的"全面强化工程教育，培养行业卓越人才的改革与实践"项目获天津市教学成果一等奖（2013），在全国包装类院校的专业教学改革中起到了示范和带动作用。

（6）实践教学

为深入探索多途径培养学生创新和实践能力，指导完成国家级大学生创新创业训练计划 44 项（2012—2015），其中包括国家级项目 21 项、市级项目 8 项。五年间，学院教师积极组织指导学生参加中国包装联合会及行业、企业主办的各类专业竞赛，如"中国包装创意大赛""济丰杯"包装设计大赛、"AMCOR 包装创新设计大赛""赛闻杯"天津市包装之星设计竞赛等，获得各类国内外专业大赛奖项 113 项，参与学生累计超过 400 人次。

同时，为有效推动学生国际化培养，学院不断推动开放办学工作的发展，与泰国农业大学、芬兰拉普兰塔理工大学的合作不断密切并签订了在校生培养合作协议，连续 2 年获批国家留学基金委优秀本科生国际交流项目。

2.科研能力学科水平逐步增强

"十二五"期间到账科研经费累计达 928.8 万元(其中纵向经费 554.3 万元,横向经费 374.5 万元),是"十一五"的 3.2 倍。五年中,承担纵向科研项目 27 项、横向科研项目 36 项及省部级以上纵向科研项目 18 项,其中包括 3 项国家自然科学基金项目。发表论文 275 篇,其中 SCI 收录论文 26 篇,EI 收录论文 50 篇。申请及授权各类专利 24 项。2015 年学院作为合作单位,获批共建天津市级工程中心 2 个,分别是"天津市物流监控和运输包装技术工程中心"和"天津市纸品印刷包装工程技术中心"。同时,为更好地服务企业和社会,学院在"十二五"期间与十余家企业签订产学研合作协议。

表 10 "十一五"期间与"十二五"期间科研成果对比

	"十一五"期间	"十二五"期间	增长率
科研经费	292.5 万	928.8 万	218%
纵向经费	189.1 万	554.3 万	193%
横向经费	103.4 万	374.5 万	262%
论文总数	242 篇	275 篇	14%
SCI 论文	15 篇	26 篇	73%
EI 论文	30 篇	50 篇	67%
各类专利	8 项	24 项	200%

2012 年,学院在京举办"中国印刷与包装学术会议",期间学院教师投稿 17 篇高水平论文,全部被 EI 收录;在 2013 年与中国印刷科学技术研究所、科印传媒合作在天津成功举办"中国食品包装学术会议",提高了学院和学校的学术影响力。

学科建设方面,由学校作为牵头单位起草"印刷与包装工程"二级学科相关论证材料,并组织编写一级学科简介和博士、硕士研究生培养基本要求。该二级学科已自主列入学校"轻工技术与工程"一级学科下,整合了学院的学科资源,凝练了学科方向,逐步形成了以"食品包装"为核心的研究体系。同时,经过充分调研,结合实际,科学论证,将该学科初步凝缩为 4 个今后长期建设的研究方向。

3.加强师资队伍建设提升软实力

作为交叉学科,师资短缺制约着学院发展。本着发展重点学科,造就创新型教师的原则,学院在人才引进和培养方面科学规划、长远布局,积极创造人才引进和培养的良好条件,努力打造一个良好的尊重人才、稳定人才、吸引人才、成就人才的环境和氛围。五年间,学院引进 11 名博士、2 名博士后;3 名教师在职攻读博士,4 名博士教师先后进入相关学术领域的博士后流动站,其中 3 名博士后已出站。2015 年,学院成功引进天津市"青年千人计划"人选 1 名,实现了高层次人才引进零的突破。

学院有计划、有步骤地对后备人才进行培养。"十二五"期间,学院每年派出1—2 名优秀青年教师出国访问,与国外高校进行学习和交流,为学科和专业建设的长远发展积累了人才资源。

4. 学生培养工作扎实推进

学院以"朱颖班"创建为平台,建成校级学生工作特色基地示范项目。学生班级先后获得全国高校践行社会主义核心价值观示范团支部、天津市学校系统优秀团支部标兵、天津市五四红旗团支部等省部级以上荣誉,连续 5 年获得天津市大学生暑期实践优秀团队称号;2015 年更是获评团中央"强国杯"社会实践优秀团队全国百强。学生工作专业化和理论化水平进一步提升。

学院深入探索多途径培养学生创新和实践能力,在挑战杯、全国大学生创新创业训练计划项目、天津市普通高等学校优秀毕业设计中获奖立项数位居全校前列,在"中国包装创意设计大赛""世界学生之星"包装设计大赛、"纸上创意""济丰杯""汇源印刷杯""天士力博科林""吉利杯"等各类行业学术竞赛中成果斐然。

"十二五"期间,学院在学生事务管理中突出管理育人、依法管理,新制定和修订各类管理制度近 30 项,建成院级学生代表大会制度,召开了第一届学生代表大会和第一届第二次学生委员会正式会议。着力打造"筑梦包印"微信平台,先后获评为校级"十佳校园媒体组织"和"最具人气媒体组织"。

在就业方面,学院全力提升就业质量,推进创新创业平台建设,连续 5 年的初次就业率为 97.08%,签约率 67.56%。学院积极联系企业,每年都有 70 多家企业走进学院进行专场招聘;自 2014 年起学院积极推动大学生创业项目,与汇源印刷有限公司旗下的华德福众创空间加强合作,创业团队——"优纸生活创意团队"已经入驻。

5. 对外合作交流广泛开展

"十二五"期间,为积极搭建对外交流的合作平台,学院先后与泰国农业大学(Kasetsart University)和芬兰拉普兰塔理工大学(Lappeenranta University of Technology)签订在校生培养合作协议,各项工作已经全面启动。在合作框架下,目前已有 1 名本科生赴泰国农业大学包装材料与技术系进行交换学习,1

名攻读硕士学位。同时,2013 年至 2015 年学院已连续 3 年接收泰国农业大学的本科生(每年 4—6 名)来学校进行为期 1 个月的交流;与芬兰拉普兰塔理工大学的双硕士学位培养也于 2015 年正式启动,同年学院 1 名研究生已赴芬兰学习。

同时每年学院都会积极派遣优秀青年教师出国访学,并邀请美国、西班牙、澳大利亚、德国、意大利、日本、泰国等多个国家的教授学者来学校进行学术交流和访问,并聘请国内外多位学者成为学院客座教授,对进一步拓展学院的对外交流与合作奠定了良好基础。

学院还加强与兄弟院校之间的合作,2014 年与北京林业大学合作申请的教育部直属高校外国文教专家计划“海外名师项目”已于当年开始执行,为期 5 年。

6.加强党的建设　凝心聚力

包装与印刷工程学院党委按照“围绕中心抓党建、抓好党建促发展”的工作思路,以服务大局为根本原则,以立德树人为根本任务,以健全制度为根本保障,进一步加强班子建设、思想建设、组织建设、制度建设、作风建设和党风廉政建设,充分发挥基层党组织的创造力、凝聚力、战斗力和党员先锋模范作用,促进学院各项事业科学发展。

学院先后荣获“2012 年天津市师德建设先进集体”和“2012 年天津市争先创优先进基层党组织”的称号、2014 年获“全国教育系统先进集体”称号。学生、教工党支部连续四年获得学校“五好党支部”称号,连续四年获得学校“创最佳党日”活动奖励,其中,2013 年“深入群众心相连·情暖夕阳爱相随”活动获“创最佳党日”活动一等奖,获得学校“基层党建创新项目”立项 5 项;2015 年学院党委获批天津科技大学党建示范点。陈蕴智教授获天津市五一劳动奖章和第十三届毕昇印刷技术奖,张涵跃教授获评为天津市“五比一创”先进个人,王碧昱获评为天津市优秀辅导员,韩静获评为天津市 2015 年最美志愿者。

7.院庆三十周年,凝聚人心共创未来

在 2015 年 9 月 19 日——学院建院三十周年的重要时刻,学院汇聚各方力量展示建院三十年的成就,得到了社会各界的热烈响应:行业协会、企业代表、高校同行、学校领导、学院老领导和近 300 名校友齐聚一堂,通过校友讲坛、师生座谈、学术报告会等形式,展示发展,凝聚人心,听取建议,谋划未来。

七、艺术设计学院

“十二五”期间,艺术设计学院拥有了 7 个本科专业,涉及设计学、戏剧与影视学、音乐与舞蹈学三个学科,在校本科生 2200 余人;拥有了 2 个硕士学位授权点,研究生 200 余人;共有教师 102 人,其中教授 17 人、副教授 33 人;拥有天津市高校创新团队 1 个;拥有 1 个天津市级实验教学示范中心、2 个天津市品牌专业,设计学为天津市重点建设学科;培育了天津市高校学科领军人才、天津市中青年骨干教师、天津市优秀青年教师。学院已经发展成为国内规模较大、专业设置较齐全、教学条件优越及集专业教学、创作设计、理论研究与社会服务于一体的、具有一定区域影响力的艺术设计学院。

1.教育教学质量建设稳步提升

学院强化以实践创新能力为培养目标的本科和研究生教育,通过系列改革措施,保证人才培养的质量稳步上升,培养符合社会经济、文化发展需要的创新应用型设计人才。本科与研究生教学实施质量工程建设,每年进行教学大纲、培养方案、教育教学的专项研讨,对教学管理文件的实施效果进行及时、动态的修正,确保教学全过程的监控和提高质量。完善工作室人及考核机制,完善督导听课制度,完善研究生实践创新基地建设机制,充分利用综合大学资源优势,着眼学科交叉,逐步形成了以特色设计人才培养、地方文化传承创新、积极服务社会的培养体系。

学院高度重视毕业设计环节,形成了完善的管理制度,形成了系统化的管理、监督、评价模式。五年来,学院毕业设计多次在学校毕业设计检查评比中获得全校第一,并作为毕业设计管理的范例在全校范围内交流推广,代表学校在天津市教委交流。

2.科研业绩不断突破

承担科学研究质量不断提升

"十二五"期间,学院在科研工作方面取得重大进步。横、纵项目数量、金额、规模、层次和级别不断提高,省部级及以上项目所占比例超过 40%,呈跨越式发展趋势;教师积极参加高级别专业展览及设计赛事,发表科研论文和学术专著,与"十一五"相比均取得了极大的提升。并在多个重要奖项指标体系上取得突破性进展,填补了历史空白。

科研项目:

(1)"十二五"完成科研业绩

类别	国家级项目	省部级项目	横向项目	项目经费(万元)
数量	1	35	73	622

（2）"十二五"与"十一五"完成指标比较图：

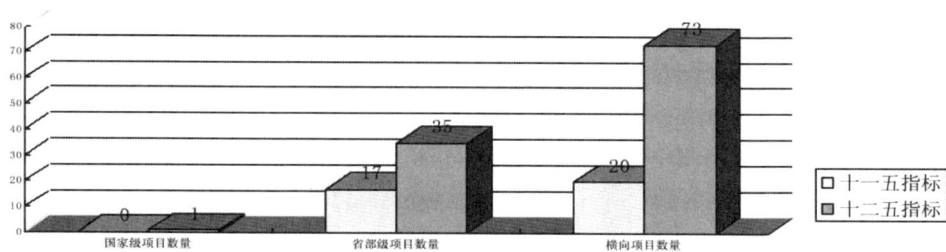

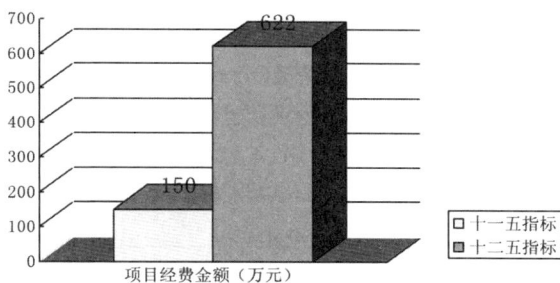

专著、专利、论文业绩：

（1）"十二五"完成论文、专利、专著业绩

类别	学术专著	获得专利	发表研究论文
数量	4	267	369

（2）"十二五"与"十一五"完成指标对比图：

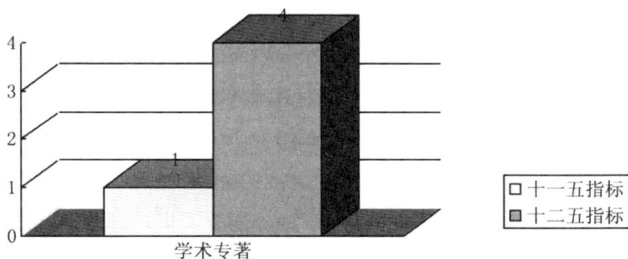

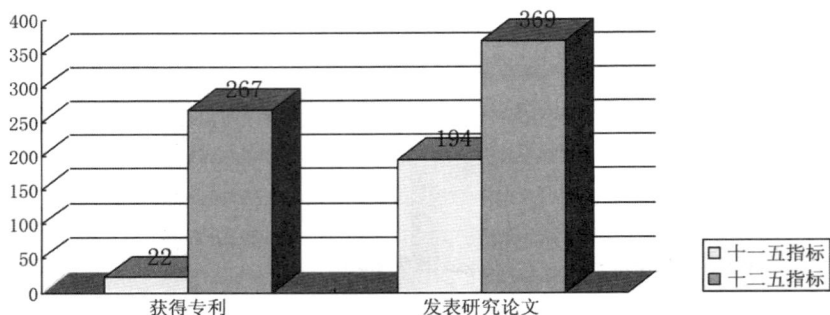

科研成果奖：

(1)"十二五"完成科研成果获奖情况

类别	国际设计大奖	国家级教学成果奖	省部级教学成果奖	省部级哲学社科奖项	省部级以上展览赛获奖
数量	1	2	1	2	1113

(2)"十二五"与"十一五"完成指标对比图：

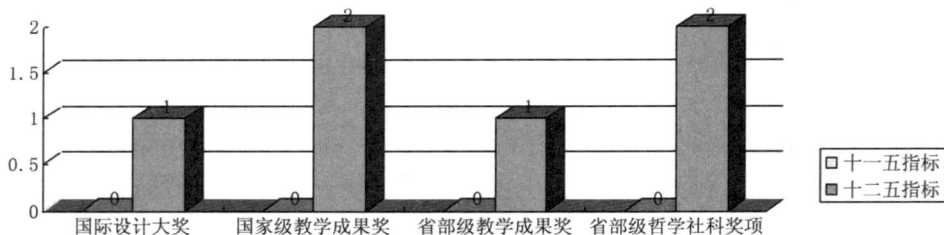

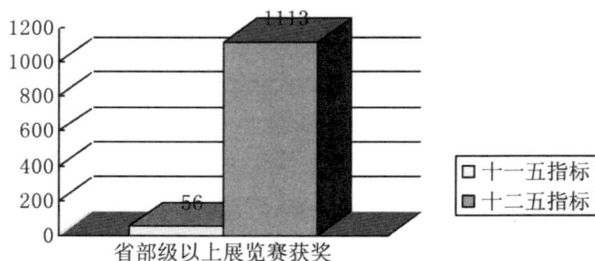

科研项目涵盖范围不断拓展,更加侧重服务经济文化和社会发展;签订技术合同数、获得专利授权数、专利使用数取得长足进步,科研成果转化效益显著。充分彰显了设计学学科为社会服务的能力和贡献。

　　由我院教授主持完成的天津市农业科技成果转化与推广项目《七里海精品河蟹包装技术转化与应用》,成功打造"七里海精品河蟹"品牌,提升了七里海河蟹知名度和潜在市场价值,直接为企业增加经济效益 600 余万元——地方养殖业增加经济效益高达 200%以上;同时,充分利用了当地环保资源,增加了农民就业渠道,带动了编织产业的发展,使当地手工编织传统焕发了生命力,形成了完善的产业链。2013 年,我院教师完成天津市"放心农产品进社区"的"放心菜直通车"CI 设计项目并被市政府采纳,得到了社会的普遍好评。

　　3.学科平台建设取得较大进步

　　(1)高水平设计实践平台建设进一步提升

　　"十二五"期间,学院投入大量资金用于完善和提升实验平台。针对设计流程的各个节点进行对应的实验室建设,有效配合创新成果转化,组建多个专业实验设备群组。2014 年,学院实验中心被评为天津市级实验教学示范中心。

　　(2)能力拓展平台

　　学院 9 个工作室,立足于服务社会与区域经济,为企业、社会提供设计服务;利用平台,带领学生参与科研、设计项目、国际国内设计大赛,为学生提供设计实践平台,提升学生综合素质。

　　专业实践平台业绩:

　　(1)"十二五"完成专业实践平台业绩

类别	市级试验示范中心	专业工作室	实验设备金额(万元)
数量	1	9	578

　　(2)"十二五"与"十一五"完成指标对比图

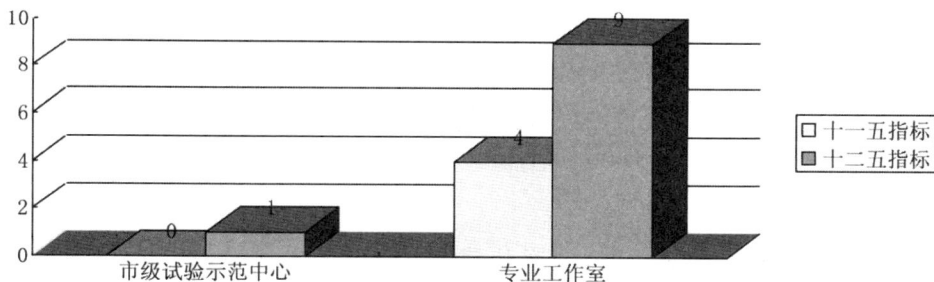

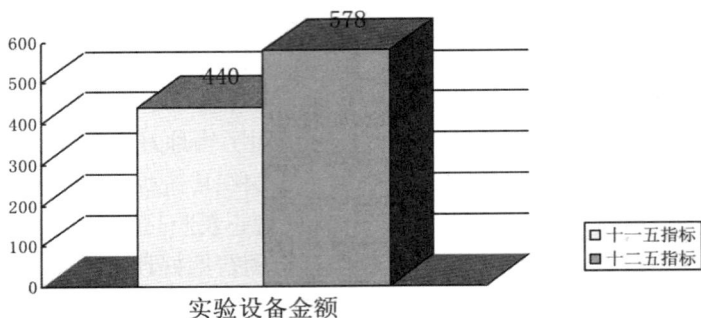

（3）专业实践基地不断拓展

学院先后与天津爱玛科技有限公司、天津孚信科技有限公司、北京墨隅包装制品有限公司等数十家企业签订了长期合作协议。同时，还重点引入国内、行业知名的洛可可工业设计有限公司、上海飞诺汽车设计有限公司等单位进行合作，成立实践基地，使行业先端师资力量补充到学院实践教学一线。

高水平实践平台业绩：

（1）"十二五"完成高水平实践平台业绩

类别	研究生创新实践基地	创业校内实训基地	学生校外实践基地
数量	2	3	19

（2）"十二五"与"十一五"完成指标对比图

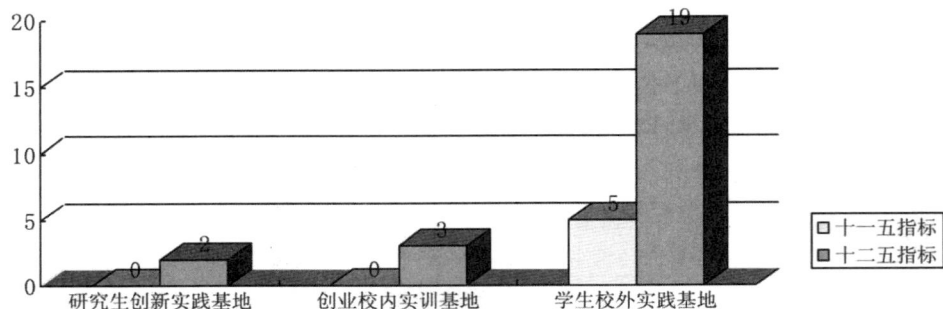

4.人才队伍建设取得新的突破

"十二五"期间，学院注重人才队伍建设，培养与引进并重，着力打造优秀的师资团队。学院专职教师及研究人员总人数为87人，其中教授17人、副教授33人。目前，学院教师队伍年龄、学历、职称、学缘结构合理，科研、教学水平均衡发展。学院紧紧围绕发展与改革的需要，努力加强学术队伍建设。通过整合与竞争机制,建立目标明确,富有创新精神、团结协作并有较高学术水平的创新团队,构建以学科带头人为核心的梯队合理、衔接紧密的团队。拥有天津市高等学校创新团队 1 个,拥有天津市学科领军人才 1 人、天津市中青年骨干创新人才 2 人、天津市优秀青年教师 4 人和丰富实践经验的教师专职队伍,以及 20 余名国际国内知名设计师、工程师组成的高水平兼职师资队伍,为学科建设提供了强有力的支撑,培养了大批优秀设计人才。

人才队伍建设取得业绩:

(1)"十二五"完成人才队伍建设业绩

类别	市级高校学科领军人才	市级高校创新团队	市级中青年骨干人才	优秀青年教师资助	教师国外进修	引进培养博士
数量	1(人)	1(人)	2(人)	4(人)	9(人)	4(人)

(2)"十二五"与"十一五"完成人才培养指标对比图

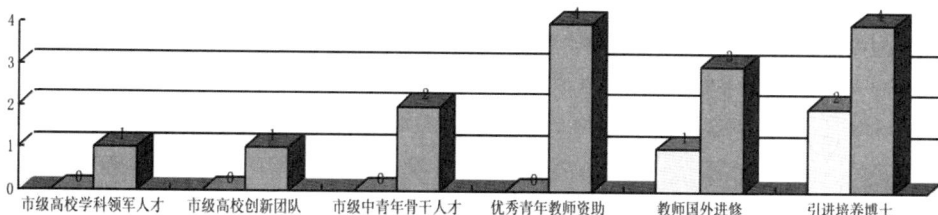

5.学生工作不断推进

学院认真贯彻落实《中共中央国务院关于进一步加强和改进大学生思想政治教育工作的意见》的精神,推动思想政治教育工作贴近学生、贴近实际,更具针对性。重视思想政治工作的实效,先后开展了党员领导干部联系学生宿舍活动、为毕业生党员送温暖活动、学风建设结对子等活动。

注重辅导员队伍建设及业务培训,努力提高学生工作整体素质和能力。辅导员林琳、吴川老师 2013、2014 年分别获得学校辅导员职业能力大赛一等奖,林琳老师代表天津市参加全国高校辅导员职业能力大赛并获得第二赛区二等奖。

建立了大学生心理健康信息通报体系和毕业生就业指导服务体系,积极做好家庭经济困难学生的评定和资助。全面推行对一年级学生班导师助理工作制度,引导学生"自我教育、自我管理、自我服务"。积极开展内容丰富、形式多样的校园文化活动和社会实践活动,有效发挥校园媒体的思想教育和舆论引导作用。

认真做好学生的党建工作,严把学生党员发展质量关,积极发挥学生党员的模范带头作用和党组织的战斗堡垒作用，在学生党员中开展党支部联系宿舍活动;注重优良学风班创建工作,开展"榜样行动""党员带班"和"学长关怀"活动。

发挥学院专业特色,组织"挑战杯"创业竞赛、文化创意竞赛等活动;依托楹联协会、雷锋精神学社和科学发展观理论研究会做好弘扬社会主义核心价值体系、"中国梦"主题教育活动,建设高校楹联教育示范基地,举办学生参加绘画校园大赛和漫画讲座;积极稳妥地做好困难生评定及国家奖学金、政府奖学金、王克昌奖学金、三好学生、优秀学生干部等奖项的评奖评优工作,重视辅导员队伍综合素质的锻炼与加强。毕业生自主创业开设公司比例逐年提升。

6.党建工作不断深化

学院党委贯彻民主集中制原则,加强领导班子建设,全面提高领导干部的政治素质和领导能力;切实加强党风廉政建设,积极推行党务公开、院务公开,坚持"三重一大"集体决策的党政联席会议制度。党委认真组织中心组及广大党员同志学习"十八大、十八届三中、四中和五中全会"精神、"习近平总书记系列讲话"精神等相关内容。积极组织安排支部生活,及时开展学习与研讨。

目前学院教工党员占全体教工比例为 51.4%，研究生党员达到比例为 43.7%,本科生党员比例为 4.2%。学院党委以"五好党支部"标准加强基层党组织建设,注重积极分子的培养和发展,推进"强基"工程。积极探索新时期党建工作特点,基本实现了本科学生"低年级有党员,高年级有支部"的目标。

通过开展创先争优、保持党的纯洁性和党的群众路线教育实践活动教育等活动,党组织的凝聚力得到进一步增强。学院党委力争党建工作创出特色,积极组织教师参加校园反腐倡廉艺术作品展,多名教师荣获奖项,如韩旭老师作品入围全国反腐倡廉艺术作品展;组织党员教师参加天津市教委、文联、今晚报联合主办的"我的中国梦"主题美术作品展;动画专业荣获 2013 年度学校党委"创最佳党日"活动一等奖,动画和产品设计专业分别获得 2012、2013 年度"五好党支部"称号;李建中同志获得 2011 年天津市教育系统优秀思想政治工作者荣誉称号。

八、经济与管理学院

经济与管理学院拥有教职工 113 名,其中教授 20 名、副教授 48 名,另有博士生导师 6 名、硕士生导师 30 名。拥有"轻工产业技术经济"二级学科博士点和管理科学与工程、工商管理 2 个一级学科硕士点,还有企业管理、会计学、技术经济及管理、物流管理、国际商贸管理、食品安全工程 6 个二级学科硕士点和工商管理(MBA)、工程管理(MEM)、会计学(MPAcc)3 个专业学位硕士点及国际经济与贸易、财务管理、信息管理与信息系统、人力资源管理、公共事业管理、金融工程、物流管理 7 个本科专业。

表 11 学院办学规模

项目年份	2010 年底	2015 年底
教职工总数	92	113
教授人数	15	20
副教授人数	32	48
博士学位教师数	19	39
博士生导师数	3	6
硕士生导师数	21	30
在校学生规模(总人数)	1800	2500
在校博士生人数	9	25
在校硕士生人数	90	223
硕士外国留学生人数	1	5

学院建设了天津市人文社科重点研究基地"食品安全战略与管理研究中心""能源环境与绿色发展研究中心""金融工程与风险管理研究中心""城市发展研究中心"等学术研究机构,拥有"大学生学术性社团"学生工作特色基地。实验中心面积 1260 余平方米,包括金融交易大厅、沙盘模拟实验室等 11 个实验室,可同时容纳 500 余名学生进行实践教学。

1.推进本科教学改革和发展,学生知识水平和能力不断提高

(1)高质量推进教育教学改革,教学质量水平明显提高

2011 年实施卓越人才培养计划,开办经管卓越人才实验班,在实验班进行了一系列改革:施行导师制度,开设"教授与企业家论坛"作为必修课,安排英文外教课程,强化国际化人才培养,安排拓展训练课程,邀请政府官员、高校专家、企业家进入课堂,组织"圆桌会议"。2013 年与英格兰及威尔士特许会计师协会(ICAEW)合作举办英国皇家特许会计师(ACA)实验班项目推进"学历 + 国际执业资格证书"的创新培养模式,目前已有三个年级 77 人在读。

(2)加强专业建设,推进教学工作内涵式发展

"财务管理"专业获批天津市品牌专业(2011 年),与包装印刷学院合作的"物流工程与管理"获批天津市战略性新兴行业专业(2011 年)。2014 年实施教学团队培育计划,制定实施《经济与管理学院教学团队培育方案实施细则》的要求。财务管理和经济学教学团队获批校级教学团队。获得教育部教学改革项目

1 项、天津市社科"十二五"教育规划课题 1 项、天津市教改项目 20 项、天津市高教学会"十二五"规划课题 10 项、天津市教科院教育科学规划课题 6 项。公开出版教材 17 本。

(3)加强实验教学示范中心建设

新增"情景模拟实验室"(2011)、"案例分析实验室"(2011)、"工业工程实验室"等 5 个实验室,新添财务管理专业、物流工程(管理)专业等一批教学软件。2012 年获批为校级 "本科教学实验示范中心"、2015 年获批为天津市普通高等学校实验教学示范中心建设单位。新建中远物流公司(2012)、长城汽车厂(2012)、空客公司(2012)等校外实践教学基地。学院校外实践基地达到 21 个。

(4)加强国际合作与交流,提升国际化办学水平

2011 年与俄罗斯伊尔库茨克大学和波兰洛兹大学签订"2+2"合作培养和教师学生交流协议,与泰国东亚大学建立了接受留学生游学培养的合作关系。为俄罗斯伊尔库茨克国立交通大学留学生开设了 3 期全英文专业课培训班、为墨西哥泰克麦克理工大学留学生开设了 1 期全英文专业培训班,徐娜副教授率 3 名学生赴波兰罗兹大学参加国际夏令营。

2.加强学科、科研团队建设及研究生培养,不断提升办学层次和科研水平

(1)学科建设取得较大进展

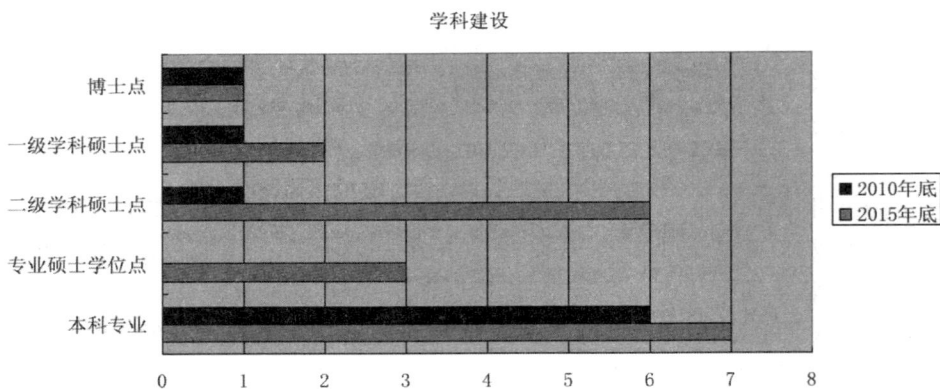

图 1　学科建设

新增"工商管理"一级学科硕士点(2010)及"技术经济及管理""会计学""国际商贸管理""物流管理""食品安全工程"等 5 个二级学科硕士点,与法政学院合作在"管理科学与工程"目录下新增"知识产权管理"二级学科硕士点。"管理科学与工程"(2011)、应用经济学(2011)、"工商管理"(2014)获批校级重点支持

学科,"管理科学与工程"获批校级重点学科(2015)。

(2)做好研究生的招生和培养工作

新增 "工商管理"(MBA)(2010)、"工程管理"(MEM)(2010)、"会计学"(MPAcc)(2014)三个专业硕士学位点,分别于 2012 年、2014 年、2015 年开始招生。2015 年在校研究生共计 248 人(含留学生 5 人),其中硕士 223 人、博士 25 人(含留学生 1 人)。研究生总数比 2010 年增长 150.5%。工程管理(MEM)专业学位通过国家专业学位评估(2015),会计硕士(MPAcc)首次招生 51 名(2015)。2012 年启动对外国留学生全英文授课 MBA 项目。

(3)加强科研团队建设,科研水平不断提升

①积极做好高水平科研团队的培育工作

重点抓好"食品安全战略与管理研究团队""能源环境与绿色发展研究团队""金融工程与风险管理研究团队""轻工产业与技术经济研究团队" 等 4 个科研团队的建设。王殿华、景朝亮各承担国家社科基金项目一项,孙振清承担国家发改委项目一项,杜子平承担国家自然科学基金项目一项。金融工程与风险管理研究中心获批校级重点研究基地,能源环境与绿色发展团队获批校级学术创新团队。

积极申报国家级、省部级科研课题,获立项资助的局级以上项目 113 项,其中国家级 13 项、省部级 64 项、局级 36 项;科研经费到款共计 718 万元;发表论文共计 382 篇,其中中文核心论文 226 篇、CSSCI/CSCD 收录 119 篇、EI/ISTP 收录 20 篇、SCI 检索论文 4 篇。王殿华科研成果获天津市哲学社会科学一等奖。

出版国家发展重点基础研究发展计划(973)资助《全球气候变化谈判历程与焦点》(孙振清)、《物流企业集群服务创新行为研究》(慕静)、《证券技术分析》(孙杰)等 10 部专著。

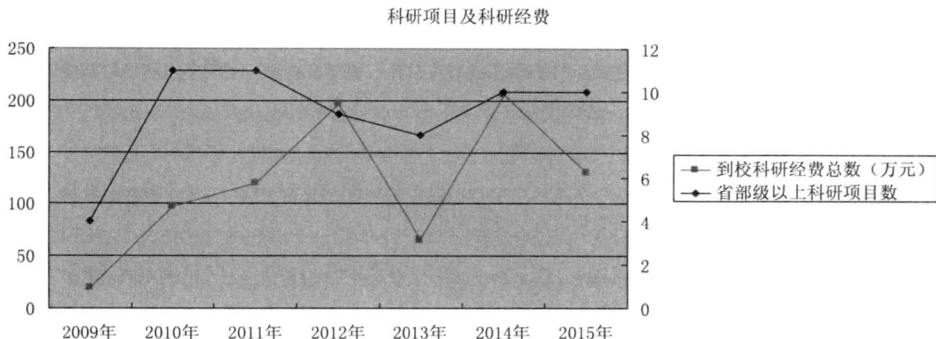

图 2 科研项目及科研经费

②积极开展学术交流,掌握学术前沿知识

2013 年起开设"经管论坛",先后举办 23 场学术报告和专题讲座。承办"全国低碳日宣传活动(天津主会场)"(2013、2014)和天津市社会科学界第九届和第十届学术年会分会研讨会。建设天津市人文社科基地"食品安全战略与管理研究中心"。承担教育部人文社科重大科研项目《我国食品安全风险防控研究》。主办第一届食品安全多元治理国际研讨会(2014)。

③加强科研管理和制度建设

2013 年制定《经济与管理学院校级重点支持学科研究基金管理办法(暂行)》,依托管理科学与工程和应用经济学两个校级重点学科的建设,鼓励青年教师进行科研工作。

3.坚持人才优先,加快人才队伍建设步伐

制定《天津科技大学经济与管理学院中长期人力资源规划》(2012 年 12 月)。先后引进高学历青年教师 9 人、兼职教授 2 人。引进的兼职教授景朝亮承担国家社科基金项目一项,引进的姚伟承担教育部人文哲学社会科学基金项目一项,引进的丁刚承担全国教育科学规划项目一项,景朝阳出版"十二五"国家重点图书出版规划项目《中国行业协会商会发展报告(2014)》协会商会蓝皮书,兼职教授陈根来指导食品安全战略与管理研究中心智库建设、申报天津市智库等。

做好人才培养工作。新入校的青年教师担任思想政治辅导员,青年教师承担全英文培养外国留学生项目授课任务。不断加强师德师风建设,积极组织教学名师、留学归国教师的教学观摩、青年教师座谈会等。推荐 11 名教师参加中青年骨干教师出国研修。新增一名校级教学名师。

进一步提高人才队伍的国际化水平。近年已选送 9 位教师先后赴美、英等国家学习深造。近年 9 名教师获得博士学位,5 名教师在读博士学位。建立创新人才的激励机制,出台《经济与管理学院教学工作奖励条例(修订)》《天津科技大学经济与管理学院关于对教职工及研究生科研成果实施奖励办法》等文件。

4.以立德树人为目标,学生工作取得长足进步

(1)辅导员职业化建设取得成效

学生工作团队承担教育部人文社会科学研究(高校思想政治工作)辅导员专项课题《大学生学术性社团建设与管理研究》。席一政论文获 2012 年全国高校学生工作优秀学术成果评比一等奖。辅导员杨铎获 2014 年天津市辅导员工作优秀论文评选一等奖、全国高校辅导员工作优秀论文评选二等奖。李霞被评为天津市"优秀辅导员"、天津市"十佳辅导员"。2013 年 3 月聂慎德被评为天津市"新长征突击手"。2015 年 5 月王振华被评为天津市"优秀辅导员"。

（2）团学特色工作成效明显

大力开展志愿者活动,通过"援心社"志愿者活动等方式推动学雷锋活动常态化、制度化。"援心社"坚持二十年学雷锋的行动事迹受《中国教育报》、新华社、天津电视台等多家媒体报道。

（3）加强班风学风建设,学生科技创新能力不断提高

以特色班级建设、特色人物评选为抓手,充分发挥优秀集体和个人的榜样作用,不断推动优化大学生学风建设。制定实施《经济与管理学院本科生实践与创新能力培养方案》,积极组织学术性社团特色活动等。

先后获天津市"挑战杯"大学生课外学术科技作品竞赛特等奖(2013)一项、一等奖(2011、2015)两项,获 2014 年第八届"挑战杯"创业计划竞赛天津市银、铜奖各一项。五年来,2012 级经管实验班获"天津市学生先进集体标兵"荣誉称号,经管团总支获得"天津市新长征突击队"荣誉称号。32 人获国家奖学金,24人获天津市人民政府奖学金,397 人获国家励志奖学金,4 个班被评为天津市级先进集体,3 人被评为天津市三好学生,4 人被评为天津市优秀学生干部。

（4）就业指导工作机制不断完善,学生竞争力不断增强

学院实行全员指导就业。院领导、毕业生辅导员和导师联动,共同促进就业。"十二五"期间,平均签约率为 74.66%,就业率为 99.18%。

5.党的建设不断加强,党发挥了领导核心作用

（1）深入开展主题教育实践活动

2012 年开展了保持党的纯洁性教育活动;2013 年开展了党的群众路线教育实践活动;2015 年组织开展了"三严三实"专题教育,组织学习了习近平总书记系列讲话、《中国共产党章程》、新华社长篇通讯《面向未来的赶考》等文章。

（2）不断加强党的基层组织建设

2012 年经学院党委会、学院党政联席会研究决定,学院各教研室党政负责人交叉任职,党支部书记兼任教研室主任或副主任。2014 年召开了经管学院党员大会, 完成了换届选举, 形成了学院第二届党委会。五年来共发展党员 645人。现有党支部 24 个,其中教工党支部 9 个、学生党支部 15 个。1 个支部获评为校先进党支部,4 个党支部获校级"五好党支部"荣誉称号,3 个党支部主题党日获校级"创最佳党日"活动奖。1 名同志获天津市教育工委优秀党员称号,1 名同志获校优秀党务工作者称号,6 名同志获校级优秀党员称号。

（3）不断加强思想政治教育工作

制定出台《关于加强青年教师思想政治教育的实施意见》《经管学院学生党支部工作条例》等文件,设立"经管青年读书会"微信群,加强青年教师、学生党

员的思想政治教育工作。2013 年起组织"支部书记论坛"。

(4)建设好学院党校,发挥好党校教育主阵地作用

以学院党校为抓手,加强入党积极分子、预备党员、党支部书记的培训和再教育工作,举办入党积极分子培训班 8 期、预备党员培训班 8 期、班团干部培训班 8 期。

(5)推进党风廉政建设,民主管理和科学决策能力不断增强

坚持"三重一大"经过会议决定制度以及院务公开制度。组织开好党政联席会、领导班子会、学术委员会、学位委员会、教代会、工会、团代会、学生会各类会议。共组织五次经管学院教代会会议。3 人获天津市五一劳动奖章,2 人获天津市"教工先锋岗"、2 个基层单位获天津市"工人先锋号"荣誉称号。

九、法政学院

"十二五"期间,法政学院坚持发展为第一要务,增设知识产权本科专业、知识产权管理二级硕士点;完成法学校级重点支持建设学科的建设,以天津市普通高等学校人文社会科学重点研究基地"天津科技大学食品安全战略与管理研究中心"为平台,在食品安全法治与伦理研究方面初步形成了特色。

1.教育教学质量稳步提高

(1)专业建设:完成天津市教委对对外汉语专业的评估及学士学位授予的审批工作。2012 年在法学专业下增设知识产权方向并开始招生。2013 年修订完成各专业的培养计划并实施。2014 年知识产权本科专业获批,并于秋季开始招生。2015 年完成天津市教委对法学专业综合评价。

(2)教学团队:民商经济法教学团队获评为校级教学团队,同时启动学院教学团队培育与建设工作。

(3)实践教学:2012 年筹建滨海校区模拟法庭,2013 年完成模拟法庭数字化改造并投入使用。2015 年完成电子政务模拟实验室建设,新增校外实践教学基地 9 个,与天津市河东区人民检察院签订共建法学理论研究基地协议,与天津敬东律师事务所、天津市人民检察院第二分院、天津经济开发区流动人口管理办公室、北京盈科(天津)律师事务所、天津市行政管理学会等单位签订实践教学基地协议。

(4)教改成果:新增教改项目 11 项,其中天津市教育科学"十二五"规划项目 3 项、天津市高等教育学会"十二五"规划课题 2 项、天津科技大学教改课题 4 项、青年创新基金课题 2 项。发表教改论文 25 篇,参编教材 7 部。王吉林教授获得天津市第三届教育科学研究优秀成果二等奖。

(5)本科生育人成效:"十二五"期间共输送毕业生 914 人,其中 19 名学生

被评为天津科技大学优秀本科毕业生,9 名学生入选支援西部计划。毕业生平均就业率为 93.3%,历届毕业生主要在律师事务所、国家政府机关、各企事业单位就职。11 名同学被保送至天津大学、北京师范大学等高校攻读硕士学位研究生,39 名学生考入北京大学、中国人民大学、中国政法大学、南京大学、南开大学等知名高校攻读硕士学位研究生。学院学生获得大学生"挑战杯"学术科技竞赛市级二等奖 2 项、三等奖 4 项,获大学生创新创业训练计划国家级项目 2 项、省部级立项 5 项,获天津市人文知识竞赛二等奖 1 次、三等奖 3 次。10 篇本科生毕业论文获评为校级优秀毕业论文。

2.科研创新能力逐步提升

新增科研项目 51 项,其中国家社科基金青年项目 1 项、教育部人文社会科学研究项目 6 项、天津市哲学社会科学规划课题 8 项、天津市文化艺术规划课题 6 项、天津市教委人文社会科学研究项目 7 项、其他课题 23 项。其中国家级项目实现零的突破、省部级项目立项数是"十一五"期间的 5 倍。科研立项经费共计 120.25 万元,是"十一五"期间的 7.8 倍。

新增公开发表科研论文 140 篇,其中核心期刊论文 64 篇、CSSCI 来源期刊论文 24 篇,获评天津市社会科学界联合会学术年会优秀论文 16 篇。出版学术专著 7 部,编著译著 5 部。其中 CSSCI 来源期刊论文较由"十一五"期间的 0 篇增长到 24 篇,出版学术专著的数量由"十一五"期间的 1 部增长到 7 部。获天津市政府决策咨询重点课题 1 项、天津司法局项目 1 项、天津市委研究室项目 1 项。

3.学科与平台建设取得良好开端

(1)学科及平台建设有所突破。新增知识产权管理二级学科硕士点,2013 年开始招生,目前在校研究生 1 名。法学学科获批校级重点支持建设学科,并再次获得资助。积极参与天津市普通高等学校人文社会科学重点研究基地"天津科技大学食品安全战略与管理研究中心"工作,承担食品安全法治方面的研究任务,在食品安全法治与伦理研究方面初步形成了特色。

(2)学术交流水平及学科影响力进一步提升。教师参加各级各类学术会议及学术交流 30 余人次,承办天津市社会科学界学术年会第六届、第十一届学术年会天津科技大学分会。邀请中国法学界泰斗高铭暄教授等校内外专家累计举办各类学术讲座 69 次。注重发挥专业特长,服务社会,提升学科影响力。主动融入滨海新区的开发开放,与天津经济技术开发区法律援助中心进一步深化合作,在开发区法律援助中心、华纳社区服务中心开展法律宣传与咨询援助活动。多名教师数次参与滨海新区各类媒体的法制宣传节目,深入开发区法律援助中心开展维权专题讲座,为新区多所学校师生和社区居民举办法律咨询活动等。

4.师资队伍建设取得成效

先后引进国内 985、211 高校博士研究生 12 名，引进法国奥尔良大学法学博士 1 名。教师队伍数量是"十一五"末的 1.5 倍。教授由"十一五"期间的 0 人增加为 3 人,副教授由"十一五"期间的 6 人增加为 8 人,具有博士学位教师比例由"十一五"期间的 14% 增加为 47%。获得天津市各类人才资助项目的教师由"十一五"期间的 0 人增加为 4 人,其中蔡辉入选天津市高校"优秀青年教师资助计划";韩玲梅入选天津市"用三年时间引进千名以上高层次人才"项目第四层次资助;董妍入选天津市"131"创新型人才培养工程第三层次人选。温建辉入选天津市"用三年时间引进千名以上高层次人才"项目第三层次资助。

新增硕士研究生导师 2 名、研究生协导教师 1 名。落实法律卓越人才培养"双千计划"。5 位教师荣获学校"我最喜爱的老师""我最喜爱的班导师"等荣誉称号,1 人获天津市高校青年教师教学基本功大赛三等奖,9 人次被授予天津科技大学教工先锋岗荣誉称号,法学教研室两次获得校级"工人先锋号"荣誉称号。法学专业基本建成了"双师"型专任教师队伍。

5.学生德育工作扎实推进

"十二五"期间,学院学生德育工作坚持以"培育和践行社会主义核心价值观"为教育主线,精心策划、扎实开展各类主题教育活动。主要从以下几方面推进了学生德育工作。

（1）开展主题教育活动。抓好大学生延安精神研究会建设,成功举办学校第一、二届红色文化节。通过报告会、座谈会、党日活动、班团活动和社会实践等活动,开展主题教育活动,"十二五"期间,共开展讲座 94 场。举办第五至九届法律文化节。

（2）抓好二级党校管理、党员的教育和党支部建设。先后有四个学生党支部获得校"五好党支部","创最佳党日"活动也连年获奖。成立学院学生党建工作办公室,加强学生党员的教育、管理和作用发挥。07、08、09 联合学生党支部获评为天津市优秀基层党组织。

（3）开展学风建设教育活动。组织开展第一至四届社会调研与创新实践大赛,共有 20 个项目获批大学生创新创业项目(其中国家级 2 项)。完善并认真落实学风建设相关制度。组织各年级严肃考风考纪,加强诚信教育。开展青年教师与优秀学生结对帮扶计划。

（4）着力打造"博雅"文化品牌。成立博雅诗社,成功举办校"七一"诗会、端午诗会、博雅诗会等,成功举办了 18 期"博雅读书讲堂"并举办博雅读书沙龙,开展了博雅论坛等活动。

（5）抓好典型培育。引进盈科奖学金、2007届校友奖助金、敬东奖学金等社会奖学金，每年组织开展"法政先锋"的评选表彰。100921、110931、120932班获得天津市先进集体称号，多名学生获得天津市优秀学生干部及三好学生称号和天津市王克昌奖学金、天津市创新奖学金，其中王佳获得天津市王克昌特等奖学金。

（6）开展就业服务工作。根据年级和专业特点开展就业指导服务，加强对特殊群体学生的就业帮扶与指导。举办就业服务月活动，邀请职业人为学生做报告，走访用人单位，建立了建嘉律师事务所实习就业基地和天津经济开发区流动人口管理办公室、北塘学校、泰达公证处等大学生社会实践基地。完善校友工作机构，成立学院校友会。

（7）推动学院实践育人工作。学院申报的学生工作实践育人特色基地成功获批，并顺利通过中期检查。积极加强与开发区单位合作，开展学生生涯规划、就业指导及实习就业，与7个单位建立合作关系，为学生提供了社会实践、专业实习岗位40余个，落实就业3人。校级辅导员精品项目获两项立项，均已结题。

（8）抓好三困生、少数民族学生和国防生等学生群体工作，加强学生安全教育。做好学生分类指导。完善制度建设，针对不同类型学生开展针对性教育、帮扶，落实国家、市、校各级奖、助、勤、贷、免等各项工作。"十二五"期间无学生安全事故、突发安全事件等发生。

6.党建工作不断深化

（1）调整党支部设置。2012年院党委将教工党支部建在教研室，学生党支部按照年级和专业特点进行了细化，辅导员加入学生党支部。2012年探索在大学生"延安精神研究会"建立学生党支部。自支部成立以来，大学生"延安精神研究会"党支部连续获得"五好党支部"和"创最佳党日"一、二等奖的优异成绩，支部涌现尚佳伟、王佳等先进学生典型。"依托理论社团构建大学生党建工作新平台的创新与实践"的支部创新案例被天津市教育工委选送参加教育部评选，党建工作进社团课题获校重点调研课题立项。

（2）加强思想建设，以各种主题教育活动提升党员思想素质。组织开展"贯彻十七届六中全会精神暨思想政治理论课学术研讨会""重温经典著作，提高党性修养，永葆党员本色"主题教育活动，深入推进"十八大"精神"三进"主题研讨会、党的群众路线教育实践活动、"老党员解读新党章"等各种主题教育活动，其中两项活动分获2013、2014年天津科技大学"创最佳党日"活动一、二等奖。教工党支部读书活动持续深化。"党支部论坛""红色文化节"系列党日活动均获评2014—2015年度天津市教育系统"创最佳党日"优秀活动。

（3）以制度确保支部活动开展。制定《教工党支部活动条例》，规范支部组织生活。院党委年初召开支部书记会议,专题研究汇总各支部年度工作计划。

（4）加强青年教师思想政治工作。一是组织青年教师专题学习《关于进一步加强和改进新形势下高校宣传思想工作的意见》（中办发〔2014〕59号）和教育部部长袁贵仁2015年1月29日讲话《高校教师必须守好三条底线做到四个绝不》等高校宣传思想工作有关文件,严守高校意识形态阵地管理的底线,提高责任意识。二是发挥青年党员教师在党支部读书活动和学习型党支部建设中的主干作用。三是举办青年教师教学基本功竞赛,鼓励青年教师创新教学方式,提升教学水平。四是组织青年党员教师与优秀学生签协议结对子,帮助学生提升学业并健康成长。2015年获得校级师生"一帮一"助学先进集体荣誉称号。

十、计算机科学与信息工程学院

"十二五"期间,计算机学院抢抓战略东迁发展机遇期,启动滨海西校区搬迁工作,本科三个年级1400余人和研究生一年级在滨海校区学习,管理干部均在滨海校区工作;4个新建实验室投入使用,各系后勤保障工作落实到位。学院大力推动校内外学术交流,增强对外影响力。2013年10月,学院天津市特聘教授杨巨成博士发起召开中韩国际生物识别会议并担任会议主席。2015年先后承办"第十届中国生物识别学术会议"和"IT信息融合技术国际学术大会",400余名国内外专家学者出席会议。

1.教育教学质量稳步提高

学院完善学科管理工作机制,制定和修订了《计算机科学与信息工程学院学科质量建设提升工程》和《计算机科学与信息工程学院本科专业建设奖励办法》的实施细则,为学院教育教学质量提升打下坚实的基础保障。

2012年,网络工程（物联网方向）专业完成阶段性建设工作,并以该专业为基础,申报教育部物联网新专业。2013年《物联网工程》新专业获批并逐步建设完善。青年教师杨美艳获"天津市青年教师教学基本功竞赛"二等奖（第十一届、十二届）,孙迪获二等奖（第十二届）。2013年,熊聪聪教授获评天津市教学名师。学院教师在职攻读并获得博士学位2人,6名教师考入天津大学等攻读博士学位,4人入选天津市优秀青年教师资助计划。2015年,张贤坤教授获"天津市师德建设先进个人"称号。

2.科研创新能力逐步提升

（1）科研项目方面

学院制定了文件《计算机学院教师学术交流资助办法》,设立学术交流专项经费。2011年,增加纵向1项,获得软件著作权1项,在原有科研方向上进行跨学科交叉研究,初步形成了以物联网及食品安全应用的科研方向。2012年,增加纵向项目 4 项、省部级项目 3 项、局级项目 1 项,获得软件著作权 4 项。2013 年,增加纵向项目 5 项,包括国家自然基金 4 项(学院教师独立申请 2 项,合作 2 项)及天津市教委项目 1 项。纵向合计到校经费 58.2 万元;横向项目 13 项,到款额 55.5 万元;科研项目总计到校经费 113.7 万元。同时,作为合作单位分别获天津市科技进步三等奖 1 项和江西省教育厅科技成果一等奖 1 项。2014 年,新增纵向项目 10 项、国家级项目 3 项、省部级项目 5 项、局级项目 2 项,包括国家自然基金 3 项(引进 1 项)和 2014 年度天津市教委社科重大项目 1 项、天津市外专特色项目 1 项、天津市科委面上项目 1 项、天津市科委青年项目 2 项、天津市教委重大项目 1 项、天津市科委中小创项目 1 项。纵向合计到校经费 53.8 万元。本年度学院纵向项目在项目级别、获得项目数量、申报领域方面均取得较大进展。横向项目 8 项,到款额 43.68 万元。本年度科研项目总计到校经费 97.48 万元。2015 年,增加纵向项目 6 项、国家级项目 2 项、省部级项目 4 项,包括国家自然基金 2 项、天津市科技支撑重点项目 1 项、天津市科委面上项目 1 项、天津市科委青年项目 1 项、教育部留学回国人员项目 1 项。纵向合计到校经费 79.3 万元;横向项目 11 项,到款额 116.8855 万元;科研项目总计到校经费 210 万元,同 2014 年相比增长一倍。

科研项目

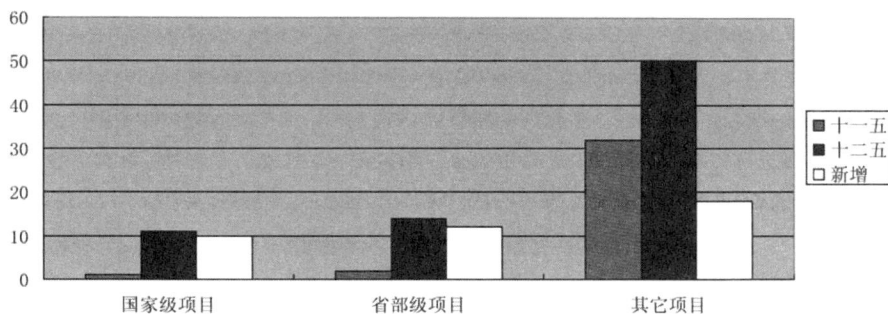

科研项目

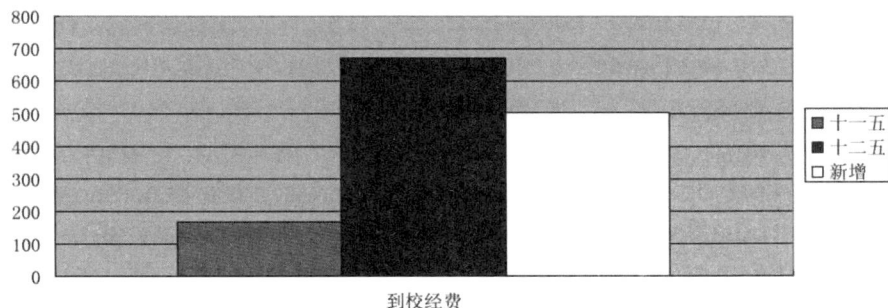

到校经费

（2）科研论文和知识产权方面

2013 年,学院发表各类论文 23 篇,被三大检索收录 7 篇,其中 SCI 期刊收录 4 篇,EI 期刊收录 3 篇;在知识产权方面,共获得软件著作权 1 项、实用新型专利 1 项、外观设计专利 1 项。2014 年,学院发表各类论文 34 篇,被三大检索收录 11 篇,其中 SCI 期刊收录 3 篇,EI 期刊收录 5 篇,EI 会议 2 篇、ISTP1 篇;在知识产权方面,申请受理国内发明专利 4 项,授权实用新型专利 1 项,授权外观设计专利 2 项,获得软件著作权 20 项。"智能计算与生物识别技术"青年学术团队刘建征老师撰写的学术论文在韩国召开的"IT 信息技术融合国际学术会议"（ISITC 2014）上斩获大会最佳论文奖。2015 年,学院发表各类论文 21 篇,被三大检索收录 9 篇,其中 SCI 期刊收录 4 篇,EI 期刊收录 2 篇;在知识产权方面,受理国内发明专利 5 项,授权外观设计专利 3 项,获得软件著作权 7 项。

发表论文

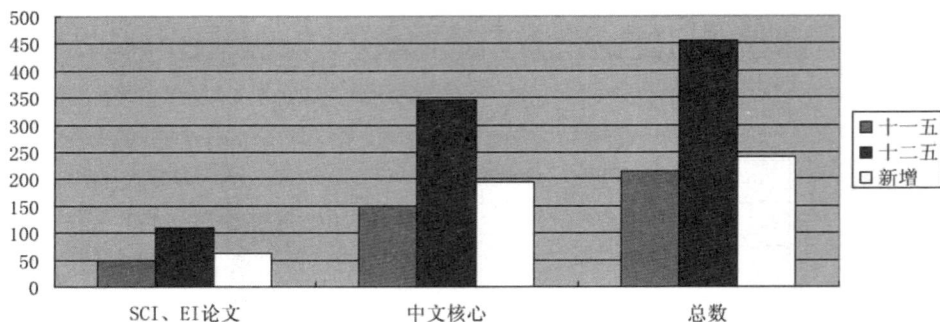

知识产权

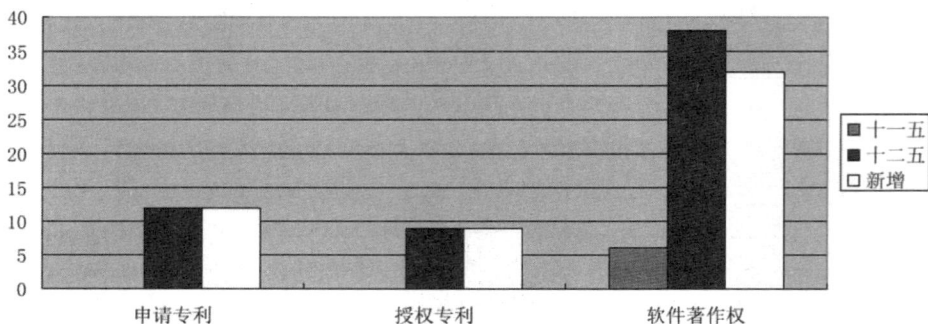

3.学科专业与平台建设取得新进展

（1）加强学院团队建设，优化学科教学队伍

整合学院 6 个教研室成为 5 个教学系，调整后各系人员结构更加合理，课程设置更加均衡。2013 年学院杨巨成博士的团队通过评审成为学校"十二五"综合投资规划学科建设项目青年学术团队。2014 年学院成立云计算与物联网、智能计算与图像处理、模式识别与大数据处理和智能信息处理等 4 支院级创新团队，组建了团队梯队。

（2）培养重点学科，提升教学竞争力

2011 年，网络工程（物联网方向）获批天津市战略性新兴产业专业品牌，"计算机应用技术"获批校级重点支持学科。2014 年，"计算机科学与技术"学科参与学校重点支撑学科验收，获得全校唯一的优秀等级；"计算机科学与技术"学科申报并且获批 2014—2016 年的校重点支撑学科。2015 年"计算机科学与技术"校级重点支撑学科在 2014 年全校 14 个学科考核中名列第三。

（3）深化教学管理，打造教学实践新平台

2012 年，与国际著名软件企业甲骨文公司开展联合人才培养；2013 年开始与中软国际开展校企合作；2015 年，北京晓通网络科技公司投入 100 万设备与学院共建实验室，甲骨文（Oracle）公司将投入 300 万元教学软件及实训平台与学院共建工程实践教育中心。2015 年，学院推选 30 名软件工程专业本科生进入天津市卓越软件工程师实验班进行为期一年的学习，学生获得多家企业的项目实训机会。

教学成果、教改项目、教材论文

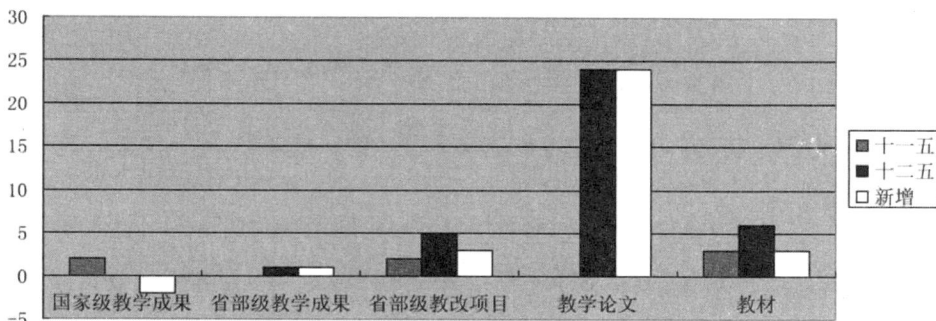

4.人才队伍建设开创新局面

（1）科学引进人才完善师资队伍

"十二五"期间，学院共引进天津市特聘教授 1 名、海河学者特聘教授 2 名

(兼职 1 名),引进英国、日本、韩国以及国内优秀博士 11 人,培育天津市教学名师 1 名、天津市 131 人才第一层次 1 人、其他层次 4 人。全院教职工由 62 人增加到 90 人,其中专职教师由"十一五"末的 47 人增加到 73 人,专职教师中博士学位比例从 15%增加到 33%,副高及以上职称比例从 20%增加到 35%。两名教师赴美国斯坦福大学等世界著名大学进修。

师资队伍

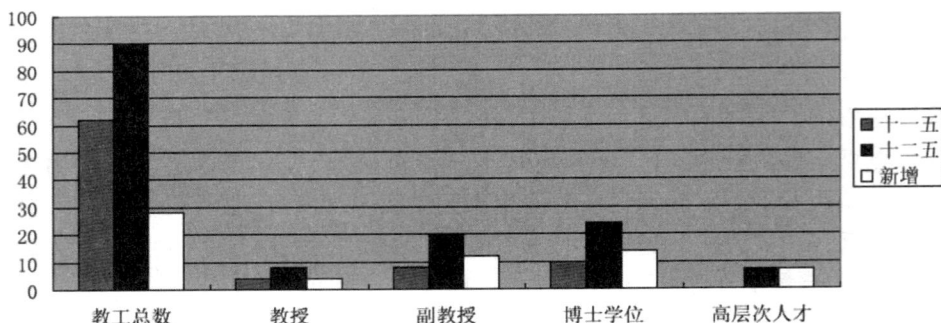

2012 年,学院成功引进留学韩国全北大学的杨巨成教授,并成功申报"海河学者"和"天津市特聘教授"。2013 年,引进前摩托罗拉研究院高级工程师张传雷博士,以及中石油东方地球物理公司研究院工程师曹鉴华博士。2014 年,引进英国萨里大学赵希和日本东京工业大学赵婷婷两名海外博士。2015 年,成功引进了"海河学者"特聘教授张翼英博士。

2012 年,在学校"131"创新型人才培养工程第二层次、第三层次推荐人选中,杨巨成教授入选第二层次,刘颖、王林、陈亚瑞老师入选第三层次;在天津市高校学科领军人才、骨干创新人才、优秀青年教师拟推荐人选名单中,杨巨成入选骨干创新人才,刘颖入选优秀青年教师行列。2015 年,在学校"131"创新型人才培养工程第一层次推荐人选中,杨巨成教授入选第一层次。2015 年在学校"长江青年学者奖励计划"推荐天津市候选人资格的人选中,杨巨成教授入选。

(2)教学团队建设提升质量

计算机科学与技术核心课程教学团队获批校级教学团队。2015 年学院成立计算机科学技术专业教学团队、计算机公共基础教学团队、软件工程教学团队、物联网专业教学团队。

5.学生德育工作取得丰硕成果

(1)学生思想政治教育方面

学院不断创新思想政治教育的形式,坚持协调发展"线上班级"与"线下班级"两个阵地的思想引领,以线上班级为依托,提升 qq 班群、微信班群在思想教育上的引导功能;同时借助学院自身专业优势,着力打造学院学生微信公众服务平台,通过微专业、微查询、微互动的三大服务版块功能,实现学生直接对话辅导员、对话 IT 机器人的实时互动,让社会主义核心价值观教育成为引领学生的精神指引。

（2）学风建设方面

学院将基础学风建设工作的落脚点放在管理、榜样引领两个方面,同时不断完善制度建设,使学风建设有目标、管理有依据,目前已形成学风管理制度 10 余项。此外,学院以满足学生专业实践和发展需要为目标,以科研项目建设、学术型社团建设和实践基地建设为重点,全面引导学生的专业学习兴趣。2013 年至今,学院连续举办大学生"科研训练计划"三期。2015 年 6 月,学生自发组成计算机精英协会,更加浓厚了学院学生"学专业,搞科研,求创新"的氛围。

（3）学生培养成果方面

2012 年在全国"电脑鼠走迷宫"总决赛中,丁忠林、于秀丽两位老师带领王少、莫继远、孙建伟三名学生组成的代表队获得全国二等奖。2013 年学院获全国计算机大赛一等奖 2 项。2014 年学院张贤坤教授指导的软件工程专业 11 级牛四宝同学一举夺得 C/C++ 程序设计本科 B 组天津赛区一等奖,并被推荐参加全国总决赛获 C/C++ 程序设计本科 B 组全国三等奖;计算机学院"科大物联网"团队张传雷、张强、孙迪辅导张津铖、康帅宁两位学生夺得天津市物联网创新与工程应用设计竞赛二等奖。2015 年学院获得全国大学生计算机设计大赛三等奖 1 项、中国"软件杯"大学生软件设计大赛优秀奖 1 项、国家级大创计划 2 项、市级大创 1 项、校级大创 1 项。学生申请专利三项。软件工程专业在 2014 年天津市专业综合评价中获得第 3 名的好成绩。

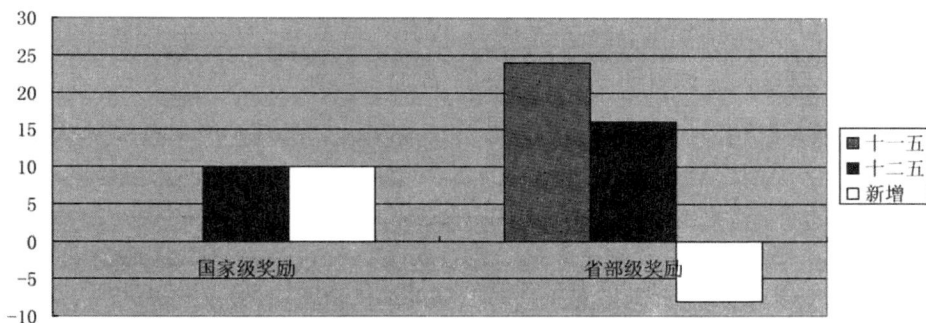

学生学科竞赛

311

大创项目

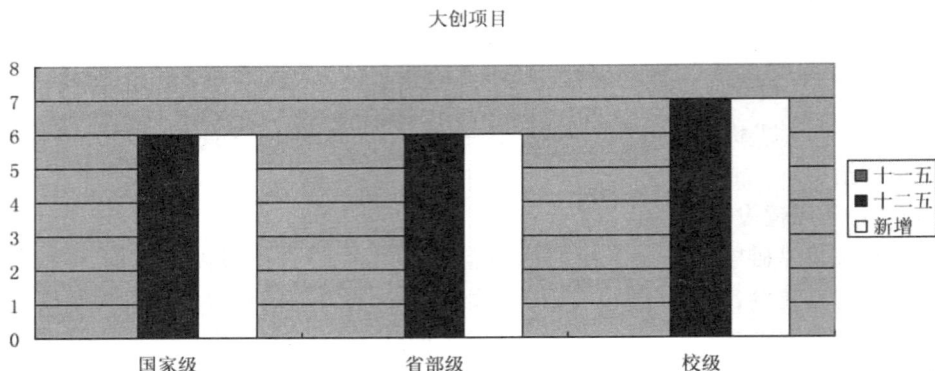

（4）学生就业工作方面

学院已建立起集就业引导、职业生涯规划和创业指导于一体的开放性大就业服务体系。加强就业平台建设：一是校园招聘会平台，二是就业见习平台——学院建立了用人单位和校友联系信息库，加强联系，及时掌握就业需求；三是信息服务平台，建立了由学院就业协会负责的微信公众号，负责就业信息发布、用人单位信息库和在线咨询等。2015年11月，学院顺利完成校党委学工部就业基地验收工作，就业工作基地正式挂牌成立。几年来，就业基地实现师生结对共组科研团队50个，引进企业技术人员开办企业讲堂46场，"科研者足迹"邀请专家教授、学生中的学术精英走上讲台，为学院学生进行专业学术讲座40余场。

6.党建工作得到不断巩固

学院党委不断加强党员的政治理论学习，抓好党的群众路线实践教育活动和"三严三实"专题教育，贯彻落实"八项规定"，反对"四风"，健全党内制度，开好民主生活会。认真落实"三会一课"制度、党费收缴制度、党员学习制度、党员发展制度。"十二五"期间，共发展学生党员426名、教工党员2名，涌现出一大批先进集体和先进个人，其中，9个教工、学生党支部先后被评为天津科技大学"五好党支部"，5个学生党支部的党日活动被评为天津科技大学"最佳党日"活动。

十一、理学院

2015年5月21日，应用化学和材料化学两个本科专业、新材料与技术二级学科硕士点及相关教师和实验技术人员并入新成立的化工与材料学院后，理学院共有教职工136人，其中教师111人、实验技术人员18人、管理干部7人。教师中教授9人、副教授48人、讲师54人，56人具有博士学位，40人具有硕士学位。具有硕士以上学位的教师占86.49%，具有博士学位的教师占50.45%，有9名硕士研究生导师。目前学院有数学、物理和化学三个学科及信息与计算科学1

个本科专业。主要承担全校本科生和研究生的数学、物理和化学基础课程教学和信息与计算科学本科专业人才的培养。

"十二五"期间,学院秉承"以育人为根本、不断提高教学质量,以需求为导向、进行专业特色建设,以学科交叉为导向、推动学术研究的发展"的发展思路,致力于建立和落实具有特色的教学质量监控和保障体系,以国家产业结构调整和区域经济发展实际需求为导向、以就业率为依据,初步形成学院三个本科专业的特色和人才培养模式。

1.学科建设和科研团队建设成效显著

学院制定学术活动制度及管理文件《理学院未来科研团队领军人才与骨干教师重点培养对象选拔、培养与考核办法》,加强了对科研团队领军人才与骨干教师重点培养对象的培养,通过以点带面的方式来提升教学队伍的整体学术水平并且保证可持续发展。鼓励和支持教师开展科研工作,借助各类实验室建设项目的资助、学院经费的投入和教师科研费的投入,不断地改善教师的科研条件。

"十二五"期间,化学学科被遴选为学校重点建设学科,2名科研团队骨干成员入选天津市高校"优秀青年教师资助计划",1名科研团队带头人入选首批"天津市中青年科技领军人才";"十二五"期间学院获批"131"创新型人才6人,第一层次1人、第二层次1人、第三层次4人;入选天津市创新型人才推动计划1人。

获国家自然科学基金课题立项18项、省部级科研课题立项4项、教委科研课题立项4项,到校科研经费总额874万元,实现了历史上的新突破。发表SCI检索论文147篇(其中1区13篇)、EI检索论文13篇。

新建"新材料与技术"二级学科硕士点2012年开始招生。共有新型生物材料、新能源材料和磁学与磁性材料三个研究方向,硕士研究生导师13人。培养硕士研究生11名。

2.深化教育教学改革,提高教学质量

(1)教学管理改革。强化教学质量监控,规范教学管理,建立和落实富有特色的教学质量监控和保障体系。做到检查有计划、过程有监控、意见有反馈、结果有总结。实现对教学过程各个环节的检查、指导、评估和反馈。

(2)课程体系、教学内容、教学方法、教学手段的改革。在物理和化学实验中有计划地更新实验教学内容,增加综合性、设计性实验的开设比例。利用学生的课外科技创新活动和实验室开放,指导学生开展创新性实验。在教学方法上,通过观摩教学、相互听课、集体评课、观看教学录像、以老带新、教学基本功培训、教学基本功竞赛、教学督导等手段在理论课教学中推进学习情境创设式教学方法的开展。在实验课教学中推进小组讨论式和研究式教学方法的开展。在教学手段上,一方面广泛推广板书与多媒体相结合的课堂教学手段,增加课堂教学的信息量,使知识的演示更直观、更形象、更容易被学生接受;另一方面积极开展微课程建设,广泛开展网上课程资源建设。

(3)考核方法的改革。实现全方位、全过程考核,控制考核的知识点、覆盖面、难度系数和难度梯度,把教学大纲的指导作用落在实处,避免了试卷难度忽高忽低,考核成绩分布千变万化现象的出现。

(4)课程建设。建立课程教学团队,落实教研活动制度,深入开展课程建设,促进教学质量提高。

(5)师资队伍建设。一方面通过高水平人才的引进来提高师资队伍的整体水平,另一方面加强现有师资队伍的建设。制订师资队伍建设方案,定期开展业务培训,资助教师参加专业进修培训、学术交流和教学改革经验交流。支持和鼓励青年教师攻读博士学位。加强师德、师风建设,加强职业理想教育。开展青年教师教学能力提升工程,充分发挥教学名师和老教师的"传、帮、带"作用,定期开展青年教师的教学基本功培训和竞赛。充分发挥院教学督导组的督导作用,对青年教师进行跟踪听课。贯彻落实《理学院未来教学团队领军人才与骨干教师重点培养对象选拔、培养与考核办法》的要求。

"十二五"期间,学院共承担13项各级各类教育教学改革课题的研究与实践工作,获第七届高等教育天津市级教学成果一等奖1项,获学校教学成果一等奖1项、二等奖3项。数学基础课程教学团队入选为天津市优秀教学团队,大学物理实验室入选为天津市实验教学示范中心,2个教学团队入选为学校优秀教学团队。1名教师当选为天津市教学名师,1名青年教师入选学校名师培育计划。在天津市第十一届和第十二届青年教师教学基本功竞赛中,学院共有6名教师获奖,其中一等奖1人、二等奖3人、三等奖2人。在"第一届全国高等学校物理基础课程青年教师讲课比赛"中,学院1名教师竞赛成绩进入天津赛区前6名,荣获二等奖。在首届全国高校数学微课程教学设计竞赛中,两名青年教师获全国二等奖、3名青年教师获华北赛区一等奖。

3.提升实验室功能,确保实验室安全

学院圆满完成了"十二五"综合投资仪器设备的申报、论证、验收和调试工作,大量新仪器设备投入使用。建设两间大学物理演示实验室,实现历史新突破。新材料与技术二级学科硕士点建设了专用实验室,对化学专业高温实验室进行了改造和升级。对部分实验室进行了调整和改造,提高了利用率。大学物理课外科技创新实践教学活动新增 1 间专用开放实验室。全面落实《理学院实验室安全管理措施及仪器设备使用规定》的文件要求,强化实验药品和试剂管理和仪器设备检查维修工作,确保实验室安全和教学工作的顺利进行。

4.开展"1+6 尚理培优计划"活动,实现全员育人

2011 年 9 月,学院启动"'1+6'尚理培优计划"。"1"代表一名指导教师,"6"代表一个宿舍的六名同学,指导教师从学习、生活、心理健康、个人发展、职业生涯规划等方面对学生进行针对性辅导。累计 805 名大学生在该项活动中受益,全院形成了比学赶帮超的良好学习氛围。2014 年 10 月,理学院被获批准为"以学生宿舍为载体的高校全员育人特色基地",成为"'1+6'尚理培优计划"活动的重要里程碑。

5.指导学生参加学科竞赛,培养学生创新能力

学院承担着全国大学生数学建模竞赛、全国大学生数学竞赛、美国大学生数学建模竞赛、天津市大学生数学竞赛、天津市大学生物理竞赛、天津市大学生化学知识与应用技能大赛、"挑战杯"创业计划竞赛和"挑战杯"课外学术科技作品竞赛等赛事的指导和培训任务。"十二五"期间,理学院大学生在"挑战杯"全国大学生课外学术科技作品竞赛中获全国三等奖 1 项、天津市三等奖 1 项、学校二等奖 1 项、学校三等奖 3 项。在大学生创新创业训练计划中,3 项国家级项目已结题。在全国大学生数学建模竞赛中共获得 98 个奖项,其中国家一等奖 3 项、国家二等奖 8 项。在全国大学生数学竞赛和天津市大学生数学竞赛中,我校学生共获得 62 个奖项。在天津市大学生物理竞赛中,我校学生共获得 73 个奖项。在天津市大学生化学学科竞赛中,我校学生共获得 142 个奖项。

6.党建工作成效显著,党群工作蓬勃发展

(1)党建工作成效显著。学校有 2 个教工党支部和 4 个学生党支部获天津科技大学"五好党支部"荣誉称号,先后有 6 个党支部获得"创最佳党日"奖励。2012 年学院被评为天津市教卫工委创先争优先进基层党组织。注重青年教师的思想政治工作,共发展 4 名教师入党,包括两名"双高"人员。

(2)党群工作蓬勃发展。学院工会四次获学校年度"工会工作先进集体"称号,为构建和谐校园,促进学院发展,维护学院稳定发挥了重要作用。工会注重加强自身建设,不断提高理论、政策水平和业务能力,把工会建成了教职工的温馨之"家"、信赖之"家"、团结之"家"。

7.大学物理专业学生课外科技创新活动飞跃发展,成绩斐然

建立"抓项目,提能力"的新教学模式,建设大学物理专业学生课外科技创新实验室,成为全校大学生自主参加课外科技创新活动的重要基地。实验室每

日 8:00-21:00 开放,学生自行刷卡进入实验室。实验室启动师生共同管理模式,实行教师和高年级学生共同指导的培养机制,采用"项目驱动式"学习方法开展科技创新活动。来自不同的年级和不同专业的大学生根据兴趣爱好,在教师的引导下选择创新项目。在大学物理专业学生课外科技创新实验室学习和实践的大学生2014、2015 年共荣获 58 个竞赛奖项,就业率达 100%。

十二、外国语学院

"十二五"期间,外国语学院在党的建设、学科建设、科学研究、教育教学、师资队伍建设、学生教育管理等各个方面都取得显著成绩,在国家社科基金项目、教育部人文社科研究项目等方面取得新突破。

1.教育教学改革新举措

(1)成立了外国语学院教学督导委员会,制定了"外国语学院教学督导委员会章程";开展了大学英语分类教学改革,组织修订大学英语系列课程的教学大纲,开设分类教学课程达到 4 门,选课人数近千名,学生满意度达 95%以上;配合卓越班大英教学改革,组织了卓越人才第一届英语演讲大赛和英语作文大赛。完成了对四门校级精品课程的检查工作和三个专业培养方案修订工作;对课堂教学、实践教学环节等进行了全面检查,制定青年教师教学基本功培训方案,组织两次青年教师教学基本功大赛。

(2)积极开展中外合作办学。学院与日本福祉大学签订国际交流项目协议,与日本福山大学、拓殖大学、福井大学和长崎大学开展合作办学或交换生项目;共有 93 名日语专业本科学生被派往日本相关学校学习,其中 20 名学生或考入世界知名大学继续深造或进入知名企业就职。与美国休斯敦大学教育学院签订合作培养硕士研究生的协议,先后有 10 余名师生到休斯敦大学进修硕士或博士学位。

(3)积极组织和指导学生参加专业竞赛。学院竞赛部承担了全校学生参加各类语言竞赛的参赛选手选拔和指导工作。2014 年承办天津市高校翻译大赛(决赛),参赛总人数近 3000 人,达历史最高;2015 年举办了"外研社杯"英语阅读大赛、英语写作大赛初赛选拔和全国英语演讲大赛(天津赛区)暨天津市第十八届大学生英语演讲竞赛(决赛)等一系列赛事,学校报名参赛人数达 2000 余人。学院教师指导的学生在各年度全国大学生英语竞赛中取得优异成绩,6 人分获 C 类和 B 类特等奖,36 人分获 A 类、B 类、C 类和 D 类一等奖;同时在"21世纪杯"全国英语演讲比赛、辩论赛、演讲大赛、写作大赛、阅读大赛,天津市大学生模拟联合国赛事活动及海峡两岸全国口译大赛、天津市高校翻译大赛、"大中物产杯"日语演讲比赛、"笹川杯"全国高校日本知识竞赛等比赛中 29 人获市级及全国等级奖。

（4）研究生教育取得新进展。学院自 2012 年招收"英语语言文学"硕士研究生，2014 年增招"日语语言文学"硕士研究生，毕业和在校研究生 166 人，被授予学位 86 人，就业率达 74%。学院的学科方向布局更加科学完整。通过与美国休斯敦大学联合培养硕士生项目，在美学习的 12 名学生全部获得硕士学位，其中 3 人继续在美攻读博士学位。2015 年启动"日语语言文学"专业研究生到日本相关高校交换留学项目，出国率达到 100%。

学院现有硕士生导师 12 人和硕士生协导教师 10 人；1 名导师被评为校级"我心目中的好导师"。学院加强研究生科研规范性管理，每学期组织进行研究进展情况汇报检查，对研究生学位论文进行 100%查重评阅工作。加强研究生学术能力培养，每年开展学术讲座，举办了四届研究生学术创新论坛，多名研究生做学术论文交流。

2.科学研究取得新突破

成功申报 66 项各级科研项目，其中国家级 2 项、省部级 21 项、局级 8 项、校级 18 项、各类横向课题 15 项、境外资金项目 2 项，科研经费累计达 110 多万元。特别是 2014 年获批 2 项国家社科项目，实现学院科研工作在国家级社科项目上的历史性突破。2015 年，获批教育部人文社会科学研究项目（青年基金）2项。出版著作 29 部，共发表各类科研论文 267 篇，其中被 CSSCI 等中文核心期刊及外语类重要刊物收录论文 55 篇。

3.学科和平台建设取得新进步

在原有的"外国语言学及应用语言学"二级学科点基础上，2011 年和 2013年分别建立"英语语言文学"和"日语语言文学"两个二级学科平台。2014 年，"外国语言文学"一级学科获批校级重点支持学科，结合研究团队研究优势和特色，下设应用语言学、语料库语言学、文学翻译、日语语言文学四个研究方向。每个方向成立以学术带头人领头的学术团队，在一级学科统领下，通过各方面互补、融合和协同发展，人才资源和科研资源实现最优化组合，为学科特色发展奠定有效基础。

目前，在天津市高校的外语学科中，只有我校具备相当规模的"语料库语言学"研究梯队，研究特色和优势鲜明，具备较好的发展潜力和发展前景。该方向为学院招收硕士研究生的主要方向之一，具有优秀的学术队伍、优良的学术作风和相对集中的研究方向，科研梯队构建合理，整体研究实力较强。2015 年，外国语学院首次举办"新角度，新挑战"语料库语言学国际研讨会，充分显示了学院该学科科研团队的研究特色和科研优势。2014 年本科"翻译"专业招生。加强专业建设,完成英语、日语、翻译专业的培养方案修订工作。

教学科研平台建设方面,学院利用"十二五"投资和中央支持地方高校专项资金项目对滨海校区的 6 个语言实验室进行了更新改造,建设了两个 160 个计算机位的自主学习室,在滨海西校区新建四个语言实验室,在河西和滨海两个校区建设两个同声传译训练室。开展了大学英语四六级网考和大学英语四六级口语考试的试点工作,在考场增加视频监控,规范考场设施。实现了泰达校区语言实验中心所有实验室服务器资源共享,满足学生在校园网上登录自主学习的要求。完成了学院 1327 套件、价值 583 万元的资产清查工作。清查结果账物相符占资产总值比例在全校参加清查的 18 个单位中名列第一。

4.师资队伍建设取得新进步

引进了学科建设紧缺的 6 名英语博士和 7 名日语博士,其中 5 人为海归博士,其他为北京大学等国内著名高校博士毕业生。6 名教师在职参加国内外高校博士学位进修,多名教师获国外访学的机会。

"大学英语"教学团队获 2013 年校级教学成果奖一等奖,成功申报校级基础日语课程教学团队。3 名教师被推选为校级优秀青年主讲教师。组织教师参加了中国外语微课大赛培训工作,每年坚持开展优秀教师和青年教师课堂教学观摩课活动。在天津市青年教师教学基本功大赛中,学院教师获得二等奖 3 个,三等奖 5 个;2015 年,1 人在第六届"外教社杯"全国高校外语教学大赛中获天津市一等奖,在第三届外研社"教学之星"大赛复赛(英语专业组)中摘得季军,1人在"第一届中国外语微课大赛"中获天津市一等奖、1 人获二等奖。

5.学生教育管理呈现新气象

一是根据不同学生群体的特点,在学院内广泛开展"党员学校""团员学校""学生干部学校"的"三校"工程系列思想教育活动,引导学生践行和弘扬社会主义核心价值观,培养实践能力和创新精神。二是以品牌文化建设为核心,开展专业特色活动,推进学风建设和校园文化建设。连续 11 年承办天津科技大学外语节、连续举办九届"风云榜"年度人物颁奖典礼、连续举办八届女生节系列活动、连续举办 12 季红色经典翻译活动等。三是加强困难生教育管理工作。以思想、学习和生活三方面为重点,加强困难生的励志感恩教育;学院每年组织党员教师与困难生"一帮一"结对帮扶。四是加大毕业生就业指导与就业服务的力度,就业质量不断提高,毕业生一次性就业率保持在 95%以上。五是积极推进学生工作新媒体建设。建立了微博、微信两个网络新媒体平台,微博覆盖率 100%。六是加强辅导员队伍建设,提升辅导员工作能力。学院积极开展辅导员能力培训和业务学习,制定了《外语学院分类指导工作制度》《外语学院辅导员谈心谈话制度》等文件,深入推进辅导员谈心谈话制度和分类指导工作。

学生工作队伍中,2011 年 1 人获得天津市新长征突击手荣誉称号,1 人获得天津市优秀青年志愿者荣誉称号;2012 年 1 人获得天津市教育系统优秀思想政治工作者荣誉称号;2013 年 1 人获得天津市普通高校优秀辅导员荣誉称号;1 个项目获得 2014 年天津市高等学校人文社会科学立项,1 个项目获得 2014 年天津市教育系统调研课题;1 个项目获得 2015 年天津市教育工委调研课题立项。

6.党的建设取得新成效

学院党委制定并实行了"五好党支部"创建和"党日活动"的奖励制度等。举办入党积极分子培训班、发展对象培训班、预备党员培训班等共计 34 期,培训学员 2300 余人。发展双高党员 1 名、教师党员 5 名、学生党员 263 名。

服务型党组织建设得到加强。学院领导班子和各基层党支部经常召开主题民主生活会和组织生活会,巩固和扩大了群众路线教育实践活动及"三严三实"教育成果。深入开展联系服务师生的"三联系"活动,党员先锋模范作用不断增强;建立了教师党支部与学生党支部互动共建工作机制,积极探索党建在学生培养教育中的新模式。

五年来,学院党委先后获得"天津科技大学先进基层党组织"和"天津市教育系统先进党组织"称号,英语系党支部、联合教工党支部、日语系党支部分别获得 2011 年、2012 年、2014 年校级"五好党支部"荣誉称号;08 级本科生党支部、11 级本科生党支部、12 级本科生党支部分别获得 2011 年、2013 年、2014 年校级"五好党支部"荣誉称号,1 个项目获得校级党建创新立项重点课题,4 个项目获得校级党建创新立项一般课题,1 个项目获得校级党建创新立项培育课题。

7.和谐学院建设得到加强

一是认真落实学院领导班子成员联系点工作制度,坚持深入教学科研一线开展调研,直接倾听师生意见,为师生办实事办好事。二是认真开展为职工办实事活动,以工会为依托开展教工羽毛球、乒乓球团体赛活动,营造积极向上的学院氛围。关心慰问有困难的教职工。"三八"妇女节、中秋节、教师节等节日组织座谈、慰问等活动。三是加强民主建设,顺利完成学院教代会、工会的换届工作,加强教代会制度建设,积极推进了党务公开、院务公开和信息公开。四是做好敏感时期和重点人员的安全稳定工作,确保学院安全稳定和谐的环境。

十三、食品工程与生物技术学院

"十二五"期间,食品工程与生物技术学院获食品科学与工程一级学科博士授权点,建有食品科学与工程博士后流动站,现有 6 个博士点、8 个硕士点。拥有食品科学国家级实验教学示范中心、科技部和教育部新农村发展研究院、科技部食品营养与安全和药物化学国际科技合作基地 3 个国家级教学科研平台和食品营养与安全教育部重点实验室、食品生物技术教育部工程研究中心、工信部食品企业质量安全检测技术示范中心、天津市食品营养与安全重点实验室、天津市食品加工过程控制与安全技术工程中心、绿色食品加工国际联合研究中心、食品营养与安全和药物化学国际联合研究中心、天津市食品技术工程中心 8 个省部级科研平台。是天津市 2011 计划牵头单位,拥有天津市优秀教学实验室 1 个。建有"面向现代食品产业,开展特色工程教育"国家级特色专业 1 个,天津市品牌专业和战略性新兴产业专业各 1 个。目前, 每年招收 360 余名本科生,200 余名硕士研究生,20 余名博士研究生。

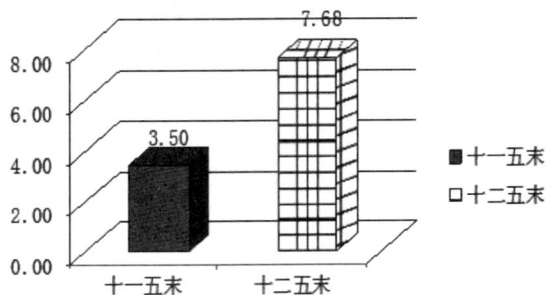

"十一五"和"十二五"末学院固定资产总值(千万元)

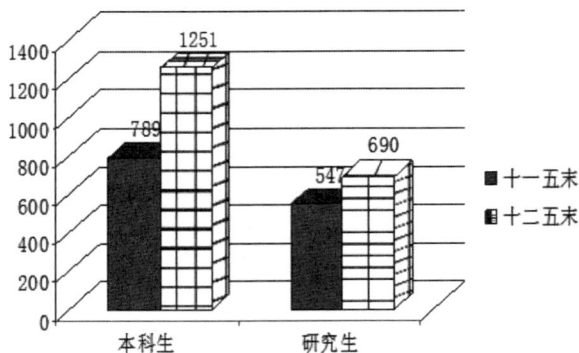

"十一五"和"十二五"末学院全日制在校生数(人)

1.教育教学质量稳步提高

(1)本科教学

"十二五"期间食品科学与工程专业新增乳品工程和粮油工程两个专业方向;食品质量与安全专业、食品科学与工程专业分别获批为天津市战略性新兴产业专业和天津市品牌专业,国家级特色专业食品科学与工程专业入选教育部第二批卓越工程师教育培养计划;学院参与制定本科专业教学质量国家标准;2012 年通过工程教育专业认证,2015 年完成工程教育认证现场考核,完成"十三五"本科专业建设综合投资规划。

建设国家级资源共享课"食品技术原理"、国家视频公开课"食品技术与文化"、国家级双语教学示范课"食品科学技术导论"以及实验班专业核心建设课程"食品技术原理""食品化学"和"生物化学";获批天津市来华留学英语授课品牌课程 1 门——"食品科技导论";出版主编教材 7 部,其中主编普通高等教育"十二五"规划教材 2 部,主编高等学校专业教材 3 部;参编教材 9 部;获中国轻工业优秀教材一等奖 1 项、二等奖 2 项、三等奖 3 项。

国家级实验教学示范中心食品科学实验中心通过天津市验收;获批天津市"十二五"综投教学创新团队 2 个(食品科学与工程教学团队、食品生物技术教学团队)、校级教学团队 1 个(食品质量与安全教学团队),组建谷物科学与工程教学团队及校行业卓越人才实验班导师团队, 所有教学系通过校级达标工程;张泽生教授被评为校级教学名师,王艳萍教授被推荐参评天津市教学名师(2016年 1 月正式获批)。

获批天津市教学成果一等奖 1 项、二等奖 1 项,获批市级教改项目 3 项、校级教改项目 3 项、校级青年创新基金(教育教学类)6 项,"食品创新工坊"获批全国大学生"小平科技创新团队";获天津市优秀本科毕业论文 1 篇;获批"大学生创新创业训练计划"项目国家级 20 项、市级 13 项;食品学院网络学习社区建设工作稳步推进。本科学生参与发表学术论文 34 篇,参与申请专利 9 项,授权 1项。获华北地区化工原理竞赛二等奖 1 人,获首届天津市大学生化学竞赛二等奖 1 人、三等奖 4 人、优秀奖 7 人和天津市第三届大学生生命科学基本实验技能竞赛一等奖 1 人、二等奖 2 人、三等奖 9 人。

(2)研究生教学

制定了《食品学院硕士研究生毕业答辩安排的规定》《食品工程与生物技术学院硕士研究生名额分配细则》《学位授权点合格评估工作组织机构》等文件,通过制度建设进一步规范管理,为教育部学位授权点评优打下良好基础。先后获天津市优秀博士学位论文 5 篇、天津市优秀硕士学位论文 9 篇、校优秀博士学位论文 7 篇、校优秀硕士学位论文 24 篇,获校优博基金资助 8 人。

学院与天津春发食品配料有限公司、蜡笔小新(天津)有限公司成立校企共建研究生创新实践基地,与天津市尖峰天然产物研究开发有限公司共同申报并获批天津市高校研究生教育校外创新实践基地。与江南大学、中国农业大学等

13所食品学科重点院校签订了食品学科研究生优秀生源校际交流协议书。

共有67位博士研究生、649位学术型和252位专业型研究生、52位非学历硕士研究生顺利毕业并获得学位,共录取94位博士研究生、505位学术型和485位专业型硕士研究生、64位非学历硕士研究生。

2.学科建设取得新进展

拥有食品科学与工程一级学科博士学位授权点和二级学科博士学位授权点6个、二级学科硕士学位授权点6个、食品工程及农业硕士专业硕士学位授权点2个。新获批食品科学与工程一级学科博士点、食品营养与安全二级学科博士点、农业硕士专业学科授权点。营养与食品卫生学、生物化学与分子生物学2个二级学科所在的一级学科获批校级重点建设学科。2012年教育部学科水平评估中,食品科学与工程一级学科全国排名并列第十。农业科学学科被ESI收录的论文中,食品营养与安全教育部重点实验室及食品工程与生物技术学院所发文章被引用的贡献度分列第一和第二位;论文高产出及高影响力作者TOP20中,有15位为食品学院教师,为学校农业科学学科ESI排名首次进入全球大学和科研机构前1%做出重要贡献。

3.科研创新能力逐步增强

新增科研项目418项,其中国家级项目96项、省部级项目63项、横向项目222项,到账科研经费总额1.540297亿元,是"十一五"期间的3.17倍,国家杰出青年基金项目、国家优秀青年基金项目、国家自然科学基金重点项目等实现零的突破。

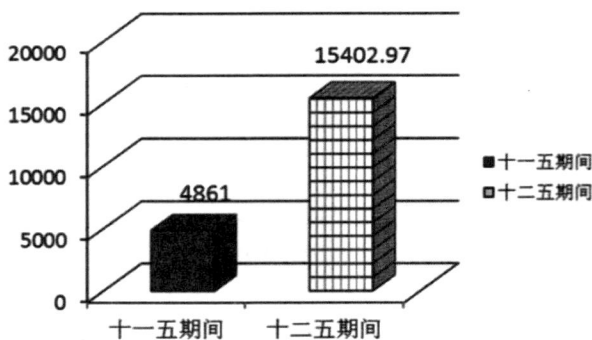

"十一五"和"十二五"期间科研经费总额(万元)

获得国家级奖励5项,其中,国家科技进步二等奖4项、中国专利优秀奖1项;获得省部级奖励26项,其中,天津市专利金奖1项、天津市科学技术进步二等奖 4 项及三等奖 6 项、山东省科学技术进步一等奖 1 项、福建省科学技术进步二等奖 1 项;获得中国轻工业联合会技术发明二等奖 2 项和科技进步二等奖 2 项、三等奖 3 项;获得中国商业联合会科学技术进步特等奖 1 项、一等奖 1 项、二等奖 2 项、三等奖 1 项和中国物流与采购联合会科学技术进步二等奖 1 项。

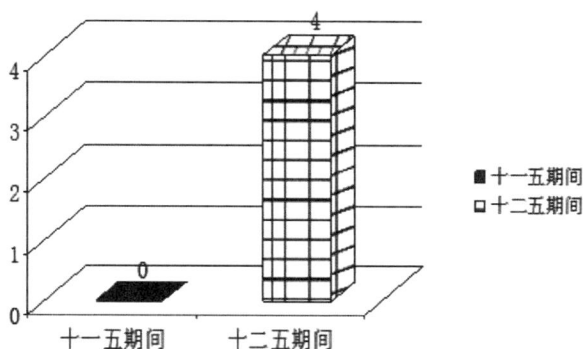

"十一五"和"十二五"期间学院获国家科技奖(项)

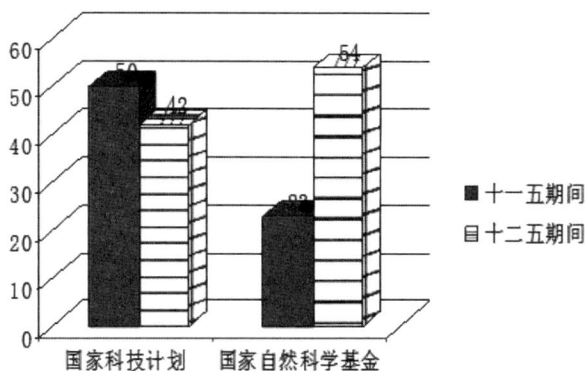

"十一五"和"十二五"期间学院获批国家级项目(项)

　　授权国家发明专利 105 项、实用新型专利 4 项、国际专利 2 项。出版科技著作 11 部。发表学术论文 1400 余篇,其中,中文核心期刊等采用 900 余篇、被 SCI、EI 收录 470 余篇,是"十一五"期间的 2.3 倍。

　　学院"食品安全与营养关键控制技术研究团队"获批教育部创新团队并获教育部滚动支持,"食品安全危害物多元识别与溯源技术创新团队"获批天津市高层次创新创业团队,"食品安全检测与控制技术研究创新团队"获批天津市高等学校创新团队。李喜宏教授科研团队研发的保鲜材料等成果受到李克强总理

"小微企业,大有作为"的充分肯定。

学院新增国家新农村发展研究院、食品营养与安全和药物化学国际科技合作基地(与生物学院联合申报)2个国家级科研平台,获批天津市2011协同创新中心1个,新增4个省部级科研平台,分别为:工信部食品企业质量安全检测技术示范中心、天津市食品加工过程控制与安全技术工程中心、绿色食品加工国际联合研究中心、食品营养与安全和药物化学国际联合研究中心(与生物学院联合申报)。

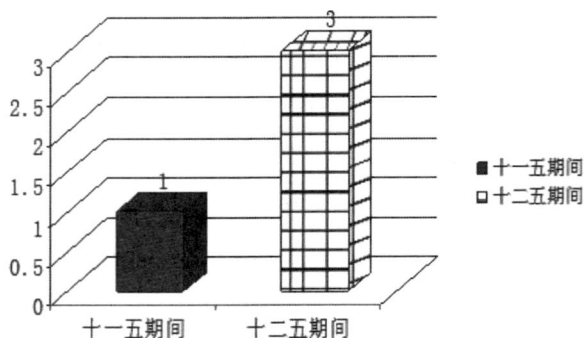

"十一五"和"十二五"期间学院获建国家级平台(个)

4.师资队伍建设实现新突破

学院高度重视人才引进工作,注重学术梯队培养。现有教职工101人,教师78人,教授29人,副教授18人,其中天津科技大学海河学者特聘教授12人。5年内共引进博士33人、硕士13人,出国研修13人次,教师博士学历比例达85%。其中国家级教学团队1支、天津市教学团队2支。获国家级教学成果奖2项。

学院拥有国家"万人计划"人选1人("十二五"新增)、长江学者特聘教授1人、国家杰出青年科学基金获得者1人("十二五"新增)、国家优秀青年科学基金获得者1人("十二五"新增)、国务院特殊津贴专家5人(1人为"十二五"新增)、国家百千万人才工程人选2人、天津市特聘(讲座)教授5人(3人为"十二五"新增)、天津市"千人计划"人选2人("十二五"新增)、天津市高层次创新型科技领军人才1人("十二五"新增)、天津市创新人才推进计划人选1人("十二五"新增)以及天津市"131"创新型人才培养工程第一层次人选3人、第二层次2人、第三层次7人(均为"十二五"新增),拥有天津市"三年引进千人"高层次人才入选者2人("十二五"新增)、天津市教学名师2人(1人为"十二五"新增)、天津科技大学教学名师6人(1人为"十二五"新增),1人为"十二五"新增。

5.学生德育工作扎实推进

五年来,学院获"挑战杯"创业计划大赛全国铜奖3项、天津市金奖3项(银奖1项、铜奖1项)、"挑战杯"课外学术科技竞赛天津市特等奖1项(一等奖3项、二等奖3项、三等奖3项)。学生在全国各级食品创意大赛中获各级奖项80余项,本科生和研究生参加人数达1200余人次。

大学生获得国家奖学金10人、天津市人民政府奖学金10人、天津市王克昌奖学金10人、天津市"大学生创新奖学金"特等奖2人,获评为天津市优秀学生干部5人、天津市三好学生3人。获"2012年度中国大学生自强之星"提名奖1人,入选2014年度"中国大学生自强之星"全国十强1人,获"2012中国大学生年度人物评选"入围奖1人,获"感动校园——天津市大学生年度人物"荣誉称号1人。

先后获评天津市全国大学生运动会优秀青年志愿者2人、滨海新区优秀志愿服务标兵3人及第二届中国(天津滨海)国际生态城市论坛暨博览会优秀志愿者1人及突出贡献志愿者1人,获第九届大学生运动会港澳团优秀志愿者1人、全国暑期社会实践优秀团队2支及优秀个人1人、天津市优秀志愿者社团1个、天津市暑期社会实践活动优秀团队2支、先进个人称号5人。

6.党建与思想政治工作稳固开展

学院领导班子坚持中心组学习制度、党政联席会议事制度,坚持"三重一大"集体决策及领导干部"三联系"工作方式,认真落实党风廉政建设责任制,充分发挥教代会、工会、学术委员会作用。学院注重强化制度建设,5年共制定了58项文件。

扎实开展群众路线教育、"三严三实"专题教育等实践活动,广泛听取师生意见和建议,落实整改任务、做好建章立制工作。在"三严三实"教育工作中,开展创新性工作两项:一是全体党委委员讲党课,纪委委员做党风廉政专题讲座;二是增加督导环节,由党员领导干部督导教工党支部,组织员、教工党支部书记、辅导员督导学生党支部,在教工支部采用"按专题轮换"的督导方式。

高度重视基层党建工作,积极探索支部建设新模式,提升工作实效。2012年7月设立研究生党支部。广泛开展研究生党员承诺活动,将45个承诺牌悬挂在实验室门口,明确党员责任。

学院党委获批校级党建示范点;食品工程系党支部被评为"天津市教育系统先进基层党组织";7个党支部获校"五好党支部",教工党支部全部获奖;5个支部在校"创最佳党日"活动中获奖;学院党委书记刘雁红被授予"天津市创先争优优秀共产党员""天津市教育系统创先争优优秀共产党员"的称号;发展4名教工入党,2名"双高"人员中1人为优秀留学归国人员;5人的创新项目获校党建创新工作立项,结题3项,其中重点课题1项;17名研究生在天津市首届马克思主义理论学科研究生学术论坛征文中获奖。

学院党委获评为天津市教育系统思想政治工作先进集体;院团总支获天津市"五四红旗团委"称号;食品安全与卫生研究室获评为天津市"工人先锋号"先进集体;刘安军获得全国"五一"劳动奖章;刘雁红获评为天津市教育系统"教工先锋岗"先进个人;张泽生获评为天津市"德业双馨"十佳教师;赵征先后获得天津市"教书育人楷模"和天津市"最美丽教师"称号;杨家栋获2015全国辅导员年度人物入围奖、获评为天津市优秀辅导员;王汝华先后获天津"青年五四奖章"和天津市道德模范的称号;张泽生、王汝华获"天津好人"称号;3名青年教师在天津市思想政治工作务实创新上水平征文评比中获奖。

加强对外宣传交流工作,利用食品安全等专业的优势,组织专家教授进行科普宣传、专家答疑、服务社会拉动地方经济等活动,受到中央电视台、天津电视台、新华每日电讯、人民日报、天津日报、中国食品报等多家媒体报道。院党委连续多次获评为校宣传工作先进集体。

十四、造纸学院

2015年5月21日,经学校党委和行政研究决定,对学校学科进行调整,成立天津科技大学造纸学院。学院依托制浆造纸工程学科传统优势,通过凝练与整合,确立了清洁制浆与环境保护、造纸技术与纸基功能材料、制浆造纸化学品、木质资源转化与利用、植物资源精细化工与化学五个主要研究方向。现有教职员工39人,其中教师25人、实验员6人、行政人员6人、辅导员2人。拥有教授11人、副教授4人、讲师11人。专任教师均具有研究生学历,具有博士学位教师比例达88.9%,具有海外留学或出国进修经历的比例达63%。

拥有1个一级学科博士学位授权点("轻工技术与工程")、1个一级学科博士后科研流动站("轻工技术与工程")和2个二级学科硕士学位授权点、1个专业学位硕士学位授权点、1个在职人员同等学历硕士学位授权点。学院轻化工程专业为教育部特色专业和天津市品牌专业,所在制浆造纸工程学科为天津市重点学科、"重中之重"建设学科。拥有天津市制浆造纸重点实验室,天津市制浆造纸工程实验教学示范中心,是中国造纸学会副理事长单位、天津造纸学会理事长单位、中国造纸协会常务理事单位、中国造纸化学品协会理事单位及教育部高等学校教学指导委员会轻工类教学指导委员会委员单位。

1.科研工作

（1）平台建设

制浆造纸工程学科以天津市制浆造纸重点实验室为依托,按照国内一流及国际先进水平完善科研平台建设,承担本科生和研究生的教学实验,满足各个研究方向的科研需求。"十二五"综投经费达 784 万元,其中 2014 年中央财政专项资金投入 210 万元。2012 年至今,学科纵向科研经费投入 160 万元,学校投入经费 90 万元。

（2）科学研究成果

科研项目总计 106 项,累计到账 1612 万元。纵向项目,国家级项目 13 项、省部级 6 项,经费 1032 万元;横向项目 55 项,经费 580 万元。在发表论文及专著方面,SCI、EI 和 ISTP 检索收录论文数 200 篇,CSCD 和 CSSCI 收录论文 7 篇,JCR 一、二区收录论文 34 篇。出版学术专著 3 部;专利授权 28 项,其中发明专利授权 27 项。获中国轻工业联合会科学技术进步三等奖 2 项、天津市科技进步二等奖 1 项、天津市科技进步三等奖 1 项。

（3）学术交流

承办"第 16 届木材、纤维和制浆化学国际会议"。先后有国内外专家学者 34 人次来校进行学术讲座。

2.教学工作

（1）本科生工作

①教学条件。本科教学实验室面积达 4000 多平方米,拥有各类先进实验仪器设备。"十二五"新增教学仪器设备 237 台（套）,价值 1150 万元。新增校外实践教学基地 2 个。出版《植物纤维化学》《制浆造纸机械与设备》（国家级规划教材）、《制浆化工过程与原理》3 部教材,《植物纤维化学》《造纸湿部化学》分别获得 2015 年中国轻工业优秀教材一、二等奖。使用获奖及规划教材比例从"十一五"末的 28.6%提高到"十二五"末的 50.1%。教材《植物纤维化学》被纳入天津科技大学精品慕课建设计划。

②教学效果。获"轻化工程专业应用型人才实践创新能力培养的研究与实践"等省部级及以上教改项目 6 项,其中国家级教改项目 1 项,发表教改论文 11 篇。2012 年,制浆造纸工程实验教学中心获评为天津市级实验教学示范中心建设单位。2014 年,制浆造纸工程教学团队获天津市级教学团队称号,裴继诚获第八届天津市高等学校教学名师奖;2015 年,刘苇论文获评天津市优博论文。

轻化工程专业本科生发表论文 37 篇,其中 SCI 收录 5 篇,EI 收录 8 篇,ISTP 收录 8 篇。轻化工程专业本科生获省部级及以上学科及科技竞赛奖励大幅提高,共获奖 75 项("十一五"为 14 项),其中国家级竞赛奖 52 项("十一五"为 9 项)、省部级竞赛奖 23 项("十一五"为 5 项)。轻化工程专业本科生主持省部级及以上大学生创新创业训练项目 12 项,其中国家级大学生创新创业训练项目 9 项,参与学生数 54 人。

2013 年获批由国家留学基金委员会资助的优秀本科生国际交流项目,轻化工程专业是天津科技大学唯一获得该资助的本科专业。本科生在校学习期间参加国际交流 4 人次,毕业生出国留学 4 人。

(2)研究生工作

建设专业学位研究生培养基地 1 个,修订了硕士、博士研究生培养方案(2015 年版)和研究生国家奖学金、学业奖学金实施细则。新增硕士生导师 4 人、博士生导师 5 人。博士生招生报名 45 人,录取 28 人;硕士生招生报名 141 人,录取 161 人;研究生签约率达 80%以上(不含硕士研究生攻读博士学位和出国人员)。

授予博士学位研究生 20 名、硕士学位研究生 117 名、专业硕士学位研究生 40 名,获评天津市优秀博士论文 1 篇、天津市优秀硕士论文 2 篇、留学基金委国家公派研究生 3 名。研究生发表科研论文计 223 篇,被 SCI、EI、ISTP、A&HCI、SSCI、CSCD、CSSCI 收录 137 篇,举办(参加)研究生学术活动 31 次,获省部级奖 5 项。

3.人才工作

师资情况统计表

教师类别		"十一五"末	"十二五"末
专职教师	总数	24	25
	博士学位	18	22
	比例	75%	88%
实验教学教师	总数	6	6
	博士学位	0	1
	比例	0%	16.7%
	硕士学位	2	3
	比例	33.3%	50%

现有博士生导师 6 人、硕士生导师 15 人。专职教师中研究生学历比例从"十一五"末的 76.7%提高到"十二五"末的 96.2%,老中青比例进一步合理化,从"十

一五"末的 1∶2.75∶3.75 发展为"十二五"末的 1∶4∶8。拥有国家"千人计划"的教师 1 人、教育部"长江学者"讲座教授 1 人、教育部高等学校教学指导委员会委员 1 人、教育部"新世纪优秀人才支持计划"的教师 1 人、天津市特聘教授 2 人、天津市教学名师 1 人、天津市"131 人才工程"入选者 3 名。

4.学生工作

（1）学生思想政治教育工作

每年开展 "文明修身""法制安全""我的中国梦""践行社会主义核心价值观"主题的辩论赛、创意作品大赛等活动 40 余项。创新开展研究生思想政治教育工作。2014 年尝试以答辩形式开展研究生活动立项,形成以"五尚"（"尚学明智""尚德修身""尚行求是""尚师闻道""尚实求真"）为特色的品牌活动。

先后 4 人获博士研究生国家奖学金、18 人获硕士研究生国家奖学金,50 余人获亚马孙、红塔仁恒等企业奖学金资助,2 人获天津市王克昌奖学金、1 人获天津市创新创业奖学金。6 人被评为天津科技大学"十佳学术之星",学院获"2015 年研究生暑期社会实践调研活动优秀组织单位"荣誉称号,4 人多次获"天津科技大学研究生社会实践调研活动优秀指导教师"荣誉称号,5 个团队被评为"天津科技大学研究生社会实践调研活动优秀团队",2 篇报告被评为优秀实践调研报告,5 人被评为"2014 年研究生社会实践调研活动先进个人";2 人曾先后担任校研究生主席。

（2）学风建设工作

制定领导监考巡视制度、任课教师联系制度、班干部例会制度及两办（院办、学办）主任、教学秘书、辅导员监考巡视等一系列制度,开展"促学风建设"活动,辅导员在每次考前召开学风建设会议。共有 100 余人次在市级及以上各类学科竞赛中获奖,2 个社团 7 次获"天津市优秀志愿服务集体"及"天津市暑期社会实践示范队"荣誉称号,280 余人次获校级各类奖励,学院团委 2011 年获"天津市五四红旗团委荣誉"称号。

（3）毕业生就业工作

学院建立毕业生工作领导小组,树立全员为毕业生就业服务的意识;通过多渠道为毕业生提供就业服务,进行多方位全方面就业指导。为每届毕业生平均组织专业讲座 10 场、邀请对口企业来校召开专场招聘会 6 场。平均毕业率为96.68%,学位授予率为 93.76%,就业率为 99.71%,考研率为 20.46%。

（4）科技创新、社会实践工作

一方面,努力构建大学生科技创新、社会实践平台,成立创新团队,建立 5 个社会实践基地;另一方面,积极组织参加、开拓各类竞赛活动。在"挑战杯"作品大赛中,1件作品获全国三等奖、1件作品获天津市金奖、1件作品获天津市银奖、1件作品获天津市二等奖;在第一届中国青年创新创业大赛中,1件作品获全国三等奖;在2014年"邮储银行杯"中国青年涉农产业创业创富大赛中,1件作品获全国三等奖;在大学生创新创业训练计划项目中,8件作品获得国家级立项,2件作品获得市级立项,1件作品获得校级立项。

大力弘扬和践行志愿服务精神。以思源协会和志协为活动承办团体,分5批共选派42名优秀学生加入科技辅导员队伍,圆满完成与塘沽区欣嘉园第一小学共建工作。加强区校共建项目——汉沽体育场小学的建设。思源协会坚持每周一次赴汉沽体育场小学义务支教。学院"描绘蓝天"支教队连续五年共计行程10余万公里,奔赴甘肃、贵州等偏远山区6所学校进行义务支教,服务当地小学生1000余名;为四川梧桐树小学建立小型图书馆。"描绘蓝天"支教队多次获评为天津市社会实践先进团队,宋蔺娜等多人获得天津市社会实践先进个人、天津市优秀志愿者等荣誉称号。

(5)辅导员队伍建设

共有专职辅导员2名,研究生辅导员1名,青年教师担任兼职辅导员1名。共获省级以上荣誉称号5项,申报获批科研项目6项,在省级以上期刊公开发表论文8篇。选派研究生辅导员参加第37期全国高校辅导员骨干培训班。研究生辅导员获评为2015年校级优秀辅导员,获得天津科技大学第三届辅导员职业能力竞赛三等奖,获评为天津科技大学第三届"我最喜爱的老师"并连续三次获评为校研究生社会实践优秀指导教师。

(6)资助育人特色工作

学院采取经济资助、学习帮扶、心理辅助、应急保障、感恩回馈等一系列资助手段,形成了独具特色的"资助(经济资助)——自助(勤工俭学)——助人(志愿服务)"工作模式,于2014年11月申报学生资助工作特色基地建设项目(基地名称:"以人为本,资困育人,着眼精细化可持续发展")。

5.党建工作

积极组织学院党委理论学习中心组学习,2012年开展了保持党的纯洁性教育活动,2014年开展了党的群众路线教育实践活动,2015年开展了针对处级以上党员领导干部的"三严三实"专题教育。开展了基层党支部书记抓党建述职工作,开展了教工和研究生党员联系少数民族学生活动。

2015年10月,规范有序地完成支部换届工作,成立8个党支部。2015年12月3日,召开造纸学院党员大会,完成学院党委委员选举,成立造纸学院第一届党委委员会。认真做好组织发展工作,举办院级党校2期,发展党员110人(其中研究生党员 23 人)。共有 2 个党支部被评为学校"五好党支部",1 个党支部被评为学校先进基层党组织,1 个党支部被评为学校创先争优先进基层党组织,4 名党员被评为校级"优秀共产党员"。

十五、国际学院

"十二五"期间,国际学院致力于加强内部治理结构改革,认真贯彻落实《天津科技大学章程》精神,制定《国际学院党政联席会议议事规则》的文件,建立领导班子议事决策机制和重大决策咨询制度,落实重大事项公示和听证制度。以合作办学特色发展为主题,以新增新专业为突破口,不断强化国际学院管理职能,不断增强服务意识,不断提升管理整体水平,不断创新管理机制,推动中外合作办学事业全面开展。2014 年,学院新增涉外办学内容,承担由我校国际交流处分流出来的留学生管理工作。经过"十二五"的发展,国际学院已经成为我校国际化办学窗口和对外文化教育交流的平台。

1.教育教学质量稳步提高

(1)中外合作办学教学积极推进

共有合作办学项目 4 项。其中,与美国纽约州库克学院合作中美合作办学项目国际经济与贸易(国际企业管理)专业在校生 2 个年级共 177 人;与澳大利亚南十字星大学合作中澳合作办学项目财务管理专业在校生 4 个年级 458 人;与日本京都信息大学院大学合作中日合作办学项目计算机科学与技术(信息处理)专业在校生 326 人;与英国赫瑞瓦特大学合作中英合作办学项目生物工程(酿造与蒸馏)专业为"十二五"期间新增合作办学项目,在校生 2 个年级 101 人。学院与外方合作院校采用"4+0"或"3+1"的培养模式对学生进行联合培养。学院坚持以提升教育教学质量为目标,不断深化中外合作办学教育教学改革,合作办学各项教学工作取得新进展。

一是圆满完成专业类与语言类外籍专家管理工作。专业类外教通常在国际学院集中教学 3—5 周。来华期间,国际学院负责外教接送机、住宿、教学安排等日常授课的管理工作。"十二五"期间我校每个中外合作办学项目每学期派出外教 5—6 人次,年平均接待合作方派出专业课教师 40—48 人次。学院通过科学安排管理、切实落实措施,高标准地完成了中外合作办学外方专业课接待任务,保证了外方教学的顺利进行。聘请大量外籍教师进行外语语言授课,夯实合作办学学生的语言基础。中外合作办学项目年平均聘请英语、日语外教达十余人,学生每周课时量达 12—18 学时。

二是完善教学实验室和教学设施建设。外方按合作办学协议建成计算机实验室 5 间,共拥有 300 余机位,同时配置相应计算机教学辅助设施。该实验室主要用于我校中日合作办学计算机科学与技术专业学生学习使用,同时也兼供我校其他专业学生使用。为中澳合作办学项目语言教学配置4间教室和相关多媒体设备,为中英合作办学项目按外方要求标准配置2间外方考试专用考场。

三是合作办学取得新进展。2012年完成中澳合作办学项目的延期申报工作。该项目批准招生人数增至120人,境内可授予澳大利亚南十字星大学学士学位证书。2013年与英国赫瑞瓦特大学开展"3+1"模式的合作办学项目通过教育部审核,2014年首届招生。双方共同拟定了中英合作生物工程专业教学培养方案,实现了天津科技大学中外合作办学项目向世界一流水平的迈进。

四是做好合作办学过程中的协调管理。与外方院校在原有教育教学培养方案基础上,进行多轮讨论、协商,重新制定相关方案和教学工作,使双方教育教学体系更加融合。为提高中澳合作办学财务管理专业学生学习南十字星大学专业课程效果,通过与南十字星大学协商,采取在第四、五学期用一年时间单独进行南十字星大学专业核心课程集中授课(期间不再开设中方课程或减少插入中方课程)的方法,确保南十字星大学12门专业课程的授课能够高质量完成。同时删减原教学培养方案中20余门专业相关课程,简化学生选课模式,使学生获南十字星大学学位率大幅提高。确保合作方课程门数、课程时数在整体授课中所占比例。2014年经与日本京都计算机学院协商,在原有协议基础上中日合作办学项目计算机科学与技术专业由原有由日方承担的10门课程,变更为15门;2015年,与英国赫瑞瓦特大学协商,中英合作办学项目生物工程专业在原有由外方承担专业核心课程6门基础上,新增英方授课课程2门并增加3个单元共8次专业前沿讲座。

(2)留学生教学管理不断加强

2014年,原留学生管理工作由国际交流中心转移至国际学院,同年学院设立留学生管理科,全面开展留学生管理工作。目前共接收来自70多个国家的留学生到校学习,学历层次从本科教育至博士教育,涵盖语言生、学历生、交换生等多种就学模式。学院顺利完成留学生管理工作转移,逐步开展留学生日常管理工作。通过明确职责调整结构,积极探索留学生管理体制新发展。通过建章立制,完善留学生管理制度。

一是促进汉语言教师队伍规范化管理,建立汉语言外聘教师档案以及汉语言班的班主任聘任工作。促进留学生全面融入科大。二是配合学校档案室从无到有建立国际学院接待的留学生档案,对留学生来源、去向和各种信息进行规范化管理。三是完成学历生与非学历生两类留学生的日常教学与管理工作。四是通过科学安排,合理部署相关工作,完成非学历生中大量短期留学生的接待与管理工作。五是完善外国留学生各种突发事件处理机制。

（3）中外合作办学教育教学质量监控体系不断完善

结合国际合作办学向提高办学质量的内涵发展趋势，"十二五"期间，学院着重对保证学生学习质量、外方教师的教学质量方面，通过教改科研立项、发表论文、制定相应制度和实施办法，进行有益探索并取得成效。完成教改研究项目等两项，发表相关论文数十篇。试行学生学习质量实时监控和学生学习学业测评。

2.学生德育工作扎实推进

国际学院学生具有思想灵活、思维开阔的特点，大量外籍教师在课堂教学中往往突出学生主体作用，使学生更大程度地了解不同国家的文化差异，在为教学注入新活力的同时，也对大学生思想政治工作提出新的挑战。学院以社会主义核心价值观为引领，强化理想信念教育、思想政治教育，利用现代信息技术，构建多种形式的思想政治教育阵地建设。

一是充分发挥党建在思想引领中的重要作用。按照《中国共产党发展党员细则》的要求，共发展学生党员413名。开展的特色党日活动获市教育工委"创最佳党日"活动的一等奖。学生党支部连续五年获得学校"五好党支部"荣誉称号。

二是坚持在大学生中开展"成长——求知——善思——笃行"为主线的"成长体验"特色实践教育活动。依托丰富多彩的团学活动，引导学生树立和践行社会主义核心价值观。通过与泰丰社区、阳光家园、贻成小学等共建志愿服务基地建设，引导广大团员青年体验社会、服务社会，获得校暑期社会实践先进团队等荣誉称号。

三是建立学生考勤管理的台账和学业预警谈话机制，实行课堂手机收纳制度，通过严格管理促进学风建设。开展评奖评优，树立模范典型并进行经验分享，举办外语类竞赛和国际之窗系列讲座，营造良好的学习氛围。

四是进行职业发展调研，强化职业生涯引导。开展好就业服务月，大力开拓就业市场，积极联系企业进校园专场招聘，为创业学生搭建交流平台，稳步推进就业创业工作。连续两年获得学校创新创业奖学金。

五是制定了《国学院关于加强分类指导有针对性地做好学生教育管理工作的实施方案》。建立准确的学生信息库，通过多种渠道了解，完成学生奖、贷、助、免等工作，坚持实行新生班主任工作制度，发挥朋辈教育作用，辅助辅导员开展分类指导工作。

六是开展庆祝国际学院建院15年校友回顾与展望相关活动。

3.党建工作不断深化

一是对本单位教职工党员、学生党员的"创先争优""创最佳党日"等活动进行部署与总结。深入开展保持党的纯洁性教育工作。通过开会动员、组织学习、召开民主生活会等多种形式教育,提高党员思想意识。

二是按照校党委统一部署,深入开展学习贯彻党的"十八大"精神活动。根据校党委《深入开展党的群众路线教育实践活动的实施方案》和《教育实践活动学习教育、听取意见环节工作安排意见》的要求,在本单位领导干部、教职工党员、学生党员中开展群众路线教育实践活动。

三是按照中央、市委、校党委统一部署"八项规定"和市委落实办法要求,深入贯彻落实市纪委十届二次全会精神,结合落实市委教育工委、市教委《教育系统关于深入贯彻落实中央"八项规定",进一步改进工作作风的通知》的精神,开展相关活动。在校党委领导下,扎实开展"三严三实"专题教育,召开"三严三实"座谈会,开展批评与自我批评。开展廉政建设教育工作,防微杜渐,确保领导班子与广大干部廉洁奉公,预防违规违纪问题。

十六、应用文理学院

2013年7月,天津开发区职业技术学院并入天津科技大学。为适应经济社会发展对应用型人才的需要,充分依托滨海新区的综合优势,学校建立应用文理学院。"十二五"期间,学院以促进人才的全面发展为核心,以社会需求为导向,确立"文理并济、知行合一、经世致用、服务社会"的办院兴院理念,树立"宽基础、强实践、重能力、彰特色"的人才培养观。在积极探索3+1人才培养模式、教学内容、课程体系、教学方法和手段等方面积极探索,着力提升学生的实践动手能力,努力为社会培养创新能力佳、实践能力强的高素质应用型人才,提升服务社会水平。学院现设汽车服务工程、测控技术与仪器(检测与计量)、通信工程(移动通信技术)、物流管理(国际物流)、财务管理(公司理财)、会展管理、行政管理(文秘)7个本科专业,在编教职工68人,专任教师50人,其中副高及以上职称24人,占全体教师的36%。在校学生1298人。

1.顺利完成成立之初各项工作

(1)实现平稳过渡。2013年7月,学院成立过渡期间领导班子队伍,时任校党委副书记潘秀山同志担任学院党委书记,校长助理王旭同志担任学院院长,李全生担任常务副院长,郑立鹏、包红霞、姜媛、王建英担任副院长,为学院的平稳过渡保驾护航。学院成立办公室、教务科、学生科3大职能科室,重新组建7个专业教研室,进一步理顺了学院管理体制和机制。

(2)确保教育教学工作稳定运行。并入之初,因原开发区职业技术学院14、15届两届学生共计3457人尚未毕业,为确保高职学生的正常教学工作,学院成立两支教学管理和学生管理队伍,其中一支队伍专门为高职学生服务,另一支队伍主要负责学院本科教学及管理工作。2015年7月最后一届高职学生顺利毕业。

2.应用型本科教学体系逐步完善

（1）加强新专业建设，成立专业教研室。设立汽车服务工程、测控技术与仪器（检测与计量）、通信工程（移动通信技术）、物流管理（国际物流）、财务管理（公司理财）、会展经济与管理、行政管理（文秘）7个本科专业，成立专业教研室，健全和完善教研活动及教研室例会制度，为专业发展夯实基础。

（2）规范教学环节，制定教学大纲。组织各专业教师学习教学运行、实践教学、考试与成绩、学籍转专业、教学质量等相关教学文件，熟悉、了解教学运行及教务处网站相关资源的运用。制定和完善授课计划、教学大纲、实验指导书等。各教研室共完成教学大纲378份、实验大纲128份、实践大纲76份、实验指导书190份、授课计划464份。

（3）精心筹备并执行"五个一"工程。"五个一"工程，即展示一门示范课程、编写一套完整教学材料、发表一篇教改论文、指导一名本科生毕业设计（论文）和指导一项大创计划。学院组织相关专业负责人认真分析和研究开展"五个一"工程，推动教师教学水平和创新能力的提升。

（4）开展走访调研。学院7个本科专业对国内同专业排名靠前、办学有特色、综合实力突出的学校进行了调研，重点调研了211、985院校及专业特色突出能够使教学带动区域经济发展的特色专业，从人才培养模式、课程体系的建立、师资队伍建设、实验中心的建设、教学实施尤其是实践教学的开展等方面进行了调研、讨论，并在此基础上编写整理了《天津科技大学应用文理学院本科专业调研汇编》。

（5）立足"3+1"人才培养模式，深化校企合作。学院立足滨海新区，以实现"3+1"的人才培养模式为目标，围绕服务区域经济需要办专业的宗旨，通过组织各专业开展实地调研，深入了解企业人才需求，挖掘校企合作内涵，在企业需求、学生实习、教师培养、项目合作等基础上共与26家企业签订校外实习基地协议，不断深化专业校企共建模式，与合作单位开发特色实践课程，编写实践教材。

（6）积极开展新专业的申报工作。2014年会展经济与管理专业获批，2015年正式招生。启动文秘专业的申报工作。

（7）推进学院教学资源的调整及规划。2014年上半年，学院协助学校完成了滨海西校区教师的安排和实验室搬迁工作。对滨海西校区6、8、11、12号楼实验室进行重新规划，制定8、11号楼实验室搬迁方案。重新规划了学院实验室布局，完成了对现有实验室的整合。

3.教师科研能力不断提升

（1）通过系统培训，提高教师科研认知。组织教师参加学校科研系统培训会议,系统学习了学校教职工聘期考核办法、教师岗位职责考核办法及上岗资格指导意见、科研业绩考核方案、科研经费管理及使用办法、科技奖励办法、科研项目级别认定办法等系列文件。研究制定学院科研工作方案,教师岗位职责、考核办法及上岗指导意见等。

（2）科研工作与教学相结合,成果显著。2014年,学院获批校基金立项2项、校青年教师创新基金立项5项、市教委重点调研课题1项、横向科研项目2项。2015年,学院横向科研项目立项16项。两年累计科研经费达到了55.2万元,完成了学校"顶层设计"的任务要求。各专业教师在教学改革、科研方面积极探索,共承担校内、外教学和科研项目31项,公开发表不同等级刊物学术论文57篇,出版教材13本,获得实用专利授权一项。

4.教师队伍综合素质不断提升

（1）开展课堂教学和实验教学基本功大赛。举办了"应用文理学院首届青年教师教学基本功大赛"和"实验教学基本功大赛",刘文霞和庞明秀两位教师代表学校参加了天津市的比赛。"十二五"期间,有2人次获得天津科技大学青年基本功大赛一等奖,2人次获得天津市青年教师基本功大赛三等奖。

（2）党政领导深入课堂,狠抓教学质量。学院领导干部及教师分别在开学初及学期中教学检查期间深入课堂进行听课,共听课402人次,针对授课过程中学生反馈意见进行核实并与任课教师及时沟通,提出合理建议。

5.学生工作丰富多彩,凸显特色

（1）学生管理逐步规范。学生工作克服了人员紧张、条件简陋、经验欠缺等诸多困难,顺利实现了从无到有、逐渐规范的转变。学院先后制定了《应用文理学院党员发展细则》《应用文理学院学生评奖评优实施办法》《应用文理学院困难生认定管理办法》等10余个文件,初步形成了学生管理的制度体系。目前已有专职辅导员2人、兼职辅导员3人。

（2）加强学生学风建设,注重学生能力培养。学院努力建立学风建设长效机制,积极开展学长关怀及"学长制"学风建设活动。通过开展评奖评优和举办优秀学子经验报告会等活动,树立先进典型,在全院营造"比、学、赶、超"的浓厚学习氛围。学生在全国和省级各类竞赛,如"挑战杯"竞赛、大学生数学建模竞赛、大学生英语竞赛中均取得较好成绩。2013—2015年开展大学生创新创业计划项目的申请和答辩工作,获国家级4项、市级3项、校级1项。获2015"挑战杯"全国大学生学术科技作品竞赛天津市二等奖,学院获得第八届挑战杯优秀组织单位和第九届滨海调研优秀组织单位称号。3年来,累计有400多人次获得校级奖学金、100多人次获得国家级奖学金,140多人次获得校级优秀团员等荣誉称号。

（3）学生服务不断完善。积极开展资助育人工作,3年来累计认定家庭经济困难生260多人次。制定了规范的学院困难生认定体系。积极推动贫困生勤工助学工作,与海洋馆等社会单位联系,累计为学生提供助学岗位50余个。热切关心学生心理健康,开展心理音乐会等主题活动,拍摄心理健康教育短片。学院心理剧代表学校参加天津市高校心理剧大赛并获优秀奖。

6.党建工作不断加强

（1）召开学院第一届全体党员大会。2014年11月20日,学院召开第一届全体党员大会, 大会选举了中国共产党天津科技大学应用文理学院委员会委员,经校党委会研究同意委员会由王旭、杨世凤、姜媛、包红霞、郑立鹏、孙胜利组成,王旭担任应用文理学院党委书记,姜媛担任党委副书记。

（2）召开学院第一届全体教师代表大会。2014年11月,学院召开了第一届教师代表大会,大会选举了新一届校教代会代表名单,选举王旭、杨世凤、姜媛、郑立鹏、包红霞、王建英、杨文杰、孙胜利、李金茹为校教代会代表。王旭担任代表团团长及校教代会职委。

（3）加强党的思想建设和组织建设。切实加强宣传思想工作,建立健全学院工作责任体系,制定了《应用文理学院2015年党员学习培训计划》,明确学习内容和形式。认真开展"三严三实"专题教育活动。学院目前共有党员83人,其中教师党员57人,学生党员26人,入党积极分子211人。其中,"十二五"期间发展教师党员2人、学生党员25人,共建立了7个基层党支部。

（4）加强党风廉政建设。落实党风廉政建设主体责任,强化责任追究,切实履行"一岗双责"。学院党委书记与学校党委书记签订《党建工作责任书》和《党风廉政建设责任承诺书》,认真贯彻中央"八项规定"和"六项禁令",做到"三严三实"。严格规范领导干部言行,准时向学校纪委上报领导班子落实中央"八项规定"情况。

十七、马克思主义教育学院

马克思主义教育学院成立于2013年5月,前身可追溯到1958年建校初期的政治教研组,此后,先后更名为马列主义教研室、社会科学部。2003年5月成立法政学院,2013年5月成立马克思主义教育学院,与法政学院合署办公。

"十二五"期间,马克思主义教育学院坚持以邓小平理论、"三个代表"重要思想、科学发展观和习近平总书记系列重要讲话精神为指导,认真贯彻党的教育方针。紧密围绕国家教育事业发展规划和中宣部、教育部有关大学生思想政治教育的相关文件精神,不断深化教学改革,推进实践教学模式创新,坚持不懈地开展教师培训与实践研修,严要求,重实效,大力推进学科平台建设,加大提高思政课教育教学质量,不断提升马克思主义理论科研水平。

1.教育教学质量稳步提高

(1)课程建设。规范本科生四门思想政治理论课必修课教学,成立研究生思想政治理论课课程组,按照新标准对三门研究生思想政治理论课教学大纲进行重新修订。

(2)教学改革。在班级主题展示活动、专题式教学等课堂教学形式的基础上,进行了专题式讨论、分层体验式学习等课堂教学改革,平时成绩的比重由原来的30%增加到40%,尝试开卷考试。完成试验班基础课(思政课和大学语文课)教学改革的总结工作。2011年成立学院教学指导委员会和学院教学督导组并制定工作章程。

(3)教学团队建设。积极培育思想道德修养与法律基础课教学团队,申报校级教学团队。启动学院优秀教学团队培育与建设工作并定时检查验收,推动思想政治理论课教学团队建设的制度化和规范化。

(4)实践教学。新增毛家峪、静海县西双塘村、SEW—传动设备(天津)有限公司、开发区规划展览馆等校外社会实践基地4个。建立并实施了《思政课实践教学管理规范》的要求。组织学生至毛家峪、西双塘、西柏坡等地和天津博物馆进行社会考察和实践参观共计27次。2015年制定了《立德树人三全育人思政课实践教学方案》,并在法政学院进行试点。

(5)教改成果。新增教改项目23项,其中省部级项目7项、局级项目12项、天津科技大学教育教学改革重点课题1项、一般课题2项、天津科技大学青年创新基金课题1项。教改项目立项数是"十一五"期间的2.9倍,其中省部级教改项目立项数是"十一五"期间的2.3倍。新增公开发表教改论文30篇,其中核心期刊收录论文11篇,CSSCI来源期刊收录3篇。出版教材1部。李宝席老师获天津市第三届教育科学研究优秀成果三等奖。

(6)主阵地、主渠道发挥作用。承担天津科技大学后备干部培训核心课程讲授任务。自2013年11月始,李玉环、李洪琴、徐越如、刘苑四位老师先后为后备干部讲授有关哲学、政治经济学、当代资本主义发展变化、社会主义及其发展等专题课程,李宝席、李军松、于江涛、滕翠华等老师多次为各学院和单位开设专题党课与讲座。2支教师队伍进入天津市"大学生思想政治理论课公开赛"决赛并获优秀奖。

2.科研创新能力逐步提升

新增科研项目19项,其中省部级10项、局级及校级9项。省部级项目立项数是"十一五"期间的 2.5 倍。新增公开发表科研论文 78 篇,其中核心期刊收录论文 24 篇,CSSCI 来源期刊收录 9 篇, 高水平会议发表论文 4 篇。出版专著 1 部、编著 7 部。科研立项经费共计 44.3 万元,是"十一五"期间的 5.8 倍。

3.学科建设稳步推进

完成了天津市教委对学校思想政治理论课的自查和院校互查工作,稳步推进了马克思主义理论学科的建设工作。2011 年完成了天津市教委对学校思想政治理论课的自查和院校互查的工作。2014 年组织完成市教委专家组对学校思想政治理论课建设的督查工作。督导组认为学校较好地落实了"05"方案,肯定了学校在推动学生思想政治教育、提高教学质量等方面取得的成绩。校党委根据督查相关要求,任命了马克思主义教育学院主要负责人,落实了思想政治理论课专项经费。2013 年制定了学院学术委员会章程,成立了学院学术委员会。2014年马克思主义理论学科经评审列为校级重点支持建设学科。

2015 年 12 月, 天津科技大学中国特色社会主义理论体系研究中心成立,挂靠在马克思主义教育学院。研究中心研究员以马克思主义教育学院教师为主,开展马克思主义中国化当代理论成果的科学研究,学术研讨和学术交流等活动。

4.人才队伍建设取得成效

新增思想政治理论课教师 11 名。其中,原职院并入 5 人,招聘 6 人,全部为985、211 高校毕业的博士。教师队伍数量是"十一五"末的 1.3 倍。具有博士学位教师由"十一五"末的 2 人增加到 8 人,占教师总数的 23%。鼓励青年教师攻读博士学位,目前有 1 名青年教师在职攻读博士学位,8 位教师具有博士学位。2 名教师晋升教授,7 名教师晋升副教授。学院师资结构和质量得到了进一步优化。

加强思想政治理论课教师理论培训和实践研修,坚持开展教师教学能力提升工程。为新入职的青年教师配备导师,配发了《大学青年教师教学入门》,举办了多媒体课件制作的专题讲座。组织了多次学院青年教师教学基本功竞赛与展示。以教研室为单位进行教学观摩,互相学习,提升教学能力与水平。2015 年开展了思政课课件评比活动。

坚持组织暑期教师培训。学院党委认真贯彻落实中宣部、教育部《关于做好高校思想政治理论课骨干教师参观考察活动的通知》等文件精神,在校党委的大力支持下,按照"三严三实"的新要求,严以策划,落"实"内容,扎实组织开展暑期教师培训工作。围绕理想信念教育,稳定形成理论学习、课程研讨以及社会实践三个阶段,有力促进了教师思想建设和业务水平的提高。先后组织教师到汶川、遵义、兰考、青海等地进行社会实践及互助帮扶活动。多次邀请知名专家学者来校做思想政治理论课教学改革相关主题讲座。鼓励教师参加校外培训。

"十二五"期间,教师参加中宣部、教育部、天津市委党校、天津市教委、各学会等多级别、多种类、多形式的培训及学术会议等共计66人次。

"十二五"期间,李宝席、李洪琴、李军松、王娟、牛芳5位思政课教师荣获学校第二届"我最喜爱的老师"称号。于江涛老师获天津市高校青年教师教学基本功大赛三等奖、获天津市高校思政课教学技能大赛三等奖。刘阁春、徐越如、李军松、于江涛等老师获天津市优秀思想政治理论课教师荣誉称号。李军松老师获得2011—2012学年度天津科技大学师德先进个人称号。赵士辉老师获得2012年天津科技大学优秀共产党员称号。王冬老师获滨海新区延安精神研究会纪念毛泽东同志诞辰120周年理论征文一等奖,并在研讨会上做主题发言。丁丽老师获滨海新区延安精神研究会纪念抗日战争胜利70周年理论征文一等奖。滕翠华老师获2015年天津科技大学优秀青年主讲教师荣誉称号。

5.党建工作不断深化

(1)抓好基层党建工作。通过调整党支部设置,扩大了基层党组织覆盖面。2012年院党委将教工党支部建在教研室,通过调整,教工党支部党建与教学科研紧密结合,相互促进。

(2)以各种主题教育活动,提升党员思想素质。"十二五"期间,学院党委以加强党员思想政治素质、提高党员理论素养、发挥党员先锋模范作用为目的,结合学院学科特点,组织开展了"贯彻十七届六中全会精神暨思想政治理论课学术研讨会""重温经典著作,提高党性修养,永葆党员本色"主题教育活动和深入推进十八大精神"三进"主题研讨会、群众路线教育实践活动——"老党员解读新党章""党支部论坛"等各种主题教育活动。教工党支部读书活动持续深化,促进了读书成果进学生课堂、进党课。多名教师承担校后备干部培训、支部书记培训等讲座任务,并为化工学院、包印学院、体育部等单位和部门讲授党课。以制度保证支部活动开展。

2015年,院党委"党支部论坛"系列党日活动被评为天津科技大学"创最佳党日"活动二等奖及2014—2015年度天津市教育系统优秀最佳党日活动。2013年,"老党员解读新党章"活动获天津科技大学"创最佳党日"活动一等奖。2012年,毛泽东思想和中国特色社会主义理论体系概论教研室获天津科技大学"五好党支部"称号。

(3)加强青年教师思想政治工作。围绕学院中心工作,大力推进青年教师思想政治工作。组织青年教师专题学习《关于进一步加强和改进新形势下高校宣传思想工作的意见》(中办发〔2014〕59号)等高校宣传思想工作有关文件,严守高校意识形态阵地管理的底线,提高责任意识。发挥青年党员教师在党支部读书活动和学习型党支部建设中的主干作用。举办青年教师教学基本功竞赛,鼓励青年教师创新教学方式、提升教学水平。组织青年党员教师与优秀学生签协议结对子,帮助学生学业和身心健康成长。2015 年获得校级师生"一帮一"助学先进集体荣誉称号。

(4)以工会"五比双创"等活动为载体,提高教师综合素质。多次组织青年教师参加天津市及校工会组织的青年教师教学基本功大赛,多人次在校级及市级大赛中获奖。8 人次被授予天津科技大学教工先锋岗荣誉称号,李军松老师获天津市"教工先锋岗"先进个人荣誉称号,毛泽东思想和中国特色社会主义理论体系概论教研室 3 次获校级工人先锋号、1 次获市级工人先锋号荣誉称号。

附录二:五年大事记

2011 年大事记

1 月

1 月 1 日,党委书记李旭炎、校长曹小红发表新年贺词

1 月 3 日,天津市首届国有企业高校毕业生专场招聘会在我校举行

1 月 5 日, 世界营养与食品前沿技术研究及产业化的发展战略研究工作研讨会在我校召开

1 月 7 日,台湾清云科技大学一行来校访问

1 月 13 日,党委召开一届十七次全体会议

1 月 13 日,我校召开纪委委员和党风廉政监督员座谈会

1 月 14 日,我校召开中层领导干部大会总结 2010 年工作

1 月 16 日,市委常委、市委教育工委书记苟利军,市教委主任靳润成等领导一行到我校调研指导工作。

1 月 20 日,市委常委、市委教育工委书记苟利军、副市长张俊芳等领导一行莅临我校检查指导工作

1 月,我校荣获天津市第二次 R&D 资源清查先进集体称号

1 月,王卫同学荣获天津市大学生 2010 年度人物称号

1 月,我校荣获全国高校教师网络培训工作先进集体荣誉称号

2 月

2 月 2 日,校领导除夕夜看望慰问在岗职工和留校学生

2 月 21 日,美国佐治亚大学代表团莅临我校参观考察

2月23日,泰国东亚大学代表团访问我校

2月23日,学校召开"顶层设计"任务推动落实工作会

2月24日,澳大利亚皇家墨尔本理工大学代表团访问我校

2月26日,我校与泰国皇家理工大学签订合作谅解备忘录

2月26日,李旭炎书记参加天津市高校教育国际交流合作项目签约仪式

2月28日,我校喜获2008—2010年度天津市高校体育课程评估优秀单位荣誉称号

2月,我校被认定为"天津市专利示范单位"

2月,我校团委获颁"2010年度天津青年志愿服务工作突出贡献奖"

3月

3月5日,王敏教授喜获"全国五一巾帼标兵"荣誉称号

3月7日,我校召开宣传思想政治工作领导小组第一次会议

3月7日,学校召开安全稳定工作领导小组会议

3月11日,我校成为天津市新一批海外高层次人才创新创业基地挂牌单位

3月14日,我校与英国赫瑞瓦特大学签订合作谅解备忘录

3月14日,"轻工技术与工程"博士后流动站获天津市优秀博士后流动站称号

3月17日,我校召开2011年宣传思想工作会议

3月18日,2011届毕业生就业洽谈会在泰达校区隆重举行

3月24日,我校首届教职工健康节暨教工健身中心同时启动

3月24日,我校与国际生物医药联合研究院联合培养硕士研究生

3月25日,海泰控股集团、中环三峰电子有限公司与我校产学研合作签约仪式在我校隆重举行。

3月28日,第七届曼罗兰印刷专业奖学金评审会在我校成功召开

3月30日,我校喜获2010年度天津市科技进步一等奖

3月,我校工会女职工委员会荣获天津市"三八红旗集体"荣誉称号

4月

4月8日,首届"我最喜爱的老师"颁奖典礼隆重举行

4月13日,经2011年第三次校党委常委会研究通过,印发《天津科技大学学术委员会章程(试行)》

4月14日,发展中国家农业官员参观我校

4月21日,我校召开五届三次教代会(八届三次工代会)

4月28日,我校与俄罗斯贝加尔国立经济法律大学签署交流协议

4月,我校包装工程专业在国内同类专业竞争力排行榜中位居第一

4月,我校获"天津市院校优秀外事工作单位"称号

4月,我校获得首批市科技兴海项目

5月

5月3日,《人民日报》报道我校志愿者成长动态

5月4日,我校隆重举行"五四"颁奖典礼暨深入开展创先争优活动表彰会

5月11日,中国工程院院士石碧受聘为我校客座教授

5月20日,我校召开"卓越工程师教育培养计划"工作方案研讨会

5月20日,天津市人大常委会副主任孙海麟来校调研

5月13日,党委书记李旭炎参加中央党校为期两个月的学习培训,习近平同志出席党校开学典礼并做重要讲话

6月

6月2日,海南省教育厅副厅长谭基虎一行参加我校海南少数民族学生座谈会

6月3日,俄罗斯伊尔库兹克国立交通大学柯浩孟轲校长一行来校访问

6月7日,我校举行"敬业奉献 爱校育人"庆祝建党90周年座谈会

6月8日,我校举行红色箴言诗歌朗诵暨表彰大会

6月8—10日,我校承办第十六届木材、纤维和制浆化学国际会议

6月12日,福建教育厅代表团到泰达校区参观考察

6月16日,美国加州大学弗雷斯诺分校代表团来我校交流访问

6月20日,澳大利亚皇家墨尔本理工大学一行来校访问

6月21日,芬兰拉普兰塔理工大学代表团来校访问

6月23日,加拿大制浆造纸专家来我校进行学术交流

6月23日,我校隆重举行2011届学生毕业典礼

6月28日,中法"食品营养与安全和药物化学联合实验室"奠基仪式在我校隆重举行

7月

7月6日,我校与武清区人民政府签署科技合作协议

7月9日,"供应链食品安全管理论坛"在我校顺利召开

7月13日,我校与海油工程公司开展校企共建

7月17—22日,我校成功举办2011年天津市大学数学教学研讨会暨天津市数学会大学数学分会第十二届年会

7月25日,我校志愿服务西部计划4名毕业生光荣出征

7月,我校两名学子喜获 2010 年度"中国大学生自强之星"提名奖

7月,我校 4 项人文社科研究项目获教育部立项资助

8月

8月 15—20 日,校领导潘秀山、王学魁率团访问新疆生产建设兵团农九师

8月 16—21 日,我校组织中层干部赴延安开展创先争优主题教育活动

8月 26 日,《天津日报》头版头条报道我校人才工作

8月 30 日,校党委书记李旭炎讲授"开学第一课"

8月,我校喜获 2 项教育部高校思想政治工作研究项目立项资助

8月,市委组织部、市委教育工委宣布学校领导班子调整决定张金刚任天津科技大学党委副书记

8月,我校当选天津市学联主席团单位

9月

9月 13 日,天津科技大学 2011 级新生开学典礼隆重举行

9月 18—20 日,我校主办的第七届亚太国际干燥会议召开

9月 20 日,我校在泰达校区图书馆举办建校 53 周年展览

9月 19—21 日,我校主办的第三届干酪加工技术研讨会圆满闭幕

9月 21—23 日,我校承办的"食品营养与健康"国际研讨会成功召开

9月 30 日,市委常委、教育工委书记苟利军一行来我校考察调研

10月

10月 12 日,市委书记张高丽接见我校大运会获奖运动员及教练员

10月 14 日,我校承办"2011 年国际氨基酸产业创新与联盟发展高峰论坛"

10月 14—16 日, 我校选派三名教师参加第二期高等学校辅导员骨干示范培训班学习

10月 17 日,美国州立大学与学院协会代表团访问我校

10月 17 日,加拿大洪门达权总社及教育代表团访问我校

10月 21 日,我校成功举办"天津市社会科学界第七届(2011)学术年会——食品安全风险控制研讨会"

10月 25—26 日,我校在全国高校统战工作经验交流会上做大会发言

10月 28 日,市人大常委会副主任李润兰一行视察我校泰达校区

10月 30 日,我校隆重举行教师公寓"尚德园"开工奠基仪式

11月

11月 1 日,经学校第七次党委常委会研究决定:成立校园建设发展规划工作领导小组

11月4日,曹小红校长出席第五届世界女大学校长论坛

11月10日,我校承办食品营养与健康国际研讨会

11月19日,山西校友会及山西省知名企业来我校交流并签订校企合作协议

11月22日,我校与天津药明康德新药开发有限公司签订校企战略合作协议

11月24日,市委组织部、市委教育工委在我校召开干部任职宣布会,张爱华同志任天津科技大学党委委员、常委、纪委书记。

11月30日,我校产学研基地落户恒生科技园

12月

12月5日,天津市海洋资源与化学重点实验室学术会议圆满召开

12月7日,食品营养与安全教育部重点实验室2011年学术委员会会议在我校召开

12月20日,中国工程院院士叶声华教授来我校进行项目验收评审工作

12月20日,我校荣获"全国文明单位"光荣称号

12月20日,校党委书记李旭炎赴京参加中国波兰大学校长论坛

12月21日,波兰罗兹大学代表团访问我校

12月24日,我校喜获国家"高等学校继续教育示范基地"称号

12月,艺术设计学院与国家动漫园签署合作协议

12月,我校荣获"全国高校后勤十年社会化改革先进院校"称号

12月,泰国东亚大学代表团一行访问我校

12月,我校学生获首届天津市大学生创新创业奖学金特等奖。

2012年大事记

1月

1月9日,校党委召开一届十八次全委(扩大)会议

1月11日,我校与漳州市签署校市合作协议并成功举办食品企业人才科技项目对接洽谈会

1月22日,中央政治局委员、天津市委书记张高丽对我校工作做出重要批示:衷心祝贺天津科技大学取得的显著成绩,思路和校训清晰令人鼓舞,希望按照《教育规划纲要》和市委市政府的要求,求真务实、开拓创新,办出特色、办出水平,多出人才、多出成果,为天津经济社会又好又快发展作出新的贡献!

2月

2月8日,内陆地区盐湖盐田建设与运营管理经验交流会在我校举行

2月13日,我校艺术团荣获全国第三届大学生艺术展演比赛金奖

2月16日,市委常委、市委教育工委书记苟利军在市委机关1号楼1116会议室主持会议专题研究我校校园规划建设工作

2月20日,我校获"天津市引进国外智力工作先进单位"荣誉称号

2月24日,我校四项成果获2011年度天津市科学技术奖

2月,校党委书记李旭炎获"全国教科文卫体系统模范职工之友"荣誉称号

3月

3月2日,天津市教育系统党外专家服务区域发展工作总结座谈会在我校举行

3月11—13日,漳州市政府代表团来我校参观考察并签署合作协议

3月15日,黑龙江北大荒集团携47家单位开展大型双选招聘会,并与我校签署合作协议

3月19日,《天津日报》理论创新版刊发我校党委书记李旭炎署名文章《弘扬延安精神 推进高校社会主义核心价值体系建设》

3月20日,我校获2011年全国高校校园文化建设优秀成果奖

3月22日,我校与临港经济区签署合作协议共建创业基地,市委副书记何立峰出席仪式并在讲话

3月,我校三个专业入选教育部第二批"卓越工程师教育培养计划"

4月

4月5日,天津日报头版刊发:《科大与滨海新区一起飞——天津科技大学实施"尖兵战略"调查》

4月10日,格鲁吉亚等国40名发展中国家农业官员来校参观考察

4月19日,民革中央副主席田惠光一行来校调研

4月20日,我校隆重召开深入开展保持党的纯洁性教育动员大会

4月24日,市委教育工委、市教委《"雷锋精神进校园"简报》刊发天津科大专报;我校荣获2011年天津市工业品外观创意设计大赛多奖项;国防生工作联席会议隆重召开

4月27日,我校召开师德建设工作研讨会

4月,刘安军教授喜获"全国五一劳动奖章",我校三位教工和一个集体分别荣获天津市五一劳动奖章和奖状

4月,艺术设计学院崔美玲同学荣获"全国十佳设计新人"大奖

4月,范瑾同学入围"2011中国大学生年度人物评选"全国200强

5月

5月4日,我校隆重举行纪念建团90周年暨"五四"表彰大会

5月4日,建团90周年之际,我校捐献给云南金平县100台电脑,帮助改善

贫困地区教育现状

5月11日,党委书记李旭炎理论文章获教育部"高校文化传承创新研究论坛"二等奖

5月20日,计算机学院代表队获全国大学生"电脑鼠走迷宫"总决赛二等奖

5月22日,校党委书记李旭炎、海洋学院院长魏皓作为党代表出席市第十次党代会

5月30日,天津市功能食品及食品安全战略发展研讨会在我校隆重召开

5月,我校四项目获批2012年度天津市高校聘请外专特色项目资助

6月

6月3日,诺贝尔化学奖获得者罗伯特休伯教授来校讲学并受聘为我校名誉教授

6月17日,我校与米莎贝尔饮食食品有限公司联合建立研究中心"粮油健康食品与安全技术工程中心"正式揭牌。

6月18日,党委书记李旭炎带队参加"百家院所校走进河北"合作恳谈会

6月20日,我校与台湾中原大学签署学术交流协议

6月21日,我校隆重举行2012届本科毕业典礼

6月28日,学校隆重举行创先争优活动总结表彰暨纪念建党91周年座谈会

6月,全国首位酿酒界女博士后吴荣荣在我校顺利出站

7月

7月12日,市委教育工委常务副书记魏大鹏一行来校调研

7月20日,我校与武清区签署农产品产销对接协议

7月,我校3项作品获天津市第七届"挑战杯"创新创业计划大赛金奖

8月

8月2日,我校学子张继科参战乒乓球男团决赛为中国夺第35金

8月3日,我校学子陆春龙、董栋夺奥运男子蹦床金铜牌

8月4日,我校学生黄珊汕、何雯娜再获奥运奖牌

8月7日,我校荣获"十一五"轻工业科技创新先进集体荣誉称号

8月26—29日,食品学院张泽生教授出席"津承合作恳谈会"并签订合作项目

9月

9月8—9日,6286名新生迈入科大校门,2012年迎新工作圆满完成

9月11日,市委教育工委常务副书记魏大鹏一行来校检查大运会工作

9月11日,叶小文教授来校做《中国文化与文化中国》专题报告

9月12日,新疆兵团农九师来访并与我校签订多项交流合作协议

9月12日,市委常委、市委教育工委书记朱丽萍一行来校检查大运会筹办工作

10月

10月30日,我校与越南西贡高新产业园签署合作协议

10月31日,澳大利亚南十字星大学代表团访问我校

11月

11月7日,河西区政协副主席、统战部部长江洺来我校访问调研

11月10日,国家教育行政学院第42期高校领导干部进修班学员来我校参观考察

11月15日,"食品企业质量安全检测技术示范中心"通过工信部验收

11月16日,我校授牌成立首个国家地方联合共建工程实验室

11月19日,中国轻工业联合会副会长、校友钱桂敬来校畅谈学科建设

11月23日,我校隆重举行教师公寓"尚德园"主体工程开工仪式

11月26日,天津市第八届水产博士论坛在我校举办

11月29日,福建省龙海市政府代表团来校参观调研

11月,机械学院吴中华教授获第十八届国际干燥会议青年科学家奖

12月

12月1日,2013年天津市普通高校经济类、管理类毕业生专场招聘会在我校举行

12月3日,经2012年11月2日第十四次党委常委会讨论通过,印发《天津科技大学人才引进暂行规定(2012年修订版)》

12月11日,印发《天津科技大学实验室开放基金管理办法》

12月12日,食品学院赴山东参加环渤海区域百名教授下企业活动,山东13家企业与我校教授签约

2013年大事记

1月

1月5日,机关、直属单位管理干部学习贯彻党的"十八大"精神理论研讨班举办首场辅导报告

1月7日,我校信息化建设与管理办公室获"天津市教育信息化工作先进集体"荣誉称号

1月10日,韩国昌原大学、大邱加图立大学、岭南大学代表团来我校进行参

观访问和学术交流

1月14日,校领导班子专题民主生活会在学校主楼第一会议室举行

1月14日,中国饮料工业协会与我校签署合作协议,并设立专项奖学金

1月16日,人力资源处获第一届天津市人力资源社会保障系统先进集体荣誉称号

1月17日,学校与河西区签署统战工作合作共建协议

1月18日,"食品安全危害因子可视化快速检测技术"项目荣获国家科技进步二等奖

1月19日,学校召开本科教学工作会议

1月21日,开发区职业技术学院管理权移交签约仪式在学校主楼第二会议室举行。市委常委、教育工委书记朱丽萍出席并讲话,何树山、校党委书记李旭炎发言,校长曹小红、开发区管委会主任何树山签署协议,市教委主任靳润成主持

1月22日,国家"863"计划主题项目"工业微生物基因组及分子改造"课题八"食品微生物基因组改造"启动会在我校召开

1月31日,天津市第十六届人民代表大会第一次会议召开,我校校长曹小红当选天津市副市长

2月

2月22日,天津科技大学2013年工作会议召开

2月25日,"天津科技大学——芬兰赛马应用科技大学优秀本科生国际交流项目"被确立为2013年优秀本科生国际交流资助项目

3月

3月1日,学校召开安全稳定工作领导小组会议

3月14日,我校荣膺"2012年度天津市公共机构节能工作先进集体"称号

3月15日,滨海新区区委常委石凤妍一行调研我校统战工作

3月15日,海南省教育厅厅长胡光辉一行来我校调研

3月19日,山东轻工业学院副校长秦梦华率队来我校调研访问

3月19日,英国剑桥大学化工与生物技术系主任Nigel Slater教授来校访问,并受聘为我校荣誉教授

3月20日至22日,南非科学基金会副主任Dorsamy Pillay先生率南非专家团一行来我校交流访问

3月25日,我校"天津市造纸学会"被授予"天津市科协2012年度先进学会"荣誉称号

3月26日至27日,校党委书记李旭炎一行赴重庆市调研,走访重庆市科委和重庆交通大学

3月29日,我校举行2013年研究生学位授予仪式

4月

4月3日,市委常委、市委教育工委书记朱丽萍、副市长曹小红、市委组织部副部长黄平洋等领导来到我校,宣布市委、市政府对我校领导班子的调整决定:任命王硕为天津科技大学校长,免去曹小红天津科技大学校长职务

4月7日,天津市委主办的《天津工作》2013年第3期在"工作交流"专栏以《特色战略求发展,滨海新区做尖兵》为题,刊发了我校特色发展和服务滨海的工作经验

4月12日,海南省委书记罗保铭在海南省委会客室会见了天津科技大学党委书记李旭炎、党委副书记潘秀山一行

4月12日—16日,米兰大学一行来我校进行访问并开展学术交流

4月15日,北京市委常委、市委统战部部长、副市长牛有成和天津市委常委、统战部长刘长喜及天津市副市长曹小红等一行来我校河西校区参观考察

4月23日,我校召开科学技术奖励大会

4月25日,我校召开五届五次教代会(八届五次工代会)

4月,我校《食品技术原理》入选"国家级精品资源共享课"立项项目

5月

5月4日,学校召开七届三次团代会、九届二次学代会

5月8日,太原工业学院副院长仇志余率队来我校调研访问

5月9日,来自布隆迪等发展中国家农业官员代表团到我校泰达校区参观访问

5月11日,海南省副省长陈志荣率队访问我校,了解我校海南少数民族特招班学生的学习和生活情况。副市长曹小红、市政协副主席魏大鹏会见

5月13日,学校召开第十次党委常委会议,决定成立应用文理学院

5月16日,我校与亚洲理工大学签订教育合作协议备忘录

5月22日,我校留学归国人员联谊会正式成立

5月22日,天津市总工会副主席、教育工会主席徐树青一行专题调研我校教代会工作

5月24日,俄罗斯莫斯科国立食品大学副校长维克多教授来我校访问

5月,我校褚立强、孙军教授入选教育部2012年度"新世纪优秀人才支持计划"

5月,我校被评为天津市节水先进单位

5月,我校思想政治工作研究会被评为"2011—2012年度天津市优秀思想政治工作研究会"

6月

6月6日,西安工程大学副校长黄翔一行来我校交流访问

6月8日,校纪委书记张爱华率队赴日参加京都计算机学院建校50周年校庆活动

6月14日,教育部思政司冯刚司长来校调研指导工作

6月15日,天津科技大学上海校友会正式成立

6月19日,辽宁省葫芦岛市副市长胡徐腾一行来我校参观访问

6月20日,我校举行第二届"我最喜爱的老师"颁奖典礼

6月26日,俄罗斯莫斯科国立食品生产大学校长兼俄罗斯杜马专家委员会食品安全工作组组长艾德勒夫教授一行来我校访问

6月27日,国家教育部思政司《教育部加强和改进大学生思想政治教育工作简报》对我校大学生思想政治教育工作的措施和成果进行专题报道。天津市委常委、教育工委书记朱丽萍阅后批示:科技大学做好大学生思想政治工作的经验应予推广,成绩充分肯定,望再接再厉,取得新的成绩!

6月27日,俄罗斯伊尔库茨克国立交通大学柯浩孟轲校长一行来我校访问

6月28日,我校2013届本科生毕业典礼分别在河西、泰达两校区隆重举行

6月27日,天津市科委主任赵海山率市科委相关职能处室负责人来校就"高校科技创新工程"实施情况进行专题调研

6月30日,我校关工委获"天津市创建五好关工委工作先进集体"称号

6月,校党委书记李旭炎在延安大学为全国高校党务工作者骨干队伍示范培训班做专题辅导报告

7月

7月1日,教授委员会座谈会暨学科建设工作研讨会召开

7月8日,我校党的群众路线教育实践活动领导小组召开首次会议

7月12日,我校党的群众路线教育实践活动动员会召开,市委第29督导组组长王志刚出席会议并讲话

7月16日,市委党校副校长赵晓呼教授来我校做专题辅导报告

7月17日,国家食品药品监督管理总局食品安全监管司副司长石阶平一行莅临我校调研

8月

8月21日,我校与蓟县人民政府签署科技战略合作协议

8月28日,中国工程院院士、重庆市科委主任钟志华一行来校调研

8月,王学魁副校长赴美国加州州立大学圣贝纳迪诺分校交流访问,两校签订合作谅解备忘录

9月

9月4日,澳大利亚皇家墨尔本理工大学代表团来校访问

9月9日,2013级新生开学典礼隆重举行

9月12日,太原科技大学党委书记杨波一行来校调研

9月17日,原新加坡教育部高教司副司长、现新加坡义安理工学院副院长林国伟一行来我校交流访问。

9月18日,学校召开第一届学术委员会成立大会暨致聘仪式

9月21日,我校召开天津科技大学校友会成立暨庆祝建校55周年座谈会

9月21日,中国轻工业联合会副会长、秘书长、中华全国手工业合作总社副主任、博士生导师王世成教授应邀做客我校"博学讲堂"

9月24日至26日,我校国家973计划CHOICE-C课题顺利结题并成功召开学术研讨会

9月27日,我校学习贯彻党的"十八大"精神理论研讨会

9月27日,我校科技成果转化中心项目获批启动建设

9月,我校六项教学成果获市级教学成果奖

10月

10月11日,第三届亚洲荷球锦标赛在我校隆重开幕

10月18日,新西兰皇家科学院院士、澳大利亚工程院院士、国家"千人计划"引进人才、苏州大学化工与环境工程学院院长陈晓东博士来我校访问,并受聘为我校名誉教授。

10月24日,中韩生物识别技术双边研讨会在我校召开

10月24日,"天津市食品安全机制创新论坛"在我校举办,天津市人大常委会原副主任、天津市食品学会理事长李润兰出席

10月27日,我校与中科院广州能源研究所签署联合培养研究生协议

10月30日,加拿大国立航空技术学院院长布拉塞先生一行来我校交流访问

10月30日,波兰罗兹大学副校长索菲亚·威索金斯卡教授一行来我校交流访问,两校签署管理专业2+2转学分协议

10月30日,团市委副书记刘亚男莅临我校调研共青团工作

10月,我校代表团访问法国国家药学院,并与德国弗伦斯堡应用技术大学及西班牙巴斯克大学商讨交流合作等事宜

11 月

11 月 7 日,天津市委常委、市委教育工委书记朱丽萍来校调研

11 月 7—8 日,我校"千人计划"特聘专家倪永浩教授应邀出席第 176 场中国工程科技论坛

11 月 14 日,天津科技大学科技查新工作站揭牌

11 月 15 日,我校 2013 级新生代表座谈会举行

11 月 15 日,海南高校领导干部培训班来我校参观访问

11 月 20 日,天津市食品药品监督管理局局长林立军一行来我校调研

12 月

12 月 17 日,中共中央委员、中央社会主义学院党组书记、我校客座教授叶小文应邀为我校师生做专题报告

12 月 24 日至 25 日,我校党委的经验介绍《落实立德树人 强化实践育人》入选第二十二次全国高校党的建设工作会议经验交流材料。

2014 年大事记

1 月

1 月 2 日,校党委常委会召开扩大会议,认真学习传达市委十届四次全会精神

1 月 10 日,我校"重大淀粉酶品的创制、绿色制造及其应用"项目获国家技术发明奖项通用项目二等奖,"干酪制造与副产物综合利用技术集成创新与产业化应用"项目获国家科学技术进步奖通用项目二等奖,我校高端外国专家艾伦·牟俊达教授获国际科学技术合作奖

1 月 14 日,俄罗斯莫斯科国立食品生产大学副校长一行来校交流访问

2 月

2 月 19 日上午,我校召开群众路线教育实践活动总结会

2 月 27 日,我校《新入职教师首年担任大学生辅导员工作实施细则》发布

2 月 27 日,澳大利亚南十字星大学副校长来访

2 月,我校 18 个课题获批立项天津市 2013 年度哲学社会科学规划项目,立项经费达 37.5 万元

2 月,我校易博网荣获"全国高校百佳网站"称号

2 月,王敏教授入选国家科技部 2013 年"中青年科技创新领军人才计划"

2 月,学校授予王汝华同学"天津科技大学见义勇为优秀研究生"荣誉称号

3 月

3 月 5 日,我校召开《天津科技大学学生工作志(1978—2012)》印发座谈会

3月20日,英国赫瑞瓦特大学代表团来访

3月21日,天津市委统战部副部长、市侨联主席胡胜才及市侨联党组副书记、常务副主席陈钟林等侨联领导来校走访调研

3月24日,学校与青海省黄南藏族自治州签署科技发展战略合作协议

3月26日,西班牙巴斯克大区政府教育部长一行来我校交流访问

3月28日,我校举行2014届研究生学位授予仪式

4月

4月10日,市人大常委会副主任、党组副书记苟利军等人大代表一行到我校,针对《中华人民共和国专利法》和《天津市专利促进与保护条例》文件实施情况进行执法检查

4月14日,印度政府工程学院院长甘地海尔教授一行来我校交流访问

4月16日,我校与大连盐化集团签订战略合作协议

4月11日,中共中央政治局常委、国务院总理李克强到海口港视察,夸赞我校毕业生:北方求学海南工作,可谓南征北战

4月18日,我校联合天津市科委、滨海新区科委主办的"智汇天津·2014天津国际科技合作洽谈会"在滨海新区举行

4月18日,我校五届六次教代会(八届六次工代会)召开

4月21日,美国农业部原副部长、国际食品科技联盟国际食品安全专家委员会共同主席任筑山先生为我校师生做专题报告

4月25日,"生物反应工程"国家级精品课程及教材建设研讨会在我校召开

4月26日,天津科技大学国防生工作会议隆重召开

4月27日至28日,北京军区干部部副部长张勇民大校、人才办主任徐彤大校来我校考核调研国防生工作

4月28日,庆祝"五一"国际劳动节大会暨全国五一劳动奖状、奖章获得者表彰大会在北京举行,我校生物工程学院生物反应工程团队荣膺全国"工人先锋号"称号

4月29日,市委、市委教育工委决定:我校马雷同志任天津职业技术师范大学党委委员、常委、副书记

5月

5月8日,我校与天津渤化永利化工股份有限公司签署科技战略合作协议

5月9日,"高等学校生物技术与生物工程专业精品资源共享课及系列教材编写会议"在我校召开

5月12日,我校团委与滨海新区防震减灾中心在滨海新区地震台签署战略

合作框架协议

5月15日,天津市王克昌基金会理事会一行在市教委副主任孙志良陪同下来我校调研,并与我校王克昌奖学金获得者代表亲切座谈,我校党委书记、天津市王克昌基金会理事长李旭炎参加

5月15日,在泰达校区西校区大学生活动中心报告厅召开原开发区职业技术学院教职工签署天津科技大学聘用合同书暨政策宣讲会

5月15日,滨海新区人大常委会副主任王凤双一行来到我校泰达校区,走访看望我校滨海新区人大代表

5月15日,泰国国际合作署、泰国公共卫生部、泰国国家科学院相关专员一行五人来我校交流

5月17—18日,2014年工业工程与信息技术国际学术会议在我校举行

5月21日,我校经管学院2010级学生,国家乒乓球队队员张继科、郝帅、方博回校交流

5月21日,天津市政协原副主席、历届委员联谊会副会长周绍熹,天津市政协原副主席陆锡蕾一行22人来校调研

5月22日,经天津市委市政府研究决定,任命王学魁为我校党委副书记,任命夏静波为我校党委委员、常委、党委副书记,任命路福平为我校党委委员、常委、副校长

5月21—23日,我校与中国食品科学技术学会乳酸菌分会共同承办的第九届乳酸菌与健康国际研讨会在天津召开

5月27日,中国饮料工业协会和我校签署合作协议

5月,我校2篇博士论文、10篇硕士论文获2014年度天津市优秀博士、硕士学位论文

5月,我校"生物质材料和生物质精炼研究""海洋浮游植物流变学力学研究"两项目,获2014年度国家教科文卫高端外国专家项目资助

5月,我校食品学院研究生王汝华被授予第十四届"天津青年五四奖章"

6月

6月10日,我校"金子光晴研究""全球化语境下中国书法文本的英译研究"获2014年度国家社科基金规划项目立项资助

6月20日,我校2014年本科毕业典礼分别在河西、泰达两校区举行。

6月27日,天津经济技术开发区管委会主任许红星一行来到泰达校区调研我校校园规划工作

6月28日,"2014天津夏季达沃斯论坛走进大学生"第二站在我校河西校

区举行模拟论坛

6月,我校团委申报的"思想引领类——社会主义核心价值观培育和践行"项目被团中央确认为全国学校共青团重点工作创新试点项目

7月

7月14日至18日,我校师生一行参加了在河北举行的第12届国际盐湖大会

7月25日,我校赴中粮集团有限公司中粮营养健康研究院开展合作交流活动

7月25日至8月5日,我校连续举办三期食品安全快速检测培训班,对甘肃省食品药品监督管理局下属各市州区县100余名食品安全监管人员进行培训及考核

8月

8月25日,由我校与法国国家药学院、巴黎第六大学共建的"中法食品营养与安全和药物化学联合实验室"在我校泰达校区建成。市委常委、市委教育工委书记朱丽萍与法国驻中国大使馆科技参赞包若柏、校党委书记李旭炎及法国国家药学院院士、鲁昂大学医药学院教授奥利维尔·拉方特共同为联合实验室揭牌

8月26日,台湾嘉义大学代表团来我校访问

8月27日,中国工程院院士、华中科技大学原校长李培根教授来校做"大学治理现代化浅谈"的报告

9月

9月8日,2014级新生开学典礼在泰达校区图书馆前广场举行

9月10日,我校召开庆祝第30个教师节暨科学技术奖励大会

9月9日,天津科技大学第一届"良师益友——我心目中的最好导师"表彰座谈会举行

9月11日,中央政治局常委、国务院总理李克强在中央政治局委员、天津市委书记孙春兰等领导同志的陪同下,视察了天津小微企业聚集地与孵化器——天津融科大厦。我校食品工程与生物技术学院李喜宏教授领衔创立了天津绿新低温科技有限公司,作为小微科技企业的代表,受到总理的亲切接见

9月12日,达沃斯论坛2014新领军者年会中外青年科学家交流会和文化之夜活动在我校举行

9月17日,中国轻工业联合会副会长、秘书长兼中华全国手工业合作总社副主任、博士生导师王世成教授做客"博学讲堂",为2014级学生做主题为《共同为中国轻工业的跨越发展而努力奋斗》的讲座

9月19日,我校研究生院成立揭牌仪式暨天津科技大学第二次学位与研究

生教育工作会议举行

9月,校党委理论中心组的文章《用好群众路线"传家宝"强化内涵建设"生命线"》获天津市党的群众路线理论研讨会优秀论文奖

9月25日,科技部农村司司长陈传宏一行来校调研指导工作

9月25日,我校食品安全战略与管理研究中心与海河乳业签订战略合作框架协议并举行实践基地挂牌仪式

9月29日,在我国首个烈士纪念日之际,我校举行"缅怀烈士 继承遗志 发愤图强 成才报国"——天津科技大学深切缅怀校友朱颖烈士纪念活动

9月30日,学校举行"午餐会",校领导与我校留学归国青年人才代表相聚河西校区国交中心共进午餐,共同畅谈学校发展,形成"午餐会"制度

10月

10月15日, 我校与武清开发区总公司举行天津科技大学新农村发展研究院项目签约仪式

10月18日,天津市社会科学界第十届学术年会分会"京津冀协同发展与智慧城市建设"主题研讨会在我校举行

10月21日,南非德班理工大学一行来我校学访

10月27日,华盛顿州立大学来我校学访

10月28日,校党委召开一届委员会第二十三次全体(扩大)会议,专题研究常委会议提交的《关于召开中国共产党天津科技大学第二次代表大会的决议(草案)》,部署我校换届选举工作

10月31日,我校主办的第一届食品安全多元治理国际研讨会在滨海新区举行

11月

11月4日,《人民日报》理论版(07版)发表学校党委书记李旭炎理论文章《完善大学治理结构》

11月11日,市委常委、教育工委书记朱丽萍、副市长曹小红等听取我校校园规划建设工作汇报。党委书记李旭炎、校长王硕、副校长闫学元参加汇报会

11月22日,天津科技大学广东校友会在广州东山宾馆成立

11月29日—30日, 由中国生物工程学会和我校共同主办的2014年第二届应用生物技术国际会议在我校隆重召开

12月

12月11日,我校"农药西维因人工抗原和抗体及其制备方法与应用"专利荣获2014年天津市专利金奖

12月13日,"第四届药学专业大学生自主创新学术论坛"在我校举行

12月17日,国家海洋博物馆接受新华社高级记者张建松极地科考资料及相关实物捐赠仪式在我校举行

12月18日,我校经济与管理学院副教授张慧毅申报的专著《京津冀一体化背景下天津产业发展战略研究》,获立为2014年度天津市社科规划后期资助项目

12月18日,由中国人民大学公共政策学院、天津科技大学经济与管理学院等10家企事业单位共同发起的"北京国宏新型城镇化发展联盟"获批成立

12月22日,我校荣获国家级"节约型公共机构示范单位"

12月29日,中国共产党天津科技大学第二次党员代表大会在河西校区大学生活动中心报告厅隆重开幕。市委常委、市委教育工委书记朱丽萍出席大会,李旭炎做题为《解放思想 勇担使命 团结一致为建设有特色高水平科技大学而奋斗》的工作报告

12月30日,中共天津科技大学第二届委员会召开第一次全体会议,选举产生党委常委、书记、副书记。党委书记:李旭炎,党委副书记:王学魁、夏静波,党委常委(按姓氏笔画为序):王学魁、闫学元、李占勇、李旭炎、张建国、张爱华、夏静波、路福平

12月30日,中国共产党天津科技大学第二次党员代表大会圆满完成各项议程,在河西校区大学生活动中心多功能厅胜利闭幕。全体代表表决通过了《关于中国共产党天津科技大学纪律检查委员会工作报告的决议》及《关于中国共产党天津科技大学第一届委员会工作报告的决议》,批准李旭炎同志代表中共天津科技大学第一届委员会所做的工作报告

12月30日,中共天津科技大学纪律检查委员会第一次全体会议在河西校区大学生活动中心三楼会议室召开,新选举产生的9名纪委委员出席会议。会议通过《中国共产党天津科技大学纪律检查委员会第一次全体会议选举办法》和监票人名单,选举产生新的纪律检查委员会书记、副书记,并提请中国共产党天津科技大学第二届委员会第一次全体会议通过——纪委书记:张爱华,纪委副书记:武立群

2015年大事记

1月

1月9日,中共中央、国务院在京举行国家科技奖励大会。我校三个项目获得2014年度国家科技进步二等奖。三个项目分别是:天津科技大学作为第二完

成单位、生物工程学院肖冬光教授带领团队完成的"高耐性酵母关键技术研究与产业化",天津科技大学作为第三完成单位、由食品学院张泽生教授带领团队完成的"辣椒天然产物高值化提取分离关键技术与产业化"以及天津科技大学作为第三完成单位、食品学院王昌禄教授带领团队完成的"非耕地工业油料植物高产新品种选育及高值化利用技术"

1月8日,举行新入职青年教师做一年辅导员座谈会

1月12日,我校贾士儒教授和王硕教授入选国务院学位委员会学科评议组成员名单,分别成为"轻工技术与工程"和"安全科学与工程"两个学科的国务院学位委员会第七届学科评议组成员

1月13日上午,我校共建大学生网络电视台暨应用文理学院实践教学基地签约揭牌仪式举行

1月13日,我校海洋科学与工程学院孙军教授获选为长江学者特聘教授

1月17日,"天津食品安全低碳制造协同创新中心"揭牌仪式在我校举行

1月20日,我校发布2014年毕业生就业质量年度报告

1月24日,海南省教育厅厅长曹献坤一行来校访问

1月30日,食品学院研究生王汝华当选2014年度"中国大学生自强之星标兵",我校被授予优秀组织奖

1月,我校官方新闻网荣获第七届"全国高校百佳网站"荣誉称号

3月

3月5日,我校申报的与芬兰塞马应用科技大学和泰国农业大学的"优秀本科生国际交流项目"获国家留学基金委资助

3月5日,我校工会荣获"天津市模范职工之家"称号

3月9日,我校题为《构筑文化高地 唱响"文化之韵"——依托高水平系列展览推进文化传承》的项目被评为全国高校"礼敬中华优秀传统文化"特色展示项目

3月11日,我校生物学院荣获"天津市文明单位"称号

3月15日至17日,西班牙巴斯克大学一行来校访问

3月17日上午,英国高地与岛屿大学一行来校交流访问

3月18日,我校荣获"2014年度全国高校教师网络培训工作先进集体"称号

3月21日,英国赫瑞瓦特大学一行来校交流访问

3月30日上午,我校举行2015届研究生学位授予仪式

3月30日,经市教委核准、教育部备案,《天津科技大学章程(核准稿)》发

布。《天津科技大学章程(核准稿)》除序言部分,共分 11 章 76 条

4 月

4 月 3 日,格鲁吉亚驻华大使一行访问我校

4 月 10 日上午,曹小红副市长在市政府会见我校党委书记李旭炎、校长王硕以及我校与法国国家药学院、巴黎第六大学共建"中法食品营养与安全和药物化学联合实验室"的法方专家

4 月 15 日,我校大学生创新创业孵化基地被团市委命名为"天津青年创业基地"

4 月 17 日,市委常委、滨海新区区委书记宗国英来校调研指导创新创业工作,与我校党政领导班子、相关部门负责同志及创新创业师生代表进行了推进创新创业工作座谈会,并以"加快创新驱动,推进创新创业"为主题做了宣讲报告

4 月 18 日, 我校藏族学生泽仁永措在成都开往北京的列车上智救被拐妇女,被授予天津市优秀团员称号

4 月 26 日,我校男排获 2015 年天津市大学生排球锦标赛冠军,实现三连冠

4 月 27 日,澳大利亚悉尼大学生态、环境与食品学院院长一行来我校交流访问

4 月 28 日,青海省黄南藏族自治州副州长马金刚及州内企业代表一行来我校进行科技合作交流

4 月 29 日,科技部中国农村技术开发中心主任贾敬敦来我校调研

5 月

5 月 11 日下午,市委常委、滨海新区区委书记宗国英来我校调研,为我校大学生创新创业实践基地揭牌

5 月 11 日,我校获"2014 年度天津开发区科技创新 20 强"荣誉称号

5 月 12 日上午,泰国易三仓大学一行来我校交流访问

5 月 17 日,天津科技大学湖南校友会正式成立

5 月 21 日上午,校党委书记李旭炎为天津市高校党组织书记示范培训班做"大学治理与二级学院(系)治理"专题讲座

5 月 21 日,化工与材料学院、海洋与环境学院、造纸学院成立大会在滨海校区逸夫楼报告厅隆重举行

5 月 22 日上午,我校与河西区政府签订战略合作框架协议

5 月 22 日,我校 6 名人才成功入选天津市第十批"千人计划"人选名单

5 月 27 日,我校获批组建"天津市食品加工过程控制与安全技术工程中心"

和"天津市微生物代谢与发酵过程控制技术工程中心"

6月

6月2日,我校包印学院中芬"双硕士学位"培养项目正式启动,我校成为全国首个中外联合培养包装工程方向硕士高校

6月10日,我校举行"马列青年学社成立25周年暨'四进四信'进社团理论学习成果汇报会"

6月18日,中国大学生体育协会荷球分会成立大会在我校召开

6月24日,举行首届行业卓越人才实验班学生代表午餐会,李旭炎等参加

6月26日,根据美国ESI（Essential Science Indicators,基本科学指标库）2015年3月份公布的最新数据,我校农业科学学科ESI排名首次进入全球大学和科研机构前1％,我校学科影响力取得重要突破

6月26日,我校2015届本科生毕业典礼举行

6月29日上午,由党的总书记、政府副总理兼能源部部长卡拉泽率领的"格鲁吉亚梦想——民主格鲁吉亚"党代表团访问我校

7月

7月2日,校党委中心组(扩大)举行"三严三实"专题教育集中学习会,邀请山西杏花村汾酒集团赵迎路事迹宣讲团宣讲我校首届毕业生赵迎路校友先进事迹

7月3日,中国轻工业联合会副会长钱桂敬校友来校调研,指导科研与学科建设工作。

7月14日,中国科学院广州能源研究所研究员陈勇院士与中科院"百人计划"学者黄宏宇博士来我校进行访问。

7月23日,联合国国际遗传与生物技术中心干事长Mauro Giacca教授和国家科技部中国生物技术发展中心副主任董志峰一行来校交流访问。

8月

8月13日上午,受天津港8·12爆炸事故冲击波影响,学校部分面向爆炸中心的门窗受损严重,学校立即启动应急预案,校领导第一时间实地察看了办公楼、教学楼、图书馆、学生食堂、宿舍等处,立即研究组织开展受损部位的修复和重建工作

8月15日,后勤部门对受损部位进行清理扫除,并按照先学生宿舍、食堂、图书馆,后办公区、教学区的工作安排,全面展开维修工作。通过有序的维修抢修,在8·12事故中我校泰达校区总计完成305.8130万元维修项目（包括天花板维修及更换12334.8m²,维修窗框222.89m²,更换隐形纱窗218.1m²,更换门窗玻

璃 594.18m²,维修更换门 1047m²,维修内外墙砖 3275.96m²,更换各类锁具 325 个,更换雨水管 124m,维修栏杆扶手 260m,更换铝合金隔断 115.56m²)

8月18日晚,承担天津港8·12特别重大火灾爆炸事故现场清理、后勤保障及紧急医疗等任务的武警交通部队、武警后勤学院附属医院国家紧急医学救援队的300余名官兵进驻我校滨海校区,最多时官兵达700余名。9月2日,驻扎我校参与8·12爆炸事故救援的武警官兵撤离学校,返营归建。

8月19日,校党委副书记夏静波主持召开学生工作系统紧急会议,传达天津市安全工作会议精神、市教育两委安全工作会议精神,并对学校下一步学生安全教育工作提出具体要求

8月21日,天津市副市长曹小红、市政府副秘书长殷向杰、市卫计委副主任王栩冬一行来我校滨海校区检查指导开学前准备工作。校纪委书记张爱华陪同。曹市长一行现场查看了滨海校区维修现场、实验室工作及学校服务保障临时入驻我校的武警交通救援大队和环境监测中心联合小组的工作情况

抢修重建期间,市委副书记王东峰、市委常委朱丽萍及武警总部、天津警备区、武警天津总队的首长等来校慰问驻校官兵、检查工作。

8月21日,天津科技大学海南少数民族特招班十年工作总结暨优秀毕业生代表及新生座谈会在海口召开

8月21日,我校与琼州学院党委书记韦勇、校长武耀廷就深化合作签署了两校合作协议

8月29日,我校创业项目"掌艺"获第六届"中国大学生服务外包创新创业大赛"一等奖

8月31日,我校2015年度共有38项国家自然科学基金项目获批立项资助,资助费用1216.9万元,资助率达18.1%。其中,食品学院王书军教授获批的国家自然科学基金——"优秀青年基金"是我校又一标志性基金项目

9月

9月1日,我校《天津科技大学学报》入编《中文核心期刊要目总览》2014年版(即第七版)之综合性科学技术类核心期刊

9月7日,我校食品学院张泽生教授被评为"天津市德业双馨十佳教师"

9月9日,日本东京大学田之仓优教授一行来校访问

9月12日,由我校与泰国易三仓大学共建的孔子学院在曼谷成立

9月12日,2015年我校3篇博士学位论文、7篇硕士学位论文分获2015年度天津市优秀博士、硕士学位论文

9月14日,我校2015级新生开学典礼在滨海中校区图书馆前广场举行

9月15日，我校获得2015年度教育部人文社会科学研究项目规划基金项目1项、青年基金项目5项、专项任务项目(高校思想政治工作)2项。

9月19日，天津科技大学包装与印刷工程学院建院三十周年庆祝大会举行

9月21日，由中国生物发酵产业协会主办、我校和希杰集团共同承办的"2015国际氨基酸产业高峰论坛"在上海成功召开

9月24日至10月3日，校党委书记李旭炎率团赴芬兰、格鲁吉亚、俄罗斯等国家政府机构、高校进行交流访问

9月28日，我校计算机科学与信息工程学院与北京晓通网络科技有限公司共建实训基地揭牌仪式举行

9月28日，我校驻村帮扶对口的宝坻区口东街道鲁文庄特色旅游村开业

9月29日，天津市滨海新区政府副区长、开发区管委会主任王盛一行到我校体育馆施工现场检查建设安全情况

10月

10月12日—13日，英国高地与岛屿大学副校长道茵·霍金森女士率苏格兰海洋科学协会(SAMS)相关人员就课程对接事宜来我校交流访问

10月16日，德国杜塞尔多夫应用科学大学与我校签订合作交流协议

10月16日，由我校计算机学院承办的2015国际信息技术融合研讨会在我校开幕

10月22日，2015年全国调味品行业科学技术交流大会在我校召开

10月27日，我校"食品安全与营养关键控制技术研究"教育部创新团队获教育部2015年"创新团队发展计划"滚动支持

10月27日，我校"食品营养与安全和药物化学国际联合研究中心"和"绿色食品加工国际联合研究中心"被认定为首批天津市国际科技合作基地

11月

11月3日，我校两项目获2015年度全国艺术科学规划项目立项

11月3日，俄罗斯总统委员会顾问、俄罗斯总统特使、莫斯科国立工艺与管理大学校长瓦列吉娜·伊万诺娃和世界贸易组织俄罗斯校级科研和培训中心主任菲尔施特·维克多及联合国教科文组织俄罗斯远东办事处执行秘书、远东联邦大学海洋生态学院副院长克拉斯科夫·维克多一行来我校交流访问

11月12日，我校与天津市卓越新中新龙腾科技发展有限公司校企战略合作协议签字仪式举行

11月12日，我校计算机学院2014届毕业生晁岩、海洋学院2012级学生申川入围2015年"大学生创业英雄百强"。在今年9月的达沃斯论坛上，国务院总

理李克强与我校大学生、绅士科技 CEO 申川亲切握手,传达对大学生创业的最高鼓励和强烈期待

11 月 17 日,我校"食品营养与安全和药物化学国际科技合作基地"被认定为 2015 年度示范型国家国际科技合作基地

11 月 17 日,天津滨海新区副区长、开发区管委会主任王盛和管委会主任助理王雪佳率开发区科技局、泰达科技发展集团负责人一行到我校滨海校区西院学生活动中心参观大学生众创空间,并与学校签署战略合作框架协议书

11 月 17 日,由中国包装联合会主办的"2015 中国包装创意设计大会暨世包·云设计平台"上线仪式在杭州举行。我校包印学院与世界包装中心进行合作签约

11 月 19 日,生物工程学院路福平教授入选 2015 年"国家百千万人才工程人员"名单,同时被授予"国家有突出贡献中青年专家"荣誉称号

11 月 19 日,市教育工会副主席刘伟到我校视察"劳模创新工作室"

11 月 24—25 日,第二次全国高校统战工作会议在北京召开,我校党委书记李旭炎作为天津市唯一一所市属高校代表出席会议,俞正声、刘延东、孙春兰等党和国家领导人接见

11 月 25 日,辽宁省丹东市科技局副局长刘立率团来校参观访问,并与学校签署战略合作框架协议

11 月 27 日,由市教委办公室、保卫处组成的安全工作检查组对我校滨海校区校园安全进行了全面细致的大检查

12 月

12 月 3 日,我校关爱行动"我是小小科学家"志愿服务项目获得第二届中国青年志愿服务项目大赛银奖

12 月 4 日,英国赫瑞瓦特大学代表团来我校交流访问,就英方授课、考试、重考、科研合作等事宜进行会谈

12 月 6 日,我校副校长路福平、泰国易三仓大学副校长 Kamol Kts 应邀出席在上海世博会展中心召开的第十届全球孔子学院大会

12 月 9 日,由我校王硕、王俊平、张燕三位教授发明的"农药西维因人工抗原和抗体及其制备方法与应用"专利荣获第十七届中国专利优秀奖

12 月 9 日,我校参与的京津冀生活用纸产业技术创新战略联盟正式成立

12 月 10 日,我校包装与印刷工程学院陈蕴智荣获第十三届"毕昇印刷优秀新人"奖

12 月 18 日,我校生物工程学院肖冬光"劳模创新工作室"获评天津市十大

"劳模创新工作室"

12月21日,学校发布2015版学校形象宣传片

12月31日,天津科技大学中国特色社会主义理论体系研究中心成立,李旭炎为中心首批研究员颁发聘书

附录三:媒体看科大

发表(布)媒体	报道题目	内容简介	发表时间
中央电视台	李克强总理视察我校科技团队创新创业成果	央视《新闻联播》报道国务院总理李克强在天津视察小微企业时,了解我校食品学院李喜宏教授师生团队研发创新成果,听取自主研发的保鲜及微型节能保鲜冷库等科研成果具体情况。	2014年9月12日
中央电视台	海南打造现代科研育种大平台	我校食品学院教授华泽田在央视《新闻联播》报道"海南打造现代科研育种大平台"新闻中,谈到海南将三亚、陵水等适宜南繁科研育种的26万亩耕地划为南繁科研育种保护区,实行用途管制。	2015年2月6日
中央电视台	"学党史、知党情、跟党走"活动	央视《新闻联播》报道我校对全校团员青年迎接建党90周年活动进行了精心策划。全校各级团组织积极行动起来,结合广大团员青年的特点,组织了丰富多彩的活动,吸引青学生参与到活动中来。	2011年5月4日
中央电视台	揭秘地下飙车	央视《东方时空》栏目播出《揭秘地下飙车》专题调查,我校机械学院汽车工程系主任崔世海作为专家,在节目中解读了汽车改装原理。	2014年10月12日
中央电视台	我校造纸学院副院长刘洪斌解答孔明灯燃烧安全性	为了查清孔明灯燃烧的安全性,央视新闻频道《新闻直播间》栏目记者来到了我校"天津市制浆造纸重点实验室"。我校造纸学院副院长刘洪斌对此进行了解答。	2015年7月6日
中央电视台	我校化工学院副院长曾威解答公众场合氢气球的安全性	央视新闻频道《新闻直播间》记者采访了我校化工学院副院长曾威教授。曾威表示,化纤衣服摩擦产生的静电、烟花爆竹等,都可能导致充满氢气的气球爆炸或燃烧。	2015年5月20日

发表(布)媒体	报道题目	内容简介	发表时间
中央电视台	央视报道我校学生求职心态理性务实	中央电视台新闻频道《新闻直播间》栏目专题报道2013大学生就业季。我校学生在节目中讲述了自己的实习、求职感悟和就业心态,展示了务实、严谨、勤奋的一面。	2013年12月13日
中央电视台	我校教师呼吁解决电动平衡车安全隐患	中央电视台《共同关注》栏目就平衡车安全问题采访了我校法政学院蔡辉老师,蔡辉在节目中呼吁,应尽快出台相关行业标准。	2014年3月17日
中央电视台	我校工程师解答荧光笔的安全性	央视财经频道《第一时间》栏目播出记者走访了我校现代分析技术研究中心。降升平、赵娟两位工程师通过两个检测试验表明,荧光笔含有不饱和芳香族化合物等有害物质。	2014年9月26日
中央电视台	生鲜蔬菜捆绑胶带为何气味刺鼻	央视财经频道《第一时间》栏目报道我校副教授王浩对市场上用胶带捆绑的一捆芹菜进行检测,发现胶带捆绑的蔬菜甲醛超标10倍。	2014年8月17日
中央电视台	餐巾纸变身"打假能手"?不靠谱	央视财经频道《第一时间》栏目报道我校副教授王浩在节目中通过系列实验证明餐巾纸能验证猪肉是否注水、检验苹果是否打蜡等说法并不科学。	2014年8月19日
中央电视台	关注餐桌浪费·天津	中央电视台新闻频道在晚间的《新闻关注》栏目中,在《关注餐桌浪费·天津》专题报道中,就不同国家民众对待粮食的态度,采访了我校食品学院陈野教授。	2013年1月24日
中央广播电台	我校教授解读国内桶装水水质问题	中央人民广播电台的《央广新闻》的记者采访了我校食品安全重点实验室王俊平教授。王教授表示,市场上瓶装水、桶装水种类繁多,而执行标准撞车现象却影响了消费者的健康、安全饮用,值得高度重视。	2013年5月4日
中央广播电台	天津鼓励高校科研和企业联姻迸发巨大生产力	中央人民广播电台《新闻和报纸摘要》节目,在专题报道《天津鼓励高校科研和企业联姻迸发巨大生产力》中,以我校海洋学院王昶教授的科研项目帮助天津东大化工集团有限公司改良传统工艺为例,介绍了天津高校融入经济社会发展的成果。	2013年3月1日

发表(布)媒体	报道题目	内容简介	发表时间
中央广播电台	我校创新第二学分管理制度	中央人民广播电台"中国之声"频道的《央广新闻》栏目,在当日滚动栏目"第一时间"里专门报道了我校在本市各高校中率先推出了一项新的学分管理制度,明确将学生参与社会公益服务计入必修学分,以此来引导大学生积极参与社会实践和公益服务。	2012 年 4 月 4 日
中央广播电台	大手拉小手,唱响红歌跟党走	我校志愿者协会的 40 多名大学生自发组织起来,以"大手拉小手,唱响红歌跟党走"为主题,与塘沽工农村小学的 40 多名农民工子女们在泰达校区的校园里共唱红歌。中央人民广播电台于 5 月 31 中国之声《直播中国》节目中做了专题报道。	2011 年 5 月 30 日
《人民日报》	《完善大学治理结构》	《人民日报》发表我校党委书记李旭炎理论文章《完善大学治理结构》。文章指出,完善大学治理结构是深化高等教育改革的重要内容,其核心是建立健全立德树人的治理理念、制度框架和运行机制。文章就完善大学治理结构,正确处理好大学与政府、大学与社会以及党委领导与校长负责、行政权力与学术权力等关系进行了具体阐述。	2014 年 11 月 6 日
《人民日报》	我校创新第二课堂学分制度	2012 年,我校在全国高校中率先推出了一项新的学分管理制度,明确将学生参与社会公益服务计入必修学分,以此来引导大学生积极参与社会实践和公益服务。《人民日报》"公益 2012"专题栏目进行了采访报道。	2012 年 4 月 26 日
《人民日报》	《国防之基在校园浇铸》	《人民日报》在综合报道《国防之基在校园浇铸》中,以我校国防生培养实例为切入口,对国内高校国防生培养成果进行了综述。	2013 年 6 月 2 日
《人民日报》	《为了高校的科学发展》	《人民日报》头版以《为了高校的科学发展——天津高校和谐校园建设纪实》,报道了天津高校开展和谐校园建设的情况,其中对我校校园提升工程的举措及效果做了关注。	2010 年 12 月 29 日
《人民日报》	《海南携手天津共育职教人才》	《人民日报》第 12 版以《海南携手天津共育职教人才》为题,对我校为海南培养专业人才进行了报道。	2013 年 3 月 28 日

发表(布)媒体	报道题目	内容简介	发表时间
《人民日报》	《天津科技大学微博记录志愿者成长》	《人民日报》以《天津科技大学微博记录志愿者成长》为题,对我校近年志愿者工作的成果及最新动态做了专门报道。	2011年5月4日
《人民日报》	《天津成立首个高校董事会》	《人民日报》刊发新闻《天津成立首个高校董事会》,对我校生物工程学院董事会的成立进行了报道。	2010年11月15日
《人民日报》	我校专家解读保鲜膜安全性	《人民日报》就保鲜膜安全问题采访了我校食品科学、高分子材料科学以及食品安全风险评估方面的专家。	2013年9月
《人民日报》	我校包印学院张正健老师解读购物小票"毒性"问题	《人民日报》记者就购物小票毒性问题采访我校包印学院张正健老师。	2013年9月5日
《人民日报》	我校教师迎接十八大心得感悟	《人民日报》在"迎接党的十八大特刊"一连刊发了两篇我校教师的心得感悟。	2012年8月1日
《人民日报》	我校王俊平教授解读"放心馒头"安全问题	《人民日报》在食品安全系列报道里,特别就放心馒头,采访了我校食品营养与安全教育部重点实验室的王俊平教授。	2012年7月6日
《人民日报》	淡化海水可以放心饮用	《人民日报》就淡化海水的技术处理、饮用标准、市场前景等相关问题,采访了我校海洋科学与工程学院副院长唐娜教授。	2011年12月23日
《光明日报》	正确对待大学生信教问题	《光明日报》在高等教育版刊登校党委书记李旭炎的署名文章《正确对待大学生信教问题》。	2012年12月26日
《光明日报》	《驻村干部是咱的贴心人》	《光明日报》以《"驻村干部是咱的贴心人"——天津科技大学全方位帮扶宝坻新农村建设》为题,鲜活生动地报道了我校6名青年干部组成的2个工作组,驻村帮扶宝坻新农村建设的事迹。	2014年1月28日
《光明日报》	我校海归人才工作获《光明日报》肯定	《光明日报》刊载了我校人力资源处相关负责人对我校海归人才工作的心得感悟。	2013年8月29日
《光明日报》	《大学生带领小学生领略科学魅力》	我校大学生志愿者为天津市塘沽区北塘街宁车沽小学生上了一节趣味科学实验课。《光明日报》对此进行报道。	2013年7月30日
《光明日报》	我校教师评述研究生教育全自费制度	《光明日报》记者围绕研究生自费制度的影响采访了我校研究生处处长刘志教授及生物工程学院副院长王敏教授。	2013年2月25日

发表(布)媒体	报道题目	内容简介	发表时间
《光明日报》	《数学教学改革需要解决的几个问题》	《光明日报》刊发我校理学院李伟教授的署名文章《数学教学改革需要解决的几个问题》。	2013年2月4日
《光明日报》	天津科大大学生宣讲团宿舍"微访谈"互动热烈	《光明日报》在3版要闻版以一篇专题通讯对天津科大大学生宣讲团宿舍"微访谈"做了深入报道。	2012年12月16日
《光明日报》	我校学生借助博览会平台增加实践经验	《光明日报》以《博览会上"搭平台"》为题,报道我校包印学院400多名大学生积极参加中国国际新闻出版技术装备博览会,借助博览会平台增强实践经验。	2012年9月28日
《中国食品报》	我校召开应用生物技术国际会议	由中国生物工程学会和天津科技大学共同主办的第二届应用生物技术国际会议在天津召开。《中国食品报》头版对此进行报道。	2014年12月5日
《中国食品报》	我校主办"食品安全多元治理"国际研讨会	由我校主办的2014中国(天津)食品安全多元治理国际研讨会在天津举行,《中国食品报》头版进行相关报道。	2014年10月31日
《中国食品报》	天津科大教授团签约山东13家食品企业	以食品学院院长刘安军为首的14名教授团队,赴山东滨州市与13家食品企业集中签约科技发展项目。《中国食品报》对此进行报道。	2012年12月31日
《中国食品报》	天津科大助力滨海新区建设见成效	《中国食品报》科技版以显著位置刊登文章《上项目 打基础 引人才 下企业——天津科大助力滨海新区建设见成效》,对我校融入滨海、服务滨海的成绩进行了报道。	2010年4月12日
《科技日报》	曹小红委员谈产学研合作的新趋势	曹小红委员在接受《科技日报》采访时说,现在科技项目要求要有转化实效,而且必须有实地验收这一环。	2013年3月7日
《科技日报》	曹小红委员建言下力气控制违法排放	曹小红委员建议各级决策者要改变政绩观,积极提倡绿色GDP理念,并提议应尽快修订完善《大气污染防治法》。	2011年7月
《科技日报》	我校教授"移动式污水处理厂"亮相海魔方	我校材料化工学院青年教授杨宗政的自主创新产业化项目——"移动式污水处理装置"开始服务海魔方。科技日报在头版进行报道。	2013年7月18日

发表(布)媒体	报道题目	内容简介	发表时间
《中国教育报》	《天津科大援心社知识助困二十年》	《中国教育报》头版在"校园里的雷锋"专栏,刊发了文章《天津科大援心社知识助困二十年》,报道了我校经管学院学生志愿者团队"援心社"二十年如一日坚持助困助贫的义举。	2012年3月17日
《中国教育报》	《做滨海新区发展的"尖兵"——天津科大服务区域经济社会发展纪实》	《中国教育报》头版显著位置以《做滨海新区发展的"尖兵"——天津科大服务区域经济社会发展纪实》为题刊发我校消息。	2010年3月27日
《中国教育报》	我校"海河学者"助推人才强校工作	在我校人才工作会议即将召开之际,《中国教育报》第七版全面报道了我校"海河学者"计划实施12年来,助推人才强校战略的情况。	2012年11月28日
《中国教育报》	《天津科大巧用飞信传国学》	《中国教育报》二版以《天津科大巧用飞信传国学——学生每天都会收到一条经典语录》为题报道我校思政教育新举措。	2010年4月1日
《天津日报》	《科大与滨海新区一起飞》	《天津日报》在头版显著位置,以《科大与滨海新区一起飞——天津科技大学实施"尖兵战略"调查》为题,深入阐述了我校"特色战略求发展、滨海新区做尖兵"的发展战略。	2012年4月5日
《天津日报》	《天津科技大学"开学第一课"》	校党委书记李旭炎向全校二百名本科生讲了"开学第一课",用深入浅出的方式向同学们传达了胡锦涛总书记"七一"讲话重要精神。《天津日报》头版对此做了专门报道。	2011年8月30日
《天津日报》	《天津科技大学切实推进有特色高水平大学建设进程》	《天津日报》二版以《构筑坚强核心 坚持内涵发展 天津科技大学切实推进有特色高水平大学建设进程》为题,全面报道了我校党委长期以来将党的工作与谋划学校改革发展紧密结合开拓创新的事迹。	2014年12月28日
《天津日报》	《打开"80后"心灵通道——天津科大在创新中加强思想政治教育》	《天津日报》以《打开"80后"心灵通道——天津科大在创新中加强思想政治教育》为题,在头版显著位置报道我校思政教育成果。	2010年7月11日

发表(布)媒体	报道题目	内容简介	发表时间
《天津日报》	天津科技大学十八大精神"学生宣讲团"	天津科技大学组织"学生宣讲团"走进学生公寓的每个宿舍,通过十八大文件读本、报纸微博等载体,对十八大精神进行深入浅出的宣讲。《天津日报》头版对此关注。	2012年11月27日
《天津日报》	科大服务滨海做尖兵	自2004年9月科技大学入驻新区已整整10年。作为唯一一所整建制入驻新区的市属高等学校,科大坚持"特色战略求发展,滨海新区做尖兵"的发展战略,在服务滨海新区开发开放的实践中成长自己。《天津日报》头版进行报道。	2015年11月5日
《天津日报》	天津科大与临港经济区共建创业基地	《天津日报》头版以显著位置报道了我校与临港经济区共建创业基地,探索产学研合作和科技成果转化新模式,形成校区双方优势互补、合作共赢新局面的举措。	2012年3月22日
《天津日报》	《百人千联进万家"天津精神"迎新春》	《天津日报》以《百人千联进万家"天津精神"迎新春》为题,在头版以显著位置报道了我校举行的"承继民族传统,弘扬天津精神"百人千联进万家活动。	2011年12月31日
《天津日报》	中法联合实验室在天津科大建成	由我校与法国国家药学院、巴黎第六大学共建的中法食品营养与安全和药物化学联合实验室在我校成立。《天津日报》要闻版对此进行报道。	2014年25日
《天津日报》	《立足滨海圆梦想 徜徉科大助腾飞 科技大学沃土良田盼君耕》	《天津日报》第2版以半版篇幅、《立足滨海圆梦想 徜徉科大助腾飞 科技大学沃土良田盼君耕》为题,全面介绍了我校的基本情况。	2014年6月23日
《天津日报》	《立德树人沃土 向上向善良田 科技大学助梦想展翅翱翔》	《天津日报》第4版以《立德树人沃土 向上向善良田 科技大学助梦想展翅翱翔》,对我校在津招生录取原则和相关政策进行了长达半版篇幅的详细解读。	2014年6月23日
《天津日报》	《用好群众路线传家宝 强化内涵建设生命线》	《天津日报》第9版(理论创新)刊发了我校题为《用好群众路线传家宝 强化内涵建设生命线》的文章。	2013年11月4日
《天津日报》	《天津科技大学信息化校园建设成果》	《天津日报》用一个版面,采访了我校党委副书记潘秀山,就我校信息化建设的成果进行了全面详细的报道。	2012年6月25日

发表(布)媒体	报道题目	内容简介	发表时间
天津电视台	天津科大群众路线教育实践活动	《天津新闻》对我校群众路线教育实践活动进行了专题报道。在党的群众路线教育实践活动中,我校党组织和党员干部聚焦"四风",开展积极健康的思想斗争,进一步增强了党内生活的政治性、原则性、战斗性。	2014 年 1 月 10 日
天津电视台	天津科技大学科技成果改善民生	由我校为第一单位申报的"食品质量安全全程监控技术体系的建立与产品开发"项目成果荣获 2010 年度天津市科技进步一等奖。天津卫视呈现了项目成果的社会效益和应用前景。	2011 年 5 月 8 日
天津电视台	《砺剑育英才》	为进一步做好经验凝结和传播,天津电视台军事栏目组经与我校长期沟通交流,制作了《砺剑育英才》专题视频。	2014 年 6 月 9 日与 15 日
《求贤》杂志	《中国人应该吃最健康的食品》	由天津市人才工作领导小组指导、天津日报集团主办的《求贤》杂志在当月期刊上,以《中国人应该吃最健康的食品》为题,报道了曹小红教授带领科大学术创新团队,心系民生、锐意进取的成果。	2012 年 8 月
《求贤》杂志	《引进培养并重 人人皆可成才》	由天津市人才工作领导小组指导、天津日报集团主办的《求贤》杂志,在 2012 年 12 月的"观察"专栏内,以《引进培养并重 人人皆可成才》为题,展示了我校近年人才工作的重要成果和宝贵经验。	2012 年 12 月
《求贤》杂志	我校教授连续两期登上《求贤》杂志"高层次人才访谈"	由天津市人才工作领导小组主管、天津日报集团主办的《求贤》杂志连续两期刊发对我校生物学院郁彭教授、食品学院周中凯教授的"高层次人才访谈"。	2016 年 1 月 28 日、2 月 28 日
《中国教育报》《天津日报》《今晚报》	天津科技大学喜迎建校 54 周年暨更名 10 周年建设有特色高水平科技大学李瑞环题词 邢元敏致信祝贺	《中国教育报》《天津日报》《今晚报》均以头版报道我校求真务实、改革创新精神、扎根滨海、服务天津、辐射全国,精心培育行业中坚、矢志服务国计民生的更名十年纪实。	2012 年 9 月 19 日

发表(布)媒体	报道题目	内容简介	发表时间
《人民日报》 《光明日报》 《中国青年报》 《天津日报》 《今晚报》 天津电视台新闻频道 《都市报道60分》 天津广播电台	天津科技大学中美创客大赛受到多家媒体关注	《人民日报》《光明日报》《中国青年报》《天津日报》《今晚报》、天津电视台新闻频道《都市报道60分》、天津广播电台共同关注我校中美创客大赛。	2015年6月28日
《人民日报》 中央电视台 《天津日报》 中国教育电视台 天津电视台 天津新闻频道	天津科技大学师生观看、热议纪念抗战胜利70周年	我校师生通过电视、网络等多种形式，集中观看了纪念抗战胜利70周年阅兵式。《人民日报》、中央电视台《朝闻天下》《天津日报》、中国教育电视台《中国教育报道》、天津电视《天津新闻》、天津新闻频道分别对此进行报道。	2015年9月4日
《人民日报》 天津电视台 天津卫视 《渤海早报》	天津科技大学承办"天津市大学生传统文化节"	由市委教育工委、市教委主办，我校承办的首届天津市大学生传统文化大赛在河西校区大学生活动中心落下帷幕。《人民日报》、天津电视台等多家媒体对活动进行报道。	2015年6月8日
《天津日报》 新华社 人民网 天津网	天津科技大学师生深入滨海企业	我校400余名师生代表赴滨海新区企业及相关单位实践参观，真切感受滨海新区日趋成熟的经济发展态势和创新创业氛围。《天津日报》等媒体对此进行关注。	2015年6月3日
天津电视台 《天津日报》 天津人民广播电台 《城市快报》 《每日新报》	天津科技大学毕业生就业洽谈会受到媒体关注	"天津科技大学2014届毕业生就业洽谈会"受到关注，天津电视台、天津日报、天津人民广播电台等多家媒体对招聘会进行报道。	2013年11月23日

发表(布)媒体	报道题目	内容简介	发表时间
《天津日报》 《每日新报》 《城市快报》 环球网 21CN 新民网 大众网 和讯网 网易 千华网	天津科技大学乒乓球队扬威国际赛事	《天津日报》《每日新报》《城市快报》等平面媒体均对我校乒乓球体育健儿为国争光的消息,进行了大篇幅的报道。	2013 年 12 月 4 日
德国《南德意志报》	天津科技大学食品安全监测技术成绩斐然	我校食品安全监测技术系列成果荣获国家科技进步二等奖的消息受到国外媒体的关注。德国《南德意志报》对此进行了报道。	2013 年 2 月 15 日

后　记

　　《天津科技大学"十二五"事业发展概览》,在学校党委和行政的大力支持下,在全体编纂人员的共同努力下,现已完成编纂工作。这是天津科技大学历史上首部以总结五年事业发展为主题的具有史料价值的图书。

　　从 2016 年 3 月启动编纂工作以来,学校党政领导对本书提出了许多中肯的修订意见。在张爱华、王旭同志的带领下,学校各单位(部门)负责同志高度重视,积极指导本单位执笔人撰写工作概况。编纂组的同志们全力以赴,坚持学校第二次党代会精神,对照本单位"顶层设计"核心指标任务和"十二五"规划,完成撰写工作。

　　由党委宣传部、校(党)办、发展战略研究室、组织部、工会等部门同志组成的编辑部利用大量的业余时间讨论提纲、与各单位执笔人反复讨论交流、几易其稿,特别是在炎热的暑假,放弃休息时间,加班加点,付出了辛勤的汗水。在编辑过程中,编辑部的同志们以一种对工作精益求精的匠人精神,对书中每一个字每一篇文章进行精雕细琢。正是这种认真对待每一份稿件的精神,才让本书得以顺利问世。

　　此外,还要感谢薛美儒、谢群、李冰、贺华、陈凯、王维君、常涛、李凌杰、邱强、王洪军、程家红、付亮、胡洪、张爽、刘祥港、陈丽仙、曹慧、孟红玲、陈伟、许涛、杨树峰、姚君、穆莉、李娜、杨华、肖兰、于叶青、周炜炜、李纪扣、王悦、陈玥舟、张保民、谢兵、魏连江、王培然、王伟静、王莹、李旭、桑潇、聂慎德、安然、王岳、王红玉、齐德金、孙玉金、杨文杰、王琳、张瑞霞、程鹏高、赵鹏、王巨克、张成林、张玲玲、毛文娟、张杰、朱应利、杨亚茹等执笔人。正是因为有各单位执笔人的通力配合,才使得本书全面展示出"十二五"期间学校在人才培养、科学研究、社会服务和文化传承创新等方面取得的突出成就和典型经验。《天津科技大学"十二五"事业发展概览》不仅仅是一本工作总结,更是学校"十三五"时期事业发展的助力器。

完成这样一本史料性十足的图书汇编工作,对于我们来说,是一项全新的挑战。由于工作量大、时间紧迫,加之经验不足、水平有限,本书出现不足之处在所难免。希望这次积累,会成为五年之后我们编写下一个五年工作概览的宝贵财富。